Sagen von Fahrten, Abenteuern und
merkwürdigen Begebenheiten

Sagen
von Fahrten, Abenteuern und merkwürdigen Begebenheiten

Historische Sagen
Mit Kommentar und Anmerkungen
herausgegeben von
Leander Petzoldt

Diederichs

Die Deutsche Bibliothek – CIP-Einheitsaufnahme
Sagen von Fahrten, Abenteuern und merkwürdigen
Begebenheiten: historische Sagen / mit Kommentar und Anm.
hrsg. von Leander Petzoldt. – München: Diederichs, 1994
ISBN 3-424-01146-0
NE: Petzoldt, Leander [Hrsg.]

© Eugen Diederichs Verlag, München 1994
Alle Rechte vorbehalten

Umschlaggestaltung: Zembsch' Werkstatt, München
Produktion: Tillmann Roeder, München
Satz: Uhl + Massopust, Aalen
Druck und Bindung: Spiegel Buch, Ulm-Jungingen
Printed in Germany

ISBN 3-424-01146-0

Inhalt

Einleitung

Das besondere Interesse der Gegenwart an historischen Verhältnissen, Zeitereignissen und Gegenständen ist zweifellos nicht nur das Ergebnis einer nostalgischen Verklärung der Vergangenheit. Es scheint vielmehr ein zutiefst menschliches Interesse dahinterzustehen, das nach Modellen menschlicher Daseinsbewältigung sucht, das Grundfragen zwischenmenschlichen Verhaltens in einer zerrissenen und bedrohlichen Umwelt zu klären versucht und Ausschau hält nach den Möglichkeiten und Chancen des einzelnen, sich zu individualisieren.

Der Mensch als soziales Wesen steht im Mittelpunkt eines komplexen Geflechts von Beziehungen, von denen einige in der historischen Sage sichtbar werden, etwa in den Sagen über konfessionelle Auseinandersetzungen oder in Sagen mit sozialer Problematik, wie sie sich sowohl im frühen städtischen als auch im bäuerlichen Milieu manifestiert haben.

Historische Sagen vermitteln ein Bild des Menschen in seiner sozialen Interaktion und seiner Auseinandersetzung mit der Macht, gleichviel ob sie sich geistlich oder weltlich legitimiert; sie sprechen aber auch von seinem Bedürfnis nach Konkretisierung einerseits und nach Überhöhung und Transzendierung andererseits.

Historische Sage im weitesten Sinne ist hier aufgefaßt als die populäre Erzählung, die dem historischen Vorgang eine Dimension des Mythischen verleiht.

Allen diesen Texten ist gemeinsam, daß sich in ihnen Persönlichkeiten und Ereignisse jeweils durch das Prisma einer bestimmten Gruppenmentalität gebrochen spiegeln. Der Stellenwert historischen Erzählguts ist durch die Neigung des Erzählers bestimmt, Geschehen gleich welcher Art zu mythisieren, Persönlichkeiten zu überhöhen und aus der Masse herauszuheben. Damit wird diesem Geschehen eine neue Qualität verliehen, und es gewinnt eine eigenständige Dynamik, die Rückschlüsse zuläßt auf das geistige Klima der Gruppe, in der das Geschehen tradiert wird, und Mechanismen populärer Denkweise freilegt. Die Interpretation dieses Prozesses der Mythisierung wird durch die vergleichende Analyse historischer Fakten mit der volkstümlichen Tradition erleichtert. Eine nähere Bestimmung dieser mythischen Qualität darf diese jedoch nicht als Opposition zum Rationalen begreifen, sondern muß ihre katalysatorische Funktion in der mündlichen und literarischen Überlieferung sichtbar machen. Damit gewinnt die historische Sage eine Dimension des Ursprünglichen, die sie ungeachtet ihrer unterschiedlichen Quellenlage zu einem wichtigen Zeugnis anthropologischer Grundeinstellungen und Wertsysteme macht, die nicht nur vergangene Zeiträume charakterisieren, sondern teilweise auch in der Gegenwart Gültigkeit beanspruchen können.

Zu dieser Ausgabe

Die vorliegende, auf drei Bände berechnete Ausgabe ist weitgehend textidentisch (Abweichungen sind im Kommentar vermerkt) mit der früher erschienenen zweibändigen Edition »Historische Sagen« (I. Fahrten, Abenteuer und merkwürdige Begebenheiten, München 1976; II. Ritter, Räuber und geistliche Herren, München 1977). Alle drei Bände sind in sich abgeschlossen und unabhängig voneinander zu benutzen; sie enthalten jeweils selbständige Kommentare und bibliographische Angaben zu den Sagentexten. Im Interesse einer besseren Lesbarkeit wurde jedoch die Numerierung fortlaufend gestaltet (d. h. die in der alten Ausgabe vorhandene Untergliederung der Texte aufgelöst), wobei jedoch die Gruppeneinteilung beibehalten wurde. Der Kommentar und die Anmerkungen wurden erweitert und auf den neuesten Forschungsstand gebracht. Durch das Entgegenkommen des Verlages konnte auch die Zahl der Illustrationen beträchtlich erweitert werden, wobei zu bemerken ist, daß die Auswahl der Abbildungen nicht nur nach illustrativen Gesichtspunkten, sondern nach ihrem Quellenwert für die jeweilige Sage vorgenommen wurde.

Die Sagen wurden nach inhaltlichen Kriterien in 19 Gruppen bzw. Kapitel eingeteilt (Bd. 1, Kap. I–V, Bd. 2, Kap. VI–XII,

Bd. 3, Kap. XIII–XIX). Innerhalb der Gruppen wurde, soweit möglich, eine chronologische Anordnung gewählt. Bei bestimmten Persönlichkeiten, um die sich reiche Sagenzyklen gebildet haben, wurde versucht, diese Überlieferung aus den verschiedensten Quellen zu dokumentieren und, soweit es sich um eine vorwiegend literarische Überlieferung handelt, diese durch Varianten aus der mündlichen Volksüberlieferung zu ergänzen. Bei diesen Versionen ist jeweils die Herkunftslandschaft im Anschluß an den Text angegeben. Natürlich fehlen die berühmten Sagenzyklen um Karl den Großen, Heinrich den Löwen, Herzog Ernst, Faust, den Zauberer Virgilius, schließlich auch Störtebeker und Schinderhannes nicht, ebensowenig die auch durch die Oper bekannten Sagen von Lohengrin, den Meistersingern von Nürnberg und viele andere.

Neben Texten aus der mündlichen Volksüberlieferung sind alte Chroniken, Reiseberichte, Sammlungen von Denkwürdigkeiten, topographische Werke, parapsychologische Literatur, Flugblätter und Mirakelberichte, Volksbücher, Kuriositäten- und Prodigienliteratur, alte Zeitungen und Biographien zur Auswahl herangezogen worden. Erstmals erscheinen in einer Sagensammlung auch Erzählungen mit parapsychologischem Gehalt und Berichte über UFO-Phänomene sowie moderne Sagen und »Großstadtmythen«, da es sich hier zweifellos um moderne Mythenbildungen bzw. um Glaubensäquivalente zu entsprechenden Sagenbildungen früherer Jahrhunderte handelt.

Der Kommentar weist auf Varianten der populären Erzählüberlieferung hin und erklärt die einzelnen Sagenstoffe motivgeschichtlich, versucht sie vor ihrem kulturhistorischen Hintergrund zu sehen und gibt Hinweise auf historische Zusammenhänge. Insbesondere aber werden parallele Bearbeitungen von Sagenstoffen und historischen Ereignissen in der Literatur vergleichend herangezogen.

Innsbruck, im Herbst 1993 *Leander Petzoldt*

Merkwürdige Begebenheiten

Die Fliege vor dem Fenster

Als der Lombardenkönig Kunibert mit seinem Marpahis Rat pflog, wie er Aldo und Grauso umbringen möchte, siehe, da saß an dem Fenster, vor dem sie standen, eine große Schmeißfliege. Kunibert nahm sein Messer und hieb nach ihr; aber er traf nicht recht und schnitt ihr bloß einen Fuß ab. Die Fliege flog fort. Aldo und Grauso, nichts ahnend von dem bösen Ratschlag, der gegen sie geschmiedet worden war, wollten eben in die königliche Burg gehen, und nahe bei der Romanuskirche kam ihnen entgegen ein Hinkender, dem ein Fuß abgehauen war, und sprach: »Gehet nicht zu König Kunibert, sonst werdet ihr umgebracht.« Erschrocken flohen jene in die Kirche und bargen sich hinter dem Altar. Es wurde aber bald dem König hinterbracht, daß sich Aldo und Grauso in die Kirche geflüchtet hätten. Da warf Kunibert Verdacht auf seinen Marpahis, er möchte den Anschlag verraten haben; der antwortete: »Mein Herr und König, wie vermag ich das, der ich nicht aus deinen Augen gewichen bin, seit wir das ratschlagten?« Der König sandte nach Aldo und Grauso und ließ fragen, aus was Ursache sie zu dem heiligen Ort geflüchtet wären. Sie versetzten: »Weil uns gesagt worden ist, der König wolle uns umbringen.« Und von neuem sandte der König und ließ sagen, wer ihnen das gesagt hätte. Und nimmermehr würden sie Gnade finden, wo sie nicht den Verräter offenbaren wollten. Da erzählten jene, wie es sich zugetragen hatte, nämlich: Es sei ihnen ein hinkender Mann begegnet, dem ein Bein bis ans Knie gefehlt und der an dessen Stelle ein hölzernes gehabt hätte. Der habe ihnen das bevorstehende Unheil vorausverkündigt. Da erkannte der König, daß die Fliege, der er das Bein abgehauen, ein böser Geist gewesen war und seinen geheimen Anschlag hernach verraten hatte. Er gab dem Aldo und Grauso darauf sein Wort, daß sie aus der Kirche gehen könnten und ihre Schuld verziehen sein sollte, und zählte sie von der Zeit an unter seine getreuen Diener. (1)

Der wunderliche Erbsenhandel

Im Jahre 1418 verkaufte ein gewisser Hederich an einen Weinschenk namens Wolff Steinmetz ein Pferd, das zwölf Gulden wert war, für Erbsen, dergestalt, daß, da das Pferd vier Hufeisen habe, jegliches Eisen aber acht Nägel, im ganzen also zweiunddreißig Nägel, so solle ihm jener nur die Nägel bezahlen, also daß er für den ersten Nagel eine Erbse, für den zweiten zwei, für den dritten vier, für den vierten acht und so fort zu duplieren habe, so lange bis er die zweiunddreißig Nägel bezahlt hätte. Dazu nahmen sie Zeugen des Kaufes und tranken darüber Weinkauf. Da sie nun die Erbsen rechneten, brachten sie mehr denn fünftausend Achtel heraus, worüber sie vor Gericht gekommen sind, und ist endlich durch der zwei Parteien Freunde und Doktoren die Sache verglichen und gütlich beigelegt worden, also daß Hederich für sein Pferd statt der Erbsen achtzig Gulden bekam, und hat der Wolff Steinmetz noch darüber zwanzig Gulden Unkosten und Geschenk angewendet, welches ihm jedermann wohl gönnte, denn er war ein armer Steinmetz gewesen und durch Weinschenken sehr reich geworden. Die Rechnung aber ist folgende gewesen:

o	1	o	65536
o	2	o	131072
o	4	o	262144
o	8	o	524288
o	16	o	1048576
o	32	o	2097152
o	64	o	4194304
o	128	o	8388608
o	256	o	16777216
o	512	o	33554432
o	1024	o	67108864
o	2048	o	134217728
o	4096	o	268435456
o	8192	o	536870912
o	16384	o	1073741824
o	32768	o	2147483648

Summa   4294967295. (2)

Der Falkenritter

Auf dem Schlosse Ottmachau lebte einst ein Ritter, Heinrich Bielefeld mit Namen, den hatte der Bischof von Breslau zum Vogt über das Schloß und den Gau gesetzt. Er war ein begüterter Mann und kargte nicht mit seinem Besitz, bei Spiel und Wein, Jagd und Bankett pflegte er sein Leben zu genießen. Und doch sah man ihn oft schwermütig und in sich versunken sitzen, als ob ihn ein schwerer Kummer drückte. Seit zwei Monden lag ihm die schöne Neißerin, Emma (Elwine) von dem Hag, im Sinne, weder Gold noch Mühe sparte er, um alle Nebenbuhler auszustechen, mit verschwenderischem Prunk suchte er sie zu verblenden, er überhäufte sie mit Geschmeiden, um nur ein freundliches Wort von ihr zu erhaschen. Aber er merkte nur zu bald, daß sie wohl seine Spenden annahm, doch seine Werbungen mit kaltem Hohn ablehnte. Und doch konnte er sie nicht vergessen, obwohl er sein Vermögen nach und nach erschöpfte und mehr und mehr an den Bettelstab kam. Er mußte schließlich seine Dienerschaft entlassen, mußte darbend sich in seine Burg zurückziehen und besaß nur noch einen Edelfalken, den er über alles liebte. Das treue Tier war jetzt sein einziger Jagdgenoß, karg und kümmerlich lebte er von der geringen Beute, die ihm der Falke einbrachte, während seine Gläubiger das letzte Roß aus seinem Stalle zogen und Keller und Scheuer ihm leerten. Mit seinem gefiederten Genossen teilte er den letzten Bissen und ihm klagte er oft das Leid, in das ihn der Geliebten Härte und Grausamkeit versetzte.

Eines Tages sah er einen fremden Knecht den Burgberg herauf-eilen. Der grüßte den Ritter gar höflich und verkündete ihm, daß das Fräulein von dem Hag mit ihren Jägern im Tale weile, ihm ihren Gruß entbiete und sich bei ihm zu Gaste lade. So beglückend diese Kunde für ihn war, so brachte sie ihn doch in die größte Verlegenheit. Wie sollte er ihren Wunsch erfüllen, da Küche und Keller leer waren und er nichts besaß als seinen treuen Falken. Doch ihm blieb keine Zeit zum Nachdenken, schon ritt das Fräulein mit ihrem Jagdgefolge durch das Burgtor. Rasch entschlossen faßt er sein geliebtes Tier, drückt es noch einmal zärtlich an die Brust, und mag nun die Geliebte ihn dabei finden, wir er wirklich sein letztes, teuerstes Gut ihr zum Opfer geschlachtet hat oder – wie eine andere Fassung lautet – kummervoll es hingeben will, daß ihre Leute es schlachten und zubereiten, sie erkennt seine grenzenlose Liebe zu ihr und ist durch seine Selbstlosigkeit gerührt und überwunden. Da bricht der Troß in lauten Jubel aus, als sie ihm ihre Hand zum ewigen Bunde reicht. Der Überfluß kehrt mit ihrem Einzuge in das leere Schloß zurück, den treuen Falken aber, als den Begründer ihres Glückes, pflegte sie selbst fortan mit eigener Hand. *(Oberschlesien)* (3)

Der Kobold als Sittenwächter

Der allgemein bekannte Abt Johannes Trithemius schreibt in seiner fränkischen Chronik, als er in Sachsen einige Benediktinerklöster wegen den in selbigen befindlichen Altertümern besucht, habe ihn auf seiner Reise in der Grafschaft Wintzenburg die Nacht überfallen, und er habe nicht mehr nach Hildesheim kommen können, er sei deswegen in einem Dörfchen eingekehrt. Seinem Gebrauche gemäß habe er den Pfarrer und einige betagte Männer zu seiner Gesellschaft bitten lassen; nach genossenem Abendessen habe er sich bei der Gesellschaft über den Geist Hödecke erkundigt, und der Pfarrer habe ihm dann folgende, von den übrigen anwesenden Männern als wahr bestätigte Geschichte erzählt: Einige Zeit vorher habe in demselben Dorfe, wo jetzt der Abt Trithemius zu bleiben genötigt worden, ein Roßhändler gewohnt, der ein schönes, aber ungetreues und unersättliches Weib gehabt; wenn nun der Mann wegen seinen Handelsgeschäften fortgereiset sei, habe die Frau in seiner Abwesenheit häufige Besuche von andern Mannspersonen angenommen. Diese üble Aufführung ward endlich dem Roßhändler bekannt, er machte deshalb mit Hödecke einen Vertrag, gemäß welchem dieser in der Abwesenheit des Mannes die Aufsicht über die Frau übernahm und zu verhüten versprach, daß sie während der Abwesenheit ihres Mannes nicht dessen Stelle durch andere vertreten lasse. Der Roßhändler habe nach dieser Zeit eine Geschäftsreise von vierzehn Tagen gemacht und Hödecke sein Hüteramt angetreten; während dieser Zeit habe aber der sonst so tätige Hödecke so viel zu tun gehabt, um die Liebhaber zu verscheuchen und die übernommene Verpflichtung zu erfüllen, daß er weder tags noch nachts einen Augenblick Ruhe genießen können, daher er seines Hüteramts ganz überdrüssig geworden sei, denn es hätten nicht allein alte Bekanntschaften, sondern auch das Anknüpfen neuer müssen verhütet werden. Nur die Gewandtheit und Tätigkeit eines Geistes konnte die Vollführung so vieler Liebeshändel verhüten; offenbare Gewalt durfte er nicht anwenden, er mußte daher bloß seine Erfindungskraft wirken lassen. Sobald die Besuchenden sich mit der Frau ins Bett gelegt hatten, zog Hödecke mit Geistesschnelle und Fertigkeit die Decke und das obere Bett ab und verhinderte also den Ehebruch. Nach langen vierzehn Tagen kehrte endlich der Mann zurück; Hödecke, froh seines lästigen Hütungsgeschäftes entlassen zu werden, eilte ihm auf dem Weg entgegen, machte ihm eine Beschreibung seiner überstandenen Mühseligkeiten und sage dabei, er wolle lieber Säue in Sachsen hüten und weiden als der Hüter seines Weibes sein. (4)

Eine Tanzepidemie in Erfurt

Im Jahre 1237 versammelten sich zu Erfurt mehr denn tausend Kinder, zogen über die Waget, richteten einen Tanz und Spiel an, bis sie gen Arnstadt kamen. Da blieben sie über Nacht, und es war ein groß Wunder, daß sie auf dem ganzen Wege keinem Menschen begegnet waren.

Die Eltern suchten ihre Kinder, und es war viel Jammer und Not, bis sie erfuhren, daß sie zu Arnstadt angekommen waren. Da richteten sie Karren und Wagen zu – denn viele dieser Kinder waren sehr klein, und es war zu verwundern, wie sie haben fortkommen können – und ließen sie wieder heimholen. Man konnte aber von niemand erfahren, wodurch es geschehen war oder wer die Kinder geführt hätte. Das begab sich am 15. Juli, am Tage der Apostel Teilung. (5)

Der wilde Hamelnsche Peter

Am 27. Juli 1724 fand ein Bürger aus der Stadt Hameln, Jürgen Meyer, einen etwa dreizehn Jahre alten Knaben ganz nackend auf dem Felde, etwas am Halse hängend, das dem Überbleibsel eines Hemdes glich. Der erstaunte Bürger fragte ihn, wer er sei und warum er sich hier nackend befinde, der Knabe konnte aber nicht antworten, sondern fiel auf die Erde und küßte sie und machte solche seltsame Mienen und Stellungen, daß man ihn für wahnwitzig hielt. Es fand sich indes bald, daß er kein Betrüger war, sondern wahrscheinlich einst seinen Eltern entlaufen und, in den Wäldern sich aufhaltend, nach und nach zum Tiere geworden war. S. M. der König Georg I. nahm sich seiner an, und im Jahre 1726 ward er auf Befehl der Königin Karoline nach England gebracht und dort einem Arzte übergeben, der, obwohl er keinen Fehler an seinen Sprachorganen entdecken konnte, doch nicht imstande war, ihm die Sprache wiederzugeben. Er ward später einem Pächter zur Erziehung und Unterhalt gegeben, wo er am 22. Februar 1785 im zweiundsiebzigsten Jahre gestorben ist. (6)

Hannover, den 24. Dec. 1725. Der Intendant des Zuchthauses zu Celle hat Sr. Königl. Majest. einen gewissen Jungen, ohngefähr fünfzehn Jahre alt, präsentieret, welcher vor einiger Zeit in dem Holz bei Hameln gefunden worden, auf Händen und Füßen herumgekrochen und viel behender als ein Eichhörngen auf die Bäume klettern können. Er hat nichts anders als Kraut und Moos von Bäumen gegessen, solange er im Holz gewesen. Man weiß aber nicht, wie er dahin gekommen. Weil er Sr. Königl. Majestät bei der Tafel präsentieret worden, haben ihm Selbige von verschiedenen Speisen etwas vorwerfen lassen, auch befohlen, daß man selbigem alles, was er essen könnte, reichen und, soviel nur möglich, unterrichten sollte. *(Hamburgischer Correspondent 1726. Nr. 1)* (7)

*

Hannover, den 12. Jan. Der Knabe, welcher im vorigen Sommer von denen Jägern im Walde bei Hameln angetroffen und von dar nach Celle, auch letzthin anhero vor Ihro Königl. Majestät gebracht worden, ist sehr wilder und grober Art und, da man ihn im Walde erblicket, ganz nackend gewesen, und soll er zu seiner Behausung einen hohlen Baum gehabt haben, den er mit Moos ausgefüttert. Anfangs hat er keine Kleider auf dem Leibe haben wollen, sondern alles gleich zerrissen, aber auf starkes Anreden und Bedrohungen mit Schlägen dieselben endlich behalten und lässet sich nunmehro ziemlich regieren. Die Augen stehen ihm etwas wunderlich im Kopfe, und die Haare sind ihm vorwärts ins Angesicht gewachsen gewesen, anitzo aber sind sie schon anders gewöhnet; er greifet mit den Händen ganz plump in die Schüssel und reißet das Fleisch mit den Zähnen voneinander; seine angenehmste Speise ist Haselnüsse und grün Kraut, ohne Zweifel darum, weil er im Walde mit dergleichen sich mag ernähret haben; er küsset die Hand, seine Dankbarkeit damit anzudeuten, und kratzet mit einem Fuße aus; wird ihm Geld gegeben, so stecket er's bei sich; er hat zwar wenig Verstand und keine Sprache, jedoch wenn man ihm nunmehro ein und andere Buchstaben vorsaget, so kann er sie vernehmlich nachsprechen, weil ihm die Zunge gelöset ist. Man hat observieret, daß derselbe Miene gemacht, als wenn er vor sich gesungen, und hat geschienen, als wenn es der Melodei eines Schäferliedes gleich gewesen, welches er ohne Zweifel denen Schäfern (so vielleicht nahe am Walde gehütet) mag abgelernet haben. Wie er vor Se. Königl. Majest. gestellet worden, hat er sich gar dreiste aufgeführt und wunderliche Gestus gemacht, auch, wie man sagt, sich mit beiden Armen auf die Tafeln geleget und alle angesehen. Man hat ihn wieder nach Celle ins Waisenhaus gebracht und beschlossen, ihn in die Schule gehen zu lassen, um zu sehen, ob er durch das viele Lesen und Beten der Kinder bald zu unserer Sprache gebracht werden könne. Wie er mag in den Wald gekommen sein, ist noch unbekannt; indessen hoffet man, wenn er erst wird sprechen können, von ihm selbst einige Nachricht zu erhalten. *(Hamburgischer Correspondent 1726. Nr. 11)* (8)

17

Die Wolfskinder

Ein in hessischen Landen aufgefundener Knabe war, wie sich in der Folge herausstellte und wie er selbst erzählte, im Alter von drei Jahren von Wölfen gefangen und in wunderbarer Weise aufgezogen worden. Von ihrer Beute boten ihm die Wölfe den besseren Teil zur Nahrung an, machten zur Winterszeit eine mit Blättern ausgelegte Grube und schützten in dieser den Knaben vor der grimmigen Kälte. Sie nötigten ihn zum Gang und Lauf auf Händen und Füßen, bis er hierin durch Übung ihre Schnelligkeit erworben hatte und die größten Sprünge ausführen konnte. Nach seiner Entdeckung wurde er durch angelegte Holzschienen aufgerichtet und dazu veranlaßt, sich auf menschliche Weise zu bewegen und einherzugehen. Der Knabe sprach sich öfter dahin aus, daß er weit lieber mit Wölfen als mit Menschen verkehre. Man hatte ihn, der Merkwürdigkeit und Betrachtung wegen, an den Hof des Fürsten von Hessen gebracht. (9)

*

Ferner geschah es, daß in der Wetterau bei dem Gute Echtzel ein Knabe aufgefangen wurde, welcher zwölf Jahre lang bei den Wölfen gelebt hatte, in einem großen Walde, welcher die Hart genannt zu werden pflegt. Edelleute, welche der Jagd wegen sich hier aufhielten, hatten ihn gefangen. Der Knabe lebte noch bis ungefähr ins achtzigste Jahr. Es geschah im Jahre 1344, zur Winterszeit und im Schnee, daß sie ihn ergriffen. (10)

Der Werwolf

Es war von dreiviertel Jahren her in dem ganzen hochlöblichen Fränkischen, ja sogar in benachbarten anderen vornehmen Kreisen der allgemeine Ruf erschollen, was maßen in dem Bezirk etlicher, dem Fürstentume Onoltzbach angehörigen Örter und Flecken ein erschrecklicher und grausamer Wolf sich sehen lassen, welcher verschiedene Mordtaten gewalttätiger Weis' verübet hätte, bei

18

Der Werwolf (Holzschnitt, 1493)

welcher Begebenheit bald dieser dieses, bald jener ein anderes seinem eigenen Belieben nach vorgebracht: Dieses tut wahr sich befinden, daß im vergangenen Monat Julio des verwichenen 1685. Jahrs und in folgenden Monaten verschiedene Kinder weggetragen und mit ihrer Eltern und Anverwandten größtem Leidwesen von einem grimmigen Wolf, den so bald in diesem, bald in einem andern Ort man gesehen, aufgefressen worden. Die Straßen und öffentlichen Wege wurden von den Reisenden sehr unsicher gemacht, und wer solchen Weg ziehen sollte, da dieser Wolf sich aufgehalten, derselbe nahm sich wohl in acht und beflisse sich, in guter Gesellschaft fortzuwandern. Die Schnitter auf dem Felde in während Ernte sahen sich wohl vor, indem der Wolf denselbigen sonderlich auf ätzig war, wie er denn unterschiedlichen Weibspersonen sehr gehässig sich erwiesen, die doch zum öftern mit großem Nachdrucke sich ihme Wolfen widersetzet. Da dieser in etlichen Territoriis grausame Schand und Mordtaten ausgeübet, ward solcher endlich würklich herbeigerucket. Es war angebrochen der 9. October des vorged. 1685. Jahrs, da hatte sich ermelt feindseliges Wolfstier nach Neuses, nicht weit von Eschenbach gelegen, begeben, umb allda den hungerigen Wolfsmagen mit einer vorkommenden Speis' zu sättigen und zu füllen. Er lausterende Wolf hörete in gedachtem Neuses ohngefähr einen wachen Gallum gallinaceum oder Haushahnen laut rufen, solchem nahete er sich bald, umb an ihme ein' angenehme Morgensuppen zu genießen, allwo vor dessen Hahnen Gesang und Geschrei er Wolf nicht erschrokken, wie sonst von dem beherzten Löwen geschrieben wird, daß, wann er einen Haushahnen krähen hören, vor ihme er zu fliehen pflege. Der krähende Hahn merkte bald bei Ankunft des Wolfs, daß es ihme gemeint und nicht umb seine rufende Stimm', sondern umb sein Leben zu tun wäre, flatterte dannenhero ohnversehens über einen bedeckten, niedrigen Brunnen, damit er sein Leben retten möge. Der begierige Wolf folgte eiferig nach, nit beobachtend, daß daselbsten ein heimlicher Brunnen verborgen wäre. Der nun bisherò manches Blut vergossen, mußte nunmehr auch ein rachgieriges Blut ausspeien. Da der Wolf unten im Brunnen lag, seind die benachbarten Inwohner mit Prügeln, mit Hauen, mit Steinen und andern Instrumenten zugelaufen, umb mit aller Macht zu verwehren, daß der Wolf aus dem Brunnen nicht mehr heraussteigen mögte. Hier hatte es an abwerfenden Steinen nit gemangelt, und haben die Inwohner an ihrer Gegenwehr nichts ermangeln lassen; der also in keiner aufgestellten Wolfsgruben gefangen und der von keinem fleißig aufstellenden Jäger mit Kugeln konnte geschossen und erleget werden, der mußte in einem Brunnen sein Leben endigen. Da der Wolf auf diese Weis' in dem Brunnen erwürget war, zog man dies verfluchte Aas heraus: Jedermann liefe zu und erfreuete sich, daß diese Furien endlich ohn' fernere Vergießung Menschenbluts erleget worden. Die Höhe seiner Wolfsgestaltung soll ein und einhalb Ellen hoch gewesen sein. Die Haut wurde ihme abgenommen, und damit das furchtsame Landvolk einsten versichert wäre, daß ihr und ihrer Kinder, auch ihres Gesindes ärgster Feind, der grimmige Wolf, leblos gemacht und erwürget worden wäre, hat man solch erwürgten Wolf an einen offentlichen Galgen aufgehenket nach derjenigen Landsart, so in gleichem in denen hessischen und mecklenburgischen Landen gebräuchlich, allwo, wann ein Wolf erschlagen und ertötet wird, pflegt man zum Trost des in Forcht gelebten Landvolks solchen ingleichen an den liechten Galgen zu henken, damit jedermann erkennen möge, daß ein solch grausames Untier glücklich erleget worden; und damit die Abscheulichkeit dieses gehenkten Wolfes nicht allzu erschröcklich denen Vorbeireisenden vorkäme, hat man ihm die, Wolfsschnauze bis an die Augen abgehauen und ihm vor sein Wolfsgesicht ein Schembart oder so gemachtes Menschengesicht angefüget, umb welches Spektakul zu sehen, weit und breit die Leut herbeikommen, welche diese Begebenheit genau betrachtet, worbei bald dieser, bald jener allerhand Konzepten ihme in seinem Cerebell gemacht. Von den Affen ist bekannt, wann sie in Afrika gezähmet und von ihnen etwas Böses begangen wird, sie an einen Galgen mit einem sonderbaren Kleid von sonderbaren Farben, als ob ein Mensch dahinge, aufgehenket werden. Ist also dieses in diesem und jenes in jenem Land sittlich und üblich, und weilen damals im ganzen Frankenland und allen benachbarten Orten viel Redens und Diskurrierens von diesem Wolf und seiner Begebenheit gewesen! (11)

Der zärtliche Wolf

Im Jahre 1555 trieb sich im Sommer etliche Wochen lang ein Wolf im Weichbild von Erfurt herum, der lief den Leuten nach, umarmte, herzte und drückte sie, namentlich die Weibspersonen, tat ihnen aber sonst kein Leid an und biß niemand. Wenn er aber so eine oder die andere umschlungen hielt und den Rachen aufriß, der von ungeheurer Größe war, erschraken sie so, daß sie fast den Tod davon hatten. (12)

Seltsames Verhalten

Auf der Burg Stein zu Nassau lebte die edle Witwe des Herrn Johann von Stein. Sie hatte zwei treffliche Söhne und vier Töchter, deren jede einen wackeren Ritter zum Ehegemahl hatte. Eines Tages begab sich, daß alle Kinder und Schwiegersöhne bei der Mutter versammelt waren, und als sie bei Tische saßen, hatte die

Mutter also sechs Ritter beisammen an der Tafel. Sie dachte mit Wehmut daran, daß ihr Mann auch ein tapferer Ritter gewesen war; als sie einen nach dem anderen mit Wohlgefallen betrachtete, kam ihr ein heimliches Bangen an, ob es mit der Ehre und Größe ihres Hauses wohl stets so bleiben würde, und sie sprach zu sich selber: Dieser Ehren ist zu viel, stand auf, ging heimlich fort, und nie hat ein Mensch die Wahrheit erfahren, wohin sie gekommen ist. (13)

Das schöne Schloß

Einer der schönsten Herrensitze ist das Deutsch-Krawarner Schloß. Der Volksmund erzählt, daß sein Erbauer bei einem Feste die Gäste gefragt habe, wie ihnen das neue Bauwerk gefiele. Darauf gab ihm sein Bruder, der Bischof gewesen sein soll, die Antwort: »Bruder, es ist sehr schön hier, du hast jedoch, als du einzogst, vergessen, die Pforte hinter dir zu vermauern, auf daß sie dich niemals hier hinaustragen.« *(Oberschlesien)* (14)

Der wunderbare Fischfänger

Der Probst Olricus von Buxtehude hatte einen Diener Geverhardus, der nach Belieben in dem Strudel des Flusses Eschede hinabstieg, so daß er nicht mehr gesehen wurde. Wenn er dann nach einer langen Stunde zurückkehrte, brachte er große Fische mit sich, fast drei Hände lang, einen in jeder Hand und einen dritten im Munde. Oft sprang er aus dem Badezimmer heraus ins Wasser und brachte seinem Herrn Fische in die Stube mit. (15)

Der Burgherr und seine Forelle

Im Tale der Agger lag vorzeiten ein stolzes Schloß. Der Herr dieses Schlosses hatte am Fuße des Berges eine Quelle mit Marmelstein eingefaßt, in welcher er eine wunderschöne Forelle pflegte. Er fütterte den Fisch, unterhielt sich gerne mit ihm und erfuhr von ihm viele geheime Dinge. Als der Schloßherr nun eines Tages in den Krieg ziehen mußte, befahl er seinem Hausgeistlichen, des Fisches wohl achtzuhaben und Sorge zu tragen, daß ihm kein Unheil zustoße. Der Geistliche aber, welcher den Fisch genauer anschaute, wurde lüstern nach ihm, fing ihn aus dem Quell, tötete ihn, ließ ihn für sich zubereiten und aß ihn.

Als der Schloßherr wieder zurückkehrte, war sein erster Gang nach dem Quell. Als er den Fisch nicht mehr vorfand, ließ er den Geistlichen kommen. Dieser berichtete nun, daß der Fisch durch fremde Diebe nächtlicherweile gefangen worden sei. Der Schloß-herr erfuhr aber durch Zaubermittel gar bald, wohin der Fisch gekommen war. Er faßte daher den Pfaffen, tötete ihn und steckte ihn an den Bratspieß. Als er die Leiche genugsam gebraten hatte, ließ er sie von seinen Hunden verzehren. Hierauf wappnete sich der Herr und zog mit seinen Hunden von dannen, um nie wieder zurückzukehren. Bald darauf ist auch das prächtige Schloß verödet und eingestürzt. *(Nordrhein)* (16)

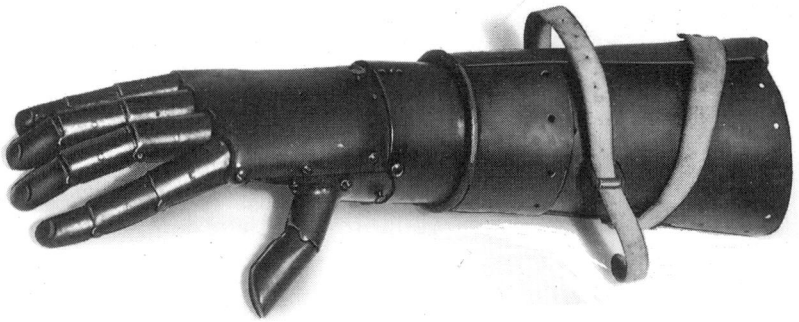

Die eiserne Hand des Götz von Berlichingen (Museum Jagsthausen)

Götz von Berlichingen

Das Zitat
Nun war ich des Sinnes, die Landesgegend ein Weilchen unsicher zu machen und mein Heil weiter zu versuchen, um mich ein wenig zu rächen, brannte demnach in Begleitung von nicht mehr als

sieben Mann drei Orte nieder, Ballenberg, Oberndorf und das Schafhaus zu Krautheim unter dem Schloßberg. Gern habe ich nicht gesengt und gebrannt; diesmal aber geschah es, weil ich wollte, daß der Amtmann herausrücken sollte, und hielt deshalb wohl ein oder zwei Stunden zwischen Krautheim und Neuenstadt in einer schneehellen Nacht. Aber der Amtmann schrie, während ich unten brannte, nur von der Mauer herab, und ich rief zurück, er möchte mich hinten lecken. Doch es galt hier nicht lange zaudern, und ich machte mich wieder davon. Am dritten Tage darauf ergriff ich einen aus Miltenberg, namens Reußlein, mit drei Geschirren. Sodann wandte ich mich nach einem entlegenen, fremden Lande. Es waren nämlich sechs Domherren und Räte auf einem Wagen nach Halle in Sachsen zum Erzbischof von Mainz in Begleitung von vierzehn Mann gefahren; es waren, wie ich erfuhr, reiche Leute. Ich zog nun die genauesten Erkundigungen über sie ein und hörte, daß sie sich schon wieder auf der Heimreise befänden; aber die Sache zog sich wohl einen Monat hin, so daß ich viel Zeit verlor. Ich hielt nun drei Orte besetzt: den Thüringer Wald, Franken und die Buchen, sie wären also, welche Straße sie auch zogen, in meine Hände gefallen. (17)

Die Eiserne Hand

Mit meiner Verwundung hat es folgende Bewandtnis gehabt. (Ich benahm mich wie ein junger Gesell, der gern und fröhlich lebt, und ich war der Meinung, als ich jung war, man müsse mich auch einen guten und braven Kerl sein lassen.) Als wir nämlich am Sonntag, wie ich oben erzählt habe, vor Landshut wieder scharmützelten, da richteten die Nürnberger ihr Geschütz gegen Freund und Feind. Die Feinde hatten eine vorteilhafte Stellung an einem Graben eingenommen, und ich hätte gern einen Speer mit ihrer einem gebrochen. Wie ich nun so stillhalte und nach einer Gelegenheit ausschaue, da richten die Nürnberger das Geschütz gegen uns, und einer schießt mir mit einer Feldschlange den Schwertknopf entzwei, daß mir die Hälfte davon in den Arm ging und drei Armschienen dazu; der Schwertknopf lag in den Armschienen, daß man ihn nicht sehen konnte; es wundert mich jetzt noch, daß ich nicht vom Pferde herabgestürzt bin; die Armschienen blieben ganz, nur die Ecken, welche sich verbogen hatten, standen ein wenig hervor. Der andere Teil des Schwertknopfes und die Stange hatten sich verbogen, waren aber nicht entzwei, und ich glaube, diese haben mir zwischen dem Handschuh und dem Armrüstzeug die Hand abgerissen; der Arm war hinten und vorn zerschmettert. Als ich bemerkte, daß die Hand nur noch lose an der Haut hing und mein Spieß unter meines Pferdes Füßen lag, tat ich, als wäre mir nichts geschehen, wandte das Pferd ganz gemach um und kam dennoch unbehelligt von den Feinden zu meinen Leuten. Da lief ein alter Landsknecht heran, der in das Kampfgetümmel wollte; den rief ich zu mir und bat ihn, er möchte bei mir bleiben, denn er sähe, wie es mit mir stünde. Das tat er auch, blieb bei mir und mußte mir dann den Arzt holen. Als ich nach Landshut kam, erzählten mir meine alten Gefährten, die in der Schlacht gegen mich gekämpft hatten, auf welche Weise ich geschossen worden wäre und daß ein Edelmann, Fabian von Wallsdorf, ein Vogtländer, von demselben Schuß getroffen und davon getötet wäre, obwohl mich der Schuß zuerst erreicht hatte, so daß also Freund und Feind miteinander Schaden nahmen. Dieser Edelmann war ein feiner, schöner Herr, wie man unter Tausenden kaum einen schöneren findet.

Man erzählte mir auch, was ich alles an den beiden Tagen, am Samstag und Sonntag, getan und vollführt hatte, und gab mir alle Merkmale an, was für einen Haupharnisch ich getragen und was für ein Pferd ich geritten hatte, und man wußte ebensogut wie ich alle meine Taten der letzten beiden Tage. Von der Zeit an, dem Sonntag nach Jacobi bis zu Fastnachten, habe ich in Landshut gelegen, und welche Schmerzen ich in der Zeit erlitten habe, kann sich wohl ein jeder denken. Es war meine Bitte zu Gott, wenn ich seiner göttlichen Gnade teilhaftig wäre, möchte er in seinem Namen mit mir hinfahren, ich wäre doch zu einem Kriegsmann verdorben. Da fiel mir aber ein Knecht ein, von dem ich durch meinen Vater und alte pfalzgräfliche und hohenlohische Knechte gehört hatte, Köchli genannt, welcher auch nur eine Hand gehabt hat und im Felde dem Feinde gegenüber alle Dinge ebensogut hat verrichten können wie jeder andere. Ich betete zu Gott und dachte bei mir, auch wenn ich zwölf Hände hätte und seine Gnade und Hilfe stände mir nicht bei, so wäre alles umsonst. Deshalb vermeinte ich, hätte ich auch nur wenig Ersatz durch eine eiserne Hand, ich wollte dennoch im Felde so tüchtig sein wie irgendein anderer gebrechlicher Mensch. Ich bin seither mit Köchlis Söhnen geritten, die redliche und berühmte Reiter waren. Und wahrlich kann ich nicht anders finden noch sagen, nachdem ich fast sechzig Jahre mit einer Faust Kriege, Fehden und Händel geführt habe, als daß der allmächtige, ewige und barmherzige Gott wunderbarlich mit großer Gnade bei und mit mir in allen meinen Kriegen, Fehden und Gefahren gewesen ist. (18)

Der Spruch von Alfeld

Nachdem Herzog Otto von der Leine, auch der Quade genannt, die Harzburg erobert hatte, aber von dem Bischof Gerhard von Hildesheim verhindert wurde, diese Burg zu halten, griff er am Tage Allerheiligen die Stadt Alfeld an und eroberte dieselbe, da die Einwohner sich keines Einfalls versahen. Davon sind folgende Reime übrig:

> »Ein Ring, drei Würste
> Ein L', Otto Fürste
> Zwei X, eins davon ich melde
> Allerheiligen verloren Alfelde.«

Es soll dies heißen, die Stadt sei 1369 verlorengegangen, weil man dies mit römischen Ziffern also schreibe: CID. CCC. LXIX. (19)

Das Festkleid der drei Grafen

Aber Herr Johanns von Zimmern und Grafe Friederich von Zollern sein nachmals so gut Freund ihr Leben lang miteinandern gewesen, daß sie beid' mit Grafe Wolfen von Montfort (wiewohl sie drei mächtige Herrn an Land und Leuten gewesen) nur ein sammatin Wammas gehabt haben, welches ihrer dreier gewesen, also daß ein jeder, der es bedorfte oder gewollt, von dem andern entlehnet. Uf ein' Zeit hat sich zugetragen, daß Herr Johanns gen Stuttgart zu Grafe Eberharten von Württemberg geritten, und als er des Nachts schlafen gangen und das sammatin Wammas abzogen, ist solches ohne alle Gefährd hinder ein Truchen gefallen. Des Morgens, wie Herr Johanns aufgestanden und ein Edelmann, der Ramsperger genannt, ihn anton wellen, wie ihm dann allwegen Ritter und Knecht gedient, hat man das Wammas nicht finden künden. Zuletzt, als der Edelmann fast gesuocht und es hindert der Truchen gefunden, hat er ohn Gefährde gesagt: »Hie ist das Unglick.« Als Herr Johanns dieses gehört, hat er das Wammas nicht anlegen wellen, sonder in Ernst gesprochen, dieweil es Unglick, soll er es selbst behalten, und auch sein Leben lang darauf das Wammas nie wieder angelegt. Doch darum das Wammas sein nicht allein, hat er gedachtem Edelmann von Ramsperg ein Schenke darfür geton, daß er wohl zufrieden gewesen. Darab wohl abzunehmen, wie er ein seltsamer Herr und der schier gar zu superstitiosus gewesen ist. (20)

Ziskas Trommel

In der böhmischen Historie ist der hussitische General Ziska nicht unbekannt, welcher durch seine ungemeine Heldentaten einen unsterblichen Ruhm erworben, aber auch in zwei unglücklichen Schlachten seiner Augen beraubet worden. In solchem blinden Zustande hat derselbe seine Rache an denen Priestern auszuüben gesuchet, wie er denn alle Gefangene herzuführen lassen, und wenn er mit seinen Händen eine geschorne Platte angetroffen, solche Personen mit einem eisernen Hammer zu Boden geschlagen, auch auf solche Art mit eigener Faust etliche tausend soll ermordet haben. Dieser grausame Kriegesmann, den man eher einen Mörder als Märtyrer nennen möchte, da er sahe, daß sein Lebensende herbeigekommen wäre, befahl in seinem letzten Willen, daß man seinem Körper die Haut abziehen, aus dem zubereiteten Felle eine Trommel verfertigen, selbige vor der hussitischen Armee herführen, und ehe man den Feinden ihres Glaubens ein Treffen lieferte, selbige zu schlagen anfangen sollte. Vermutlich muß dieser alte Greis ein großes Geheimnis in seiner Haut gesucht haben; besagte Trommel aber wird zum Andenken bis auf diese Stunde in dem Schlosse zu Alt-Buntzel verwahret, und es wissen auch die Kinder davon zu reden, daß, wenn ein Krieg, eine Pest, Hungersnot, hohe Todesfälle oder anderes Unglück über das Königreich Böhmen verhängt sei, diese Trommel allezeit von sich selbst zu schlagen anfange, und einige sogenannte Wirbel von sich hören lasse. So oft nun solches sich ereigne, müsse der dasige Schloßhauptmann ohne Verzug dem Kgl. Statthalter zu Prag Nachricht davon geben, damit man gegen alle widrigen Zufälle die nötigen Anstalten vorkehren möge. (21)

Die Waldenburger Fastnacht

Ein' sehr erschröckliche, doch wahrhaftige Geschicht, so sich begeben hat in dem Land zuo Wirdenberg, auf dem Schloß Waldenberg genannt, Anno Domini MDLXX. Jahr an der Faßnacht

Als man nach der Geburt Christi Jesu, unsers Seligmacher und Heiland, zählt 1570 Jahr an der Faßnacht, hat es sich begeben in dem Wirdenberger Land auf dem Schloß Waldenberg genannt, daß Graf Eberhard von Hohenlohe etlich' Grafen und ander Herrn vom Adel zuo sich geladen hat, Faßnacht mit ihm zu halten, welche ihme zu Gefallen erschienen seind. Nachdem aber die Herren zu Nacht über Tisch etliche Stund und Zeit mit Essen und Trinken verzehret hetten, auch zum Teil ziemlich bezecht und trunken worden, haben sie undereinander angefangen und beratschlagt, sich in Larven oder Schönbart, auch in große, darzu gemachte Teufelskleider zu vermummen, zu Hand haben sie sich auf ge-melde Weis' angetan in große Kleider, welche mit Flachs, Werg und andern Ding groß und abscheulich gemacht gewesen seind, und haben auch schwarze, unliebliche Schömpart fürgeton und seind also in solcher Kleidung bei Nacht mit Windlichtern in dem Schloß herumbgezogen, bis auf die zehen Uhr. Als sie aber haben angefangen zu mummschanzen und spielen, all da ist ohn Gefahr Graf Eberhardten' Kleidung brinnend worden, zuo Hand seind die andern schnell zuogefahren, haben dareingedappt und löschen

Fackeltanz der Masken zu Augsburg (Holzschnitt von Albrecht Dürer)

wöllen, aber von Stunden an haben ihre Kleider auch angefangen zu brinnen; als aber nun die Diener ihrer Herrn alsand brinend gesehen haben, allda seind etlich aus Forcht darvongeflohen, doch etlich ander nach Wasser geloffen, dessen sie doch gar wenig befunden haben, jedoch einer in Eil' in Schwankkösse oder Becken mit Wasser erwischt, mit welchem er doch auf dem Saal gefallen ist und das Wasser ohn Nutz verschittet hat, desgleichen hat auch einer ein Kübel voll gebracht, und als er auf den Saal ist gekommen, da ist dem Kübel der Boden ausgebrochen und das Wasser verschitte. Es seind auch alle Wassertrög, so man zu Feurs Not an solchen Orten im Brauch hat, diesmals leer und ohn Wasser befunden worden. Als nun gar kein Leschung oder Hilf verhanden ist gewest, haben die Herren ganz feurig im Schmerzen und Pein jämmerlich geschrien und begehrt, daß man sie erstechen sollt, damit sie des greulichen Schmerzen abkämen, doch letztlich seind durch die Diener und andere Leut' mit Kleidern und andern Dingen die Flammen an ihnen mit Gewalt erstickt und gedempt worden, und seind nach Ausleschung der Teufelskleider ihre rechte Kleider unversehrt und unverbrunnen gewest, jedoch aber ihr' aller gemelter Leib ist dermaßen verbrannt und beschädigt gewesen, daß Graf Jörig von Tübingen in wenig Tagen hernach mit Schmerzen gestorben ist, desgleichen auch Graf Eberhardten von Hohenlohe ist ein Schenkel dermaßen verbrunnen, daß er ihm von den Arzten ist abgenummen worden und für tödlich erkannt. Desgleichen auch zwen Edelleut, Valenthein von Perling und einer von Neudeck, seind auch dermaßen verbrunnen, daß alle Doktores und Arzt' send daran verzagt, zuo heilen. Wieviel sie doch guoter Stuck zu löschen des Brands für die Hand genummen haben, ist es doch alles vergebens gewesen, derhalben auch etliche hohe verständige Medicis geredt haben, dieser Brand sei ein rechter giftiger, höllischer Flamm und unheilbar: Hiebei, ihr Christenleut, betrachtet bei dieser wahrhaftigen, strafbaren Geschicht', was großes Laster und Übel aus der schnöden Trunkenheit entspringt, die doch insonderheit ihren Vorgang und schier ein' Freiheit haben will zuo der Zeit Bachanalia, so auf teutsch Fasnacht genannt wird und ein Fest ist, welches von den Heiden herkumbt, nämlich, daß sie Bachum, den Weingott, damit verehrt haben. Nun sieht man leider, daß wir Christen den Heiden in diesem und dergleichen Lastern fleißig nachfolgen. Derhalben lasset uns Gott den Allmächtigen fleißig anrufen, daß er uns wölle behieten hie zeitlich und dort ewiglich vor dem höllischen Feur. Amen. (22)

Simon Majolus erzählt ein trauriges Schau-und Faßnachtspiel, welches drei Jüngling' hochadelichen Geschlechts im Jahr 1470 zu Waldenberg auf dem Schloß eines ihres Blutsfreunds angestellt haben

Diese, nach eingenommener stattlicher Gasterei, dem anwesenden Frauenzimmer ein Kurzweil zu machen, zohen wüste, zottete, von Pech und Harz ganz abscheulich gemachte Faunuskleider an und sprangen also vermummt gelingt in das Zimmer hinein. Legten die Würfel auf den Tisch und schlügen ein jeder seiner Liebsten ein Mummschanz. Weil aber einem der Würfel unter den Tisch gefallen und der Page mit der Fackel denselbigen war unbehutsams suchte, sprang ein Funken darvon in das Kleid seines zunächst stehenden Herrens: welches gar bald die Flamm' faßte und wegen tauglicher Materi gleich hell umb sich zu greifen und aufzubrinnen anfinge. Diesem wurde nit mehr, als daß er anfinge umb Hülf zu schreien, sich auf der Erden umbzuwälzen, wo möglich wenigist auf solche Wis' die heißbrennende Flammen zu erstecken. Die am Tisch Sitzende meinten anfangs anderst nit, als es wäre nur ein verstellte Weis', das Frauenzimmer zu erschrecken, und das Feur mit Fleiß also zugericht, daß es dem Leib nit schaden könnte. Wie sie aber den Ernst sahen, sprangen sie vom Tisch auf und wollten den Armseligen erretten helfen; und weil auch die andere zwen Vermummte unbehutsam zuegegriffen, wurden sie gleichfalls vom Feur angesteckt und waren nun alle drei ein lauterer Brand und zugleich die größte Gefahr, daß nit auch das Haus angezind't wurde. Eberhardus (dann also hieße der Herr des Schloß'), dem vielleicht das Unglück vorgangen und diese gefährliche Mascara mehr geschehen ließe als gern sahe, hatte vorsichtiglich auf allen Fall an ein gewisses Ort einen großen Zuber mit Wasser stöllen lassen: deme dann alle jetzt zueluffen mit den nächsten besten Gschirren, die sie ertappen kunnten, aber fanden mit höchster Verwunderung keinen Tropfen darin. Andere eilten zu dem Bronnen: aber der erste, der wieder zuruckkame, füelle auf dem oberisten Staffel der Stiegen und schittete alles Wasser aus; der andere erwischte ein zerlechsnetes hülzenes Schäfflein, und eh er in das Zimmer hineinkame, ware schon alles ausgerunnen; ebenfalls bemüheten sich andere vergebens. Die arme junge Herren aber unterdessen schrien, heulten, zableten und wälzten sich mit unsäglichen Schmerzen in den Flammen drei Stund beiläufig und waren ohne einzige ersprießliche Hülf nach abgebranntem Haar, Haut und Fleisch ein Leich': zum erbärmlichen Spektakul und Witzigung aller deren, die beiden Mummereien in der Faßnacht etwan gar zu großen Mutwillen treiben... (23)

Die lange Schicht zu Ehrenfriedersdorf

Einst lebte in der uralten sächsischen Bergstadt Ehrenfriedersdorf im Erzgebirge ein junger Bergmann, namens Oswald Barthel, des alten Bergmanns Michael Barthel Sohn, der von seinen Vorgesetzten so geschätzt war, daß ihm der reiche Obersteiger Baumwald seine einzige Tochter Anna verlobte.

Nun sollte er im tiefen Stollen, Gutes Glück, im Sauberge anfahren, um einen Durchschlag zu machen, welches wegen des entgegenstehenden Wassers unter die gefährlichsten Arbeiten des Bergbaues gehört. Er und diejenigen seiner Kameraden, welche die Reihe hierzu traf, traten nun, nachdem sie zuvor mit ihrem Steiger an der Spitze gebeichtet und das heilige Abendmahl genommen, am Tage St. Katharinä im Jahre 1508 die Fahrt mit einem herzlichen Glückauf! an. Als sie an dem gefährlichen Punkte angekommen waren, ward die Arbeit sofort in rolliger, sehr gebrechlicher Bergart betrieben und das Einstürzen der Firste durch Zimmerung verhütet. Die Last war groß, die auf dieser Zimmerung ruhte, und als der Steiger, etwas zurückstehend, eben eine Anordnung treffen wollte, hörte er ein heftiges Krachen in der Firstenzimmerung und im nächsten Augenblick ein gleiches: »Brüder, rettet Euch!« rief er, »schnell, es macht einen Bruch!« Diesem Rufe folgten alle in der größten Eile, nur Oswald, der jüngste und rascheste von allen, blieb auf eine bis jetzt unbegreiflich gebliebene Weise zurück und wurde so verschüttet. Zwar gab man sich die unsäglichste Mühe, den armen Oswald zu retten, und immer neue Arbeiter lösten die bereits ermatteten ab, aber vergebens, es brach immer mehr nach, und der Unglückliche ward nicht wieder gefunden. Als nun aber die Braut des armen Bergmanns die furchtbare Kunde vernahm, sank sie zuerst in eine tiefe Ohnmacht, aus der sie nur wieder erwachte, um in eine tödliche Krankheit zu verfallen. Zwar besiegte ihre Jugendkraft dieselbe, und sie ward dem Leben erhalten, allein als sie nach ihrer Genesung zum ersten Male wieder das Gotteshaus betrat, da brachte sie am Altar der hochheiligen Mutter des Herrn das Gelübde, ihrem Oswald treu zu bleiben und ihr Leben lang nur als Jungfrau zu leben und zu sterben; dann hing sie ihren Brautkranz mit eigner Hand unter den übrigen Totenkränzen in der Kirche auf und lebte nun in tiefster Stille, den Segen der Armen verdienend.

So gingen denn seit jenem Unglückstage viele Jahre dahin, und zuletzt waren nur noch die jungfräuliche Braut sowie drei Bergleute, Balthasar Thomas Kendler, Andreas Reiter der Ältere, beide in Ehrenfriedersdorf, sowie Simon Löser, in Drehbach wohnhaft, von allen denen übrig, die damals das unglückliche Ereignis mit angesehen hatten. Da fügte es sich, daß in Brünlers Fundgrube am Sauberge ein Stollen bewältigt wurde, und als man in die siebente Lachter im rolligen Gebirge fortgerückt war, stieß man auf einen in der Erde liegenden menschlichen Körper, der noch in seinen unverwesten Kleidern dalag. Mit vieler Mühe machte man ihn von seiner drängenden Umgebung frei und schaffte ihn nach dem Tageschachte, da brach dieser harte Leichnam mitten auseinander, und man konnte ihn also nur in zwei Stücken heraufwinden. Der Leib, Kopf und Arme waren noch beisammen, doch der Körper, wahrscheinlich beim Herausziehen, zerrissen oder vielmehr zerbrochen. Diese Begebenheit wurde sogleich dem damaligen Bergmeister, Valentin Feige, gemeldet, welcher den Geschworenen, Thomas Langer, rufen und die obengenannten Greise an Bergamtsstelle bescheiden ließ. Diese Männer sagten nun aus, daß sie sich noch wohl erinnerten, wie einst in der Zeit ihrer Jugend, vor sechzig Jahren, ein junger Bergmann, namens Oswald Barthel, in der Gegend, wo der Leichnam jetzt gefunden worden, so verfallen sei, daß ihn niemand hatte retten können. Und als man nun den Leichnam brachte, erkannten sie ihn als den Verschütteten. Dieses Wiederfinden geschah am 20. September 1568, so daß der Verschüttete sechzig Jahre, neun Wochen und drei Tage in der Erde gelegen hatte, als man ihn wiederfand, worauf er am 26. desselbigen Monats mit einem feierlichen Leichenbegängnis wieder zur Erde bestattet wurde, welche ihn schon so lange umschlossen gehabt hatte. Es war ein Begräbnis, wie Ehrenfriedersdorf noch keins gesehen hatte. Der Leichenzug bestand aus Tausenden, die herbeigekommen waren, um dem so wunderbar Wiedergefundenen das letzte Geleite zu geben. Als die Leiche eingesenkt werden sollte, eilte auch seine treugebliebene Braut herbei und sprach den Wunsch aus, ihm bald folgen zu können, und nach wenigen Tagen

Die Eltern als Sohnesmörder.
Eine wahre Begebenheit.

Liedflugblatt aus Wien (19. Jahrhundert)

ward ihre Hoffnung auch erfüllt. In der Gedächtnispredigt, welche
der damalige Ortspfarrer, M. Georg Reute – als Oswald verschüttet ward, herrschte hier noch das Papsttum, jetzt aber hatte dasselbe längst der Reformation weichen müssen –, hielt, sagte derselbe am Eingange, es sei eine wunderbare Mär, daß er, der Pfarrer,
der schon im einunddreißigsten Jahre stehe, heute einer Leiche die
Gedächtnispredigt halte, welche schon dreißig Jahre vor seiner
Geburt gestorben sei. Noch heute heißt aber die Hauptzusammen-
kunft der Bergknappschaft zu Ehrenfriedersdorf am Montag nach
Ostern zum Andenken an obige Begebenheit die lange Schicht.
(24)

Der Mord am eigenen Sohn

1. April 1815. Dieser Monat fing mit sehr schöner Witterung an, in den Städten pflanzten und säeten die Menschen schon Bohnen, Erbsen und Wurzelsamen. Im Umfange dieses Monats schlug in dem nahe bei Minden gelegenen Dorfe Barkhausen eine Mutter ihren eigenen Sohn tot. Sie wußte zwar nicht, daß es ihr Sohn sei, das rechtfertigt sie aber doch nicht, und sie muß wahrscheinlich durch Henkershand wieder sterben. Er war nämlich aus Rußland wieder nach Hause gekommen, wohin er mit der französischen Armee hatte marschieren müssen, gibt sich aber seinen Eltern nicht zu erkennen, sondern holt von dem Vorsteher ein Billet, quartiert sich da ein, sagt aber dem Vorsteher, daß er der Sohn aus dem Hause sei, gibt seiner Mutter am Abend einen Beutel mit Gelde, worin fünfhundert Reichstaler gewesen sein sollen, in Verwahrung, legt sich in die Stube auf ein gemachtes Strohlager und in der Nacht, als er im Schlafe ist, steht die Frau auf und schlägt ihn tot, verscharret ihn darauf im Mist, und als der Vorsteher des Morgens kommt und will mal hören, wie es ihm geht, sagt die Frau, er sei lange weg. Da sagt der Vorsteher, daß es ihr Sohn sei, da fällt sie in Ohnmacht, und als sie sich erholt hat, gestehet sie den ganzen Vorfall. (25)

Der Zauberspiegel

Im Erzstift Köln war 1577 Gebhard Truchseß von Waldburg zum Erzbischof gewählt worden. An seinen Hof kam 1579 der Italiener Hieronymus Scotti, ein Abenteurer, der die Welt durchstreifte und von dessen Kunstfertigkeiten man viel erzählte. Der hatte einen Zauberspiegel bereitet und ließ darin den Kurfürsten das Bild der schönsten Frau sehen. Es war aber die Gräfin Agnes von Mansfeld, die damals Stiftsdame zu Gerresheim und zur Feier des Peterstages nach Köln gekommen war. Anderntags sah der Kurfürst sie bei der Prozession selbst und war sofort rettungslos in sie verliebt. Bald wurde er auch mit ihr einig und ließ sie durch seine Leute aus Gerresheim entführen.

Um freie Hand zu bekommen, trat Kurfürst Gebhard im Dezember 1582 zum reformierten Bekenntnis über. Am 3. Februar 1583 machte er dann Hochzeit mit seiner schönen Agnes. Während er aber die Flitterwochen mit ihr auf der Burg Godesberg verbrachte, erklärte der Papst ihn in den Bann und der Kaiser sprach die Reichsacht über ihn aus. Als sein Nachfolger wurde der streng katholische Herzog Ernst von Bayern zum Erzbischof gewählt. Gebhard, der schon vorher den Reformierten und Lutheranern freie Religionsübung in seinen Landen zugestanden hatte, wollte sich aber als Kurfürst von Köln behaupten, wenn er auch auf das Amt des Erzbischofs verzichtete. So kam es zum Kölnischen oder Truchsessischen Kriege, durch welchen die niederrheinischen Lande fünf Jahre verheert wurden. Godesberg, Bonn und Siegburg wurden erobert; Gebhard mußte fliehen und ist schließlich 1601 in Straßburg gestorben. *(Düsseldorf)* (26)

Die Mumie des Ritters

Die fast 300 Jahre alte Mumie des Ritters Kahlbutz in der kleinen Kirche von Kampehl im DDR-Bezirk Potsdam ist laut ADN ein großer Anziehungspunkt für Touristen.

Untersuchungen berühmter Wissenschaftler, wie Professor Virchow oder Ferdinand Sauerbruch, hätten ergeben, daß die nur 9,8 Kilogramm schwere und 1,70 Meter große Mumie weder einbalsamiert noch durch andere feststellbare Methoden erhalten worden ist.

Von dem sagenumwobenen Ritter wird berichtet, daß er 1690 den Schäfer Pickert erschlug, dessen Braut ihm das Recht der ersten Nacht verwehrte. Im folgenden Prozeß schwor Kahlbutz, nicht der Mörder zu sein, und erklärte: »Wenn ich doch der Mörder war, so soll mein Leib nicht verwesen.« Der Ritter wurde daraufhin freigesprochen.

Als man 80 Jahre nach seinem Tode den Sarg öffnete, fand man die Leiche mumifiziert, so wie sie heute noch in Kampehl zu besichtigen ist. *(Badische Zeitung vom 28. 6. 1972)* (27)

Die unverweste Mumie des Ritters Kahlebutz in der Kirche zu Kampehl (Foto, ca. 1980)

Herr von Kahlebutz in Kampehl verwest nicht

Einst hauste zu Kampehl bei Wusterhausen a. D. ein Herr von Kahlebutz, von dem wird gesagt, daß er ein gar jähzorniger Mann gewesen sei. Eines Tages wollte er nach Wusterhausen reiten, da traf er am Bückwitzer See, dort, wo der Weg über die Schwänze geht (so heißt der Abfluß des Sees nach der Dosse), einen Schäfer. Mit diesem geriet er in Streit wegen des Weideplatzes, und als der Schäfer sein gutes Recht behauptete, erschlug ihn der jähzornige Mann. Obschon es niemand gesehen hatte, lenkte sich doch der Verdacht auf ihn. Er wurde vor Gericht nach Neustadt a. D. gefordert, leugnete aber die Tat und schwur, daß er nimmermehr seine Hand gegen den Schäfer erhoben habe. Schwöre er einen falschen Eid, dann wolle er, daß sein Leib niemals zu Staub werde und sein Geist herumwandle ohne Ruhe bis auf den Jüngsten Tag.

Daß es ein Meineid gewesen, ist dann auch klar geworden, als er starb. Sein Leib blieb unverwest im Sarge, selbst seine Kleidung hat sich erhalten, und ein jeder um Neustadt und Kampehl kennt die Sage, daß sein unruhiger Geist am Orte der bösen Tat allnächtlich zwischen elf und zwölf Uhr herumspukt und sein Wesen am Bückwitzer See und auf der Schwänzbrücke treibt. Viele haben zwar schon ungläubig den Kopf geschüttelt; andere aber bleiben steif und fest dabei, daß des Kahlebutz Geist keine Ruhe habe und daß der Spott und Hohn gegen ihn nicht ungestraft bleibe. Fußgänger, welche die Schwänzbrücke zur genannten Zeit passiert haben, sollen von der Last zu erzählen wissen, die sich plötzlich auf ihre Schultern niedergeworfen hat und erst gewichen ist, wenn sie aus dem Bereiche des bösen Geistes gekommen. Manchmal, heißt es, haben Spötter auch noch Schlimmeres erfahren. So soll Anno 1806, während der Franzosenzeit, ein französischer Soldat, ein Deutscher aus dem Elsaß, des Kahlebutz Grab besucht und unter dem Grausen der anderen Soldaten den versteinerten Leichnam hochgehoben, ihn Scheusal und Mörder geschimpft, ihn dann verkehrt in den Sarg gelegt und schließlich aufgefordert haben, ihn in seinem Quartier zwischen elf und zwölf Uhr zu besuchen, er erwarte ihn dort. Am andern Morgen fand man den Elsässer, der beim Schulzen in Quartier lag, angezogen auf seinem Lager tot. Dem bösen Spötter war das Genick umgedreht, ein Blutstrom hatte sich aus Nase und Mund ergossen. Die Franzosen machten zwar Lärm und behaupteten, er wäre ermordet; aber das Gericht stellte fest, daß Tür und Fenster wohl verschlossen gewesen und niemand von außen hatte hineinkommen können.

Das ist nun freilich schon lange her; aber der Leichnam des Herrn von Kahlebutz liegt noch immer unverwest da; ja, einige behaupten, Haare und Nägel wüchsen ihm noch immerfort nach; er sei eben in Ewigkeit verwünscht. *(Mark Brandenburg)* (28)

Der Bote aus der andern Welt

Kurz vor der Tannenberger Schlacht lebten in Königsberg zwei Ritterbrüder, Philipp Zwistelen und Wigand von Quellenburg. Sie hatten sich innig lieb, machten einen Bund miteinander und versprachen sich, daß der erste von ihnen, der sterben würde, dem andern erscheinen und verkünden sollte, wie es ihm in jener Welt erginge.

In einem Streite verlor Wigand sein Leben, kam in der Nacht nach seinem Tode zu Bruder Philipp auf sein Kämmerlein und sprach: »Aus sonderlicher Gnade Gottes komme ich nach meinem Tode, gemäß unserem Bündnisse, zu dir. Frage, was nützlich ist, denn ich darf nicht lange weilen!« Bruder Philipp fragte: »Wie geht es in jener Welt?« Der Tote antwortete: »Wie es ein jeglicher verdient, so hat er auch Kurzweil, und wisse, daß diejenigen, die bei uns Knechte waren, dort unsere Herren sind.« Der Lebende fragte weiter: »Wo bist du und in welcher Kurzweil?«, worauf der tote Wigand erwiderte: »Ich bin da, wo einer ausgeht und tausend eingehen, und unsere Kurzweil ist, daß uns eine Stunde zehntausend Jahre dünkt und uns dennoch unzählige Barmherzigkeit geschieht!« Philipp fragte weiter: »Und wie steht es um uns in Gottes Gericht, werden wir gewinnen oder verlieren?« Der Geist sprach: »Ich habe gesehen, daß man unsere guten und unsere bösen Taten vor Gott gewogen hat, aber ich sah nicht, welche Schale niederging, denn ich wurde weggerufen. Doch zuletzt noch eines: In Kürze wird es geschehen, daß die Herren Knechte werden, und Fremde werden unser Fürstentum in Besitz nehmen.« Als er das gesagt hatte, verschwand er wieder. (29)

Die brennende Hand

Im Romedikirchlein, das in der Nähe des uralten Schlosses Thaur steht, hängt unter Glas und Rahmen ein Brett mit einer eingebrannten Hand. Darüber ist ein Wappen mit dem Spruche: »Mein Hoffnung stet in Gott im Leben vnd im Tod 1697«, und dabei die Inschrift: »Der Hoch Ehrwirdige Hochgelehrt Herr Görg Magister

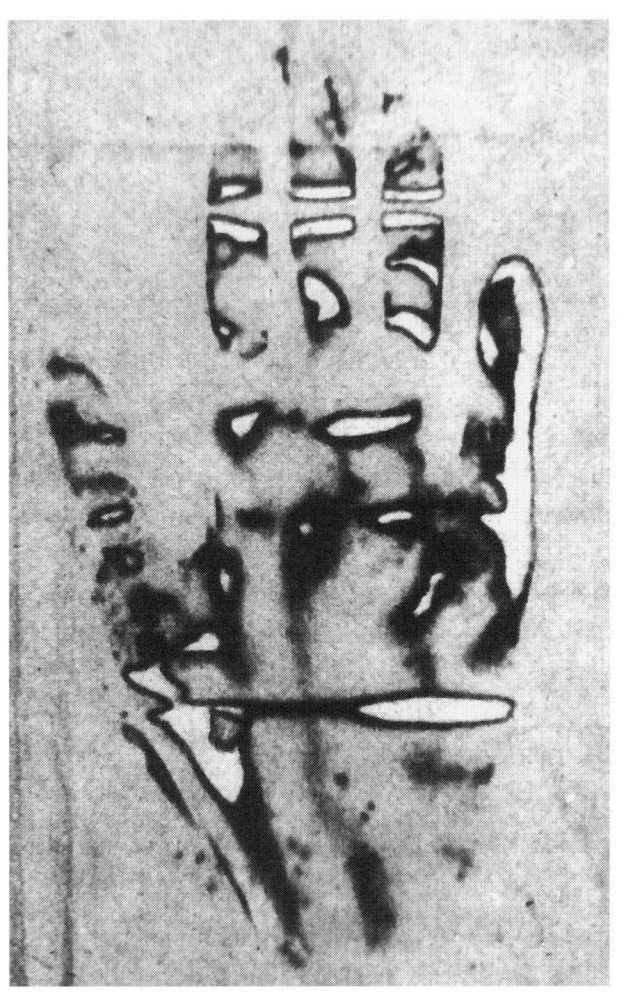

*Abdruck der brennenden Hand einer Armen Seele
(Gerlachsheim/Baden 1910)*

Meringer Pfarrherr zu Thaur, auch Herr Dechent zu Figen in vnderinnthall.« Darunter sagt eine Urkunde: »Wir Anthoni von Gottes Gnaden des heiligen Römischen Reichs Fürst und Bischof von Brixen thuen khuendt hiemit alsdann aus dem examine Josue Francisci Nily eremitae tertiarij ordinis servorum B. M. V., wellicher bei St. Peters Kirchlein zu Thaur Eremitorium wohnet, desgleichen aus erhaltener Inquisition beaidigter vnd verhörter Zeugen sich erfunden, das gegenwärtiges Brandzeichen in gestalt ainer Hannd von einem purgirenden und hernach erlösten Geist weiland Georgen Meringers gewesten Pfarrers zu Thaur dessen Corpus in gemelter Sankt Peters Khirchen begraben ligt, darfür sich der Geist selbs angegeben hat, herkhamm vnd am siebenzwainzigisten tag Monats Oktobris ist erschienen sechzehnhundert neun vnd funfzigisten Jahr vmb aindlif vhr in der Nacht eingedruckht worden, das wir Lizenz geben haben zu der Ehr Gottes zu Gedechtnuß der abgestorbenen Seelen und denen lebendigen zu einem Exempl solliches Brandtzaichen des Meringerischen Geistes desselben begehren gemeß mehrern Trost vnd Hilff der christglaubigen Seele zu publiciren vnd in der Pfarrkirchen zu Thaur eingefaßter aufhenken zu lassen. Actum Brixen den sibenden Tag Monats Februarii im aintausend sechshundert sechzigsten

Ant. Michael Stainer,
Notarius publicus actuarius.

Rechts von der Kirchtüre hängt das Bild des stattlichen Herrn, von dem sich das Volk folgendes erzählt: Der Pfarrer Meringer war ein gelehrter, frommer und mildtätiger Herr, der unter anderm auch das uralte Peterskirchlein im Jahre 1648 neu herstellen ließ. Sehr gerne ging er mit dem obengenannten Einsiedler um. Nach seinem Tode klopfte es in stiller Nacht an das Fenster der Eremitage, und der Frater Josue sah zum größten Staunen seinen verstorbenen Freund davor stehen, der bittend sprach: »Ich habe aus Versehen drei heilige Messen, deren Stipendien ich eingenommen habe, zu lesen vergessen und muß deshalb schrecklich büßen. Sorge, daß die heiligen Messen gelesen werden, und hilf mir mit Beten, Fasten und Kasteien die Strafe abkürzen. Sieh nur, wie sehr ich brenne.« Da langte auf Begehr des büßenden Geistes der Einsiedler den Deckel einer Blumenschachtel hinaus. Wie der Pfarrer seine Hand darauf legte, zischte es und ihr Mal ward dem Holz eingebrannt. Der Einsiedel kam der Bitte des Freundes nach und erfüllte alle Wünsche desselben. Nach einem Jahre erschien ihm der Geist ganz weiß und glänzend und sprach: »Ich bin durch deine Hilfe nun erlöst. Gott vergelte es dir!« Darauf war er gleich wieder verschwunden. Der Einsiedel starb nach wenigen Tagen gottselig, und der Wunsch des erlösten Pfarrers war so in Erfüllung gegangen. *(Tirol)* (30)

Das Zeitalter der Aufklärung

Der böse Verdacht
Im Oct. hat im Mecklenburgischen eine Kuh zwei Kinder zur Welt gebracht, weswegen man den Hirten im Verdacht hat. *(Europäischer Postillion. Augspurg 1723. 2. Teil Nr. 18)* (31)

Das Mißverständnis
Hiesige Fakultät der Medicorum ist nicht in geringe Verwunderung gesetzet worden, wie man von Rouen vor einigen Wochen berichtet, des dortigen Bürgermeisters Magd habe drei junge Hunde zur Welt gebracht. Einige haben schon zum voraus die Möglichkeit, andere aber die Unmöglichkeit desselben in öffentlichen Schriften dartun wollen. Allein nunmehro hat man erfahren, daß dieser Herren ihre Bemühungen umsonst gewesen, indem abermal von Rouen überschrieben worden, daß zwar daselbst das gemeine Gerüchte zuerst also gegangen, aber man wisse nach der Hand zur Genüge, daß es nur dem Namen nach wahr sei, weil die Hündin des Bürgermeisters den Namen Servante oder Magd führe. *(Vossische Zeitung. Berlin 1729. Nr. 116)* (32)

Die Bluter von Tenna

In Tenna heißt es, die Bluterkrankheit gehe auf den Ahnen einer gewissen Familie zurück, einen Ammann Hans... Der habe im vierzehnten Jahrhundert, bald nach der Einwanderung der Walser in Safien, absichtlich ein falsches Urteil gefällt. Er wollte damit einen ihm unbequemen Dorfgenossen aus dem Wege schaffen, und der gewalttätige Hans... brachte die andern Richter dazu, daß sie nach seinem Wollen urteilten. Diese ungerechte Tat hat sich aber gerächt, und zwar dadurch, daß schon in der Familie des Ammanns

Hans ein Sohn der erste Bluter war. Diese Krankheit erbt sich fort durch die Frauen. Doch werden nur die Knaben und Männer davon befallen. Sechshundert Jahre hindurch hat sich dieses Übel fortgepflanzt bis auf den heutigen Tag. Noch jetzt scheuen die Buben in Tenna und in den benachbarten Dörfern, auch bei uns in Velandas, wenn sie sich zanken und verprügeln, davor zurück, einen Knaben aus einer Bluterfamilie zu verletzen. Denn man kennt in den Dörfern weit im Umkreis die Blutersippen genau, aber man hält dieses Wissen vor Fremden geheim. Man spricht überhaupt nicht gern davon. Wenn die Buben bei uns in Valendas ›Gîs‹ spielten, pflegte meine Mutter mich zu warnen: »Lorenz, geisch denn jåå nit mid em Johannesli!« Das war ein Knabe aus einer Bluterfamilie, und einmal hatten nach der Verletzung eines Bluterbuben beim Spiel dessen Eltern Schadenersatz verlangt. Alle Bluter in der Umgegend gehen auf die ersten Bluter von Tenna zurück. Und wenn etwa eine Tochter aus einer Bluterfamilie sich auswärts verlobt und es stellt sich bei den üblichen vorsichtigen Nachforschungen heraus, daß sie aus einem der bekannten Bluter-geschlechter stammt, dann geht die Verlobung gewöhnlich zu-rück. (33)

Die verteufelte Technik

Als im Jahr 1844 die Eisenbahn bei Zähringen gebaut ward, sahen zwei unschuldige Kinder, während des Mittagessens der Arbeiter, zwei Teufel mit Geißfüßen und Hörnern emsig an der Bahn schaf-fen. Sogleich holten sie einige Arbeiter herbei; allein dieselben konnten die bösen Geister nicht wahrnehmen. *(Baden)* (34)

*

Nachdem die württembergische Eisenbahn von Plochingen bis Süßen im Herbst 1847 eröffnet worden und die Bauern nicht ohne Haarsträuben und innerliches Grauen den unheimlich wühlenden Riesenmaulwurf, die dampfende und pfeifende Maschine, betrach-tet hatten, verbreitete sich plötzlich das Gerücht, ein kleines, dürres

Männlein im grünen Rocke sei auf der Eisenbahn gefahren und habe geäußert, daß, wenn es nicht geholfen hätte, man keine Eisenbahn haben würde. Übers Jahr aber in derselbigen Stunde werde es wieder darauf fahren, und dann werde es mit der ganzen Eisenbahn ein Ende haben. Niemand habe diesen seltsamen Mann während der Fahrt erkannt. Als er aber auf der Station Ebersbach ausgestiegen, habe man an den Bocksfüßen gesehn, daß es der leibhaftige Teufel gewesen.

Später ist er noch einmal auf der Eisenbahn gefahren, aber ganz allein und unsichtbar in einem bloßen Wagen, ohne Lokomotive, also, daß man sich nicht genug hat verwundern können, wie ein leerer Wagen so von selbst dahergefahren gekommen. *(Schwaben)*
(35)

Fliegende Untertassen

Um 15.15 Uhr oder 15.20 Uhr erschien vor uns im Norden, aus einer sich am Horizont hinziehenden Wolkenbank, ein Flugkörper, der lautlos in westlicher Richtung zog und in unregelmäßigen Abständen offenbar in der Sonne aufblinkte oder auch beabsichtigte Blinkzeichen gab. Ich habe diesen Flugkörper abwechselnd mit freien Augen und mit einem von der Gesellschaft vorsorglich mitgebrachten Fernglas ununterbrochen beobachtet. In irgendeine Kategorie irdischer Flugzeuge konnte ich den Flugkörper absolut nicht einordnen.

Wenige Minuten später erschien wieder aus der Wolkenbank vor uns ein Flugkörper, der wesentlich näher war als der erste und langsam nach Westen flog. Er war so nahe und so groß, daß deutlich ausgemacht werden konnte, daß es sich um keine Flugmaschine der üblichen Art handelte. Auf der Anhöhe stehend, hatte ich den Eindruck, daß der Flugkörper sich fast auf gleicher Höhe mit mir befand. Die Form des Flugkörpers schien folgendermaßen:

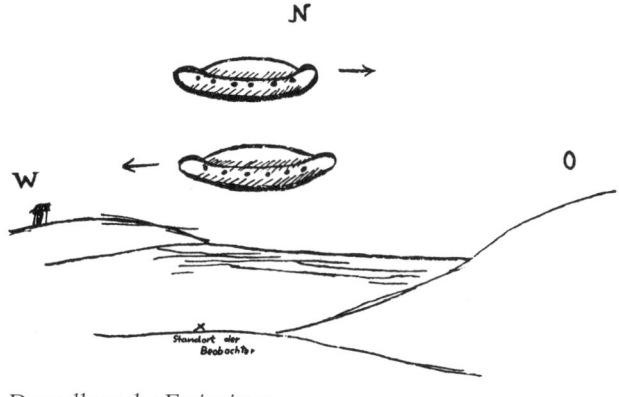

Darstellung des Ereignisses

Der Unterteil des Flugkörpers schien glühend rot, und beim Abflug sah ich im roten unteren Teil deutlich einen grellgrünen Streifen. Ich hatte den Eindruck, daß der Flugkörper rund sei.

Nach einiger Zeit zog der Flugkörper, ohne offensichtlich eine Wendung ausgeführt zu haben, dieselbe Bahn wieder zurück, d. h. jetzt von Westen nach Osten. Bevor er jedoch jenen Punkt am Horizont erreicht hatte, an dem er ursprünglich sichtbar geworden war, tauchte östlich davon, aber etwas höher, noch ein Flugkörper der gleichen Art auf und überflog den jetzt von Westen nach Osten ziehenden Flugkörper auf seiner Fahrt von O nach W.

Der Anblick war atemberaubend, und alles ging lautlos vor sich. Wenn es sich um uns bekannte Flugmaschinen gehandelt hätte, wäre unbedingt ein gewaltiger Maschinenlärm zu hören gewesen.

In unserm Heim angekommen, erklärte mir meine Frau, daß sie es gewesen sei, die mit den Insassen der Raumboote telepathisch in Verbindung gekommen sei und das soeben stattgefundene Zusammentreffen vereinbart habe. (36)

*

Es war ein sonniger Herbsttag (11. Sept. 1954)... Etwas vor 15.30 Uhr erschien ein Flugobjekt aus Norden, dessen Anflug nicht zu sehen war und gab eine Art starker rötlicher und grüner Blinkzeichen. Es flog dann in großem Bogen nach Westen und war bis zu seinem Verschwinden einige Minuten lang groß und mit freiem Auge gut sichtbar. Es war keinem Flugzeug vergleichbar, das ich bis jetzt gesehen habe. (Ich war Kriegsteilnehmer an der Ost- und Westfront.) Es flog vollkommen geräuschlos, die Form etwa doppelt tellerartig mit aufgebogenen Rändern, einige dunkle Punkte, die eventuell Luken sein konnten, waren zu sehen, der Oberteil war hell-aluminiumglänzend, der untere Teil menningrot. Nach kurzer Zeit erschien ein zweites Flugobjekt aus Nordosten und fast gleichzeitig eines aus Nordwesten, die einander überflogen, das eine nach Westen, das andere nach Osten fliegend. Sie waren einige Zeit sichtbar und verschwanden dann blitzartig. Die beiden letzten Objekte waren erheblich näher als das erste, von unserem Standpunkt aus nach meiner Schätzung näher als ein Kilometer Luftlinie. (37)

Das zweite Flugzeug flog ganz langsam vor uns, sozusagen im Paradeflug. Als es etwas gegen Westen kam – wir haben uns um etwa 20° in unserer bisherigen Blickrichtung drehen müssen, um es weiter zu verfolgen –, sah ich plötzlich das Unterteil in grellrotem Schein, der sich in der Folge dann in ein grelles Grün verwandelt hat. Ich habe mit und ohne Glas abwechselnd diesen Flugkörper ständig verfolgt, er blieb dann plötzlich stehen, und ohne eine Wendung zu machen, flog er dieselbe Bahn, die er gekommen war, zurück. Als er dann an der Stelle war, wo er ursprünglich am Horizont (Norden) auftauchte, erschien rechts seitwärts neben ihm, also ostwärts, ein neuer Flugkörper, der genauso groß war und genauso ausgesehen hat. Sie überflogen einander... Das Grelle war nur ein ganz schmaler Streifen. Der wandelte sich plötzlich in ein giftiges Grün... Das Rot erschien in dem Zeitpunkt, wo dieser Flugkörper langsamer flog und in der Wende war. Dann wurde er hellgrün, und nach einigen Sekunden war alles wieder wie vorher (mattgrau). (38)

46

Die »Wolkenzigarre«

Ich bin am 10. 12. 1973 um etwa halb neun Uhr von Mauerkirchen nach Mattighofen gefahren. Als ich aus dem Ort Mauerkirchen herauskam, bemerkte ich etwa östlich von Mattighofen (in mindestens fünfzehn Kilometer Entfernung, d. Verf.) bei sonst vollständig wolkenlosem Himmel eine kleine, sehr helle Wolke in der ungefähren Form eines Dreiecks. Mir fiel die Helligkeit dieser Wolke auf und auch der Umstand, daß diese ganz allein am Firmament war. Ich dachte vorerst, daß diese Helligkeit vielleicht von der aufgehenden Sonne verursacht werde. Jedenfalls beobachtete ich diese Wolke ständig.

Als ich nun außerhalb Uttendorf war (fünf Kilometer südlich Mauerkirchen, d. Verf.), hatte diese Wolke eine längere Form und vor dieser Wolke waren zwei Lichter, so als ob zwei Sterne vor dieser Wolke wären. Daß dies aber unmöglich Sterne sein konnten, war mir klar . . .

Je näher ich Mattighofen kam, um so größer wurde diese Wolke. Außerdem erkannte man nunmehr auch, daß diese Wolke in einer verhältnismäßig raschen Bewegung war, etwa wie ein Flugzeug. Ich stellte meinen Wagen in Mattighofen neben der Kirche auf dem Parkplatz ab. Um diesen Zeitpunkt erreichte diese Wolke auch die Höhe von Mattighofen, wo sie aber westlich vorbeiflog. An der Vorderseite der Wolke schien eine Art Kanzel zu sein, die vier Lichter so im Viereck aufwies, wie ich sie skizziert habe, wobei diese Skizze die seitliche Ansicht dieser Lichter und nicht eine Vorderansicht darstellen soll. Dieser gesamte Flugkörper entfernte sich in der in der Skizze angeführten Richtung lautlos. Als ich in Mattighofen den Flugkörper beobachtete, wollte ich ihn jemand zeigen, und eben trat zufällig der Gendarmeriebeamte . . . (Name ist dem Autor bekannt, d. Verf.) aus Mauerkirchen aus dem Rathaus heraus, dem ich dann den Flugkörper zeigte.

. . . Die Höhe des Flugkörpers war schätzungsweise tausend bis zweitausend Meter. Die Entfernung von Mattighofen war etwa . . . ein bis zwei Kilometer. Diese Schätzungen haben keinen Anspruch auf Genauigkeit. Ich will damit nur sagen, daß der Flugkörper verhältnismäßig nahe gewesen ist.

Die Beobachtungen haben sich auf einen Zeitraum von etwa einer Viertelstunde erstreckt. Im Auto hatte ich kein Radio. Ich fuhr allein. Dieser Flugkörper machte einen Eindruck, daß er einer vorgeschriebenen Bahn geradlinig folgte. Die Erscheinung hatte, als ich sie erstmalig etwa in Dreiecksform sah, eine Größe, die nach dem Umkreis etwa dem Vollmond entsprochen hätte. Als die Erscheinung mir am nächsten war, dürfte die Höhe dem Durchmesser des Vollmondes entsprochen haben, die Länge war ein Mehrfaches. Es hat den Anschein gehabt, als hätte die Wolke nur Tarnzwecke, um die Sicht zu verschleiern, wobei vorne die Wolke so dünn gewesen ist, daß man die Lichter durchgesehen hat. Mir ist diese Erscheinung deswegen aufgefallen, weil die Wolke ein sehr auffallend reines Weiß zeigte; das hat sich auch in der Folge meines Wissens nicht geändert. (39)

Fahrten und Abenteuer

Tristan und Isolde

König Morgan wurde von seinem Lehnsmanne, dem König Riwalin von Parmenie, angegriffen und besiegt, so daß er um Frieden bitten mußte, der ihm auf ein Jahr gewährt wurde. Er ging zu Marke, dem König von Kurnewale und England, wo er freundlich aufgenommen wurde und sich in dessen schöne Schwester Blancheflur verliebte.

Als Markes Land vom Feinde überfallen wurde, zog auch Riwalin mit in den Kampf, wurde aber schwer verwundet. Die ebenfalls von Liebe entbrannte Blancheflur besuchte ihn auf seinem Krankenlager in Bettlerkleidung. Riwalin gesundete wieder, und beide lebten in heimlicher Liebe glücklich miteinander.

Inzwischen hatte Morgan wieder ein Heer gesammelt und verwüstete Riwalins Land, so daß dieser gezwungen wurde, zu dessen Verteidigung heimzueilen. Blancheflur entfloh mit ihm und wurde von Riwalin öffentlich zu seiner Gemahlin erhoben. Während des Kriegszuges ward sie dem treuen Marschall Rual anvertraut, der sie in seinem Kastell der Obhut seiner Frau übergab. Riwalin fiel in heftigem Kampfe, worüber Blancheflur von unsagbarem Schmerz übermannt wurde; in ihrer Herzensqual rang sie vier Tage erbärmlich mit dem Leben, gebar ein Söhnlein und gab ihren Geist auf.

Um das Kind vor Morgans Nachstellungen zu sichern, ließ Rual die Nachricht verbreiten, die Königin hätte ein Kind totgeboren, und gab den Knaben für den Sohn seiner Frau aus. In der Taufe erhielt das Kind den Namen Tristan, da es in Trauer empfangen und in Trauer geboren worden war. Es wurde auf das sorgfältigste erzogen, lernte viele fremde Sprachen, auch Saitenspiel und ritterliche Übungen. Von Kaufleuten entführt, schloß der Knabe sich in fernen Landen zwei alten Pilgern an, von denen er sich wieder trennte, als er einige Jäger traf, die zu Markes Hofe gingen. Hier gab er sich für einen Kaufmannssohn aus, der seinem Vater entflohen wäre, um die Welt zu sehen. Marke fand Gefallen an dem frischen Jünglinge, ernannte ihn zu seinem Jägermeister, und Tristan stieg um so höher in des Königs Achtung und Liebe, als er Gelegenheit fand, seine Kenntnisse und Kunstfertigkeiten zu zeigen.

Der getreue Rual hatte seinen Pflegling inzwischen überall gesucht; durch die beiden Pilger wurde er auf die Spur geleitet, verkleidete sich als Bettler und zog an Markes Hof, wo er trotz der Verkleidung von Tristan erkannt wurde. Jubelnd führte dieser den alten Freund zu König Marke, der nun von Rual erfuhr, daß er in Tristan den Sohn seiner geliebten Schwester vor sich hatte. Marke war froh, in dem trefflichen Jüngling einen Neffen zu haben, der ihm, dem kinderlosen Manne, einst als Erbe folgen könnte. Tristan wurde unter großen Feierlichkeiten zum Ritter geschlagen. Bald darauf zog er gegen Morgan, um sein väterliches Land Parmenie wiederzuerobern; er besiegte den Gegner, gab das Land dem getreuen Rual als Lehen und zog wieder zu Marke zurück.

Hier angelangt, fand er das ganze Land in Trauer; denn Marolt, der Schwager des Königs von Irland, war gekommen und hatte einen schon früher aufgedrungenen Tribut von dreißig schönen Knaben gefordert. Tristan erreichte, daß man den Tribut verweigerte und ein Zweikampf zwischen Marolt und ihm stattfand, in dem ersterer fiel. Allerdings war Tristan verwundet worden, und Marolt hatte ihm gesagt, die Wunde wäre mit einem vergifteten Schwerte geschlagen und könnte deshalb nur von seiner Schwester Isolde, der Königin von Irland, wieder geheilt werden.

Marolts Leichnam wurde nach Irland gebracht, wo der Held tief betrauert wurde, besonders von der Königin Isolde und ihrer gleichnamigen Tochter. In Marolts Schädel fanden sie einen Splitter, der aus Tristans Schwert gebrochen war, als er den tödlichen Streich geführt hatte. Die junge Isolde nahm den zurückgebliebenen Splitter heraus und bewahrte ihn in einem Schreine. Der König aber ließ ein Gebot ausgehen, daß, wer von Kurnewale nach Irland käme, es mit dem Leben büßen müßte.

Tristans Wunde verschlimmerte sich immer mehr; kein Arzt konnte sie heilen. Darum entschloß sich der Held, die Königin Isolde aufzusuchen. Als Spielmann wurde er gut empfangen, fand auch Aufnahme bei der Königin, die ihn seines herrlichen Saiten-spiels wegen gern heilte, wofür er sie und ihre Tochter die Kunst des Spiels lehrte. Weil er befürchtete, doch schließlich erkannt zu werden, gab er vor, er müßte wieder zu seiner geliebten Gattin, und nahm Urlaub.

In Kurnewale war alles erfreut über Tristans Heilung, doch regte sich der Neid mancher Großer, weil Marke seinen Neffen allen andern vorzog und ihm sein Reich hinterlassen wollte. Um dem drohenden Sturme zu entgehen, riet Tristan selbst dem Könige, sich doch noch zu verheiraten, und empfahl ihm die schöne junge Königstochter Isolde, erbot sich auch, die Brautwerbung zu über-nehmen. Sich als Kaufmann ausgebend, kam er glücklich in Irland an und fand Aufnahme am Hofe.

Damals hauste ein furchtbarer Drache in Irland, der das Land so bedrohte, daß der König seine Tochter demjenigen zu geben ver-sprach, der den Drachen besiegen würde. Tristan wagte den Kampf, erschlug das Untier nach vielen Gefahren, schnitt ihm die Zunge aus und verbarg sie in seinem Busen. Um sich von den Anstrengungen zu erholen, suchte er einen verborgenen Platz auf, fiel aber bald in tiefe Bewußtlosigkeit. Mittlerweile kam auch der Truchseß des Königs, der ebenfalls nach Isoldes Hand strebte, fand den Drachen, begann auf ihn loszuhauen und zu stechen, obwohl er schon tot war, und suchte den wirklichen Sieger, den er so schwach anzutreffen hoffte, daß er ihn leicht töten könnte, fand ihn aber nicht. Dann ritt er stolz zu Hofe, gab sich als Retter des Landes aus und begehrte die Hand der Königstochter als Lohn. Isolde war tief bekümmert, weil sie den anmaßenden Mann heiraten sollte, wurde aber durch einen Traum ihrer Mutter getröstet, in dem dieser offenbart wurde, daß ein anderer den Drachen getötet hätte. Die Königin ritt am andern Tage mit ihrer Tochter, ihrer Nichte Brangäne und einem Knappen aus, um den sieghaften Mann zu suchen, den sie auch glücklich fanden. Sie merkte gleich, daß die Bewußtlosigkeit Tristans von einem Zauber herrühren müßte; sie suchte, fand und entfernte die Zunge, und Tristan kam wieder zu sich. Die junge Isolde erkannte jetzt in ihm auch den früheren Spielmann wieder, doch sagte ihm die Königin Schutz für Leben und Leib zu.

Tristan schneidet dem getöteten Drachen die Zunge heraus (Fresko, Burg Runkelstein. 15. Jahrhundert)

Als der Truchseß die Hand der Königstochter begehrte, verweigerte diese sie ihm. Es sollte ein Zweikampf zwischen ihm und Tristan stattfinden. Zufällig bekam die junge Isolde das Schwert Tristans in die Hände, bemerkte die Scharte, holte.den bei Marolt gefundenen Splitter, und siehe, er paßte genau. Nun war der Sieger ihres geliebten Onkels in ihrer Hand; ein glühender Haß gegen Tristan faßte sie, doch hielt die Mutter ihre Hand über ihn, weil sie ihm Schutz gewährt hatte. Tristan erklärte, warum er hergekommen wäre, nämlich um für seinen König Marke zu werben. Der Zweikampf fand nicht mehr statt, weil der Truchseß sich aus Feigheit zurückzog. Der König gab seine Einwilligung zur Ehe seiner Tochter mit Marke, und sie zog in der Begleitung Tristans und Brangänes in Markes Land.

Die Königin bereitete einen Liebestrank, den sie ihrer Nichte Brangäne mit dem Auftrage anvertraute, davon ihrer Tochter und dem Könige Marke zu trinken zu geben, sobald sie ehelich verbunden würden. Während sich Tristan einstens auf dem Schiffe, das sie zur Reise benutzten, in Isoldes Gemache befand, dürstete ihn und er bat sich einen Trunk aus. Brangäne war zufällig nicht anwesend, und eine der Mägde nahm das Glas mit dem Liebestrank, den sie für Wein hielt, und reichte ihn Tristan, der ihn in ritterlicher Weise der Königin bot. Zaudernd trank diese davon und dann er selbst. Im selben Augenblicke kam Brangäne dazu, sah das Unheil, ergriff das Glas und schleuderte es ins Meer; aber es war zu spät, die beiden hatten von dem Tranke genossen, und er wirkte schnell:

> Minne, die aller Herzen Nachstellerin,
> Schlich in beider Herzen hin;
> Ehe sie es wurden gewahr,
> Stieß sie ihre Siegesfahne dar
> Und zog sie beide in ihre Gewalt:
> Sie wurden eins und einfalt,
> Die zwei und zweifalt waren vorher;
> Sie zwei waren da nicht
> Mehr widerstrebend unter sich.
> Isoldens Haß, der war dahin;
> Die Sühnerin Minne,

Die hatte der beiden Sinne
Vom Hasse so gereinet,
Mit Liebe so vereinet,
Daß jedes dem andern was
Klar und hell wie ein Spiegelglas.
Sie hatten beide ein Herz,
Ihr Kummer war sein Schmerz,
Sein Schmerz war ihr Kummer;
Sie waren beide eines Sinns
An Liebe und an Leide
Und verhehlten sich's doch beide:
Das tat der Zweifel und die Scham. . . .

Wohl suchten sie beide die aufkeimenden Gefühle zu bekämpfen,
doch gelang es ihnen nicht, und ehe Isolde in König Markes Land
kam, hatte sie schon die eheliche Treue gebrochen. Brangäne
erzählte ihnen von dem Zaubertranke, versprach ihnen aber ihre
Hilfe und Verschwiegenheit, weil sie sich mitschuldig fühlte. Da
sie aber die einzige Person war, die um ihre heimliche Liebe wußte,
wollte Isolde sie ermorden lassen. Die gedungenen Knechte hatten
Mitleid mit ihr und schenkten ihr das Leben. Weil sie aber selbst in
der Todesnot keinen Verrat an der Königin und Tristan begangen
hatte, schloß sich Isolde inniger an Brangäne an, und diese gab den
beiden Liebenden Gelegenheit, sich zu sehen und zu treffen und die
auf dem Schiffe begonnene Liebe fortzusetzen.

Zu dieser Zeit kam ein Ritter Gaudin aus Irland, der so wunderbar spielte, daß der König ihm auf seine Bitte seine Gemahlin Isolde
zum Lohne gab. Tristan war zufällig auf der Jagd, reiste aber nach
seiner Rückkehr in höchstem Zorne dem Ritter nach, dem er die
Geliebte wieder entführte und zu Marke brachte. Der heimliche
Umgang der beiden Geliebten wurde entdeckt, und Isolde mußte
sich zur Reinigung von der Anklage einem Gottesurteil unterwer-
fen. Tristan verkleidete sich als Pilgrim, trug die Königin vom
Schiffe ans Land, fiel verabredeterweise mit ihr zu Boden, und sie
konnte nun schwören, sie habe niemals einem Manne zur Seite
gelegen, als ihrem Gemahl und dem Pilgrim.

Marke wurde bald wieder von Zweifeln an der Unschuld seiner

Gemahlin gequält und verbannte sie von Haus und Hof. Tristan zog mit ihr in eine Höhle, wo der König sie nach langer Zeit gelegentlich einer Jagd fand. Er hatte jedoch den König kommen sehen, sich mit Isolde auf ein Ruhebette niedergelassen, aber ein Schwert zwischen sich und seine Geliebte gelegt, so daß Marke wieder an ihre Unschuld glaubte und sie in Gnaden aufnahm.

Doch nicht lange dauerte die Ruhe; der König wurde bald von der Untreue seiner Gemahlin überzeugt, und Tristan nahm Abschied von ihr, übergab ihr aber einen Ring, daß sie sich immer seiner erinnerte. Die Hofleute wußten den König nach Tristans Abreise noch einmal zu überzeugen, daß er sich geirrt hätte und Isolde ihm doch treu geblieben wäre.

Tristan irrte ruhelos umher, war in Alemannien, in der Normandie, in Parmenie und schließlich in Arundel, wo er sich die Liebe der schönen Tochter des Herzogs Jovelin erwarb, die auch Isolde hieß. Sie liebten sich beide, aber Tristan machte sich die bittersten Vorwürfe über seine Treulosigkeit gegen seine Jugendgeliebte. In sich selbst zerrissen, bald auf Flucht sinnend, bald wieder von der Schönheit und Hingebung der Jungfrau zurückgehalten, führte er ein Jammer- und Klageleben und schmachtete in Liebe und Leid, in Trauer und Vorwürfen dahin. (40)

Heinrich der Löwe

Der Gebannte

Herzog Heinrich der Löwe ist im Bann gewesen; da ist er, um sich zu lösen, ins Gelobte Land gezogen, und hier ist es eines Tags geschehen, daß er im Kampf mit einem Pascha zusammengetroffen, der ihn, als er ihn eben niederhauen wollte, bat, er möchte ihm doch das Leben schenken, und als er das auch wirklich tat, ihm zum Danke einen Löwen schenkte, der dem Herzog unsäglich treu gewesen und ihm überallhin gefolgt ist. Nun kommt eines Tages jemand zu ihm, der sagt ihm: »Eile, daß du heimkommst, deine Gemahlin kann nicht länger widerstehen, sie wird sich wieder vermählen!« Das will ihm der Herzog nicht glauben, und indem er ihm nach den Füßen blickt, sieht er, daß er einen Pferdefuß hat. Da sagt er zu ihm: »Du bist der Teufel, der mich versuchen will!« Jener aber antwortet, ja, das sei er, aber versuchen wolle er ihn nicht, sondern ihm beistehen, denn weil er ein so braver Kerl sei, daure er ihn. Da ist der Herzog nach und nach wankend geworden und ist einig mit dem Teufel geworden, er möge ihn heimbringen; als er ihn aber aufnimmt, da hat sich der Löwe an ihn gedrängt und hat mit aller Macht seinen Fuß umkrallt, und er hat das treue Tier nicht lassen mögen, so daß ihm der Teufel endlich versprochen, ihn am folgenden Tage nachzubringen, was er denn auch getan. So sind sie denn nach Braunschweig gekommen und gerade noch zur rechten Zeit angelangt, ehe die Vermählung der Herzogin stattgefunden, und diese hat einmal über das andere freudig ausgerufen: »Hab ich doch meinen Heinrich wieder!« So hat der Herzog noch lange glücklich mit seiner Gemahlin gelebt; als er aber endlich gestorben und man ihn im Dom beigesetzt, da hat ihm der Löwe auch dahin folgen wollen; man hat jedoch die Türen verschlossen, und da hat er seine Krallen tief in die steinernen Pfosten eingehauen, um zu seinem Herrn hindurchzukommen, so daß man ihn nur mit Gewalt hat fortbringen können. Bald danach ist er denn auch gestorben, und da hat man zum Andenken an das treue Tier sein Bild in Erz gegossen und es vor dem Schlosse aufgestellt, und das, wie die Spuren seiner Krallen am Dom, ist noch heute zu sehen. (41)

Das Volksbuch von Heinrich dem Löwen

Auf seinem fürstlichen Schloß zu Braunschweig lebte Herzog Heinrich, der tapfere Held, mit seiner edlen Gemahlin so glücklich, daß ihm nach seiner Untertanen Meinung nichts mehr zu wünschen übrig schien. Doch den hochgebornen Herrn dürstete nach Abenteuern und Ruhm, und das trieb ihn mächtig hinaus in die Ferne. Eines Tages versammelte er um sich die mannlichsten seiner Ritter und Grafen, die nicht minder nach Preis und Ehre gelüstete. Zu langer Fahrt gerüstet, trat er vor sein Ehgemahl hin, um Abschied zu nehmen, brach seinen Goldring entzwei, gab die eine Hälfte der weinenden Frau und sprach zu ihr: »Wenn ich binnen sieben Jahren nicht wieder zurück bin, so nimm einen andern zum Ehgemahl. Gott der Herr im Himmel und seine Heiligen wollen dich behüten!« Also zog er mit seiner auserlesenen Schar von dannen. Nachdem sie etliche Tage geritten, kamen sie an ein großes Wasser, wo eben ein geräumig Schiff zur Abfahrt bereitlag. Da besannen sich die Herren nicht lange, ließen ihre Rosse stehn und stiegen zu Schiffe. Schon fuhren sie manchen Tag und manche Nacht auf dem weiten Meer, erblickten aber noch keinen Streifen Landes. Wiederholte Stürme zerbrachen ihre Segel, also daß sie des Schiffes nicht mehr Meister blieben. Dabei ging die Speise nach und nach zu Ende, und der bittere Hunger kam über die edlen Helden. Vergeblich hob der Herzog seine Hände empor und rief die Barmherzigkeit Gottes an. Von Stunde zu Stunde wuchs die Not, immer lauter klagten die Gefährten einander ihr Elend und rangen sich die Hände wund. Endlich sprach der Herzog: »Hier hilft ja doch kein Klagen und Seufzen. Mache sich jeder ein Los, geschrieben mit dem eignen Blut. Das Loszeichen soll entscheiden, welcher von uns den andern soll zur Speise dienen. Ich nehme mich selber nicht aus.« Dessen weigerte sich keiner, und sie warfen die Lose in einen Hut. Und siehe, einer der kühnsten Helden zog sein eigen Los heraus, erschrak aber darüber nicht, sondern sprach mit herzlichen Worten: »Tut mit mir nach Gefallen. Gern geb' ich euch mein Fleisch zur Speise. Behüte Gott nur unsern frommen Herrn, daß das Los uns alle nach und nach treffe, er aber verschont bleibe.« Der treue Held ward nun geschlachtet, in Stücke zerhauen und zur Speise bereitet. Von Hunger bewältiget, verschlangen die Gefährten sein Fleisch mit Begier. Doch an diesem Opfer war's nicht genug. Bald mußte das blutige Los wieder geworfen werden, und immer wieder; aber keiner gab unwillig sein Leben hin, vielmehr mit Freuden, da Gott ihnen wenigstens die Gnade tat, ihren lieben Herrn mit dem Todeslos zu verschonen. Zuletzt stand der fromme Herzog mit einem einzigen Knecht allein. Nun wollten sie nicht mehr losen, zumal jeder des andern einziger Trost war. Hätten Treu' und Heldenmut nur dem Hunger gebieten können! Aber der zwang den edlen Herrn nach langem Widerstande, daß er zu dem Knecht sagen mußte: »Es ist jetzt mein Wille, daß wir beide losen. Auf wen das Los fällt, der soll dem andern sein Fleisch geben, und wenn ich's selber wäre.« Da beteuerte der Knecht mit lauter Stimme: »Das werd' ich meinem Herrn nie tun, will lieber selber sterben.« Dennoch warfen sie das Los, und es fiel auf den Herzog,

Aufbruch der Kreuzfahrer ins Hl. Land (Fresko 15. Jahrhundert)

welcher dem Knecht alsbald befahl, er solle ihn töten. Vergeblich! Der Knecht wollte nicht dran, so heftig der teure Herr in ihn drang. »Sollt' ich mein Leben fristen mit dem Fleisch meines hochgeborenen Herrn, es müßte mich immer reuen!« Bei diesem Spruche blieb der Treue. Endlich, da der Herzog nicht nachließ, kam dem Knecht ein anderer Rat. »Ich will Euch«, sprach er, »in Ochsenhäute nähen und erwarten, was kommen mag. Vielleicht lacht Euch noch das Glück, dieweil Ihr jung und stark seid.« Solches ließ der Herzog sich gefallen, und als er samt seinem Schwerte in den ledernen Sack eingenähet war, rief der Knecht mit lauter Stimme Gottes Barmherzigkeit an. Die zögerte auch nicht länger; denn alsbald kam der ungeheure Vogel Greif geflogen, schoß herab, packte den Herzog mit seinen Klauen und trug ihn zu seinen Jungen ins Nest. Während dieser Luftfahrt zagte der kühne Held nicht im geringsten, sondern betete still: »Gott lenk' es mir zum besten!« So geschah es auch. Der Greif flog bald wieder von dannen, noch mehr Beute zu holen. Wie der Herzog das merkte, dankte er Gott und schnitt sich mit seinem Schwerte aus der Ochsenhaut. Nun atmete er wieder freudig auf und jubelte, daß er sich auf festes Land gerettet sah. Das wollten die jungen Greife nicht verstehen und rückten mit bösem Gekreisch samt und sonders auf den Herzog los. Der aber rief in seinem Herzen zu Gott, dem Allmächtigen, schwang sein Schwert und hieb die schlimme Brut wacker zusammen, also daß Köpfe und Klauen und Flügel bei jedem Streich abflogen. Nachdem er sie alle totgeschlagen, nahm er eine ihrer Klauen mit sich, die noch heute in dem Turm zu Braunschweig zu sehen ist, und stieg vom Baume, darauf das Nest lag, herab. Noch voll von Verwunderung über die riesenhaften Ungetüme, sah er sich im Walde um und erblickte ein neues Abenteuer. In Todesnot rang ein königlicher Leu mit einem scheußlichen Lindwurm. Da sprach der kühne Herzog bei sich selber: »Fürwahr, der Leu ist in aller Welt als ein treues Tier bekannt. Dem will ich helfen gegen das unholde Gewürm, und sollt' es mir das Leben kosten, hoff' aber mit Hülfe Gottes, des Hehren, dem Lindwurm wohl obzusiegen.« In solchen Gedanken sprang er mit geschwungenem Schwert auf den Lindwurm zu. Der fauchte ihn grimmig mit offenem Rachen an. Darob lachte der kühne Mann und rief dem Löwen ermunternd zu, worauf derselbe mit frischem Mut seine Klauen und Zähne gegen den Wurm brauchte. Unterdessen schlug der Herzog mit dem Schwert auf das beschuppte Untier, daß Funken sprangen und dasselbe in seinem Blut zu brüllen anfing vor Schmerz und Grimm. Endlich glückte es dem ritterlichen Herrn, mit einem Hiebe des Lindwurms Haupt abzuschlagen, daß er alsbald verendete. Da erhob der Leu ein freudig Gebrüll, und als der Herzog sich müde auf seinen Schild niederlegte, streckte sich der Leu traulich neben ihn hin. Von nun an blieb der Löwe bei ihm, jagte ihm Wildbret und ernährte also seinen Erretter in dem weiten, einsamen Wald. Gleichwohl war's dem Herrn nicht ganz geheuer in des Löwen Gesellschaft. Darum suchte er sich von ihm loszumachen. Nun floß in diesem Walde ein großes, breites Wasser. Auf diesem zu entrinnen, baute sich der Herzog ein Floß aus Ästen und Reisig, und eines Tages, während der Leu auf Wildbret aus war, setzte sich der kühne Mann darauf und fuhr davon. Eben kam der Löwe an das Ufer, nachdem er seinen Herrn lange gesucht, und wie er ihn fern im Wasser ersah, sprang er in die Flut und schwamm zu dem Floß, welches er auch bald erklettert hatte. Wieder vereint, schwammen die beiden Tage und Nächte, wie sie der Wind hintrieb. Dem Löwen immer noch mißtrauend, schlief der Herr wenig, die Sorgen plagten ihn Tag und Nacht. Auch der Hunger stellte sich wieder ein, da schon lange kein Land mehr zu sehen, geschweige zu betreten gewesen war. Trotzdem tat der Leu seinem Herrn nichts zuleide; er lag friedlich neben ihm und sah ihn traurig an. Oft rang der Herr die Hände und klagte Gott sein Leid und flehte: »Hilf uns doch ans Land, uns Armen, daß wir nicht elendiglich verhungern müssen!«

Einst hatte er auch in schlafloser Nacht also gebetet, da beschloß Gott der Herr in seiner wunderbarlichen Weisheit, den frommen Fürsten gar durch den bösen Feind zu prüfen. Plötzlich stand der Satan vor ihm und hohnlachte: »Vernimm neue Zeitung, wahre, nicht erlogne! Du treibst hülflos auf Wasserfluten, dem sichern Tod entgegen, indessen ein Fürst aus fremdem Land, gestern um die Mittagsstunde in Braunschweig eingezogen, dein Weib und Land gewinnt. Morgen ist Beilager, das weiß alle Welt.«

Der Herzog glaubte dem Bösen und antwortete traurig: »Wohl mag meine Reise schon länger denn sieben Jahre dauern; drum wird man mich für tot schätzen. Ich ergebe mich in Gottes Willen; er tue mit mir, wie ihm gefällt.«

»Ha, hör' du, laß dir sagen, du redest wahrhaftig noch gar viel von Gott, der dich doch nicht aus dem Wasser errettet. Ich bin's; ich will dich noch heute zu deiner Gemahlin und deinen vielen Freunden führen, so du mein sein willst.«

Dergleichen redete der Satan noch viel; doch der Herzog wollte nicht: »Bräch' ich die Treue Gott, dem Ewigen und Guten, ich müßte, und hieß' ich tausendmal der hochgeborne Herzog von Braunschweig, doch ewiglich verloren sein.«

Hierauf machte ihm der Teufel einen andern Vorschlag: »Ich will dich vor die Stadt Braunschweig auf den Girsberg hintragen und daselbst ohne Schaden niederlegen. Du wartest dort, bis ich auch den Löwen bringe, was in Bälde geschehen soll. Finde ich dich dann schlafend, so sollst du mein eigen sein. Nun besinne dich nicht lang!«

Heinrich der Löwe wird in einen Sack eingenäht (Fresko
15. Jahrhundert)

Aber der Herzog, des Teufels Gelüst und List wohl kennend, besann sich reiflich, bis er, von großer Liebe zu seinem fürstlichen Ehgemahl bewogen, seine Einwilligung gab. Zudem betete er inbrünstig, Gott, der Treue und Gute, wolle ihn erretten, er wolle ihn fahren lassen in seinem Geleit und ohne Schaden heimgelangen lassen, noch bevor die Hochzeit beginne. Auch nahm er sich fest vor, auf dem Berge gar treulich zu beten, daß ihn der Schlaf nicht übermanne, bevor der böse Feind mit dem Löwen zurück sei.

Seinen Pakt zu erfüllen, ergriff jetzt der Teufel den edlen Herrn, führte ihn durch die Lüfte und legte ihn säuberlich auf den Girsberg hin: »Halt die Augen offen, bis ich wieder da bin!« rief der Böse spottend und hob sich alsbald wieder in die Luft, den Löwen auch abzuholen. Der Herzog fühlte sich todmüde, und das war nach so viel schlaflosen Nächten, nach so bitterm Hunger und Kummer und nach dem scharfen Luftritt kein Wunder. »O du lieber Gott«, seufzte er, »erhalte mich wach, sonst schlummere ich ein zu ewigem Wehe!« Half leider nichts; der Schlummer überkam ihn mehr und mehr. Da lag er mit geschlossenen Augen. Nicht lange, so schwebte der Satan mit dem Löwen einher und freute sich schon über den schlummernden Herrn. Doch nun erblickte der Löwe den Herzog ebenfalls, hielt ihn, weil er ihn regungslos daliegen sah, für tot und begann laut und jämmerlich zu brüllen. Von dem wohlbekannten Ton erweckt, sprang der Herzog erschrocken auf, worüber der Teufel so ergrimmte, daß er den Löwen recht mit Teufelsgewalt neben seinen Herrn hinwarf. Dem Löwen krachten die Rippen. Das war aber auch alles, was der Teufel von seiner Mühe hatte. Abermals sah er mit Verdruß, daß er mit all seiner List und Gewalt nur Gott dem Herrn gedient hatte, von dem alles Heil kommt. Der Herzog aber dankte Gott auf den Knien für die gnädiglich abgewendete Gefahr. Darum half ihm Gott in seiner großen Huld auch fürderhin.

Den Löwen zur Seite, ging der Herr in seine Stadt Braunschweig hinein und wandte sich der fürstlichen Burg zu, von wannen er ein groß und festlich Getöne vernahm. »Was mag wohl das sein?« sprach er bei sich selber und wollte eben, sich zu erkundigen, in das Schloß eintreten, als die Trabanten und Soldaten mit lautem Geschrei herzusprangen und ihm den Eintritt verwehrten. Darob verwunderte sich der Herzog billig und fragte: »Was ist das für eine neue Mär? Ist ein fremder Herr hier eingezogen, daß da droben also gepfiffen und jubiliert wird? Dessen berichtet mich, ihr Leute.« Sie versetzten: »Der Herr ist uns gar nicht fremde. Heute noch soll er samt der edlen Frauen das Land Braunschweig kriegen, nachdem die hochgeborne Wittib sieben Jahr um den verlorenen Herrn getrauert.« Daran erkannte der Herzog, daß ihm der Teufel recht berichtet, und eilte sich nun um so mehr, ans Ziel zu kommen. Freundlich redete er die Wache an und ließ nicht ab mit demütigen Bitten, bis sie versprachen, ihm einen Becher Wein zu verschaffen. Hierauf wandte er sich an einen unter ihnen, der ihm besonders gefiel: »Du scheinst mir ein wackerer Mann. Bitte doch die Fürstin um einen Becher von ihrem eignen Wein für mich, mein mattes Herz zu erlaben. Es soll dich wahrlich nicht gereuen.« Der Knecht sah den Fremdling und seinen Löwen mit bedeutsamen Blicken an

Der Teufel bringt Heinrich und den Löwen in die Heimat
(Volksbuchillustration, Ludwig Richter, um 1842)

und lief dann gar schnell zur Fürstin, die seltsame Mär zu melden. Die lachte des kühnen Begehrens, goß aber doch einen Becher voll von ihrem köstlichen Wein und befahl: »Heiß ihn das austrinken. Ein Abenteurer mag er wohl sein. Wie kam er nur mit seinem Löwen in dies Haus!« Der Diener brachte den Becher und fragte den Unbekannten: »Mich wundert, wer du sein magst, daß du zu trinken begehrst von diesem edlen Wein, den die Herzogin allein trinkt.« Der Herzog aber, nachdem er den Becher geleert, warf seinen halben Goldring, darauf sein Name mit Helm und Schädel geschnitten war, in das Geschirr und bat gar beweglich, solches der Fürstin zu überreichen. Der Diener nahm's mit stiller Verwunderung und bracht's der Herzogin. Die fragte er: »Ach, hochgeborne Fürstin, geruht doch diesen Goldring anzuschauen. Habt Ihr ihn wohl verloren?« Die Herzogin nahm den Goldring und betrachtete ihn genau. Je mehr sie ihn aber beschaute, desto bleicher ward ihr Angesicht. Das ist mein Ehgemahl, der Herzog von Braunschweig, dachte sie, stand eilig auf und lief in ihre Kammer. Nach einer Weile rief sie ihren Kammerjunker und sprach: »Habt Ihr da draußen vor dem Schlosse den Fremdling mit seinem Löwen auch gesehen?« »Ach, gnädige Frau«, antwortete dieser, »gar wohl hab' ich ihn gesehen und betrachtet. Der Löwe geht mit ihm in aller Treue, und er selber scheint ein feiner Mann, den die Leute all' mit Verwunderung anschauen.« Jetzt trat die edle Frau auf die Zinne und sah hinunter, erblickte auch wirklich den Fremden samt seinem Löwen. Wiederum beschaute sie den empfangenen Ring und sprach: »Das ist von meinem lieben Herrn. Walte Gott, daß sich mein Herzenswunsch erfülle!« Länger säumen wollte sie nicht mehr, sondern befahl: »Laßt ihn heraufkommen, daß ich ihn selbst um den Ring befrage, woher er ihm geworden; denn wisset, die andere Hälfte des Ringes gab mir mein lieber Herr bei seinem Abschied, als er sprach: ›Sollt' ich binnen sieben Jahren nicht zurück sein, so nimm einen andern Gemahl.‹«

Vor allem begierig, dies Geheimnis zu erforschen, wurden die Räte der Herzogin. Sie liefen und fragten den Fremdling, woher er den Ring bekommen. Der lachte und sprach: »Das will ich euch wohl vertrauen. Von niemand hab' ich ihn erhalten, sondern selber genommen vor mehr denn sieben Jahren.« Darüber schauten sie ihn an, als gedächte er ihrer zu spotten; doch schien ihnen der Mann zu ernst dazu. Zur Fürstin gingen sie denn und meldeten getreulich, was der Mann mit dem Löwen geantwortet. Dessen noch mehr verwundert, lief die edle Frau durch den Saal dem nahenden Fremdling entgegen und rief: »Gott, mein Gott! Meinem allerliebsten Herrn ist der Ring gewesen. Sollt' er noch am Leben, sollt' er zurückgekehrt sein!« Der Fremdling stand vor ihr, und wie sie ihn näher anschaute, fiel sie vor Freuden zur Erde. Der Herzog tät sie sorglich aufrichten, indessen all die Herren ausriefen: »Herr Gott im Himmelreich, was soll da noch werden?« Die Fürstin aber bot dem teuren Herrn ihre weiße Hand, nannte seinen Namen und sprach: »Bekennet Euch nur als unsern lieben Herrn. Wir alle preisen Gott, daß er Euch wohlbehalten wieder zur Heimat gesendet.« Der edle Herzog sprach: »Einstmals war ich freilich ein Herr, das sag' ich ohne Scherz; jetzt geschieht mir wenig Ehre mehr; doch das sei Gott anheimgestellt. Anders war es wohl, als ich vor sieben Jahren ohne Sorgen von Braunschweig auszog.« Diese Worte bewegten die Herren und Knechte. Sie erhuben einmütig ihre Stimme: »Seid Ihr denn unser alter, lieber Landesherr, so seid uns im Namen Gottes willkommen!« Hierauf ward ihm fürstliche

Ehre geboten, die Fürstin aber dankte Gott auf den Knien, daß er ihren milden, frommen Herrn aus der Not errettet. Ein köstlich Mahl war bald gerüstet. Allda saß der Herzog seiner Gemahlin fröhlich zur Seiten, hielt trefflicher Mahl als auf dem elenden Floß und ließ auch seinen treuen Löwen den Hunger stillen.

Die Mär vernahm der Bräutigam der Herzogin und fing gar sehr an zu trauern: »Wie hochgeboren ich bin, jetzt hab' ich meinen Korb und kann heimziehen als ein Junggeselle.« Hätte nicht der Landesherr selber ihm die Braut weggenommen, er würde nicht von ihr gelassen haben. Wie er nun den Herren am Hofe sein Mißgeschick klagte, hielten sie zusammen Rat, in welcher Art man den hochedlen Freier trösten möchte. Der Herzog selber kam und bat seine Getreuen, ihm zu raten, wie er den hohen Gast solle zufriedenstellen. Die Herren dankten ihm und rieten: »Wir wollen ihm ein hochgeboren Fräulein aus Franken geben, das weilet allhier am Hofe und ist so schmuck und schön als nur eine im ganzen Land.« Der Herzog lachte gar fröhlich; denn das dünkte ihm gut, und so gingen die Herrn zu dem beklagenswerten Freier und trugen ihm das Fräulein an.

»Euer Gnaden«, sprachen sie, »haben wohl vernommen, wie unser lieber Herr, den wir so lang betrauert, nach schweren Mühsalen und Nöten durch Gottes Hülfe wieder zurückgekehrt ist. Da es denn Gott also gefüget, daß Ihr dadurch der Herzogin Hand verloren, so bitten wir Euch, Ihr wollet nicht verschmähen das holdselige und fürstliche Fräulein, das Euch zum Trost soll anerboten sein.«

Solches vernahm der Fürst nicht ungern und sprach sittiglich: »Lieben Herren und Räte! Ich bitt' euch nur um dies, daß ihr den gnädigen Herrn und sein Gemahl um ihre Einwilligung bittet. Sagen sie mir's zu, so werbet mir die edle Braut, und versagt diese mir nicht die weiße Hand vor Gott, so führ' ich sie binnen kurzen Tagen als mein trautes Ehgemahl in mein heimatlich Schloß.«

Alsbald eilten die Räte zu dem edlen Fräulein, welche sie gar schön willkommen hieß und, als es ihr Anliegen vernommen, zuerst sich errötend zierete und wehrte, endlich aber gar fröhlich zu lachen anfing. »Fraget, ihr edlen Herren, den Herzog und sein Ehgemahl. Was ihnen gefällt, soll auch mir gefallen.« Die Herren antworteten: »Die Einwilligung ist schon da. Darum wollet uns ein kurzes Jawort geben für den hochgebornen Fürsten, dessen Hand selbst die gnädige Herzogin nicht verschmähet hätte, so ihr Ehgemahl nicht wiedergekommen wäre.« »Geschehe denn Gottes Willen!« rief da die edle Maid. »Soll ich einmal zur Ehe schreiten, so ergeb' ich mich darein.« Die Räte aber versicherten sie der hohen Ehre, welche der Herzog ihr damit anzutun gedächte, und brachten im stillen dem jungen Herrn ihr Jawort: »Gott geb' Euch Glück dazu, hochedler Herr. Ihr Bett sollt Ihr besteigen und mit ihr Beilager halten in Freud' und Ehren.«

Dessen ward der junge Fürst gar fröhlich, dankte den Räten aufs beste und rief: »Nun wendet sich's zum Guten. Jetzt mag ich mit Ehren heimziehen. Walt' Gott, daß bald Hochzeit sei mit meiner holden Braut!«

Das verhießen ihm die Herren, gingen eilig hin zu dem Fräulein und führten sie zu ihm. Er empfing die teure Fürstin gar liebreich, sagte ihr viel Dank und schloß sie in seine Arme. Nicht lange, so fuhr das edelschöne Paar auf einem goldenen Wagen zur Kirche unter solchem Pfeifen- und Trompetenschall, daß man schier sein eigen Wort nicht hörte.

Da wurden sie in Gegenwart einer großen Versammlung nach christlichem Brauch getraut, und als sie nach Hause kamen, war schon alles zur Hochzeit bereit bis auf das Brautbett; denn das war ja für die Herzogin schon zugerüstet gewesen und kam jetzt der neuen Braut zugute. Hei, wie am selbigen Tage zu Ehren der Hochzeit ein lustig Rennen und Turnieren anhub! Da ward manch ein Speer zerbrochen und manch kühner Ritter aus dem Sattel gehoben, so eifrig beflissen sich die hochgebornen Herrn. Als nun die Hochzeit zu Ende war und jeder sich von dem gnädigen Herzog beurlaubt hatte, empfingen Braut und Bräutigam großes Gut, und mit einem zahlreichen fröhlichen Geleite edler Herrn zog das glückliche Paar von dannen in sein eigen Land.

Nach diesen wunderbarlichen Begebenheiten regierte der Herzog Heinrich noch lange Jahre Land und Leute gar tugendlich und wehrte jeglichem Unrecht mit weisem, frommem Sinn, tat auch den Armen so viel Gutes, daß ihn jedermann mußte liebgewinnen. Darum bewahrte Gott ihn und sein fürstlich Ehgemahl fortan vor allem Unglück. Nicht böse Krankheit, nur Schwäche des Alters warf ihn zuletzt aufs Lager. Da sprach er: »Sollt' ich nicht wieder aufkommen, so befehl' ich Gott meine Sach', Christo ergeb' ich meine Seele; der wolle ihrer warten, weil alles Heil von ihm kommt.« Die Herzogin neigte sich weinend auf ihn nieder, er aber fuhr fort: »Für mich ist hier keines Bleibens mehr. Schütz' Euch der Himmel, meine Fromme und Vielgetreue, und bewahre in seinen Gnaden meine Leut' und mein Land.« Das war sein letztes Wort. Er reichte jedem die Hand und gab seinen Geist auf. Stattlich ward er, das Schwert zur Seiten, begraben auf der Burg zu Braunschweig. Es weinten seine Getreuen; der Löwe aber legte sich auf sein Grab und wich nicht von dannen, bis er auch starb. Des Löwen Treue zu ehren, ward dem königlichen Tier ebenfalls ein stattlich Grab bereitet und sein Bild auf einer Säule zum Denkmal dargestellt, welches noch jetzt zu sehen ist in der guten Stadt Braunschweig. Nicht minder zeuget von der Wahrheit dieser Geschichten die Greifenklaue, heutzutage noch aufgehangen zu Braunschweig in dem Schloßturm. (42)

Thedel von Walmoden

Im Braunschweiger Lande lebte einst ein schlichter und ehrbarer Held, Aschen von Walmoden mit Namen, der war wegen seiner Tapferkeit und Gottesfurcht hin und her berühmt in der Welt; seine Gemahlin Bertha von Gernrode war ehrbar und tugendsam wie er, und sie lebten in Frieden und Frömmigkeit miteinander. Dafür segnete sie der liebe Gott, segnete sie mit Hab und Gut, segnete sie insbesondere mit gehorsamen Kindern. Einst bescherte er ihnen ein Söhnlein, welchem sie in der heiligen Taufe den Namen Thedel oder Dietrich gaben; den hielten sie zur Zucht und Tugend an, ließen ihn fleißig studieren und sandten ihn, damit er der Künste gewiß werde, gen Paris. Thedel studierte hier fleißig fort, blieb immerdar wacker und brav, und als er nach sechs Jahren frisch und gesund heimkehrte, hatten sie eitel Freude und Ehre von ihm bis an ihren späten Tod.

Als er kurze Zeit nach seiner Rückkehr einer Taufe als Gevatter beiwohnte und die ergreifenden Worte vernahm, welche der Priester über das Kindlein sprach, gingen ihm dieselbigen so sehr zu Herzen, daß er bei sich in seinem Sinn gedachte, wollte Gott, du wärest auch also getauft! Und er hatte nicht eher Ruhe, als bis er den Pfarrherrn gefragt, ob er dereinst auch wohl also getauft sei. Der Priester berichtete ihm, daß über ihn ganz dieselben Verheißungen der ewigen Seligkeit und des Beistandes Jesu Christi ausgesprochen seien, und da wurde der Thedel froh und unverzagt und antwortete aus seinem Gemüt und Herzensgrund: »Gott sei Lob und Preis! Nun fürchte ich mich selbst vor dem Teufel nicht, sintemal er mir nicht ein einziges Haar krümmen kann. Froh und frei wage ich's mit dem Bösewicht!« Solche Rede verdroß den Teufel sehr, und er sann hin und her, wie er den kühnen Ritter zu Fall bringen möge.

Lange nachher entschliefen des Junkers Eltern in dem Herrn; da erbte Thedel viel Geld und Gut und überkam auch das Haus Lutter am Barenberge, woselbst er von nun an lebte, wie es einem christlichen Ritter ziemet und wie er es auch gar nicht anders gewohnt war. Einst ging er mit seinem Schreiber auf ein weit Feld bei Brelem, welcher Ort »die Har« genannt wird, und sie lauerten Hasen und Füchsen auf. Als sie nun da so standen, siehe, da kam ein großer Zug Reiter einhergesprengt: Verstorbene waren es aus Thedels Heimat und ihm wohlbekannt; voran ritt auf einem feinen schwarzen Pferde ein schwarzer Mann mit einer großen schwarzen Fahne: Der Teufel selber war es, der mit seiner unheimlichen Schar die Luft durchstreifte. Thedel, der kühne und edle Held, gab Garn und Schlingen an den Schreiber und eilte auf fünf Reiter zu, die hinterhertrabten. Da kam einer derselben, der auf einer schwarzen dreibeinigen Geiß saß und dem Helden bekannt war, auf ihn zu und fragte ihn: »Was stehet Ihr hier so einsam? Suchet Ihr Abenteuer und habt Ihr Lust, Lieb und Sinn, mit uns nach dem heiligen Grabe zu ziehen, so springet flugs auf meinen dreibeinigen Bock und sitzet hinten auf! Ihr könnet Euch gar das schwarze Pferd verdienen, auf dem der stolze schwarze Mann dort sitzet! Ihr müßt aber auf dem ganzen Wege nicht reden, denn sonst bräche Euch der böse Feind den Hals. So Ihr mitziehet, könnet Ihr daselbst ohne Strafe und Pein verweilen bis in die andere Nacht; wenn aber dann zum drittenmal der Kirchring umgezogen wird, so müßt Ihr nicht länger säumen.« Thedel schwang sich in Gottes Namen auf und machte sich unverzagt ins Feld. Als sie ans Meer kamen, setzten sie über die kleine Pfütze und waren in der heiligen Stadt; Thedel betete am Grabe des Erlösers, verewigte dort sein Gedächtnis durch eine gemalte Denktafel, ging zum heiligen Abendmahl und trauete Gott dem Herrn.

Als der Held sich nun weiter in Jerusalem umsah, erblickte er unvermutet ein gar liebes Gesicht: Herzog Heinrich war es mit seinem Löwen. Kaum hatte der gewaltige Fürst ihn gesehen, als er ihm die rechte Hand gab und zu ihm sprach: »In zwei Jahren habe ich nun nichts aus dem deutschen Land vernommen; wie kommst du hieher, und wie steht's daheim? Wie geht's zumal unserer lieben Gemahlin mit den Kindern? Und wie unseren Räten samt allen Getreuen?« Thedel erzählte ihm sein Abenteuer und berichtete alsdann, wie es der fürstlichen Gemahlin und den Kindern samt dem ganzen Lande wohlgehe. »Doch«, fügte er hinzu, »das Gerücht ist landkundig, Ihr wäret mit allen Rittern ertrunken, und so Ihr nicht auf Michaelis wiederkehrt, will die edle Fürstin den Pfalzgrafen ehelichen.« Der Herzog erschrak, nahm den Thedel mit in seine Herberge, ließ ihn mit sich speisen und gab ihm dann wichtige und wohlpetschierte Briefe, die er daheim besorgen solle.

Je näher die bedungene Frist ihrem Ende kam, um so eifriger suchte der Teufel den Ritter zum Sprechen zu bewegen; Thedel indes widerstand allen Lockungen, so schlau sie auch berechnet waren, und nachdem er sich auf solche Weise das schwarze Pferd errungen hatte, saß er auf und ritt von dannen und ritt immerzu, bis er bei Lutter auf die Har kam, allwo er den Schreiber noch beim Hasengarn antraf. Der treue Diener, der vor Schrecken und Angst grau geworden war, wurde hoch erfreut, als er den lieben Herrn stark und gesund wiederkehren sah, pries und lobte Gott, hing das Jägergarn an das schwarze Pferd, und die beiden trabten wohlgemut gen Lutter. Hier brachte ein Knecht das Tier in den Stall, erkundete von dem Helden mit Fleiß, auf welche Weise es anzubinden, zu zäumen und zu satteln sei, und mußte es nach des Schwarzen Anweisung mit glühenden Kohlen und Dornwachsen füttern. Nun hätte schier jedermann gar gern gewußt, woher das seltsame

Tier stamme; der Ritter indes verriet nichts, denn der Schwarze hatte zugleich gedroht, sobald jener melde, woher er es genommen, müsse er am dritten Tage darauf gewißlich sterben.

Nachdem Thedel von seiner Hausfrau Anna herzlich bewillkommnet war und er auch ihr das Abenteuer erzählt hatte, ohne jedoch den Geber des Pferdes zu nennen, gingen sie zu Tisch und aßen und tranken mit Lust und Wonne, wobei indessen auch Gottes nicht vergessen wurde. Nach der Mahlzeit hätte nun des Junkers Hausehr gar zu gern das Nähere über das Tier hören mögen; er aber wich ihr aus und antwortete: »Ich habe es gegen bares Geld von einem Kaufmann aus Niederland erstanden, des Namen ich nicht erfahren habe.« Des andern Morgens sodann machte er sich mit dem Schreiber und einigen Knechten auf gen Braunschweig, klopfte am Tor der Burg, überbrachte der edlen Frau die Grüße des Herzogs und sprach: »Der durchlauchtige Herr entbeut Euch:

> So viel Heiles und guter Nacht,
> Als manch rot Mündlein im Jahr lacht,
> Desgleichen auch, als viel Sandkorn
> Im Meer sind und in allen Born,
> Daneben, so viel Grasstiel sind,
> Die man auf dem ganzen Weg find't
> Von Braunschweig bis Jerusalem.

Das ist Euch ja ein sicheres Zeichen, daß er's noch herzlich gut mit Euch meint, die auch Ihr so oft um ihn geweint habt!« Mit diesen Worten übergab er ihr zum Wahrzeichen die Briefe, welche erst ehegestern geschrieben und gesiegelt waren. Die Herzogin wurde hoch erfreut, küßte die Briefe inbrünstig, dankte dem lieben Gott für den Schutz, welchen er ihrem Gemahl hatte angedeihen lassen, und ließ, während sie selber las, den Thedel aufs beste bewirten; hierauf ließ sie in der Freude ihres Herzens einen güldenen Ring herholen, schenkte ihm denselben nebst einem Hut mit einem güldenen Kranze, gab ihm außerdem ein prächtig Gewand, hing ihm eine Kette von ungar'schem Golde um, die wog wohl hundert Gülden schwer, versicherte ihn ihrer ferneren fürstlichen Huld und reichte ihm zum Abschied die Hand. Thedel dankte, befahl die edle

Frau dem lieben Herrgott und ging wohlgemut in seine Herberge. Als er sich hier von dem Wirt die Rechnung erbat, hörte er zu seiner neuen Überraschung, daß auch die bereits von der gütigen Fürstin quittiert sei.

Auf der Heimreise sprach er beim Grafen von Schladen ein, und hier versuchte ihn der Böse aufs neue. Der unverzagte Held Thedel hatte sich nämlich anheischig gemacht, daß er sich nimmer erschrecken lassen und selbst in der größten Gefahr nimmer ein Kreuz vor dem Teufel schlagen wolle. Nun hatte man bei Schladen einen Pferdedieb gehangen, und den nahm der Böse vom Galgen und setzte ihn in ein abgelegenes Gemach, wohin man wohl des Tages einmal zu gehen pflegt. Als Thedel in tiefer Nacht sich zu Bette begeben wollte und gleichfalls zuvor dort einkehrte, fand er den Leichnam, und das behagte ihm über die Maßen; er faßte ihn beim Schopf, setzte ihn zur Seite und sprach: »Armer Schelm! Was hast denn du hier noch zu schaffen?«, wobei er doch über die kindische List des Teufels gar herzlich lachen mußte; nachher setzte er den Erhenkten an seine vorige Stelle, ging gemütlich zu Bett und schlief sanft und behende ein. Der Schreiber jedoch und am andern Tage auch der Graf wären fast umgekommen vor Entsetzen, obgleich Thedel, bevor sie sich dahin begaben, sie von dem Vorfall bereits in Kenntnis gesetzt hatte. Der Graf ließ nun flugs den Henker kommen und den Dieb wieder an den Galgen tragen; der unverzagte Held unterdes tat sich gütlich an der Morgensuppe, nahm heiteren Sinnes Abschied und ritt mit seinem Gefolge heim.

Eine Zeit darauf kehrte Herzog Heinrich mit seinem Löwen aus Jerusalem zurück und bat viele Fürsten, Grafen, Ritter und Herren zu sich; auch Thedel, der unverzagte Held, wurde huldvoll geladen und ritt hin. In Braunschweig angekommen, tat er ein prächtiges Kleid an und ging an Hof. Kaum war der Herzog seiner ansichtig geworden, da gab er ihm die Hand und hieß ihn herzlich Gott willkommen, nahm ihn auch mit in sein Gemach, um die andern Gäste mit zu empfangen. Nach der Mahlzeit, bei welcher viel gesungen wurde, begann ein Ringen und Springen, ein Tanzen, Fechten und Turnieren, und dabei wurde mit Trommeln und Pfeifen hantiert, wie dergleichen bis dahin noch niemals im deutschen Reiche erhört gewesen, noch ersehen. Thedel, der unver-

zagte Held, war bei allem gegenwärtig und fand im Ringen und
Springen, im Rennen und Turnieren, im Kampf mit Schwert und
Hellebarde, desgleichen im Reden und Tanzen nicht seinesgleichen, so daß sich alle baß verwunderten und ihn höchlich lobten,
und die, so vom Saal zusahen, allzumal laut ausriefen:

>>Der Thedel hat das Beste getan
Heut diesen Tag auf offnem Plan
Beid' im Turnieren und im Rennen,
Im Fechten und wie man's mag nennen!<<

Auch der Herzog selber hatte des ein Gefallen, ließ ihn zu sich holen
und sprach mit hellen Worten: »Du hast uns heute gar sehr er-
freuet, sintemal du dich vor männiglich so gar ritterlich bewiesen!
Wir haben auf unseren Reisen manch ehrlich Ritterspiel mit
Rennen und Stechen, mit Fechten und Turnieren angesehen; doch
so wie du heute hat niemand gestritten. Ist doch dein schwarzes
Pferd nicht einmal gestrauchelt, und hast du doch in allem den
Preis davongetragen!« Nachdem nun aufs neue reichlich gegessen
war, als Lachs, Forellen, Karpfen und Hecht, imgleichen
Schweine, Hirsche, Rehe und Hasen, und daneben der köstlichsten
Weine und Biere getrunken, überkam der unverzagte Held einen
güldenen Kranz, an welchem ein gülden, mit Edelgestein durch-
wirktes Kleinod hing; den setzte ihm eine zarte Jungfrau aufs
Haupt. Thedel dankte minniglich, trat mit der Jungfrau hin an den
Tanz und ergötzte sich in Zucht und Ehren.

Es war aber ein Neider unter der Schar der Edelleute, der suchte
Thedels Ruhm zu schmälern und sprach zum Herzog: »Es gibt
niemanden in der Welt, den man nicht erschrecken könnte, auch den
Thedel nicht ausgenommen! Wenn Ihr morgen früh zur Kirchen
reiten wollt, alsdann steckt ein dünnes Federlein in Euren Bart, und
wenn Thedel alsdann, wie er gewißlich tun wird, die Feder auszup-
fen will, so beißet ihm nach der Hand. Ich sage Euch bei meiner
Seelen, alsdann wird er sich erschrecken wie ein Mäuslein; denn Ihr
seid ein gar erschrecklicher Held, und der Thedel stellt sich nur so
unverzagt.« Der Herzog ging auf diesen Rat ein, und als ihm der
unverzagte Held am andern Morgen das Federlein wegziehen
wollte, neigte sich jener leise gegen ihn und schnappte ihm jählings

nach der Hand. Da reichte ihm Thedel, der unverzagte Held, einen herzhaften Backenstreich und sprach mit zornigem Mund: »Seid Ihr gar ein Hund worden, daß Ihr also beißen tut? Oder wolltet Ihr mich mit solcher Gefahr erschrecken?« Der Herzog sprach zu ihm: »Thedel, wir schwören es dir, wenn uns das ein anderer getan hätte, er sollte es teuer büßen! Dir aber bleiben wir huldreich zugetan, du bist ein unerschrocken Held, und wir haben den Narrenlohn wohl verdient mit unserm törichten Tun. Doch dich losen Schelm und Bösewicht«, fuhr er gegen den neidischen Ritter und kindischen Rater fort, indem er sich hoch aufrichtete, »dich sollten wir um deine Torheit und Böswilligkeit aufs Rad flechten, so gram sind wir dir! Scher dich von Stund an aus unseren Landen, sonst möchte dir's noch übel ergehen!« Der rote Ritter schied also, und dem unverzagten Helden schenkte der Herzog nach der Mahlzeit ein edles braunes Roß. Als Thedel gen Lutter heimkehrte, fand er einen Fehdebrief vor, den ihm der Bischof von Halberstadt geschrieben hatte. Flugs sammelte der unverzagte Held dreihundert Reiter und tausend Landsknechte, besiegte die zahlreichen Scharen des Bischofs und nahm diesen gefangen, machte auch reiche Beute und verheerte das feindliche Gebiet. Bald darauf entschlief des Helden Gemahlin in dem Herrn, und nachdem dieselbe zu Goslar mit großer Pracht beigesetzt war, übergab jener all sein Gut seinem Sohne, trat in den Deutschen Orden und ritt gen Livland wider die Unchristen. Hier verrichtete der unverzagte Held zu Jesu Ehren große Taten und machte in gar kurzer Zeit das ganze Land seinem Orden untertan, weshalb ihn denn der Deutschmeister sehr lieb und wert hielt. Eines Tages begehrte derselbige zu wissen, woher der Thedel das seltsame schwarze Pferd genommen. Dieser bat, es verschweigen zu dürfen, denn sobald er das entdeckte, müßte er des dritten Tages sterben. Der Meister jedoch, der das nicht glauben mochte, forderte bei seines Gehorsams Pflicht Auskunft, und nun durfte sich der Thedel nicht länger weigern. Er bat deshalb um vierzehn Tage Frist, beichtete in mittlerer Zeit und empfing das heilige Abendmahl; alsdann berichtete er, und am dritten Tage entschlief er fein gemach, indem er betete:

»Vater, ich befehle meinen Geist in deine Hände!«

Und damit hat nun auch diese Geschichte ein Ende. (43)

Herzog Ernst

In dem Lande Bayern und Österreich regierte vorzeiten ein hoch-
geborener Herzog mit Namen Ernst, der sein väterliches Erbe
friedsam in Gerechtigkeit und Einigkeit beisammenhielt. Der
fromme Fürst vermählte sich mit der edlen und schönen Jungfrau
Adelheid, der Tochter des Königs Lotharius. Der überaus schöne
Sohn beider erhielt in der heiligen Taufe den Namen des Vaters,
der kurze Zeit darauf starb. Die betrübte Mutter ließ ihr Kind, ihre
einzige Freude, in vielen Sprachen und Wissenschaften unterrichten. Es wuchs mit einem jungen Grafen auf, der Wetzel hieß und
sein Vetter war. Beide hielten allezeit zu großer Freude der Mutter
zusammen.

Zu derselben Zeit herrschte im römischen Reiche mit großer
Gewalt Kaiser Otto I., dessen Sohn Kaiser Heinrich der Vogler
war. Otto I. gewann die Stadt Straßburg, zerstörte sie mit Gewalt
und gab ihr den Namen, den sie noch jetzt führt; denn vorher hieß
sie Silbertal. Er überwand auch die Ungarn, die von Augsburg aus
alles Land verdarben, ehe er Kaiser wurde, unterwarf ferner dem
römischen Reiche noch andere Länder und war ein Freund der
Gerechtigkeit. Als er noch in der Blüte seiner Jugend stand, wurde
ihm die überaus schöne Jungfrau Ottogeba angetraut, die Tochter
des Königs von England. Aber nur kurze Zeit lebte der Kaiser in
süßem Glücke mit ihr, denn sie starb bald. Da beschlossen seine
Räte, bei der Herzogin Adelheid in Bayern anzufragen, ob sie den
gewaltigen Kaiser Otto zum Gemahl haben wollte. Die fromme
Herzogin erschrak im Grunde ihres Herzens, als sie diese Botschaft
hörte; denn sie wünschte in dem stillen und ehrbaren Witwen-
stande zu beharren. Sie beriefen die Edlen des Landes samt Herzog
Ernst zusammen, legte ihnen den kaiserlichen Antrag vor und bat
sie, dem Kaiser eine höfliche Antwort zu geben. Die Herren waren
allesamt der Meinung, daß man den Kaiser nicht vergebens bitten
lassen dürfte. Der junge Herzog Ernst übernahm es mit seinem
vertrauten Freunde Wetzel, der Herzogin den Rat und die Meinung
aller Edlen kundzutun. Sie erschrak über diesen Rat und sprach:
»Mein lieber Sohn, ich fürchte, wenn ich mich mit dem Kaiser
vermähle, so möchte zwischen ihm und dir Zwietracht und Unei-

nigkeit entstehen, wodurch ich in großen Jammer kommen würde.«

Da widersprach Herzog Ernst: »Herzallerliebste Frau Mutter! Eine derartige Furcht soll Euch nicht von der Vereinigung mit dem allerwürdigsten Fürsten abhalten. Ich selbst will mich mit Hilfe des barmherzigen Gottes, der unser allerbester Kaiser ist, jenem meinem irdischen Kaiser in glücklichen wie in widerwärtigen Sachen allezeit dienstbar zeigen und ihm gehorsam sein und hoffe, es durch meine Treue zu erringen, daß ich mich stets der Gnade seiner kaiserlichen Majestät zu erfreuen habe!«

Ermutigt durch solche Worte ihres geliebten Sohnes gab sie dem Kaiser die Willfährigkeit ihres Herzens zu wissen, der dadurch über die Maßen froh wurde und sich mit großer Macht und Herrlichkeit aufmachte, die Herzogin zu besuchen. Sie wurde ihm von ihrem Sohne, Herzog Ernst, und anderen Herren ihres Landes würdig und mit großem Gefolge entgegengeführt. Der Kaiser geleitete sie mit allem Volke unter großem Jubel nach der Stadt Mainz, wo er eine große Hochzeit hielt, wie sie einem so mächtigen Kaiser wohl gebührte.

Nach der Feier zog der Kaiser um etlicher wichtiger Ursachen willen in verschiedene Städte, schickte bald darauf einen angesehenen Herrn zu dem jungen Herzog Ernst und ließ ihn an seinen Hof entbieten. Der edle Jüngling kam mit einem großen Zug zu seinem Stiefvater, der ihn mit hoher Freundlichkeit empfing, erwies dem Kaiser alle Ehrfurcht, fiel ihm zu Füßen und zeigte sich in allem als ein gutwilliger und gehorsamer Sohn. Der Kaiser nahm ihn bei der Hand, führte ihn in den Saal und sprach zu ihm: »Wisse, mein geliebter Sohn, daß ich deine Mutter von ganzem Herzen liebe. Auch dir möchte ich gern mehr dienen, als ich vermag. Ich will darauf denken, daß ich dein Land vergrößere; denn ich habe ein herzliches Wohlgefallen an dir!«

Die Kaiserin sprach zu ihrem Sohne: »Geliebtester Sohn, ich bitte dich flehentlich, du wollest deinen Vater in allen Ehren halten und ihm immer gehorsam sein!« Zugleich beschenkte sie ihn mit herrlichen Kleinodien und begabte auch alle seine Herren und Diener, jeden nach seinem Stande, worauf sie liebreich voneinander schieden.

Am Hofe des Kaisers aber war ein falscher und ungetreuer Mann, der Pfalzgraf Heinrich, dem das ruhige Leben, das der Kaiser und die Kaiserin mit ihrem Sohne führten, ein Dorn im Auge war. In seinem argen Herzen sann er, wie er den bösen Samen der Zwietracht säen könnte. Er verklagte den jungen Fürsten fälschlich bei seinem Stiefvater, dem Kaiser Otto, und sprach: »Welch ein getreuer Vater des Kaiserreiches seid Ihr, allergnädigster Herr; aber ich habe eine seltsame, ja boshafte Rede vor Ew. Majestät zu bringen von Eurem Sohne, dem Herzog Ernst, den Ihr so lieb habt und vor anderen ehrt. Er trachtet danach, Euch ein Ende zu machen, um das ganze Reich allein zu besitzen. Hütet Euch vor ihm und seiner Bosheit!« Der König wurde zornig über ihn und sprach: »Was sagst du, Heinrich? Wenn mir das ein anderer berichtete, würde ich ihm den Kopf abschlagen lassen! Ich habe nie etwas Unrechtes von meinem Sohne gesehen noch gehört.« Pfalzgraf Heinrich sprach: »Nicht von einem allein habe ich es erfahren, sondern von zweien und dreien, auch habe ich es von dem Herzog selber gehört, daß er auf Bübereien sinnt. Ich wollte Ew. Majestät nur vor solcher Gefahr warnen, das bin ich schuldig und verpflichtet zu tun!«

Da wurde der Kaiser traurig und sagte zu dem Verleumder: »Mein lieber Heinrich, wenn dem so ist, so bitte ich dich um guten Rat, wie ich ihn aus dem Lande vertreiben kann!« Der falsche Graf erwiderte: »Sammelt insgeheim und ohne Wissen der Kaiserin Euer Kriegsvolk, während Euer Sohn in Regensburg ist, und laßt ihn aus dem Lande verjagen.« Der Kaiser tat ohne Wissen seiner Gemahlin, wie ihm geraten worden war, und ließ sein Heer wider den frommen Herzog Ernst ziehen, Österreich verwüsten mit Sengen und Brennen, grimmig hausen und zog dann nach dem Bistum Würzburg. Heimlich schickte er Kriegsleute nach Bamberg, um die Bürger in aller Stille zu überfallen. Die Bamberger aber wehrten sich und entließen eilends einen Boten an ihren Herrn, den Herzog Ernst, nach Regensburg. Sobald dieser hörte, was geschehen war, erschrak er sehr, ging zu seinem Freunde Wetzel, erzählte ihm unter bitteren Tränen, was ihm gemeldet worden war, und sprach: »Ach, allmächtiger Gott, welche Verleumdung mag zu meines Vaters Ohren gekommen sein!« Er sammelte seine Ritter, wohl an die viertausend streitbare Männer, und zog gen Bamberg, das inzwischen von dem Pfalzgrafen Heinrich besetzt war. Als dieser dem Herzog Ernst entgegenzog, kam es zum Kampfe; der Pfalzgraf entkam nur mit Not zum Kaiser und meldete ihm, sein Sohn Ernst hätte fast all sein Volk erschlagen. Der Kaiser wurde zornig, wollte den Schlag rächen, entbot ein großes Kriegsvolk und eroberte eine Stadt nach der anderen. Herzog Ernst wurde darüber bekümmert, schickte einen Boten zu seinem Vater und ließ ihm sagen, er möchte sein Land doch nicht so verwüsten; denn er hätte ihm doch sein Leben lang nichts Böses zugefügt.

Als der Kaiser den Brief des Herzogs Ernst erhielt, brauste er auf wie ein grimmiger Löwe. Die Kaiserin wollte ihn besänftigen; aber er sprach: »Liebe Frau, ich lasse mich nicht überreden, gehe du deinen Geschäften nach! Die Übeltat, die Ernst an mir verübt hat, ist zu groß, als daß ich sie vergessen könnte.« Die jammernde Frau wollte ihn wenigstens zu einer Zusammenkunft veranlassen, aber auch das lehnte der harte Mann ab. Mit betrübtem Herzen ging die Kaiserin in ihre Kammer und schrie im Gebete zu Gott. Wie eine Stimme kam es ihr da vom Himmel, daß an all diesen Dingen nur der Pfalzgraf Heinrich schuldig sein könnte. Sie schickte einen Diener zu ihrem Sohne Ernst und ließ ihm sagen, wie es bei seinem Vater, dem Kaiser, stünde und daß das Unglück von dem Pfalzgrafen Heinrich angerichtet wäre.

Als Ernst das vernahm, machte er sich mit seinem Freunde Wetzel und einem einzigen Diener auf und ging nach Speyer, wo der Kaiser mit seinen Kurfürsten gerade einen Reichstag hielt und wo eine große Versammlung von Fürsten und Herren war.

In des Kaisers Hofe stieg Ernst mit seinen Getreuen von den Rossen, ließ den Diener die Pferde halten und ging mit Wetzel in den Palast hinauf. Sie fanden den Kaiser mit dem Pfalzgrafen allein in einer Kammer. Herzog Ernst trat auf den Pfalzgrafen zu und sprach: »Du meineidiger, ungetreuer Pfalzgraf, warum verleumdest du mich bei meinem Vater?« In wildem Zorn zog er dann sein Schwert und durchstach ihn. Von Furcht ergriffen, sprang der Kaiser wohl vier Klafter tief hinab in eine Kapelle und verbarg sich. Ernst aber verließ die Burg und die Stadt mit seinen Getreuen. Erst nach einer guten Weile kam der Kaiser aus der Kapelle heraus und erzählte, was vorgefallen war. Es entstand ein großer Aufruhr; Reiter wurden nach allen Seiten ausgesandt, aber Gott nahm die Verfolgten in seinen Schirm und führte sie eine sichere Straße.

Auch die Kaiserin wurde von dem Getümmel aufmerksam und hörte von ihrem Gemahl, daß ihr Sohn den Pfalzgrafen erstochen hätte und auch ihn selbst umgebracht haben würde, wenn er nicht entronnen wäre. Doch die Kaiserin glaubte nicht daran, daß ihr Sohn sich auch an dem Vater würde vergriffen haben.

Der Kaiser beschloß in seinem Zorn, den jungen Fürsten aus seinem Lande zu vertreiben und ihn nimmermehr in Gnaden aufzunehmen. Er sammelte ein Heer und führte es selbst nach Regensburg, wo er Ernst vermutete. Aber dieser war nicht in der Stadt, und die treuen Regensburger beschlossen deshalb, ihm einen Boten zu schicken und um Hilfe zu bitten.

Ernst ließ ihnen sagen, sie sollten nur noch eine kleine Weile warten, er verhoffte, bald bei ihnen zu sein. Herzog Ernst ritt ohne Verzug zu Herzog Heinrich von Sachsen und bat um Hilfe. Dieser ließ gleich fünftausend Reiter rüsten und zog selbst mit. Bevor es aber vor der Stadt Regensburg zu einer Schlacht kam, schickte Herzog Heinrich von Sachsen einen Boten zum Kaiser und ließ um eine Unterredung bitten. Er gewährte sie ihm, und Herzog Heinrich sagte, er wäre nicht gekommen, um Krieg mit ihm zu führen, sondern nur um Herzog Ernst in seine Stadt Regensburg zu bringen. Den Zorn des Kaisers suchte er dadurch zu besänftigen, daß er ihm sagte, er möchte doch seinem Sohne vergeben und gnädiglich sein; man wüßte ja nicht, ob er wirklich so schuldig wäre, wie man von ihm sagte, oder ob man ihn nicht angeschwärzt hätte. Herzog Ernst aber kam unangefochten in die Stadt hinein. Dann ritt Herzog Heinrich von Sachsen wieder in seine Heimat.

In der Stadt ließ Herzog Ernst die Bürger zusammenkommen und sagte zu ihnen: »Liebste Bürger und guten Freunde, ihr seht den Trotz meines Vaters, der sich unterfängt, mich von Land und Leuten zu vertreiben. Ich will mich nicht mehr gegen ihn wehren. Schickt ihm eine Botschaft und bittet um Gnade, daß er euch aus der Stadt ziehen läßt.« Aber die Regensburger wollten lieber bleiben, und so zog Ernst mit dem ihm zugegebenen Sachsenvolke wieder ohne Gefahr aus der Stadt heraus. Daraufhin übergaben die Regensburger dem Kaiser die Schlüssel der Stadt und baten um Gnade, die ihnen gewährt wurde, als sie ihm Treue schwuren und sich verpflichteten, sich ihm gegenüber zu verhalten, wie es ehrlichen Bürgern geziemte.

Nun teilte der Kaiser sein Volk in zwei Haufen. Das eine Heer zog die Donau hinab, nahm alle Städte und Flecken ein und verderbte viel Land. Doch auch dem Kaiser wurden viel Leute erschlagen, denn Herzog Ernst hatte eine nicht geringe Macht bei sich. Der Kaiser selbst war mit dem anderen Heerhaufen an den Lech gezogen und nahm dort die Stadt für sich in Besitz, die früher dem Herzog gehörte. Später vereinigte er seine Heere wieder, und nun war er so stark, daß Herzog Ernst ihm nicht widerstehen konnte. Da schickte er die Sachsen wieder in ihr Land zurück und ließ dem Herzog Heinrich von Sachsen Dank sagen, sich selbst aber warf er mit seinen Gesellen, dem Grafen Wetzel und einiger Ritterschaft in eine starke Festung. Hier schickte er sich an, das Land zu verlassen, so daß der Kaiser nunmehr ohne alle Mühe Besitz davon ergreifen konnte.

Von der Burg aus sah Herzog Ernst, wie sein Land in Flammen stand. Er beschloß deshalb, einen Zug nach dem Heiligen Lande zu unternehmen, und nahm nur fünfzig Ritter mit sich. Als die Kaiserin erfuhr, daß ihr Sohn aus Deutschland hinwegziehen wollte, schickte sie ihm ohne Wissen seines Vaters und ganz im geheimen hundert Mark Silbers, dazu viele andere Kleinodien und entbot ihm tausend Segenswünsche auf die Reise.

In Ungarn wurde Herzog Ernst mit seinen Getreuen gut vom Könige empfangen, der ihm etliche Boten mitgab, um ihn den rechten Weg durch den Wald nach der Bulgarei zu weisen. Später kamen sie in das griechische Kaiserreich und ritten geradeswegs nach Konstantinopel, wo sie von dem Kaiser aufs ehrenvollste empfangen wurden. Hier blieb Herzog Ernst drei Wochen, bis ein überaus großes Schiff kam, das der Kaiser mit Lebensbedürfnissen und den besten Schiffsleuten versehen ließ. Mit zwölf Schiffen machte sich Herzog Ernst nun auf die Fahrt nach dem Heiligen Lande.

Nach sechs Wochen erhob sich ein starkes Ungewitter auf dem Meere. Die Schiffe der Griechen wurden von den grausamen Stößen des Orkans zerschmettert und versanken. Nur das Schiff des Herzogs Ernst war so gut mit Eisen beschlagen, daß die Wellen es nicht so bald auseinanderzureißen vermochten. Endlich erblickten sie eine Küste, auf die sie zusteuerten und dann ans Land gingen. Vor ihnen lag eine Stadt; hier wohnten die Agrippiner, deren König aber mit seinem Volke ausgezogen war, um eine indische Königstochter abzufangen, die durch sein Land wollte, um sich mit einem fremden Königssohn zu vermählen. Die Gassen der Städte waren deshalb leer, ebenso das Schloß. Sie fanden so kostbare Speisen und Getränke und in so reicher Auswahl, daß sie das Schiff mit Lebensmitteln ausrüsten konnten. Die Gemächer waren überaus prächtig und herrlich, besonders in einer Kammer strotzte alles von Gold und Edelgestein und edlen Stoffen. In diesem Raum standen zwei herrlich bereitete Betten mit Decken, Goldstoffen und Betten aus lauterem Golde. Mitten in der Kammer war ein Tisch mit einer kostbaren Decke, auf der die lieblichsten Gerichte standen. An diese Kammer stieß ein kleiner Saal und daran wieder ein Garten mit einem schönen Brunnen, der sein Wasser in zwei goldene Tröge sprudelte, in denen Herzog Ernst mit seinem Freunde Wetzel badete. Später legten sie sich in die beiden königlichen Betten und überließen sich dem Schlafe, bis sie durch ein fernes Geräusch erweckt wurden. Der König zog mit seinem großen Heere wieder in die Stadt.

Die Agrippiner waren wunderbare Gestalten; von den Füßen bis zum Halse waren sie Menschen, von dem Halse ab glichen sie großen Kranichen. Der König hatte die geraubte schöne Jungfrau bei sich, und nun wurde ein Siegesfest veranstaltet mit Singen, Tanzen, Springen und Gaukeln. Der König setzte sich zu der schönen Jungfrau an den Tisch und bot ihr öfter den Schnabel zum Kusse. Ernst und Wetzel hatten sich hinter der Tür versteckt und faßten den Entschluß, die schöne Jungfrau zu retten. Sie meinten: »Hätten wir doch unsere Freunde vom Schiffe hier!«, und diese wiederum sprachen in Furcht: »Wollte Gott, daß unser Herzog Ernst und sein Freund Wetzel wieder bei uns wären!« Man hielt sie für tot. Als der König zu Bett gehen wollte und die Jungfrau durch

Der Kampf mit den Agrippinern (Holzschnitt, 16. Jahrhundert)

zwei Diener holen ließ, sprangen Herzog Ernst und Graf Wetzel hervor und schlugen dem einen Diener den Kopf ab; der andere aber entrann und machte Lärm. Der König wollte die Jungfrau niemand anders überlassen und stach sie mit seinem spitzigen Schnabel in beide Seiten, so daß das Blut herunterfloß und sie zur Erde fiel. Als das die beiden Helden sahen, wurden sie grimmig wie Löwen. Herzog Ernst durchbohrte den König mit seinem Schwerte. Sie trieben die eindringenden Diener zur Kammer hinaus, und diese wurde verschlossen. Herzog Ernst und Wetzel trösteten die Jungfrau, aber ihr Leben konnten sie nicht retten; sie starb in Herzog Ernsts Armen. Dann fingen die beiden Helden mit den Agrippinern den Kampf an und schlugen sich eine Bahn bis zum Stadttore, wo ihnen ihre Mannen vom Schiffe schon entgegenkamen, um ihnen zu helfen. Schnell sprangen sie auf ihr Schiff und segelten davon. Die Agrippiner zogen ihnen nach und schossen mit Giftpfeilen, aber Herzog Ernst hatte in seinem Schiffe ein Wurfzeug, mit dem er drei bis vier Fahrzeuge der Feinde in den

Grund warf, so daß sie von der Verfolgung abließen. Herzog Ernst und seine Ritterschaft dankten dem lieben Gott von Herzen, daß er sie von den greulichen Kranichköpfen erlöst hatte. Mancher seiner Getreuen war von den giftigen Pfeilen geritzt worden und starb. Man band sie auf einige Dielen fest und heftete wohlverwahrtes Gold daran, daß sie von denen, die sie am Ufer fänden, ehrlich begraben werden könnten.

Als Herzog Ernst mit den Getreuen fünf Tage unterwegs gewesen war, erhob sich ein großes Ungewitter. Mit Schrecken bemerkten die Schiffsleute, daß sie in die Nähe des Magnetberges gekommen waren und nicht mehr von ihm loskonnten. Die Kraft des Berges zog alles Eisenwerk auf dem Schiffe an, so daß dieses auseinanderfiel. Jeder rettete sich, wo und wie er konnte. Herzog Ernst kam mit seinem Freunde Wetzel und fünf anderen Rittern auf die Trümmer eines anderen vom Magnetberge angezogenen Schiffes, in dessen Innern sie viele Tote fanden, die sie bald auf Deck brachten.

Nach einiger Zeit kamen Greife, ungeheuer große, seltsame Vögel mit langen Krallen, und nahmen die Leichname hinweg, um sie ihren Jungen zum Fraße zu bringen. Darüber erhob sich bei den Rittern neues Jammern und Wehklagen. Sie durchsuchten das ganze Schiff und fanden viele Edelsteine, die sie zu sich nahmen, legten auch ihre Rüstung an und ließen sich dann in Ochsenhäute einnähen, die sie in einer Kammer fanden, um sich so von den Greifen forttragen zu lassen. Zuerst wurden Herzog Ernst und Wetzel eingenäht und aufs Schiff gelegt. Bald kam ein furchtbar großer Greif, nahm sie beide mit und entführte sie in die Luft, als wenn ein Habicht eine Lerche dahintrüge. Die Diener sahen ihren Herrn samt dem Grafen Wetzel dahinfahren und wurden sehr traurig. Auch die beiden Helden selbst waren in Ängsten, denn der Greif hatte sie so hart angepackt, daß sie sich nicht rühren konnten, und wenn sie sich in ihrer Rüstung nicht so wohl verwahrt hätten, so wären sie nicht davongekommen. Als der Greif sie in das Nest gelegt hatte, schwang er sich wieder in die Luft. Herzog Ernst sagte zu seinem Freunde Wetzel: »Lebst du noch?«, und als er Antwort erhielt, meinte er weiter, sie wollten noch eine Weile warten, um erst besser zu Kräften zu kommen. Dann schnitt sich Ernst aus der

Der Streit mit den Kranichen (Holzschnitt, 1493)

Ochsenhaut, erlöste auch seinen Freund Wetzel, und beide priesen Gott. Sie stiegen eilends den felsigen Berg hernieder.

Mittlerweile hatten sich auch die übrigen Diener auf dieselbe Weise durch die Ochsenhäute gerettet und waren in das Greifennest getragen worden; nur einer von ihnen war übriggeblieben und mußte vor Hunger und Durst elendiglich in dem Schiffe sterben. Die Diener befreiten sich in dem Greifenneste von den Häuten, stiegen hernieder und irrten im Walde umher. Endlich sahen sie einen Hirsch daherspringen, der scheinbar verfolgt wurde. Sie ersahen daraus, daß sich andere Menschen in dem Walde befinden mußten. Einer von ihnen stieg auf einen hohen Baum und sah zwei Männer im Walde gehen. Er fing an zu pfeifen und zu rufen. Darauf wurden die beiden aufmerksam; es waren Herzog Ernst und Graf Wetzel; voller Freude vereinten sie sich. Sie kamen dann an ein gewaltig brausendes Wasser und beschlossen, mit einem Floße darauf weiterzufahren. Das Floß schoß wie ein Pfeil dahin. Nach langer Zeit verschwand der Fluß in einem Berge. In der Höhle war es so finster, daß keiner den anderen sehen konnte, und das Wasser brauste so sehr, daß niemand des anderen Stimme zu vernehmen vermochte. Das ungestüme Fahren dauerte wohl einen halben Tag lang; endlich gewahrten sie einen Schimmer in der Ferne, der immer heller wurde und sich zuletzt als ein wie Feuer leuchtender Fels darstellte. Davon schlug Herzog Ernst ein Stück ab; es war ein strahlender Karfunkelstein. Er hob ihn auf und hat ihn später seinem kaiserlichen Vater mitgebracht, der ihn in die Krone setzen ließ.

Als Herzog Ernst und seine Genossen durch den finsteren Berg gefahren waren, kamen sie an einen großen Wald und später in eine schöne Landschaft mit vielen Städten und Schlössern. In einer Stadt sahen sie seltsame Menschen, die nur ein Auge mitten auf der Stirn über der Nase hatten; es waren die Arimasper. Diese eilten herbei und verwunderten sich über die Menschen mit zwei Augen; denn solche hatten sie noch nie gesehen. Der Statthalter kam selber zu ihnen hinaus und begrüßte sie. Man hielt sie für Satyrn oder Waldmenschen und glaubte, sie wären halb Menschen und halb Böcke. Auf ihre eindringlichen Fragen erzählte Herzog Ernst, daß er mit seinen Gesellen aus Deutschland käme, wo sein Vater ein gewaltiger Kaiser in der Christenheit wäre. Er hätte eine Wallfahrt nach dem Heiligen Grabe in Jerusalem vollbringen wollen, aber auf dem Meere viele Leute verloren.

Der Statthalter sandte Botschaft an den König der Arimasper, der die Fremden an seinen Hof kommen ließ und sie aufs beste empfing. Einmal nahm er den Herzog Ernst und seine Genossen mit auf die Jagd. Da kamen Feinde in das Land, die Einfüßler oder Sciopoden. Sie hatten nur einen einzigen Fuß, der aber so groß war, daß, wenn sie sich beim Sonnenschein hinlegten, sie den Fuß emporhielten und sich damit beschatten konnten. Mit dem einen Fuß vermochten sie so geschwind zu hüpfen, daß niemand sie einzuholen imstande war. Die Arimasper hielten die Einfüßler für unüberwindlich, aber Herzog Ernst wußte Rat; er zog ihnen entgegen und besiegte sie und andere Völker, die die Arimasper bedrohten. Darunter waren die Panochen, die so große Ohren hatten, daß die Lappen bis auf die Erde hingen. Herzog Ernst besiegte auch diese durch eine List in einem Walde, den er anzünden ließ. Schließlich wußte er noch die Riesen zu überwinden, die den Arimaspern seit jeher viel Schaden zugefügt hatten. Er verlor dabei

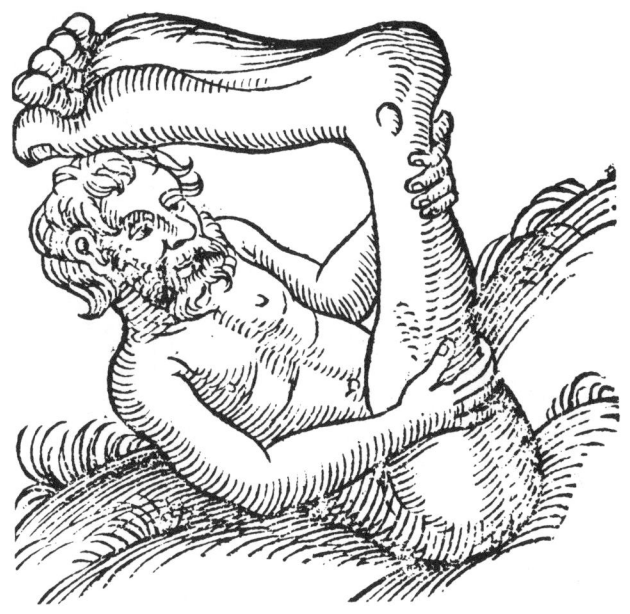

Einfüßler oder Sciopode (Holzschnitt, 1493)

allerdings viele seiner Leute, da die Riesen die Bäume aus der Erde zogen und sich gewaltig wehrten. Einen der Riesen nahm Herzog Ernst als Gefangenen mit sich, wie er auch von den Panochen und Einfüßlern Leute mit heimführte.

Nach einiger Zeit nahm Herzog Ernst Abschied von den Arimaspern und zog mit seinen Mannen weiter. Sie bestiegen ein Schiff und fuhren geradeswegs nach Indien, wo sie zu den Pygmäen oder Zwergen kamen. Als diese ängstlich waren und glaubten, Herzog Ernst wollte ihnen Krieg bringen, sagte dieser: »Wir sind nicht gekommen, den Frieden zu brechen, wir wollen euch vielmehr Frieden bringen!« Die Zwerge waren froh und erzählten ihnen von großen Vögeln, die ihnen Schaden täten. Es waren Kraniche, die mit ihren spitzen Schnäbeln die Zwerge erstachen, wo sie sie fanden. Herzog Ernst schoß unter die Vögel, daß das ganze Feld voller Kraniche lag und die Pygmäen ein ganzes Jahr von ihrem Fleisch zu essen hatten. Der Zwergenkönig war sehr froh und bot Ernst Gold und Edelgestein an, aber Herzog Ernst

Ein Kopfloser (Holzschnitt, 1493)

wollte nichts nehmen, sondern bat sich nur zwei der kleinen Männlein aus; dann zog er wieder zu den Arimaspern und blieb eine Zeitlang bei ihnen.

Als er einst am Meere spazierenging, sah er von fern ein Schiff kommen, darin waren Mohren. Herzog Ernst fand Lust daran, mit ihnen nach Indien zu ziehen, nahm also seine Genossen und die wunderbaren Leute und fuhr fort. Er wurde von dem Mohrenkönig mit großer Ehrerbietung empfangen und zur Mittagstafel geladen. Bei der Tafel kam ein Bote des Königs von Babylon und sprach: »Du König der Mohren, wenn du von deinem Glauben nicht abstehst, so will ich dich mit deinem ganzen Lande verderben! Das läßt dir der mächtige König von Babylon sagen!« Der Mohrenkönig war erschrocken; aber Herzog Ernst sprach ihm Mut zu und sagte zu dem Boten: »Melde deinem Herrn, er sollte nur kommen, wir wollten seiner als echte Kriegsleute warten.« Der König von Babylon war erzürnt über solche Botschaft und rüstete an hunderttausend Heiden, fiel in das indische Mohrenland

86

ein, erschlug Männer, Weiber und Kinder und verwüstete, was er fand. Da zog der Mohrenkönig ihm entgegen und Herzog Ernst mit den Seinen ihm zur Seite. Als man zum dritten Male zum Angriff blies, erhob sich ein Spießkrachen und ein Geschrei, daß man es eine Meile weit hören konnte. Graf Wetzel beschützte mit seinen Reitern das Panier seines Herrn, des Herzogs, auf das es die Heiden abgesehen hatten; aber sie wehrten sich so tapfer, daß um sie her alles voll Toter lag, besonders der Riese, den Herzog Ernst mitgebracht hatte, schlug mit seiner Keule tapfer um sich. Unter den Toten floß das Blut dahin wie ein Bach, in dem mancher Heide und mancher Mohr ertrinken mußte. Endlich nahmen sie den feindlichen König gefangen, und so war der Sieg entschieden. Der König von Babylon sagte zu Herzog Ernst: »Lieber Herr, wenn Ihr mir nicht aus dieser Gefangenschaft helft, werde ich mein Lebtag hier gefangen bleiben müssen; komme ich aber los, so will ich Euch mit meinem Volke nach der Stadt Jerusalem geleiten, und Ihr sollt keine Not leiden!« Wohl wollte der Mohrenherrscher den König von Babylon nicht freigeben, aber auf Ernstens Fürsprache hin entließ er ihn aus der Gefangenschaft, nachdem er geschworen hatte, das Königreich der Mohren nimmermehr mit Krieg anzufechten.

Bald darauf nahm Herzog Ernst Urlaub vom Mohrenkönig und zog mit dem babylonischen Könige fort. Als sie dessen Land erreichten, kamen ihnen viel Volks entgegen und empfing sie herrlich. Endlich erreichten sie die schöne Stadt Babylon, wo Ernst drei Wochen blieb, sich dann aber von dem Sultan verabschiedete, der ihm viel Gold und Silber bringen und mancherlei Kleinodien schenken ließ. Er gebot, Herzog Ernst mit den Seinen zur Stadt Jerusalem zu geleiten. Als Ernst nahe vor der Stadt angekommen war, schickte er seine wunderlichen Leute mit einem Diener vor sich her und behielt nur den Riesen mit seiner großen Stange bei sich. Das Volk in Jerusalem erstaunte sehr und lief in den Straßen und auf den Plätzen zuhauf. Endlich ritt Herzog Ernst mit seinem Freunde Wetzel in die Stadt ein, neben sich den Riesen und zwei Diener. Es verbreitete sich im Volke die Sage, daß der Fremde, der mit so wunderlichen Leuten ankam, niemand anders als der Sohn des Kaisers, nämlich der Herzog Ernst von Bayern und Österreich,

Ein Panoche (Holzschnitt, 1493)

wäre. Bald hörte auch der König von Jerusalem von der Ankunft
des Herzogs Ernst, freute sich und ging in dessen Herberge, von
wo er ihn voll Ehrerbietung in seinen königlichen Palast führte.
Nachdem sie hierauf mit großen Freuden zusammen gespeist hatten, ging der König mit seinem Gaste zum Heiligen Grabe. Herzog
Ernst fiel auf die Knie, dankte Gott und sprach: »O du barmherzi-
ger Gott, du hast mich wunderbar erhalten und mir deinen lieben
Sohn mehr als einmal geschickt, der mich gestärkt und bewahrt hat
bis auf diese Stunde. Darum sage ich dir Lob, Ehre und Dank bis in
Ewigkeit!« Nach diesem Gebete zog er mit dem Könige wieder in
den Palast und blieb lange Zeit in Jerusalem.

Sechs Monate später kehrten zwei Pilger nach Deutschland zurück, gingen zum Kaiser Otto und zeigten ihm, daß sein Sohn, der
Herzog Ernst, in Jerusalem wäre und viel wunderliche Leute aus
unbekannten Ländern mit sich gebracht hätte. Der Kaiser war
erstaunt, ging zu seiner Gemahlin und erzählte ihr die Neuigkeit.

Nachdem sich Herzog Ernst ein ganzes Jahr in Jerusalem aufgehalten hatte, machte er sich auf den Heimweg. Mit gutem Winde

kam er alsbald an die französische Küste, von da nach Paris und nach kurzer Zeit über Italien nach Deutschland. In Rom ging er zum Papst und bat ihn, sich für ihn beim Kaiser zu verwenden; doch der Papst schlug ihm die Bitte ab, weil er nicht in Einigkeit mit diesem lebte.

Auf der Reise nach Deutschland erfuhr Herzog Ernst, daß der Kaiser einen Reichstag in Nürnberg abhalten wollte. Er machte sich mit seinem Genossen Wetzel dahin auf den Weg und ritt mit den Seinigen in die Stadt ein, wo ihn keiner erkannte. Die seltsamen Leute hatte er in zwei verdeckte Wagen versteckt, so daß sie niemandem auffielen. Später kam der Kaiser mit seiner Gemahlin und all seinen Herren in die Stadt. An einem Christtage wurde eine feierliche Messe in der Kirche abgehalten. Auch die Kaiserin fuhr mit etlichen Jungfrauen zur Kirche. Unerkannt trat Herzog Ernst zu ihr hin, bat sie um ein Almosen und gab sich endlich zu erkennen. Die Mutter zitterte vor Freude und sagte schließlich: »Wir haben nicht Zeit, jetzt miteinander zu reden; aber morgen in der Kirche falle mit deinem Freunde Wetzel dem Kaiser zu Füßen und bitte ihn, dir um Christi willen zu verzeihen. Ich will heute den Bischof und andere Herren ersuchen, daß sie sich bei deinem Vater für dich verwenden; so hoffe ich des Kaisers Herz zu erweichen.« Der Bischof versprach der Kaiserin, so zu tun, wie sie wünschte.

Am anderen Tage trat Herzog Ernst mit seinem Freunde Wetzel in die Kirche. Herzog Ernst blieb an der Türe stehen, Wetzel aber trat hinter den Altar; denn wenn der Kaiser seinen Sohn nicht begnadigt, sondern ihm nach dem Leben getrachtet hätte, würde er den Kaiser erstochen haben.

Da saß der Kaiser auf seinem Stuhle, ganz herrlich, und die Kaiserin neben ihm. Der Bischof von Bamberg hub an, das Evangelium mit lauter Stimme zu singen. Als das Amen aus war, verzog er etwas mit der Predigt, wie er es mit der Kaiserin verabredet hatte. Da ging Herzog Ernst mit großem Mute vor den Kaiser, fiel vor ihm nieder und sprach: »Allergnädigster Kaiser und Herr, ich bitte Ew. Majestät, daß Ihr einem Sünder verzeihen wollt, der sich vor langer Zeit wider Euch vergangen hat, aber, wie Gott weiß, in der Hauptsache unschuldig ist!« Der Kaiser sprach: »Je nach der Übeltat, wegen der du dich entschuldigst, kann ich dir verzeihen.«

Da verwandten sich die Kaiserin, der Bischof und viele andere Fürsten und Herren für ihn, bis der Kaiser sprach: »Seine Sünden sollen ihm verziehen sein, doch will ich wissen, wer er ist.« Nun warf Herzog Ernst den Mantel von seinem Angesicht zurück, der Kaiser erkannte ihn und entfärbte sich vor Zorn. Herzog Ernst sah das, erschrak sehr und winkte seinem Gesellen Wetzel am Altare, daß er achthaben sollte. Als der Kaiser sah, daß alle Herren so eifrige Bitte für seinen Sohn einlegten, beruhigte er sich, erkundigte sich nach Wetzel und gab seinem Sohne und dessen Freunde den Kuß des Friedens. Alle waren sehr erfreut und gingen mit großer Freude heim.

Herzog Ernst fragte seinen Vater, warum er ihn denn verfolgt hätte, und dieser erzählte ihm, er, Herzog Ernst, habe ihm gemäß der Mitteilung des Pfalzgrafen nach dem Leben getrachtet, um das Reich selber zu erhalten. Als Herzog Ernst ihm nun versicherte, daß er niemals solche Worte wider ihn geredet hätte, verwunderte sich der Kaiser nicht wenig über des Pfalzgrafen Verräterei.

Bei dem Mahle führte Herzog Ernst auch seine wunderlichen Leute vor und erzählte von seinen Gefahren und Abenteuern, vor allen Dingen aber von dem Steine und sagte zum Kaiser: »Unter manchen anderen Merkwürdigkeiten habe ich diesen seltsamen Stein mitgebracht, der wie eine Flamme glänzt, Karfunkel heißt und mit seltenen Wunderkräften versehen ist. Nehmt ihn hin als Merkzeichen meiner Dankbarkeit und Ehrfurcht!« Mit diesen Worten reichte Herzog Ernst den Karfunkelstein seinem Vater dar. Dieser konnte des Staunens nicht müde werden und sprach endlich zum Herzog Ernst: »Nun, lieber Sohn, vor diesen Herren verspreche ich dir, daß du alles Land wiederhaben sollst, und noch mehr Städte will ich dir dazu schenken!« Das tat der Kaiser, und alle schieden fröhlich voneinander. Die Kaiserin lobte Gott in ihrem Herzen.

Herzog Ernst mit seinem treuen Freunde, dem Grafen Wetzel, ritt in sein Land und regierte dort in guter Ruh. Der Kaiser zog nach Speyer auf den Reichstag und hielt einen herrlichen Hof, weil sein Sohn in das Land zurückgekommen war. Die Kaiserin aber, Ernstens Mutter, bestellte Bauleute nach Salza und ließ Gott zum Dank ein herrliches Münster errichten, in dem sie später begraben wurde. (44)

Herzog Friedrich von Schwaben

Herzog Heinrich von Schwaben hatte drei herrliche, wohlerzogene Söhne, Heinrich, Ruprecht und Friedrich.

Bevor der Herzog in dem ehrwürdigen Alter von 106 Jahren starb, ermahnte er seine Söhne, gerecht und einträchtig zu sein; sie folgten seiner Lehre auch. Nun ritt aber eines Tages der jüngste der Brüder, Friedrich, auf die Jagd. Vor ihm lief ein Hirsch; während er ihn verfolgte, ließ Friedrich seine Dienstmannen weit hinter sich. Die Nacht war schon hereingebrochen, als er zu einer Burg im Walde kam und um Herberge zu bitten gedachte. Doch das Tor war offen, niemand kam ihm entgegen. Er band sein Roß an und ging in einen schönen Saal, wo aber auch niemand zu sehen war, trotzdem der wohlbesetzte Tisch bereitstand. Friedrich stillte seinen großen Hunger und legte sich in einer prächtigen Kammer schlafen. In der Nacht klagte ihm ein weibliches Wesen, ohne daß er es sehen konnte, seine Not. Es war die Königstochter Angelburg, die durch den Haß ihrer Stiefmutter Flanea in großes Unheil gekommen war. Ein Zauberer Flaneas hatte dem König, Angelburgs Vater, das Augenlicht derart genommen, daß er nur innerhalb seines Palastes etwas sehen konnte. Er wurde in die Meinung versetzt, als habe Angelburg mit zweien ihrer Jungfrauen den Zauber durch Ringe bewirkt, die sie am Finger trugen, weshalb der König die drei zum Tode verurteilte. Doch die heuchlerische Stiefmutter bat ihn, sich mit der Buße zu begnügen, die sie selber den angeblich Schuldigen auferlegen würde, und diese Buße bestand nun in folgendem:

Angelburg und die beiden anderen Jungfrauen mußten den ganzen Tag über als Hirsche im Walde laufen; nur in der Nacht fanden sie, wieder zu Jungfrauen umgewandelt, in einem Waldhause Nahrung und Ruhe. Erlösung konnte ihnen nur ein Fürstensohn bringen, wenn er Angelburg als Hirsch verfolgte, in das Waldhaus drang und während eines ganzen Jahres dreißig Nächte bei ihr im Waldhause zubrachte, ohne sie zu sehen oder ihre Ehre anzutasten. Würde die Ehre Angelburgs verletzt, so sollte sie für immer und ewig Hirsch bleiben, auch in der Nacht; würde Angelburg gesehen, so sollten alle drei Jungfrauen in drei weiße Tauben verwandelt werden und zu dem allerklarsten Brunnen in der Welt, der auf einem Berge stände, fliegen. Jeden Mittag sollten sie ihre Menschengestalt wiedererlangen und sich in dem Brunnen baden, während ihre Gewänder an dem Rande lägen. Die Nächte sollten sie nach Tauben Weise auf den Ästen und Bäumen zubringen. Käme während des Badens der Fürst, der Angelburg gesehen hätte, so müßte er ein Auge verlieren und so lange von der Prinzessin geschieden sein, bis ihm eine werte Jungfrau das Auge wiedergäbe; wäre der Fürst aber so geschickt, ihnen die Gewänder am Brunnen heimlich wegzunehmen, so sollte er diese als Pfand behalten, bis Angelburg ihm die Ehe verspräche. Kehrte sie dann mit ihrem Manne und den Jungfrauen heim in das Land ihrer Mutter und glaube man dort, was ihr begegnet wäre, so sollte des Königs Zorn versöhnt sein; nähme aber ein ungeborener Mann die Kleider hinweg und begehrte sie zur Ehe, so dürfte sie ihm das nicht versagen und wäre er auch der elendeste Mensch, sie wollte denn ihr Leben lang nackt und bloß bleiben.

In allen Landen schon hatte Angelburg Erlösung gesucht, doch hatte ihr nirgends ein Wald besser gefallen als in Schwaben, waren doch auch die Schwaben die wertesten und im Jagen berühmtesten Fürsten.

Als sie in der Nacht ungesehen zu Friedrich ins Zimmer getreten und ihm ihre Not geklagt hatte, gelobte er, wie ein Biedermann zu tun. Er blieb zwei Nächte in dem Waldschlosse, am Morgen aber, wenn die Hirsche ausliefen, verschwand das Haus. Friedrich kehrte zu seinen Brüdern zurück, verschwieg aber, was ihm widerfahren war.

Nach drei Wochen ritt er, wie Angelburg es gewünscht hatte, wieder in den Wald, traf den Hirsch, jagte ihn und hatte dasselbe Abenteuer. So schritt das Werk der Erlösung immer weiter vor. Zwischen Friedrich und der noch nie gesehenen Jungfrau erwuchs eine immer innigere Liebe; selbst bei einem von seinen Brüdern angestellten Ritterfeste verzehrte er sich in Sehnsucht.

Indessen ließ die Stiefmutter durch den Zauberer Erkundigungen einziehen, und es zeigte sich, daß nur noch zehn Nächte an der Erlösung fehlten. Da versprach der Zauberer, die Erlösung zu hintertreiben. Friedrich wurde krank; die bekümmerten Brüder ließen ihn durch die Ärzte untersuchen, aber keiner wußte zu raten, bis schließlich der falsche Zauberer als Arzt herbeigeholt wurde. Er verlangte mit dem Prinzen allein zu sein und sagte ihm dann, seine Krankheit wäre die Liebe. Friedrich fragte, woher er das wüßte. Der zaubrische Arzt sagte, er fühlte das an seinem Pulsschlage. Da gestand Friedrich seinen Kummer, und der Zauberer riet ihm, Angelburg heimlich zu betrachten, wenn sie entschlafen wäre. Er gab ihm dazu ein zaubrisches Feuerzeug, mit dem er schnell ein Licht anzünden konnte.

Friedrich ließ sich betören, und als die Zeit, die Angelburg ihm bezeichnet hatte, um war, jagte er wieder dem Hirsche nach und ging zur Nachtzeit in die Burg. Die Prinzessin kam wieder zu ihm und schüttete ihr Herz aus, weissagte aber kommendes Leid. In der darauffolgenden Nacht zündete Friedrich wirklich das Licht an und sah die schlafende Jungfrau in ihrer sonnengleichen Schönheit. Er verlor die Besinnung und ließ nicht ab zu schauen, bis Angelburg in großem Jammer erwachte: »O weh, nun muß ich als Taube den lichtesten Brunnen suchen, ohne Trost der Erlösung! Warum hast du das getan? Du wirst in drei Monaten ein Auge verlieren und nicht eher wieder sehend werden, bis du drei große Kämpfe siegreich bestanden hast, für jede von uns drei Jungfrauen einen.«

Zum Abschied gab Angelburg ihm einen goldenen Ring mit einem wunderkräftigen Stein, der ihn in Feuersnot bewahren könnte; auch die anderen Jungfrauen, die Fürstentochter Malmelona und die Grafentochter Salme schenkten ihm Ringe, von denen der eine Dreimannesstärke verlieh, der andere vor Gift schützte.

Friedrich ritt nun zu seinen Brüdern zurück und verlangte Teilung des gemeinsamen väterlichen Erbes, um seinen Anteil zu Geld zu machen. Die Brüder redeten treulich ab, aber er beharrte; dann nahmen sie drei dürre Scheite und zündeten sie an. Sie brannten zusammen in großem Glanze; als sie eines wegnahmen, verminderte sich die Flamme, sie teilten die zwei anderen, und die Flamme verlosch ganz. »So wird unsere Macht und Ehre nur ungeteilt groß und herrlich erglänzen!« sagten die Brüder; doch Friedrich ließ sich nicht abwendig machen, teilte mit ihnen und verkaufte seinen Anteil. Beim Abschiede sagten sie ihm aber Hilfe in der Not zu, gaben ihm einen entzweigespaltenen Ring zum Wahrzeichen und begleiteten ihn eine Tagereise weit.

Mit dreißig der Seinigen zog Friedrich nun von Reich zu Reich und fragte allenthalben, wo der lichteste Brunnen wäre. Als ihm die Zehrung ausging, schickte er seine Gefährten zurück, denn er wollte sie nicht in Not sehen; vergeblich zeigten sie sich bereit, alles mit ihm zu leiden oder, wenn er mit ihnen heimritte, ihm Land und Leute mit ihrem Eigentum wieder auszulösen.

Friedrich verabschiedete sich und ritt weit durch Feld und Wald. Er kam in große Armut und Gefahren, kämpfte für die Fürstin Osann von Prafant, die von dem wüterischen Arminolt, dem Fürsten von Norwegen, bekriegt wurde. Friedrich befreite sie von ihrem Widersacher, sie bot ihrem Ritter Hand und Habe, aber er folgte seinem Gelübde. Darauf kam er in einen hohlen Berg, wo ihn die schöne Zwergenkönigin Jerome festhielt. Er mußte lange bei ihr bleiben, und sie bekamen eine Tochter, Ziprona genannt.

Endlich gelang es ihm, aus dem Berge zu entrinnen; er bestand einen weiteren Kampf gegen die Feinde des Königs Turneas, der ihm jedoch für zehnjährigen Dienst keinen Lohn gab. Dieser König hatte einen Hirsch im Walde, den alle seine Vorfahren nicht hatten erjagen können. Der Hirsch war aber gleichfalls eine durch den Fluch von Angelburgs Stiefmutter verwandelte Königstochter mit Namen Pragnet von Persoloni, die dadurch entzaubert wurde, daß Friedrich ihr den Dienst jener zehn Jahre zu eigen gab. Sie schenkte ihm dafür ein Kraut, das unsichtbar machte, wenn man es auf das Haupt legte. Sie verschaffte ihm sein Auge wieder und zeigte ihm den Berg, wo der langgesuchte Brunnen war, sagte ihm auch, wie er sich verhalten müßte: »Gehe morgen früh auf den Berg, dort wirst du einen Stein sehen und daneben einen klaren Brunnen. Das Kraut aber sollst du auf dem Haupte haben und bei dem Steine sitzen bis Mittag. Dann werden die drei Tauben kommen und sich in Jungfrauen verwandeln, die ihre Gewänder neben dem Brunnen niederlegen. Das Gewand der Prinzessin raube, bringe es in Sicherheit und nimm dann das Kraut vom Haupte, dann werden sie dich sehen und erschrecken. Aber laß dich nicht irre machen durch ihre Bitten, laß jede sagen, was sie will, schweig aber vollständig still dazu! Hüte dich, daß du das Gewand eher herausgibst, als bis dir eine von den dreien die Ehe zugesagt hat. Mache dein weiches Herz hart wie Stein und kehre dich nicht an ihr Weinen, Bitten und Klagen; lasse dich nicht betören, ehe dir nicht die Ehe versprochen ist!«

Friedrich folgte dem Rate; er verlangte Angelburg, die ihn nicht wiedererkannte, zur Ehe, und sie mußte, um ihre Gespielinnen vor dem Tode durch Kälte zu bewahren, ihm die Ehe angeloben. Jetzt erst gab Friedrich sich zu erkennen, und die Ringe, die er einst empfangen, dienten ihm zum Wahrzeichen. Herzlich war das Wiedersehen, zwanzig Jahre waren sie getrennt. Die Prinzessin mußte gestehen: »Ich habe dein immer gedacht, früh und spät; weder auf dem Baume noch auf dem Felde konnte ich dein vergessen. Tag und Nacht war mein Herz des Jammers voll!«

Jetzt waren sie alle froh, nachdem die Erlösung vollbracht war. Sie zogen in Angelburgs mütterliches Erbland, wo sie wohl empfangen wurden. Die Landesherren, besonders die Väter der beiden Gespielinnen Angelburgs, sicherten ihre Hilfe gegen die Macht der bösen Stiefmutter zu. Friedrich sandte nach seinen Brüdern um Beistand. Der Vater der Grafentochter Salme übernahm selbst die Botschaft an die Brüder. In prächtigem Aufzuge kam er nach Schwaben und wurde ehrenvoll empfangen, als er sich durch den halben Ring, den Friedrich von seinen Brüdern mitgenommen hatte, beglaubigte. Er trug sein Gesuch vor, und die Fürsten waren sofort bereit, ihre Mannen zu senden; denn alle waren hocherfreut zu hören, daß Friedrich noch am Leben war. Viertausend Mann der edlen Ritterschaft aus Schwaben zogen zu seiner Hilfe herbei, an ihrer Spitze die Brüder Ruprecht und Heinrich und die drei Söhne des ersteren, nämlich Konrad, Ulrich und Ludwig. Auch die Fürstin Osann von Prafant und die entzauberte Pragnet führten ihm ihre Hilfsscharen zu.

Die Stiefmutter und ihr schwacher Gemahl, der König Mompolier, kamen ihrerseits mit einem großen Heerbanne und mit ihnen der König Turneas, der Friedrichs Dienste so wenig belohnt hatte Sie belagerten die Stadt Rogant, vor der sich die Heere trafen. Die Schwaben beanspruchten das Recht des Vorstreites, ein Vorrecht, das ihnen einst ihr tapferer Fürst Gerold in der Schlacht zu Runzifal von Kaiser Karl dem Großen erworben hatte. Ein Herr von Teck, genannt Vivianz, führte das Banner mit drei goldenen Sternen. Es erhob sich eine gewaltige Schlacht, Mompolier und Turneas wurden gefangengenommen. Flanea, die Stiefmutter, floh allein, weinend und wehklagend, über das Feld. Da sah sie einen wohlgewappneten Ritter daherreiten; es war der Zauberer Jeroparg, der den Herzog Friedrich zu drei Kämpfen aufforderte, die er an drei aufeinanderfolgenden Tagen für jede der drei Jungfrauen zu bestehen schuldig war. Als sich Friedrich zum ersten Kampfe anschickte, wurde ihm durch den Trug des Zauberers statt eines Becher Weines starkes Gift geboten, aber der Ring von Malmelona rettete ihn; der Kampf blieb unentschieden. Im zweiten Kampfe nahm der Zauberer dreifache Manneskraft an, aber der von Salme geschenkte Ring gab Friedrich denselben Vorteil; der Zauberer mußte aus dem Kampfkreise weichen. Am dritten Tage richtete Jeroparg brennendes Feuer gegen Friedrich; doch dieser wurde durch den Ring geschützt, den Angelburg ihm gegeben hatte. Er schlug den Zauberer zu Boden, der nun seine und Flaneas ganze Verirrtheit erkennen mußte. Zur Strafe dafür wurden beide verbrannt.

Friedrich verzieh seinem Schwäher auf Angelburgs Bitten; das Reich des gefangenen Turneas nahm er an sich und ließ ihm nur eine Grafschaft. In großer Pracht und Herrlichkeit feierte Friedrich seine Hochzeit mit Angelburg. Die Zwergenkönigin Jerome, die sich so sehr um ihn gebangt hatte, sandte ihm ihre Tochter Ziprona mit kostbaren Geschenken. Friedrichs Bruder Heinrich wurde mit Malmelona, sein Neffe Ulrich mit Salme, sein Neffe Konrad mit Osann von Prafant, der dritte Neffe Ludwig mit Pragnet von Persoloni vermählt.

Friedrich war nun Herr über drei Reiche. Angelburg gebar ihm einen Sohn, der Heinrich genannt wurde. Als er in das neunte Jahr ging, starb die Königin; Friedrich mußte ihr vor ihrem Ende geloben, nach ihrem Tode Jerome zur Ehe zu nehmen, was er auch erfüllte. (45)

Der Zauberer Klingsor sagt aus den Gestirnen die Geburt der heiligen Elisabeth von Ungarn voraus (Holzschnitt, um 1520)

Der Sängerkrieg auf der Wartburg

Auf der Wartburg bei Eisenach kamen im Jahre 1206 sechs tugend-
hafte und vernünftige Männer mit Gesang zusammen und dichte-
ten Lieder, die man später »Den Krieg auf der Wartburg« nannte.
Die Namen der Meister waren: Heinrich Schreiber, Walther von
der Vogelweide, Reimar Zweter, Wolfram von Eschenbach, Bite-
rolf und Heinrich von Ofterdingen. Sie sangen und stritten von der
Sonne und dem Tag; die meisten verglichen den Landgrafen Hermann von Thüringen und Hessen mit dem Tage und setzten ihn
über alle Fürsten. Nur der Ofterdingen allein pries Herzog Leopold
von Österreich noch höher und stellte ihn der Sonne gleich. Die
Meister hatten aber untereinander ausbedungen, wer im Streite des
Singens unterläge, sollte sein Haupt verlieren, und der Henker
Stempfel mußte mit dem Stricke daneben stehen, daß er ihn alsbald
aufhängte. Heinrich von Ofterdingen sang klug und geschickt;
allein zuletzt wurden ihm die andern überlegen und fingen ihn mit

listigen Worten, weil sie ihn aus Neid gern vom Thüringer Hofe weggebracht hätten. Da klagte er, daß man ihm falsche Würfel vorgelegt hätte, womit er hätte verspielen müssen. Die fünf andern riefen Stempfel, um Heinrich an einen Baum zu hängen. Heinrich aber floh zur Landgräfin Sophia und barg sich unter ihrem Mantel. Nun mußten sie ihn in Ruhe lassen, und er machte mit ihnen ab, daß sie ihm ein Jahr Frist gäben; er wollte sich nach Ungarn und Siebenbürgen aufmachen und Meister Klingsor holen, was der über ihren Streit urteilte, das sollte gelten. Dieser Klingsor galt damals für den berühmtesten deutschen Meistersinger; und weil die Landgräfin dem Heinrich ihren Schutz bewilligt hatte, so ließen sie sich alle die Sache gefallen.

Heinrich von Ofterdingen wanderte fort, kam erst zum Herzog von Österreich und mit dessen Briefen nach Siebenbürgen zu dem Meister, dem er die Ursache seiner Fahrt erzählte und seine Lieder vorsang. Klingsor lobte diese sehr und versprach ihm, mit nach Thüringen zu ziehen und den Streit der Sänger zu schlichten. Unterdessen verbrachten sie die Zeit mit mancherlei Kurzweil, und die Frist, die man Heinrich bewilligt hatte, nahte sich ihrem Ende. Weil aber Klingsor immer noch keine Anstalten zur Reise machte, wurde Heinrich ängstlich und sprach: »Meister, ich fürchte, Ihr laßt mich im Stich, und ich muß meine Straße allein und traurig ziehen; dann bin ich ehrenlos und darf zeitlebens nimmermehr nach Thüringen.« Klingsor antwortete: »Sei unbesorgt! Wir haben starke Pferde und einen leichten Wagen, wir werden den Weg schnell fahren.«

Heinrich konnte vor Unruhe nicht schlafen, doch gab ihm der Meister eines Abends einen Trank ein, daß er in tiefen Schlummer sank. Darauf legte er ihn in eine lederne Decke und sich dazu und befahl seinen Geistern, ihn schnell nach Eisenach ins Thüringerland zu schaffen und ins beste Wirtshaus niederzusetzen. Das geschah, und sie brachten ihn in Helgrevenhof, ehe der Tag erschien. Im Morgenschlaf hörte Heinrich bekannte Glocken läuten und sprach: »Mir ist, als ob ich das schon mehrmals gehört hätte, und deucht, daß ich zu Eisenach wäre.« »Dir träumt wohl«, sprach der Meister. Heinrich aber stand auf, sah sich um und merkte, daß er wirklich in Thüringen war. »Gott sei Lob und Dank, daß wir hier sind, dies ist Helgrevenhaus, und hier sehe ich St.-Georgs-Tor und die Leute, die davor stehen und über Feld gehen wollen.«

Bald wurde die Ankunft der beiden Gäste auf der Wartburg bekannt. Der Landgraf befahl, den fremden Meister ehrlich zu empfangen und ihm Geschenke zuzutragen. Als man Ofterdingen fragte, wie es ihm ergangen und wo er gewesen wäre, antwortete er: »Gestern ging ich zu Siebenbürgen schlafen und zur Metten war ich heute hier; wie das zuging, habe ich nicht erfahren.« So vergingen einige Tage, ehe die Meister singen und Klingsor richten sollten. Eines Abends saß er in seines Wirtes Garten und schaute unverwandt die Gestirne an. Die Herren fragten, was er am Himmel sähe? Klingsor sagte: »Wisset, daß in dieser Nacht dem Könige von Ungarn eine Tochter geboren werden soll; sie wird schön, tugendreich und heilig und des Landgrafen Sohne zur Ehe vermählt werden.«

Als dem Landgrafen Hermann diese Botschaft hinterbracht worden war, freute er sich, entbot Klingsor zu sich auf die Wartburg, erwies ihm große Ehre und zog ihn zum fürstlichen Tische. Nach dem Essen ging er aufs Richterhaus, wo die Sänger saßen, und wollte Heinrich von Ofterdingen frei machen. Da sangen Klingsor und Wolfram mit Liedern gegeneinander, aber Wolfram tat so viel Sinn und Behendigkeit kund, daß ihn der Meister nicht überwinden mochte. Klingsor rief einen seiner Geister, der kam in eines Jünglings Gestalt: »Ich bin müde geworden vom Reden«, sprach Klingsor, »da bringe ich dir meinen Knecht, der eine Weile mit dir streiten mag, Wolfram.« Der Geist fing an zu singen, vom Anbeginne der Welt bis auf die Zeit der Gnaden, aber Wolfram wandte sich zu der göttlichen Geburt des ewigen Wortes, und als er von der heiligen Wandlung des Brotes und Weines redete, mußte der Teufel schweigen und weichen. Klingsor hatte angehört, wie Wolfram mit gelehrten Worten das göttliche Geheimnis besungen hatte, und glaubte, daß Wolfram wohl auch ein Gelehrter sein möchte. Hierauf gingen sie auseinander. Wolfram hatte seine Herberge in Titzel Gottschalks Hause, mitten in der Stadt, dem Brotmarkt gegenüber. Als er nachts schlief, sandte ihm Klingsor seinen Teufel von neuem, daß er ihn prüfen sollte, ob er ein Gelehrter oder ein Laie wäre; Wolfram aber war bloß gelehrt in Gottes Wort, in anderen Künsten aber unerfahren. Da sang ihm der Teufel von den Sternen des Himmels und legte ihm Fragen vor, die der Meister nicht aufzulösen vermochte, und als er nun schwieg, lachte der Teufel laut und schrieb mit seinem Finger auf die steinerne Wand, als ob sie ein weicher Teig gewesen wäre: »Wolfram, du bist ein Laie Schnipfenschnapf!« Darauf entwich der Teufel, die Schrift aber blieb in der Wand stehen. Weil jedoch viele Leute kamen, um das Wunder zu sehen, verdroß es den Hauswirt; er ließ den Stein aus der Mauer brechen und in die Hörsel werfen. Nachdem Klingsor das ausgerichtet hatte, verabschiedete er sich von dem Landgrafen und fuhr samt seinen Knechten, mit Geschenken und Gaben belohnt, in der Decke wieder weg, wie und woher er gekommen war. (46)

Der Tannhäuser

Der edle Tannhäuser, ein deutscher Ritter, hatte viele Länder durchfahren und war auch in Frau Venus' Berg zu den schönen Frauen gekommen, das große Wunder zu schauen. Und als er eine Weile dort gehaust hatte, fröhlich und guter Dinge, trieb ihn endlich sein Gewissen, wieder hinauszuziehen in die Welt, und er begehrte Urlaub. Frau Venus aber bot alles auf, um ihn wankend zu machen. Sie wollte ihm eine ihrer Gespielinnen zum ehelichen Weibe geben, und er möchte gedenken an ihren roten Mund, der lache zu aller Stund. Tannhäuser antwortete, kein ander Weib begehrte er, als die er sich in den Sinn genommen; er wollte nicht ewig in der Hölle brennen, und gleichgültig wäre ihm ihr roter Mund; er könnte auch nicht länger bleiben, denn sein Leib wäre krank geworden. Und da wollte ihn die Teufelin in ihr Kämmerlein locken, der Minne zu pflegen, allein der edle Ritter schalt sie laut und rief die himmlische Jungfrau an, daß sie ihn scheiden lassen mußte.

Reuevoll zog er die Straße nach Rom zu Papst Urban, dem wollte er all seine Sünden beichten, damit ihm Buße aufgelegt würde und seine Seele gerettet wäre. Wie er aber beichtete, daß er auch ein ganzes Jahr bei Frau Venus im Berg gewesen, da sprach der Papst: »Wann der dürre Stecken grünen wird, den ich in der Hand halte, soll dir deine Sünde verziehen sein und nicht anders.« Der Tannhäuser sagte: »Und hätte ich nur noch ein Jahr leben sollen auf Erden, so wollte ich solche Buße und Reue getan haben, daß sich Gott erbarmt hätte!« Und vor Jammer und Leid, daß ihn der Papst verdammte, zog er wieder fort aus der Stadt und von neuem in den teuflischen Berg, ewig und immerdar darinnen zu wohnen. Frau Venus aber hieß ihn willkommen, wie man einen lang abwesenden Liebsten empfängt.

Danach wohl auf den dritten Tag hub der Stecken an zu grünen, und der Papst sandte Botschaft in alle Lande, sich zu erkundigen, wohin der edle Tannhäuser gekommen wäre. Es war aber nun zu spät; er saß im Berge und hatte sich sein Lieb erkoren, und daselbst muß er nun sitzen bis zum Jüngsten Tage, wo ihn vielleicht Gott woanders hinweisen wird. Und kein Priester soll einem sündigen Menschen Mißtrost geben, sondern verzeihen, wenn er sich anbietet zu Buß und Reue. (47)

Das Grab Walthers von der Vogelweide

Im Gange des neuen Münsters, gewöhnlich Lorenzgarten genannt, liegt Walther unter einem Baum begraben. In seinem Testament hatte er verordnet, daß man auf seinem Grabstein den Vögeln Weizenkörner zu picken und Wasser zu trinken gäbe. In den Stein, unter dem er begraben liegt, machte man vier Löcher zum täglichen Füttern der Vögel. Das Kapitel des neuen Münsters verwandelte aber dieses Vermächtnis für die Vögel in Semmeln, die an Walthers Jahrestag den Chorherren gegeben werden sollten und nicht mehr den Vögeln. Im Gange des vorbesagten Gartens soll von Walther folgender Vers in lateinischer Schrift zu lesen gewesen sein:

Der du bei Leben, o Walther, der Vögel Weide gewesen bist,
Blume der Wohlredsamkeit, Mund der Pallas, du starbest.
Damit nun deine Frömmigkeit den himmlischen Kranz erlangen
  möge,
So spreche, wer dieses liest: »Sei Gott seiner Seele gnädig!« (48)

Das Begräbnis Heinrich Frauenlobs

Frauenlob wurde im Jahre des Herrn 1317, am Tage von Andreas (29. November), im Kreuzgange des Mainzer Domes ehrenvoll begraben und von seiner Wohnung bis an seine Grabstätte von Frauen getragen, die man laut jammern und weinen hörte wegen des unbegrenzten Lobes, das Heinrich dem gesamten weiblichen Geschlecht in seinen Gesängen gewidmet hatte. Es wurde auch an seinem Grabe eine solche Menge Weines ausgegossen, daß er im ganzen Kreuzgange umherfloß. (49)

Das Herzmaere

Der Brennberger, ein edler Ritter, war zu Wien am Hofe des Herzogs von Österreich und sah die auserwählte Herzogin an, ihre Wangen und ihren roten Mund, die gleich den Rosen blühten. Er sang Lieder zu ihrem Preise, wie selig derjenige wäre, der sie küssen dürfte, und wie kein schöneres Frauenbild auf Erden lebte als diejenige, die sein Herr besäße und der König von Frankreich; diesen beiden Weibern täte es keine gleich. Als die Herzogin von diesem Lobe vernahm, ließ sie den Ritter vor sich kommen und sprach: »Ach, Brennberger, du allerliebster Diener mein, ist es dein Ernst oder Scherz, daß du mich so besingst? Und wärst du nicht mein Diener, nähm ich dir's übel!« »Ich rede ohne Scherz«, sagte Brennberger, »und in meinem Herzen seid Ihr die Schönste auf Erden. Zwar spricht man von der Schönheit der Königin zu Frankreich, doch kann ich's nicht glauben.« Da sprach die zarte Frau: »Brennberger, allerliebster Diener mein, ich bin dir hold und bitte dich sehr, nimm mein Gold und Silber und schaue die Königin und sieh, wer die Schönste unter uns zweien ist. Bringst du mir davon die Wahrheit, so erfreust du meinen Mut.« »Ach, edle Frau«, sagte der Brennberger, »ich fürchte die Mühe und die lange Reise. Und brächte ich zurück, was Ihr nicht gerne höret, so wäre mein Herze schwer; brächte ich Euch aber gute Mär, daß ihr Euch freutet, so geschäh's auch mir zulieb, darum will ich die Reise wagen!« Die

Frau sprach: »Ziehe hin und laß dir's an nichts gebrechen, an Geschmeide noch an Gewändern.«

Brennberger aber ließ sich einen Kramladen machen; darein tat er, was Frauen gehört, Gürtel und Spinnzeug, und wollte das als Krämerin feiltragen. Er zog im Dienste seiner Frau über Berg und Tal, bis er nach Paris kam; hier nahm er Herberge bei einem auserwählten Wirt, der unten am Berge wohnte und der ihm Futter und Streu, Speise und Trank aufs freundlichste gab. Brennberger hatte aber weder Ruhe noch Rast, winkte den Wirt heran und fragte um Rat, wie er's anfinge, der Königin unter die Augen zu kommen; denn um ihretwillen habe ihn die Herzogin aus Österreich hergesandt. Der Wirt sprach: »Stelle dich dahin, wo sie zur Kirche zu gehen pflegt, so siehst du sie sicherlich!«

Da kleidete Brennberger sich frauenmäßig an, nahm seinen Kram, setzte sich vors Burgtor und hielt Spindel und Seide feil. Endlich kam die Königin gegangen, ihr Mund brannte wie ein Feuer, und elf Jungfrauen folgten ihr nach. »Gott grüß dich, Krämerin«, sprach sie im Vorübergehen, »was Schönes hast du feil?« Die Krämerin dankte tugendlich und sagte: »Hochgelobte Königin, gebt mir die Gnade, es anzuschauen, und kauft von mir samt euren Jungfrauen!«

Abends spät sprach die edle Königin: »Nun hat sich die Krämerin vor dem Tore verspätet, laßt sie ein, fürwahr, sie kann heute bei uns bleiben!« Und die Krämerin saß mit den Frauen züchtig zu Tische. Als das Mahl vollbracht war, sagte die Königin: »Bei wem wollt ihr schlafen?« Die Krämerin wäre gerne daheim gewesen und antwortete: »Gott dank Euch, edle Königin! Geliebt's Euch, so laßt mich allein liegen.« »Das wäre schlechte Ehre«, versetzte sie, »wohlan, ich habe zwölf Jungfrauen hier, bei der jüngsten ziemt euch zu liegen, da ist eure Ehre gar wohl bewahrt!«

Also lag die Krämerin die lange Nacht bei der zarten Jungfrau und hielt dreizehn Tage feil in der Burg, und jede Nacht schlief sie bei einer andern Jungfrau. Wie nun die letzte Nacht kam, sagte die Königin: »Hat sie bei euch allen gelegen, was sollt ich's denn entgelten?«

Da wurde dem Brennberger angst, daß es um sein Leben geschehen wäre, wenn er bei der Königin liegen müßte, und schlich sich des Abends von dannen zu seinem Wirt, setzte sich alsbald zu Pferde und ritt ohne Aufenthalt, bis er nach Wien kam.

»Ach, Brennberger, allerliebster Diener mein, wie ist es dir ergangen, was bringst du guter Märe?« »Edle Frau«, antwortete der Ritter, »ich habe Lieb und Leid gehabt, wie man noch nie erhört. Dreizehn Tage hielt ich meinen Kram vor dem Burgtor feil. Nun möget Ihr Wunder hören, welches Heil mir widerfuhr; jeden Abend wurde ich eingelassen und mußte bei jeder Jungfrau besonders liegen. Ich fürchtete mich, es könnte nicht so lange verschwiegen bleiben, und die letzte Nacht wollte mich die Königin selber haben.« »Weh mir, Brennberger, daß ich je geboren ward«, sprach die Herzogin, »daß ich dir je den Rat gab, die edle Frau zu kränken. Nun sage mir aber, welche die Schönste unter uns zweien ist?« »Frau, in Wahrheit, sie ist schön ohnegleichen, nie sah ich ein schöner Weib auf Erden! Ein lichter Schein brach von ihrem Angesicht, als sie das erste Mal vor meinen Kram ging, sonderliche Kraft empfing ich von ihrer Schöne.« »Ach, Brennberger, gefällt sie dir besser als ich, so sollst du auch ihr Diener sein!« »Nein, edle Frau, das sag ich nicht; Ihr seid die Schönste in meinem Herzen.« »Nun sprachst du eben erst, kein schöner Weib hättest du je gesehen?« »Wißt, Frau, sie hat einen hohen Mund, aber Ihr seid schöner an Hals und Kinn; aber nach euch ist die Königin das schönste Weib, das ich je auf der Welt gesehen habe. Das ist meine allergrößte Klage, ob ich einen unrechten Tod an ihr verdient hätte!«

Als der edle Brennberger seine schöne Herrin mannigfaltig besungen hatte, gewahrte es ihr Gemahl. Er ließ den Ritter fahren und sagte: »Du hast meine Frau lieb, das geht dir an dein Leben!« Und zur Stunde ward ihm das Haupt abgehauen; sein Herz aber gebot der Herr auszuschneiden und zu kochen. Das Gericht wurde der edlen Frau vorgestellt, und ihr roter Mund aß das Herz, das ihr treuer Dienstmann im Leibe getragen hatte. Da sprach der Herr: »Frau, könnt Ihr mir sagen, was Ihr jetzt gegessen habt?« Die Frau antwortete: »Nein, ich weiß es nicht; aber ich möchte es wissen, denn es schmeckt mir schön.« Er sprach: »Fürwahr, es ist Brennbergers Herz, deines Dieners, der viel Lust und Schmerz brachte und dir dein Leid wohl vertrieben hat, so tue ich einen Trunk darauf zu dieser Stund, und sollte meiner armen Seele nimmer Rat werden; von Essen und Trinken kommt nimmermehr in meinen Mund!« Und eilends stand sie auf, schloß sich in ihre Kammer und flehte die himmlische Königin um Hilfe an: »Es muß mich immer reuen um den treuen Brennberger, der unschuldig den Tod erlitt um meinetwillen. Fürwahr, er ward nie meines Leibes teilhaftig und kam mir nie so nah, daß ihn meine Arme umfangen hätten.« Von der Zeit an kam weder Speise noch Trank über der Frauen Mund, elf Tage lebte sie und am zwölften schied sie davon. Ihr Herr aber stach sich mit einem Messer tot, aus Jammer, daß er sie so unehrlich verraten hatte. (50)

Frau Welt

Herr Wirnt von Gravenberg war ein reicher und feingebildeter edler Ritter, der nach der Welt Ruhm geizte und dem dieser auch in vollem Maße zuteil wurde. Er verbrachte seine Zeit am liebsten damit, ausgewählte Kleider zu tragen, auf die Beize zu gehen, zu jagen, Schachzabel oder auf der Saiten zu spielen.

Eines Tages saß er in seinem Gemach und ergötzte sich an einer Aventiure, die er in einem Buche fand, als plötzlich eine weibliche Gestalt von wunderbarer Schönheit und königlichem Äußeren vor ihn trat. Sie war noch viel schöner als Frau Venus oder die Göttin Pallas Athene selbst, ihr Antlitz und ihre Farben leuchteten wie ein Spiegel. Ihre Schöne gab so lichten Schein, daß das Schloß von ihr erhellt wurde. Nie hatte er ein minniglicheres Weib auf dieser Erde gesehen, noch nie eine solche Pracht in der Kleidung bewundern können. Der Ritter war über diese Erscheinung nicht wenig erschrocken und verwundert, faßte sich aber und bewillkommnete die Frau aufs höflichste und wie es sich für einen Ritter geziemt.

Sie erwiderte seinen Gruß freundlichst, stellte sich ihm als eine ihm wohlbekannte Dame dar und meinte, er möchte doch nicht erschrecken, sie wäre dieselbe, für die er sein Leben lang schon soviel gewagt, nach der er gerungen, von der er gesprochen und die er besungen hätte; er wäre ihr Dienstmann den Abend und den Morgen gewesen, und darum wäre sie jetzt gekommen, um ihm nach seines Herzens Begehr den Lohn für seine treuen Dienste zu zeigen. Der Ritter widersprach ihr und meinte, er wüßte nicht, daß er ihr je gedient hätte, wäre aber, von ihrer Gestalt und Schönheit hingerissen, gern bereit, ihr bis an sein Ende zu dienen, falls sie es gestattete. Er schätzte diesen Tag hoch, weil er ihn erlebt hätte, fühlte sich glücklich, sie gesehen zu haben, und fragte nach ihrem Lande und ihrem Namen.

Da entgegnete die Frau: »Lieber Freund, ich will dir gern Antwort geben und dir meinen hochgelobten Namen nennen. Du brauchst dich dessen nicht zu schämen, daß du mir untertänig bist und mir auf dieser Erde dienst; denn Kaiser und Könige, Grafen, Freie und Herzöge haben ihre Knie vor mir gebeugt und meinem Gebote Folge geleistet. Nur einer ist gewaltiger als ich: Gott! Alle anderen dienen mir. Ich bin ›die Welt‹ geheißen, die Welt, nach der du so lange begehrt hast. Den Lohn sollst du nun schauen!« Dann wandte sie sich und kehrte ihm den Rücken zu. Aber welch ein Schrecken! Überall war sie besteckt und behangen mit Kröten und Nattern, mit Schlangen und Fliegen; ihr Leib saß voller Blattern, und ihr Fleisch war von Maden zerfressen bis auf das Gebein. Es war ein schaudererregender, entsetzlicher Anblick. Dann verschwand die Frau Welt.

Jetzt erkannte Wirnt von Gravenberg, wie nichtig doch der Lohn der Welt wäre. Er schied von Frau und Kindern, nahm das Kreuz, fuhr über das wilde Meer und half im Heere Gottes gegen die Heidenschaft streiten. Nach langer und steter Buße starb er eines seligen Todes. (51)

Der edle Möringer

Zu Mörungen an der Donau lebte vorzeiten ein edler Ritter; er verabschiedete sich von seiner Frau, weil er weit in St. Thomas' Land ziehen wollte, befahl ihr Leute und Gut und sagte, daß sie seiner sieben Jahre harren möchte. Frühmorgens stand er auf, kleidete sich an und empfahl dem Kämmerer, seine Frau bis zu seiner Wiederkehr sieben Jahre lang zu pflegen. Der Kämmerer sprach: »Frauen tragen lange Haare und haben kurzen Mut; nicht länger als sieben Tage mag ich eurer Frauen pflegen.« Da ging der edle Möringer hin zu dem jungen Herrn von Neufen und bat, daß er sieben Jahre seiner Gemahlin pflegte; der sagte ihm zu und gelobte seine Treue.

Also zog der edle Möringer in die Ferne, und ein Jahr verstrich um das andere. Als das siebente fast herum war, lag er im Garten und schlief. Da träumte ihm, wie ein Engel riefe und spräche: »Erwache, Möringer, es ist Zeit! Kommst du heute nicht in dein Land, so nimmt der junge von Neufen dein Weib!« Der Möringer raufte seinen grauen Bart vor Leid und klagte Gott und dem heiligen Thomas flehentlich seine Not; in den schweren Sorgen entschlief er von neuem. Als er aufwachte und die Augen öffnete, wußte er nicht, wo er war; denn er sah sich daheim in Schwaben vor seiner Mühle, dankte Gott, jedoch traurig im Herzen, und ging zu der Mühle. »Müller«, sprach er, »was gibt's Neues in der Burg? Ich bin ein armer Pilgrim.« »Viel Neues«, antwortete der Müller, »der von Neufen will heute des edlen Möringers Frau nehmen; leider soll unser guter Herr tot sein.« Da ging der edle Möringer an sein eigenes Burgtor und klopfte laut an. Der Torwart trat heraus. »Geh und sage deiner Frauen, hier stehe ein elender Pilgrim. Ich bin vom weiten Gehen so müde geworden, daß ich sie um ein Almosen bitte, um Gottes und Sankt Thomas' willen und des edlen Möringers Seele.« Und als die Frau das hörte, ließ sie das Tor eilends auftun und dem Pilger für ein ganzes Jahr zu essen geben und versprechen.

Der edle Möringer trat in seine Burg, und es war ihm leid und schwer, daß ihn kein Mann empfing. Er setzte sich auf die Bank nieder, und als die Abendstunde kam und die Braut bald zu Bett gehen sollte, redete ein Dienstmann und sprach: »Sonst hatte mein Herr Möringer die Sitte, daß kein fremder Pilgrim schlafen durfte, er sang denn zuvor ein Lied:« Das hörte der junge Herr von Neufen, der Bräutigam, und rief: »Singt uns ein Liedlein, Herr Gast, ich will euch reich begaben!« Da hub der edle Möringer an und sang ein Lied, das anfängt: »Ein's langen Schweigens hatt' ich mich bedacht, so muß ich aber singen als eh«, und sang darin, daß ihn der junge Mann an der alten Braut rächen und sie mit Sommer-latten schlagen sollte; ehemals wäre er Herr gewesen und jetzt Knecht und ihm nun auf der Hochzeit eine alte Schüssel vorgesetzt worden. Sobald die edle Frau das Lied hörte, trübten sich ihre klaren Augen, und sie setzte dem Pilgrim einen goldenen Becher hin, in den sie klaren Wein schenkte. Möringer aber zog ein goldrotes Fingerlein von seiner Hand, womit ihm seine liebste Frau vermählt worden war, legte es in den Becher und gab ihn dem Weinschenken, damit er ihn der edlen Frau vorsetzen sollte.

Der Weinschenk brachte ihn: »Das sendet euch der Pilger, laßt's euch nicht verschmähen, edle Frau!« Und als sie trank und das Fingerlein im Becher sah, rief sie laut: »Mein Herr ist hier, der edle Möringer!«, stand auf und fiel ihm zu Füßen. »Gott willkommen, liebster Herr, und laßt euer Trauern sein! Meine Ehre hab ich noch behalten, und hätte ich sie verbrochen, so solltet ihr mich vermauern lassen!« Aber der Herr von Neufen erschrak und fiel auf die Knie: »Liebster Herr, Treu und Eid hab ich gebrochen, darum schlagt mir mein Haupt ab!« »Das soll nicht sein, Herr von Neufen, sondern ich will euren Kummer lindern und euch meine Tochter zur Ehe geben. Nehmt sie und laßt mir meine alte Braut!« Darüber war der von Neufen froh und nahm die Tochter; Mutter und Tochter waren beide zarte Frauen, und beide Herren waren wohlgeboren. (52).

Der Ruf zur Befreiung des Heiligen Landes

Im Jahre 808 kamen zwei Mönche zu Karl dem Großen und brachten ihm die Schlüssel des Heiligen Grabes, des Kalvarienberges, des Ölberges und der Schönen Pforte, die sich dem Petrus von selbst geöffnet hatte, ferner die heilige Lanze und Fahne. Sie wünschten, daß dem Kaiser seine Aufgabe zur Befreiung des Christenvolkes völlig klar würde. Karl der Große, der ein Freund der Pilger war, ließ in Jerusalem ein Schutzhaus für die Wallfahrer erbauen, dem er Gärten, Ländereien und Weinberge im Tale Josaphat zuwies, wie außerdem eine Büchersammlung. (53)

Gottfried von Bouillon und der Erste Kreuzzug

Die Ursach' aber und der Anfang der ruhmreichen, loblichen und christlichen Expedition ist fürnehmlich die gewesen: Der lobich, teu'r Fürst, Herzog Gottfridt von Lothringen, seines Geschlechts und Herkommens ein Grafe von Bullon, hat Kaiser Heinrich loblicher Gedächtnus dem Vierten allzeit mit Treuen angehangen, und als sich begeben, daß Kaiser Heinrich mit Macht in Italiam zogen und Rom im Jahr Christi tausendeinsundachtzige belagert, ist ihm gemelter Herzog Gotfridt auch nachgefolgt, und nachdem auf ein' Zeit die Stadt Rom hart gesturmbt worden, auch ein gut Teil der Mauren und Munition zerbrochen, hat er sich so ritterlichen in solchem Sturmb gehalten, daß er der allererst auf die Mauren kommen, durch welche namhafte ehrliche Tat die Stadt Rom fürnehmlich von den Kaiserischen erobert ist worden. In diesem Sturmb, so im Junio beschehen, het sich gemelter Herzog Gotfrid dermaßen gebrucht, daß er von wegen einer so großen Übung in ein' todtliche Krankheit fallen was, derhalben gelobt und verhieße er sich Gott dem Allmächtigen, wann es Sach' wäre, daß er lebendig und bei Kräften bliebe, so welte er zum Heiligen Grab ziehen und solch's wiederumb aus denen Händen der Ungläubigen zu bringen sich understehen. Darauf ward er in einer Kürze wunderbarlich gesund, und sobald er wiederumb in teutsche Land kam, nahm er Urlaub vom Kaiser und sucht alle Mittel, damit er Geld, ein somma Kriegsvolk zu versölden, zusammenbringen möchte. Und als er sollichs bis in das zwölft' Jahr beharret, verkauft er zuletzt mit Bewilligung seiner beider Brüder, Herrn Balduini und Herrn Eustachi, alle ihre liegende Güter, des Willens, wider die Ungläubigen diese merkliche Barschaft zu Wohlfahrt gemeiner Christenheit zu gebrauchen. Zu solchem ward ihm auch nit wenig verursachen das groß' Blutvergießen und die stetige Krieg, so zwischen dem Kaiser und denen teutschen Fürsten durch Anstiften der Päpst erregt wurden. (54)

Das Kreuzheer in Konstantinopel

Als aber Herzog Gotfrid von Bulion und der ganz' Hauf' durch Hungern und Bulgarei in Thratiam kommen, haben sie durch Untreu Kaiser Alexi von Constantinopel viel guter Leut' verloren, doch seindt sie, dreimal hunderttausend stark ohn Weib und Kind, glicklichen und wohl über den Arm des Meers Hellesponti, genannt Bosphorus, in Asiam geschifft, und wiewohl ihnen etliche sarazenische Fürsten und Potentaten mit großer Anzahl Volks entgegenzogen und ihnen den Paß oder Eingang Syriae zue wehren sich understanden, jedoch lagen sie denselben allwegen ob, deren sie ein große Anzahl erschluogen. Nach diesen Victoriis ruckten sie fort auf Niceam die Stadt. Underwegen aber und nit weit von Nicea ward dem teutschen Haufen an Proviant und allerhand Nahrung abgehen, und als sie berichtet, wie stark die Türken verhanden und nümlich daß sie nit fern von dannen ihr Leger geschlagen, ritten sie erstlichs mit großen Sorgen und Fürsichtigkeit auf die Füeterung, hernach aber von Tags zu Tags begaben sie sich, ihre länger ihre weiter hinaus, bis zu letzten, daß sie auf zehen Meil' Wegs sich vom Leger theten, plünderten und raubten. Zuletzten, als sie des türkischen Königs Solimans gar kein Sorg mehr heten, welcher sich bisher mit Fleiß also still gehalten, und ihren bei zweihunderten zu Roß und dreitausend zu Fuß sich abermals ohn alle Ordnung vom Leger geton, warden sie in solcher Eil' von gedachtem Türken Solimanno umbzogen und der mehrerteil erschlagen. (55)

Sultan Saladin

Um die vielgerühmte Barmherzigkeit der Brüder des Johanniterordens auf die Probe zu stellen, verkleidete sich Saladin einst als Pilger und fand als solcher in ihrem Spital Aufnahme, weigerte sich aber drei Tage lang, Speise zu sich zu nehmen, bis er endlich am vierten Tage verlangte, man solle ihm den rechten Vorderfuß des großmeisterlichen Schlachtrosses kochen und zubereiten. Schon trat ein Bruder mit dem Beile heran, um den Vorderfuß des Pferdes abzuhauen, als Saladin rief: »Halt ein, mein Wunsch ist erfüllt, ich möchte lieber Hammelfleisch essen!«

Zum Dank für die freundliche Aufnahme verpflichtete er sich, dem Orden jedes Jahr am Johanniterfeste tausend Goldgulden zu zahlen, was in friedlichen wie in kriegerischen Zeiten bis zu seinem Tode immer geschehen sein soll.

Als Saladin von der Riesenstärke des Königs Johannes von Jerusalem hörte, bat er ihn um Übersendung des Schwertes, mit dem Johannes einst einen Sarazenen der Länge nach gespaltet hatte. Johannes erfüllte den Wunsch, doch dem Sultan gelang derselbe Krafthieb an einem Verbrecher nicht. Er bat den König, ihm das richtige Schwert zu leihen, da das gesandte wohl ein falsches sei. Johannes ließ ihm antworten: »Das Schwert ist schon das rechte, nur meinen Arm kann ich nicht mitschicken!« (56)

Die Eroberung Jerusalems

Während die Kreuzfahrer am 15. Juli 1099 Jerusalem berannten und der Kampf sich schon vom Morgen bis zur siebenten Stunde des Tages ohne Entscheidung hingezogen hatte, fing ihre Hoffnung an zu wanken. Schon sollte der große Belagerungsturm, der sehr gelitten hatte, mit den übrigen Maschinen, die bereits vom Feuer ergriffen waren, von der Mauer entfernt werden, um den Kampf auf den folgenden Tag zu verschieben. Als der Feind merkte, daß die Christen bereits zu wanken anfingen, rief er sie mit um so größerer Frechheit zum Kampfe heraus, bis der Streit plötzlich eine andere Wendung erhielt.

Es erschien nämlich ein vom Ölberg herabschreitender Krieger, den man vorher nie gesehen hatte und der sich auch nachher nicht wieder blicken ließ. Mit einem funkelnden Schilde, den er am Arme schwenkte, gab er den Kreuzfahrern das Zeichen, den Kampf zu erneuern.

Herzog Gottfried, der mit seinem Bruder Eustachius oben auf dem erwähnten Belagerungsturme stand, wurde durch den Zuruf des fremden Kriegers ermuntert, so daß er die Seinen zurückrief. Sie kamen auch mit Jubel herbei und entwickelten solchen Eifer, als ob sie frische Kräfte erhalten hätten. Selbst die Verwundeten kamen neugestärkt heran. Die Fürsten und Anführer ermutigten die übrigen durch glänzendes Beispiel. Und selbst die Weiber wollten nicht ohne Teilnahme sein, brachten den Männern einen Labetrunk und stachelten sie mit Worten an. Innerhalb einer Stunde wurden in freudiger Siegesgewißheit der Graben ausgefüllt, die Vormauer gestürzt und der Belagerungsturm mit Gewalt der großen Mauer genähert. Säge, Balken, Stroh, Flechtwerk oder was die Belagerten sonst zum Schutze der Mauer aufgehängt hatten, wurden in Brand gesteckt. Der Nordwind trieb den Rauch und die Flammen mit Heftigkeit gegen die Stadt, so daß die Verteidiger fast erstickt und geblendet weichen mußten. Jetzt wurde die Fallbrücke durch die Pilger vom Belagerungsturm auf die Mauer niedergelassen. Allen andern voran stürzte Gottfried von Bouillon mit seinem Bruder Eustachius über die Brücke auf die Mauer, und viele Ritter und Knechte folgten ihm auf dem Fuße. Das Stephanstor wurde gesprengt, und das ganze Volk drang ein. Dieser Sieg wurde an einem Freitag um die neunte Stunde des Tages gewonnen, und es schien eine göttliche Fügung gewesen zu sein, daß das gläubige, für den Ruhm des Erlösers fechtende Volk seinen heißen Wunsch an demselben Tage und zu derselben Stunde erfüllt sah, in der der Herr in eben dieser Stadt gelitten hatte. (57)

Das Wunderroß Friedrichs von Zollern

Vor vielen, vielen Jahren lebte der Graf Friedrich von Zollern mit seinem frommen, gottesfürchtigen Weibe Udalhilt. Nachdem Friedrich lange Zeit mit ihr gelebt und etliche Kinder von ihr bekommen hatte, zog er in die Heidenschaft, um weitgelegene Länder zu erkunden. Für die Zeit seiner Abwesenheit empfahl er seiner Gemahlin die Herrschaft und alles, was er hatte. Mit wenigen Dienern lebte er lange Jahre in der Ferne, geriet aber in große Armut und viel Mangel, so daß er zuletzt Diener und Pferde abgeben mußte. In seiner größten Not kam ein Gespenst zu ihm, das ihn durch allerlei Versprechungen verführen und ihm bessere Tage verschaffen wollte. Lange widerstand er ihm, bis der Böse

Das wunderbare Pferd Friedrichs von Zollern (Holzschnitt, um 1482)

zuletzt ein Roß brachte und sagte: »Dieses Roß wird dich ohne
Gefahr deiner Seele und deines Leibes führen, wohin dich gelüstet.
Nur eines mußt du merken: Wenn du abends oder sonst unterwegs
absteigst, mußt du das Pferd gegen den Niedergang der Sonne
abzäumen und absatteln. Versäumst du es einmal, hast du dein Roß
ewig verloren, sonst kannst du es für dein Leben lang haben.« Was
der Graf dem Gespenst dafür hat leisten müssen, ist nicht bekannt
geworden oder doch in Vergessenheit gekommen.

Mehrere Jahre noch reiste Graf Friedrich mit dem Rosse, zuletzt
lenkte er seinen Weg wieder zu Weib und Kind. Doch in seiner
Heimat war er schon aufgegeben; seine Gemahlin hatte die Landschaft wohlweislich regiert, die Söhne und Töchter waren längst
erwachsen.

Unbekannt in der Heimat angekommen, erfuhr er, daß daheim
alles wohl stände. Schließlich schickte er seiner Frau eine Botschaft. Sie kam mit einigen der Kinder eilends herbei, ging ihm von
der Burg herab entgegen und empfing ihn mit großer Freude.
Schnell stieg Friedrich von seinem Rosse, begrüßte Weib und
Kinder herzlich und ging mit ihnen auf das Schloß hinauf.

Das Wunderroß übergab er seinen Dienern, ohne sich weiter

darum zu kümmern. Da sie aber nicht recht mit ihm umgingen, so verschwand es plötzlich, und die Diener liefen eilends zum Grafen, um ihm zu sagen, was geschehen war. Im Herzen tat es ihm leid, daß er das wunderbare Tier verloren hatte, aber die Freude, wieder daheim bei der treuen Gemahlin und den lieben Kindern zu sein, war viel größer, so daß er sich das Roß schnell aus dem Sinn schlug und zu den Dienern sagte: »Nun, wenn es nicht mehr da ist, dann ist es geschehen, und ich will mich in Gottes Willen ergeben!« So schieden die Diener wieder, und es fiel kein böses Wort mehr.

Wenige Stunden später klopften drei schöne, weißgekleidete Jungfrauen an das Burgtor und wünschten den Grafen persönlich zu sprechen. Vor ihn geführt, verneigten sie sich, und eine von ihnen bekannte: »Wir waren Geister und verflucht und in der Gewalt des bösen Feindes, durch dessen Wirkung wir drei dich lange Zeit und weite Wege getragen haben. Weil du aber um den Verlust des Rosses nicht ungeduldig gewesen bist, sondern alles Gott anheimgegeben hast, so sind wir der teuflischen Gewalt entledigt und aller Marter und Pein entronnen, wie auch der Seligkeit wiedergegeben, während wir sonst bis an den Jüngsten Tag die Plage der höllischen Geister hätten ertragen müssen.« Sie dankten dem Grafen in herzlichen Worten und verschwanden.

Dieser Graf hat es zu einem hohen Alter gebracht, ist nach seiner Reise noch lange daheimgeblieben und hat mit seiner Familie in frohem Kreise gelebt. Im Kloster zu Stetten, das er mit der Gräfin 1259 gestiftet haben soll, liegt er begraben. (58)

Ritter Dietrich von Deern

Dieser war mit den Kreuzfahrern nach Palästina gezogen und dort in einer Schlacht in die Hände der Sarazenen gefallen. Manches Jahr schmachtete er in tiefer Kerkersnacht und gab alle Hoffnung auf, jemals wieder die Freiheit zu erlangen. Da tat er einst, als ihn eben wieder eine unnennbare Sehnsucht nach der Heimat überfiel, das Gelübde, er wolle, wenn er je wieder sein Vaterhaus wiedersehen werde, dort neben der Lahn auf dem heiligen Steine, wo die Gebeine des heiligen Lubentius ruhten, eine Kirche bauen. So flehte er andächtig, da kam ein süßer Schlummer, wie er ihn lange nicht gekostet, über ihn, und als er erwachte, fand er sich mitten in einem frischen grünen Walde, umtönt von dem lieblichen Gesang der Vögel. Er wollte seinen Augen nicht trauen, da hörte er von Vorübergehenden die heimischen Laute, er raffte sich auf, eilte ihnen nach und fragte, wo er sich befinde. Zwar schauten diese den hagern Mann in ärmlichen Kleidern verwundert an, allein sie sprachen: »Ihr seid in dem Walde von Deern!« Fort stürmte er hinauf ins Schloß und lag bald in den Armen seiner Gemahlin und Kinder, welche ihn längst für tot gehalten hatten. Und seines Wortes eingedenk, erbaute er auf der Höhe, welche man den Herrnberg nennt, die Dietrichskirche von Dietkirchen. Zum Andenken an den heiligen Lubentius nennen aber heute noch die Lahnschiffer den stromaufwärts blasenden, linden Wind den St.-Lubenti-Wind und auf dem Strom selbst eine Strömung der Wellen gegen den Strom, die sich bald in der Mitte und bald an dem linken, bald an dem rechten Ufer so breit wie das Geleise eines Schiffleins zeigt, noch heute den Lubentiusstrom. Das Stift zu Dietkirchen aber bewahrte noch im Jahre 1525 ein übergoldetes Brustbild des guten Heiligen und ein silbernes Schifflein, welches ihm, ihrem Patron, die Lahnschiffer geweiht hatten. (59)

Gattentreue

Der Mann im Pflug

Zu Metz in Lothringen lebte ein edler Ritter namens Alexander mit seiner schönen und tugendhaften Hausfrau Florentina. Er gelobte eine Wallfahrt nach dem Heiligen Grabe, und als ihn seine betrübte Gemahlin nicht von dieser Reise abwenden konnte, machte sie ihm ein weißes Hemd mit einem roten Kreuz, das sie ihm zu tragen empfahl. Der Ritter wurde von den Ungläubigen gefangen und mit seinen Unglücksgefährten in den Pflug gespannt; unter harten Geißelhieben mußten sie das Feld ackern, daß das Blut von ihrem Leibe lief. Wunderbarerweise blieb nun jenes Hemd, das Alexander von seiner Frau empfangen hatte und beständig trug, rein und unbefleckt, ohne daß ihm Regen, Schweiß und Blut etwas schadeten; auch zerriß es nicht. Dem Sultan selbst fiel diese Seltenheit auf, und er befragte den Sklaven genau über Namen und Herkunft und wer ihm das Hemd gegeben habe. Der Ritter unterrichtete ihn von allem: »Und das Hemd habe ich von meiner tugendsamen Frau erhalten; daß es so weiß bleibt, zeigt mir ihre fortdauernde Treue und Keuschheit an.« Durch diese Nachricht neugierig gemacht, beschloß der Heide, einen seiner Leute heimlich nach Metz zu senden; der sollte kein Geld und Gut sparen, um des Ritters Frau zu seinem Willen zu verführen, so würde sich nachher ausweisen, ob das Hemd die Farbe verändere. Der Fremde kam nach Lothringen, kundschaftete die Frau aus und hinterbrachte ihr, wie elendiglich es ihrem Herrn in der Heidenschaft ginge, worüber sie höchst betrübt wurde, aber sich so tugendhaft bewies, daß der Abgesandte, nachdem er alles Geld verzehrt hatte, wieder unverrichteter Sache in die Türkei zurückreisen mußte.

Bald darauf nahm Florentina das Pilgerkleid und eine Harfe, die sie wohl zu spielen verstand, und reiste dem fremden Heiden nach, holte ihn auch noch zu Venedig ein und fuhr mit ihm in die Heidenschaft, ohne daß er sie in der veränderten Tracht erkannt hätte. Als sie an des Heidenkönigs Hofe anlangte, wußte der Pilgrim ihn so mit Gesang und Spiel einzunehmen, daß ihm große Geschenke dargebracht wurden. Der Pilgrim schlug diese alle aus und bat bloß um einen von den gefangenen Christen, die im Pfluge gingen. Die Bitte wurde bewilligt, und Florentina ging unerkannt zu den Gefangenen, bis sie zuletzt zu dem Pfluge kam, in den ihr lieber Mann gespannt war. Sie forderte und erhielt diesen Gefangenen, und beide reisten zusammen über die See glücklich nach Deutschland heim. Zwei Tagesreisen vor Metz sagte der Pilgrim zu Alexander: »Bruder, jetzt scheiden sich unsere Wege, gib mir zum Angedenken ein Stücklein aus deinem Hemde, von dessen Wunder ich so viel habe reden hören, damit ich es auch andern erzählen und beglaubigen kann.« Der Ritter erfüllte die Bitte, schnitt ein Stück aus dem Hemde und gab es dem Pilgrim; sodann trennten sich beide.

Florentina kam auf einem kürzeren Wege einen ganzen Tag früher nach Metz, legte ihre gewöhnlichen Frauenkleider an und erwartete ihres Gemahles Ankunft. Als diese erfolgte, empfing

Alexander seine Gemahlin aufs zärtlichste; bald aber bliesen ihm seine Freunde und Verwandten in die Ohren, daß Florentina als ein leichtfertiges Weib zwölf Monate lang in der Welt umhergezogen sei und nichts habe von sich hören lassen. Alexander entbrannte vor Zorn, ließ ein Gastmahl anstellen und hielt seiner Frau öffentlich ihren geführten Lebenswandel vor. Sie trat schweigend aus dem Zimmer, ging in ihre Kammer und legte das Pilgerkleid an, das sie während der Zeit getragen hatte, nahm die Harfe zur Hand, und indem sie ihm das ausgeschnittene Stück von dem Hemde vorwies, offenbarte sich, wer sie gewesen war und daß sie selbst als Pilgrim ihn aus dem Pfluge erlöst hatte. Da verstummten ihre Ankläger, fielen der edlen Frau zu Füßen, und ihr Gemahl bat sie mit weinenden Augen um Verzeihung. (60)

Das Lied der Treue

Ritter Haym geriet in den Türkenkriegen in türkische Gefangenschaft. Als seine Gattin dies erfuhr, verkleidete sie sich als fahrender Sänger, da sie eine wunderschöne Stimme hatte und das Harfenspiel meisterte. Nach langen Beschwerden erreichte sie das Ziel ihrer Reise und erlangte es, vor dem Sultan zu spielen, der ein Freund des Harfenspieles und von Schwermut gedrückt war. Ihr Spiel machte auf ihn einen solchen Eindruck, daß er dem vermeintlichen Spielmann einen Wunsch freigab. Dieser verlangte nichts als die Freiheit seines Herrn, des Ritters Haym. Gerührt über so viel Treue ließ der Sultan den Sänger in die Heimat geleiten und entließ auch den Ritter bald.

Haym trachtete so schnell als möglich nach Hause, wo ihn seine schon früher angekommene Gattin empfing. Während Haym beklagte, daß er nicht wisse, wer der Sänger sei, der ihn freigesungen, trat ein Sänger ein und sang das Lied von der Gattentreue. Haym erkannte seinen Retter. Dieser entpuppte sich als sein Weib. *(Oberösterreich)* (61)

Persönlichkeiten mit magischer Begabung

Albertus Magnus

Albertus Magnus wurde 1193 in Schwaben geboren. Wie man sagt, war er auch in seiner Jugend ein rechter Schwabe – die bekanntlich erst mit vierzig Jahren gescheit werden. In Köln in ein Kloster aufgenommen, zeigte er sich tölpelhaft und dumm, so daß er nichts begreifen konnte. Aber auf sein inbrünstiges Gebet erschien ihm eines Tages die Mutter Gottes und stellte ihm die Wahl, entweder in der Gottesgelehrtheit oder in der Weltweisheit Ausgezeichnetes zu leisten. Albertus zog letzteres vor; die Mutter Gottes gewährte ihm zwar die Erfüllung seines Wunsches, war aber sehr ungehalten darüber, daß er nicht die Gottesgelehrtheit gewählt hatte, und sagte ihm deshalb, er würde drei Jahre vor seinem Tode wieder ganz dumm werden. Das ist später auch geschehen, denn er blieb in einem Vortrage stecken und wußte kein Wort mehr zu sagen. Von ihm erzählte man sich deshalb, er sei zweimal in wunderbarer Weise verwandelt worden, aus einem Esel in einen Weltweisen und umgekehrt aus einem Weltweisen in einen Esel.

Der Gelehrte Albertus Magnus war in allen möglichen Wissenschaften bewandert, selbst in der Baukunst, und er soll sogar allerlei Maschinen und auch das Schießgewehr erfunden haben. Eine von ihm gefertigte Bildsäule stand ihm Rede und Antwort auf seine Fragen. Sie wurde von seinem Schüler Thomas von Aquino aus Unwissenheit und Einfalt zerstört. Selbst in wunderbaren Künsten war er sehr erfahren, ist aber trotzdem kein Schwarzkünstler gewesen, obschon er die seltsamsten Streiche ausführen konnte. (62)

Der Wintergarten des Albertus Magnus

Es lebte aber in jenen Tagen zu Köln Albert, der Bischof von Regensburg, des Predigerordens, leitend und lesend, groß in der Schwarzen Kunst, größer in der Philosophie, aber am größten in der Theologie; der bat den König demütig, daß er am Feiertage (Epiphanias 1248) mit ihm speisen wolle. Der König hoffte ein wunderbares Zeichen zu sehen und wollte dem würdigen Vater seine flehentliche Bitte nicht abschlagen. Als also die Feier der Epiphanias vorüber war, empfing der Bischof, aus seinem Studierzimmer heraustretend, sehr liebenswürdig den König und seine Begleiter und führte ihn aus dem Speisesaale in seinen Garten, wo Diener von wunderbarer Schönheit alles zum fröhlichen Mahle Erforderliche vorbereiteten. Es war aber in diesen Tagen ein sehr harter Winter und die ganze Oberfläche der Erde mit dickem Schnee bedeckt. Deshalb fing die ganze Schar der Vornehmen an gegen den Bischof zu murren, weil er bei so schrecklicher Kälte seine Gäste ohne Ofen im Garten speisen ließ. Aber nachdem der Bischof, des Zukünftigen kundig, mit dem König bei Tische saß und jeder Gast, nach Stand und Würde gesetzt, die Speisen erwartete, siehe, da verschwand auf einmal in einem Augenblicke die ungeheure Masse von Eis und Schnee, und die Hitze wurde unter den leuchtenden Strahlen der Sonne immer drückender, das Gras keimte auf dem Boden, und Blumen von seltener Schönheit sprossen empor. Ein jeder Baum war sofort mit grünem Laub bedeckt und brachte alsbald für alle reife Früchte zum Essen hervor; der Weinstock blühte, verbreitete einen angenehmen Duft und bot frische Trauben in großer Fruchtbarkeit sogleich dar; das Zwitschern der Vögel und deren Flügelschlag ward hörbar, und ihr angenehmer Gesang verursachte allen Speisenden großes Frohlokken. Was soll ich mehr sagen: Die Kälte des Winters schwand gänzlich und die Sommerhitze wurde so arg, daß einige von den Gästen wegen der heißen Lufttemperatur die doppelten Kleider auszogen und sich halb entkleideten und sehr viele unter den dichtbelaubten Zweigen der Bäume Kühlung suchten Die Diener aber trugen überall eine reichliche Masse von Gerichten, so daß sie üppig die zahlreiche Menge der Gäste sättigten. Und der König freute sich mit den Tischgenossen bei diesem Hoffest, weil er so viele, so große und so unerhörte Wunder sah. Als das Mahl zu Ende war, verschwand die Menge der Dienerschaft wie ein Spuk, das Gezwitscher der Vögel verstummte, das Laub auf den Bäumen verging sofort, die blühende Erde verdorrte, die Menge des Schnees kam wieder, und die plötzliche Kälte wurde so grausam und unerträglich, daß alle, die vorher bei ausgezogenen Röcken während des Mahles geschwitzt hatten, jetzt zitternd zu dem Feuer im Speisesaale eilten. (63)

Blendwerke zu Köln

Graf Wilhelm von Holland, zum deutschen Kaiser gewählt, belagerte als solcher die Stadt Aachen im Jahre 1248, zog aber zum Christfeste nach Köln, um dasselbe hier in Ruhe zu feiern. Nun lebte aber damals hier ein Mönch, Albertus genannt, im deutschen Reiche als großer Schwarzkünstler verrufen. Das war aber ein hochgelehrter Mann, in Mathematik, Naturwissenschaft und Mechanik wohl erfahren. Diesen ließ nun der König zu einem Abendschmause einladen und begehrte von ihm, einige seiner Künste zu seiner und der Gäste Ergötzlichkeit zu zeigen. Albertus konnte und wollte das Begehr des Königs nicht ablehnen und nahm einen Krug voll Rheinwein, murmelte darüber einige Worte, und augenblicklich fuhren aus dem Kruge bläuliche Flämmchen. Darauf spritzte er den Wein gegen die Decke und sämtliche Gäste suchten ihre Köpfe unter dem Tische und auf andere Weise vor den herabfallenden Feuertropfen zu schützen, diese aber verwandelten sich in kleine bunte Vögelchen, die lustig umherflatterten und lieblich sangen. Das gefiel dem König und seinen Gästen sehr wohl, daß aber aus den Bechern, wenn man daraus trinken wollte, Flammen fuhren, mochte den durstigen Rittern und Herren nicht gefallen.

Nachdem diese feenartigen Erscheinungen einige Zeit die Gäste unterhalten hatten, schritt Albertus feierlich einige Male um die Tafel, die nur mit spärlichen und trocknen Gerichten, wie solche der Winter liefert, besetzt war – und diese waren in die süßesten und reizendsten Früchte, wie sie nur der Sommer liefert, verwandelt. Köstliche, seltene Früchte erquickten Gesicht und Geruch, und die ganze Tischgesellschaft eilte, auch den Geschmack daran teilnehmen zu lassen. Aber als sie die lieblichen, süßen Früchte zu erfassen glaubten, schwand der Zauber, und die königlichen Herren hielten einander bei den Nasen oder steckten die Finger in den Mund oder kauten an den Zipfeln ihrer Mäntel. Der Hofnarr saß unter der Tafel und hatte einen Kuhschwanz zwischen den Zähnen.

Anfänglich ärgerten sich die Herren, teils, daß sie um den gehofften Genuß betrogen, teils, daß sie von dem Schwarzkünstler zum Gegenstand des Lachens gemacht worden waren; da es aber alle ohne Ausnahme betroffen, mußten sie endlich doch über die lustige Verwechslung lachen. (64)

Wie Albertus Magnus sein Lehramt beendete

Albertus Magnus war zum Jüngling herangewachsen, und seine Eltern bestimmten ihn zum Gelehrten, und so bezog er die Hohe Schule zu Padua. Hier trat er in den neugestifteten Orden der Predigermönche ein, die auch in Padua ein Kloster hatten.

Schon bald jedoch vermeinte er, es sei ihm versagt, in die Tiefen der Gotteswissenschaft eindringen zu können. Da trat die Gottesmutter nächtlicherweile zu ihm, stärkte und tröstete ihn und verhieß ihm, er werde ein großer Gelehrter der Kirche Gottes werden.

Er selbst erzählte diese Begebenheit, als er, vom Alter bereits gebeugt, in seiner feinsinnigen Art im Konvent der Dominikaner in Köln vor einer zahlreichen Schar seine Vorlesung hielt. Da er eben bemüht war, für einen Lehrsatz Gründe zu suchen, fing plötzlich sein Gedächtnis an zu wanken. Alles staunte. Als Albertus eine Zeitlang stillgeschwiegen, faßte er sich wieder und sprach: »Seht, meine Lieben, ich will euch Altes und Neues berichten. Als ich in den Tagen meiner Jugend mich dem Studium hingab, ging ich auf Antrieb des Heiligen Geistes und auf eine Mahnung der Heiligen Jungfrau in den Orden der Prediger und ward von ihr angespornt, treu dem Studium obzuliegen. Was ich nicht aus den Büchern schöpfen konnte, habe ich durch Gebet erlangt. Da ich nun einmal die milde Jungfrau und Herrin mit besonderer Andacht anflehte, mich mit dem Lichte der göttlichen Weisheit zu erleuchten und zugleich mein Herz im Glauben zu bestärken und zu bewahren, stand sie vor mir und sprach: ›Albertus, sei getrost! Harre aus in der Tugend und Wissenschaft! Denn Gott wird deine Wissenschaft bewähren und zum Besten der Kirche rein erhalten. Damit du im Glauben nicht wankest, wird am Ende deines Lebens alle Wissenschaft und Täuschung von dir genommen werden. Du wirst wieder sein wie ein Kind an Unschuld und Reinheit des Glaubens. Darauf wirst du zu Gott gehen. Zum Zeichen aber, daß deine Zeit abgelaufen ist, wirst du in öffentlicher Vorlesung das Gedächtnis verlieren.‹ Nun, meine Brüder, ist das Verkündete geschehen. Jetzt weiß und erkenne ich, daß mein Lebensende nahe ist.« Als er solches gesprochen, schloß er seine Vorlesung für immer, brach in Tränen aus, sagte allen ein herzliches Lebewohl, stieg vom Lehrstuhl herab und begab sich in seine Zelle.

Von da an entfielen seinem Gedächtnisse alle gelehrten Gründe, nur den Text der Heiligen Schrift und des Aristoteles wußte er noch. Er schrieb und diktierte jetzt nichts mehr, sondern losgelöst von allem Irdischen, nur mehr für Gott lebend, wandelte er in Gedanken und dem Verlangen nach schon in jenem ewigen Vaterlande. Er verkehrte nun auch nicht mehr mit den Personen, die noch im Gewühle der Welt lebten.

Bald nach jenem Vorfalle kam der Erzbischof Siegfried mit Begleitung zum Kloster, um seinen teuern Albertus, den Liebling Gottes und der Menschen, seiner Gewohnheit nach zu besuchen. Als er an dessen Zelle kam, klopfte er an und sprach: »Albertus, bist du da?« Der aber öffnete nicht mehr, sondern sprach nur: »Albertus ist nicht mehr hier, sondern er ist hier gewesen.« Als das der Erzbischof vernahm, sagte er seufzend und weinend zu seinem Gefolge: »Er sagt die Wahrheit.« Mit diesen Worten wollte er andeuten, daß der ruhmreiche Mann, nachdem er auf Erden durch Lehren, Predigten und Schreiben und durch Ausübung aller Tugenden sich heiß abgemüht, jetzt bereits, frei von allem Irdischen, nur mehr wie ein himmlischer Mensch dastehe. (65)

ALTERIVS NON SIT · QVI SVVS ESSE POTEST

·AVREOLI · THEOPHRASTI · AB · HOHEN
·HAIM · EFFIGIES · SVE · ÆTATIS ·

Bildnis des Paracelsus im 45. Lebensjahr

Dr. Theophrastus Bombastus Paracelsus

Ein sehr vornehmer Herr zu Innsbruck lag am Tode, kein Arzt gab
Hoffnung, und zum Dr. Theophrastus mochte der Herr nicht
senden, weil er glaubte, dieser heile nur mit Teufelshilfe. Endlich,
da dem Vornehmen das Messer an der Kehle stand, wurde Theophrast doch gerufen. Dieser kam, richtete einen Trank her und gab
dem Kranken davon ein. Der Kranke bekam darauf die heftigsten
Schmerzen. Die Umgebung und er selbst meinte, das letzte Stündlein habe geschlagen, und es wurde eilends nach dem Doktor
gesendet, aber dieser war nirgends zu finden. Jetzt glaubte der
Kranke steif und fest, Theophrast habe Rache an ihm genommen,
weil er ihm nicht gleich sein Zutrauen geschenkt, und ihn vergiftet,
und er befahl daher, den Giftmischer zu verhaften, wo man ihn
fände, und ihm das Lebenslicht auszublasen. Aber vergebens zogen
Bewaffnete durch alle Straßen, suchten den Doktor in allen Häusern und in seiner eigenen Wohnung und rings um die Stadt – er
blieb verschwunden. Nach zwölf Stunden ließen bei dem vorneh-

men Kranken alle Schmerzen nach, bald war er frisch und gesund, und mit einem Male stand der Doktor bei ihm im Krankenzimmer. Da bat ihn der Vornehme demütig um Verzeihung und bot ihm reichen Lohn. Theophrast aber flüsterte ihm leise ins Ohr: »Du bist ein Lump!« und ging zur Türe hinaus. *(Innsbruck)* (66)

Des Paracelsus' Ende

Theophrastus, der große Wunderdoktor, welcher in der ganzen Welt herumreiste, hatte einen Teufel in einem Glase, mit dessen Hilfe er die größten Taten verrichtete. Der Teufel hatte ihn alle Kräuter und Blumen kennen gelehrt, woraus man Arznei bereitet. Nun machte Theophrastus, wie der Herr Christus im Evangelium, Blinde sehend, Taube hörend, Lahme gehend, Aussätzige rein und so weiter – aber nur durch die Schwarze Kunst. So sehr ihn auch die Kranken suchten, um geheilt zu werden, so fürchteten sie sich doch auch vor ihm, weil er es mit den Höllengeistern hielt. Bei Kaisern und Königen aber stand er in großer Gunst, weil er sie nicht nur gesund machte, sondern ihnen auch ihr Reich stützen und schirmen half; denn er brauchte nur das Glas ein wenig zu öffnen, so sagte ihm der Teufel immer, was zu tun sei. Zuletzt aber ist es ihm schlecht ergangen. Als er schon alt war und sich vor dem Tod fürchtete, gab ihm sein Teufel den Rat, er solle sich in kleine Stücke zerhauen, in Roßmist begraben und nach Jahr und Tag gewinnen lassen; dann werde er wieder ein Jüngling sein. So ließ er sich denn durch seinen treuen Diener zerhauen und begraben. Dieser aber konnte die Zeit vor Ungeduld nicht abwarten; den vorletzten Tag öffnete er vorwitzig die Grube, und es lag Theophrastus da lebendig, ein schöner Jüngling; nur der Kopfdeckel war noch nicht ganz zugewachsen. Nun aber kam ihm die Luft ins Gehirn, und er mußte sterben. Sonst hätte er wieder alt und mit Hilfe des Teufels und eines treuen und nicht vorwitzigen Dieners immer und immer wieder jung werden können. *(Siebenbürgen)* (67)

Non fine doctrina mediocri fcribere poffet
Tot fecreta , minus ferre falutis opem.
Sed quia dicuntur pauci fua dogmata noffe,
Facta Antimonij eft Αττιωμία loco .

Bildnis von Paracelsus (Holzschnitt, 1603)

✳

Das war ein großer Doktor und Zauberer, und er besaß das Kraut
des Lebens, mit dem er alle Leiden und Krankheiten heilte. Wen er
behandelte, der wurde gesund, was er auch immer für ein Übel
haben mochte. Deshalb kamen die Leute aus nah und fern herbei,
um bei ihm Rat und Hilfe zu suchen. Das erregte den Neid der
anderen Ärzte, so daß sie ihm nachstellten und ihn aus dem Wege
zu schaffen trachteten. Aber sie konnten ihm nichts anhaben. Was

sie auch gegen ihn unternahmen, vereitelte er durch seine Kunst. Da versuchten sie, ihm mit Gift beizukommen. Doch auch das wußte er unschädlich zu machen, indem er sich im Zimmer an den Füßen aufhängte, so daß das Gift wieder beim Munde herausfloß. Zuletzt aber war es ihm doch mißlungen. Während er sich wieder einmal auf diese Weise des Giftes entledigen wollte und an den Füßen dahing, kam ganz unerwartet sein Diener in die Stube. Um den Herrn, wie er meinte, vor dem Selbstmord zu retten, schnitt er den Strick ab. Da war es leider um ihn geschehen. Das Gift konnte nicht mehr aus dem Leibe und tötete ihn. In seinem letzten Augenblick übergab er noch dem Diener mehrere Flaschen mit dem Auftrag, sie in die Drau zu werfen. Der Diener tat es. Mit lautem Gebrause schäumten die Wellen des Flusses auf, als sie die Flaschen verschlangen. Es war das Kraut des Lebens drinnen, und er hätte ein reicher Mann werden können, wenn er nur ein Fläschchen weggeworfen und die übrigen für sich behalten hätte. *(Kärnten)* (68)

Leben, Taten und Höllenfahrt des berufenen Zauberers und Schwarzkünstlers Dr. Johann Faust

Fausts Geburt und Erziehung
Johann Faust soll in dem anhaltischen Marktflecken Sandwedel oder Soldwedel geboren worden und der Sohn armer, aber gottesfürchtiger Bauersleute gewesen sein. Der Bruder seines Vaters aber war ein wohlbegüterter Bürger zu Wittenberg, und da derselbe keine Leibeserben hatte und an dem Knaben Johann besondere Geistesanlagen bemerkte, so nahm er diesen zu sich, erzog ihn wie sein eigenes Kind, hielt ihn fleißig zur Schule und schickte ihn endlich, als er die Jahre hatte, auf die Universität zu Ingolstadt. Hier lag Faust mit Fleiß dem Studium der Philosophie und Theologie ob, so daß er nach etlichen Jahren zum Magister ernannt und dabei durch ganz besonderes Lob seines bisherigen Wohlverhaltens ausgezeichnet wurde. Wie nun aber in damaliger Zeit alles zauberische Unwesen, als Wahrsagen, Versprechen, Teufelsbannen und dergleichen, gar sehr im Schwange war, so geschah es, daß Faust auch

Faust und Mephistopheles (Darstellung des 19. Jahrhunderts)

davon allerlei hörte und dasselbe näher kennenzulernen trachtete;
denn es schien ihm ein ganz besonderes Glück, mächtigen Geistern
gebieten und durch ihre Hilfe wunderbare Taten verrichten zu
können. Er suchte also Zigeuner, welche schon damals im Lande
herumschweiften und sich mit Wahrsagen aus der Hand und ähnlichen Künsten beschäftigten, und andere anrüchige Menschen auf,
welche nach der Meinung des Volkes im Besitz geheimer Wissenschaften sein sollten. In dem Umgange mit diesem Gesindel und in

der Beschäftigung mit einem durchaus unchristlichen Wissen verlor er gar bald die Liebe zur Religion und zu dem Berufe eines Theologen. Er gab daher sein bisheriges Studium auf und wählte dagegen das der Heilkunde. In dieser war damals der Aberglaube recht eigentlich zu Hause; denn man suchte nicht sowohl den menschlichen Körper und die natürlichen Stoffe, welche auf ihn einen Einfluß ausübten, kennenzulernen, sondern strebte vielmehr in Besitz übernatürlicher oder doch solcher Mittel zu kommen, mit denen man einen Einfluß ausüben könnte, ohne über den Zusammenhang von Ursache und Wirkung sich Rechenschaft geben zu dürfen. So legte sich denn auch Faust mit allem Fleiß besonders auf die Wissenschaft der Magie, durch welche man glaubte eine willkürliche Herrschaft über die Geister ausüben zu können, sowie auf die Wissenschaft von den Gestirnen und ihrem Lauf und auf die Kunst, aus der Stellung, welche die Gestirne zur Zeit der Geburt eines Menschen gegeneinander gehabt hatten, dessen Glück oder Unglück vom Anfang bis zum Ende seines Lebens vorauszubestimmen. Auch das Kalenderschreiben ließ er sich angelegen sein, das heißt er suchte vorherzubestimmen, welche Witterung das ganze Jahr über sein würde, an welchem Tage es gut sei, Ader zu lassen, zu schröpfen, zu purgieren, welche Konstellationen der Planeten stattfinden würden, und so weiter. Durch dieses Treiben, bei welchem ihm sein natürlicher Verstand sehr wohl zustatten kam, erlangte er bald einen nicht geringen Ruf. Seine Eltern und sein Oheim, der ihn an Kindes Statt angenommen hatte, waren mit der Veränderung seines Studiums sehr unzufrieden; da er aber eine große Überredungskraft besaß, so wußte er ihnen bald eine gute Meinung von der überaus nützlichen Medizin und von der Sternkunde beizubringen und ihnen glaubhaft zu machen, daß er dazu sogar für diese Wissenschaften geboren und weit geschickter für sie als für die Theologie wäre. Die Ingolstädtische Universität schien ihm in dieser Beziehung selbst das beste Zeugnis zu geben, denn es waren noch nicht drei Jahre verflossen, so erteilte ihm diese Universität den Titel eines Doktors der Medizin, um welchen er angehalten hatte. (69)

Magische Zeichen, um einen Geist zu zitieren (aus einem Zauberbuch, 19. Jahrhundert)

Faust zitiert den Satan

Als sich Faust endlich für vollkommen vorbereitet zu seinem großen Werke ansah, beschloß er dasselbe zu unternehmen. Zu diesem Ende begab er sich an einem heiteren Tage an einen im dichten Walde gelegenen Kreuzweg, von welchem fünf Straßen ausliefen und der etwa eine halbe Meile von Wittenberg entfernt war. Hier harrte er den ganzen Nachmittag, bis die Nacht einzubrechen begann. Dann machte er mitten auf den Kreuzweg einen Reif mit vielen seltsamen Zeichen, wie er dieselben aus den magischen Schriften erlernt hatte, und zeichnete in demselben noch zwei andere Kreise. Nun harrte er mit Sehnsucht auf die Stunde der Mitternacht. Sie erschien, Faust trat keck in den mittelsten Kreis und befahl unter schändlichem Mißbrauch des göttlichen Namens dem Teufel zu erscheinen. Der Gerufene erschien nicht, aber statt seiner kam eine große, feurige Kugel, welche auf den magischen Kreis sich zuwälzte und dicht vor demselben mit einem fürchterlichen Knall zersprang und mit einem feurigen Strahl in die Luft fuhr. Faust erbebte bei dieser schrecklichen Erscheinung und war einen Augenblick unschlüssig, ob er bei seinem gottlosen Unternehmen beharren sollte. Als aber die Erscheinung verschwunden war, ohne ihm Schaden zuzufügen, da war sein Gelüst nach Gemeinschaft mit den unterirdischen Geistern größer als zuvor, und er wiederholte seine Beschwörung mit härteren Worten. Alsbald erhob sich ein ungeheurer Sturmwind, und Wagen, von wildschäumenden Rossen gezogen, brausten daher und fuhren schnell wie der Blitz an Faust vorüber, daß ihn der Staub der Straße, welcher aufgeworfen worden war, über und über bedeckte. Faust war vor Furcht und Grausen fast ohnmächtig und wünschte in seinem Herzen, tausend Meilen weit entfernt zu sein von dem Orte des Schreckens. Als die Erscheinung vorüber war, erholte er sich ein wenig und sah wider Erwarten ein Gespenst vor seinen Augen, welches langsam um den Zauberkreis herumwandelte. Er faßte bei diesem Anblick neue Hoffnung und frischen Mut und rief dem Gespenste zu: »Sage an, du Geschöpf der Hölle, ob du mich als deinen Herrn und Meister anerkennen und mir dienen willst?« Das Gespenst antwortete: »Ich will dir dienen, aber um welchen Lohn? Solange du lebst auf dieser Erde, will ich dir gehorsam sein und alle deine Wünsche erfüllen, wenn du die Bedingungen eingehst und hältst, welche ich dir vorlegen werde. Morgen, in deiner Behausung, sehe ich dich wieder.« Faust hatte nicht Zeit zu antworten, denn das Gespenst war schon verschwunden; aber er war entschlossen, alle Bedingungen desselben anzunehmen. Er zertrat die magischen Kreise, welche er gezogen hatte, und eilte, nachdem er mit den Beschwörungen drei volle Stunden zugebracht hatte, vergnügten Herzens nach Hause, denn er glaubte am Ziele seines höchsten Wunsches zu stehen. (70)

Faust erfährt die Bedingungen, unter denen Satan ihm dienen will
Faust fand in seiner Wohnung keine Ruhe, denn jeden Augenblick war er gewärtig, den Geist erscheinen zu sehen, welcher ihm zu kommen versprochen hatte. Seine Ungeduld steigerte sich mit jeder Stunde, und schon machte er sich Vorwürfe, den Geist nicht durch neue Beschwörungen festgehalten zu haben, als er plötzlich

– es war in der Mittagsstunde – hinter dem Ofen seines Zimmers einen seltsamen Schatten gewahrte, welcher sich auf die mannigfaltigste Weise veränderte und sich bewegte. Sogleich begann Faust das Gespenst zu beschwören und ihm zu gebieten, sich deutlicher zu zeigen. Da schaute hinter dem Ofen ein menschliches Haupt mit einem scheußlich grinsenden Gesicht hervor und neigte sich gegen ihn. Faust rief: »Tritt hervor!« Aber der Menschenkopf antwortete mit heiserer Stimme: »Du stehst mir zu nahe und vermagst meinen Anblick nicht zu ertragen.« Faust ereiferte sich über diese Weigerung des Gespenstes und befahl demselben nochmals unter den härtesten Beschwörungen, sogleich in seiner ganzen Gestalt vor ihn zu treten. Im Augenblicke gehorchte ihm das Gespenst. Es erschien mit einem Menschenhaupte, aber mit einem zottigen Leib und scheußlichen Krallen, einem Bären ähnlich, und zugleich fuhren stinkende Schwefeldünste nach allen Richtungen von ihm aus, welche sich entzündeten und das ganze Zimmer mit Flammen, Dampf und Gestank erfüllten. Faust bebte und rief dem Geiste zu: »Weiche zurück!« Das Gespenst gehorchte und nahm seine vorige Stellung hinter dem Ofen wieder ein. »Warum«, sagte Faust, »erscheinst du mir in dieser scheußlichen Gestalt? Nimm eine andere an, in der ich dir nahen kann.« Da gab ihm der Geist diese Antwort: »Nein, Sterblicher! Denn wisse, daß ich ein Fürst und kein Diener der Unterwelt bin, und keine deiner Beschwörungen kann mich zwingen, in einer andern Gestalt zu erscheinen als in einer solchen, die meiner angemessen ist. Aber die geringeren Geister können auch das Gewand menschlicher Sterblichkeit anlegen, und wenn du es begehrst, so soll ein solcher den Auftrag erhalten, in jeder irdischen Gestalt, die du ihm auferlegst, dich zu begleiten und dir in allen Dingen gehorsam zu sein, wenn du diese Bedingungen eingehst, die hier verzeichnet sind.« Damit warf das Gespenst Fausten eine Pergamentrolle zu, welche dieser aufhob und auf der folgende fünf Punkte verzeichnet waren:

1. Du sagest Gott und allen himmlischen Heerscharen ab;

2. Du gelobest, den Menschen Feind zu sein, besonders aber allen denjenigen, welche dir dein böses Leben vorwerfen und verweisen;

3. Du hassest am meisten die Priester und alle Diener des göttlichen Wortes und leistest ihnen auf keine Weise Gehorsam;

4. Du gehest in keine Kirche und enthältst dich der Sakramente;

5. Du hassest den Ehestand und hütest dich, ihn jemals zu vollziehen.

Dafür sollen alle sinnlichen Genüsse dir zu Gebote stehn, solange du lebst auf Erden, das ist von heute ab noch vierundzwanzig Jahre, und sollst berühmt werden unter den Menschen und nicht deinesgleichen haben, weder in Kunst und Wissenschaft noch in Reichtum und allen Gütern der Erde. (71)

Faust verschreibt sich dem Satan

Als sich Faust wieder allein sah, ergriff er ein scharfes Messer, öffnete eine kleine Ader an seiner linken Hand und schrieb dann mit seinem Blute und mit eigener Hand folgendes nieder:

Ich, Johannes Faustus, Doktor, bekenne hier öffentlich am Tage: Nachdem ich jederzeit zu Gemüt gefasset, wie die Welt mit allerlei Weisheit, Geschicklichkeit, Verstand und Hoheit begabt und allezeit mit hochverständigen Leuten geblühet hat; nachdem ich zu der Überzeugung gekommen bin, daß ich von Gott dem Schöpfer nicht auf gleiche Weise erleuchtet bin, nachdem ich gleichwohl aber der Magie fähig bin, auch erkannt habe, daß die himmlischen Influen, welche bei meiner Geburt gewaltet, mich für dieselbe bestimmt haben, nachdem endlich gewiß und am Tage ist, daß der irdische Gott, den die Welt den Teufel zu nennen pflegt, so erfahren, mächtig, gewaltig und geschickt ist, daß ihm nichts unmöglich; so habe ich beschlossen und beschließe, mich zu diesem irdischen Gott zu wenden, und derselbe soll mir nach seinem Versprechen alles leisten, was mein Herz, Sinn, Gemüt und Verstand begehrt und haben will, und soll dabei keinen Mangel scheinen lassen; und wenn er mir solches sein Versprechen erfüllt, so verschreibe ich mich ihm hiermit mit meinem eigenen Blute, welches ich, wie ich allerdings bekennen muß, von dem Gotte des Himmels empfangen habe, und gelobe, diesen meinen Leib mit allen seinen Gliedmaßen, welche mir von meinen Eltern gegeben sind, samt meiner Seele ihm, dem irdischen Gotte, feilzutragen, also daß ich mich ihm mit Leib und Seele verspreche. Dagegen sage ich, ver-

Faust in Auerbachs Keller (Holzschnitt, 19. Jahrhundert)

möge der mir vorgehaltenen Artikel, ab Gott und allen himmlischen Heerscharen und jedem, der Gottes Freund ist. Zur Bekräftigung meiner Verheißung will ich diesem allen treulich nachkommen, und wenn die vierundzwanzig Jahre verstrichen sind, während welcher der irdische Gott mir zu dienen versprochen hat, so soll derselbe dieses sein Unterpfand, Seele und Leib, angreifen und darüber zu schalten und zu walten Macht haben und soll mir in allem, was ich gelobt und verheißen, weder das Wort Gottes selbst, noch die, welche es bekennen und predigen, hinderlich und im Wege sein, ob sie mich schon bekehren wollten. Zu Urkund dieser Handschrift habe ich selbige mit meinem eigenen Blute bekräftiget und eigenhändig geschrieben. (72)

Faust reitet ein Faß aus Auerbachs Keller in Leipzig
Häufig kam es vor, daß Faust für gutes Geld Pferde, Schweine und dergleichen verkaufte, welche sich nachher in wertlose Gegenstände, wie Strohbündel, verwandelten. Auch bezahlte er häufig Wirte und andere, denen er schuldig war, mit blankem Gelde, das sich nach einigen Tagen als Spreu, Hornscheiben und dergleichen zeigte.

Einst war Faust mit einigen Studenten zur Messe von Wittenberg nach Leipzig gefahren und ging mit denselben durch die Stadt, um sich die reichen Kaufmannsgüter zu besehen. Da kamen sie denn auch zu Auerbachs Keller, in der Nähe des Marktes, wo einige starke Knechte eben damit beschäftigt waren, ein sehr großes und schweres Faß Wein aus dem Keller heraufzuschroten. Die Knechte strengten alle ihre Kräfte an, um das Faß mit Hebebäumen und Winden in die Höhe zu bringen, es wollte ihnen aber nicht gelingen. Da sagte Faust, welcher mit seinen Gefährten stehengeblieben war, so laut, daß es die Küfer hören mußten: »Nun seht, diese schwächlichen und ungeschickten Kerle bringen das Fäßchen da nicht herauf, wozu ein einziger Mann genug wäre, wenn er die Sache recht anzupacken verstände.« Als das die Küfer hörten, wurden sie unwillig und schalten Faust einen Gecken und Schwadronierer, der sich lieber um sein Tintenfaß bekümmern als hier Maulaffen feil haben solle. Die Studenten, welche Faust begleiteten, gaben den Küfern ähnliche grobe Redensarten zurück und so entstand ein Gezänk, welches viele Leute herbeizog und eben in eine Prügelei ausarten wollte, als der Herr des Kellers erschien, seinen Knechten Ruhe gebot und sich nach der Ursache des Streits erkundigte. Als er dieselbe vernommen, sagte er zu Faust: »Seid so gut und entfernt euch mit euren Begleitern und lasset künftig solche Scherze unterwegs.« Faust erwiderte: »Ihr irrt Euch, Herr; ich habe keinesweges gescherzt.« »Nun«, sagte der Weinhändler ganz unwillig, »so schafft doch in Teufels Namen das Faß allein herauf, und wenn ihr's könnet, so mögt ihr's behalten.« Faust rief alle Umstehenden zu Zeugen auf, daß ihm der Weinhändler das Faß mit Wein geschenkt habe, stieg dann hinunter in den Keller und setzte sich rittlings auf das Faß. Siehe, da begann sich dieses zu bewegen und kam wie ein gehorsamer Gaul mit Faust die Treppe herauf. Die Leute, welche das mit ansahen, schlugen vor Erstaunen die Hände über dem Kopfe zusammen, die Küfer kratzten sich hinter den Ohren, der Weinhändler schrie, das gehe nicht mit rechten Dingen zu, Faust aber ließ das Faß, welches nach aller Anwesenden Zeugnisse ihm gehörte, in ein Wirtshaus schaffen und zechte den guten Wein, welchen es enthielt, mit seinen Kameraden und mit vielen Leipziger Einwohnern und Meßfremden unter lautem Jubel aus. (73)

Faust zaubert dem Kaiser Maximilian einen Garten

Zum Danke für das kostbare Geschenk, mit welchem ihn der Kaiser beehrt, bereitete Faust demselben eine angenehme Überraschung. Als nämlich der Kaiser eines Morgens in seinem Schlafgemach erwachte, kam es ihm schier vor, als träumte er noch, und er mußte sich recht auf sich selber besinnen, um sich zu überzeugen, daß er wach sei. Sein Schlafgemach hatte sich nämlich in den schönsten Garten verwandelt. Die lieblichsten Blumen, die herrlichsten Bäume mit Blüten und Früchten und auf den Zweigen von allerlei lustigen Vögeln belebt, auch plätschernde Springbrunnen umgaben ihn. Nachdem sich der Kaiser eine Zeitlang an dem allen ergötzt, rief er seine Kämmerlinge, welche die Wache vor seinem Schlafgemach hatten. Diese traten herein und waren nicht minder erstaunt als ihr Herr, bestätigten diesem auch, daß er sich wirklich in seinem Schlafgemach befände, welches durch einen seltsamen Zauber so verwandelt sei. Der Kaiser dachte sogleich an Faust und entließ die Kämmerlinge wieder, nachdem er sein Morgengewand angetan hatte. Dann wandelte er allein durch den reizenden Garten, horchte auf den Gesang der Vögel, ergötzte sich am Dufte der Blumen, brach sich Früchte von den Bäumen und genoß eine und die andere, welche ihm trefflich mundeten, endlich aber ließ er sich in einer Rosenlaube auf einer Rasenbank nieder. Da säuselte aus weiter Ferne eine liebliche Musik herüber und wiegte den Kaiser in einen sanften Schlummer. Als er wieder erwachte, war die ganze Erscheinung verschwunden, und der Kaiser saß in seinem Morgenkleide auf seinem Lehrstuhl. Er würde alles, was gesehen und genossen, dennoch für einen Traum gehalten haben, wenn ihm nicht die abermals herbeigerufenen Kämmerlinge nochmals die Erscheinung bestätiget hätten. (74)

Faust gewinnt die schöne Helena von Griechenland

Faust harrte ungeduldig, daß die Nacht erschiene, und hatte sich vorgenommen, seine Sinnlichkeit im Zaume zu halten und mit argwöhnischem Ernst die Schönheit derjenigen zu prüfen, die Mephistopheles ihm zuführen würde. Der Abend sank hernieder, ungeduldig ging Faust in seinem Zimmer auf und ab. Plötzlich steht er still, ihm ist, als hörte er im Nebenzimmer ein Geräusch, er

Faust und die schöne Helena (Holzschnitt, 19. Jahrhundert)

horcht hin, schaut nach der Tür, durch welche Mephistopheles schleichend eintritt. »Sie ist da«, flüstert er ihm zu, »sie schlummert und durchlebt im Traume die Jahrtausende, damit sie imstande ist, in dieser neuen Welt sich zurechtzufinden. Erwecke sie nicht, sondern erwarte ihr Erwachen.« »Welch abgenutzte Buhlerkünste!« erwiderte Faust mißmutig seinem Diener und trat in das Gemach. Versteinert blieb er auf der Schwelle stehen. Ein magisches, rosiges Licht erfüllte das Zimmer, und auf einem seidenen Lager ruhte das schönste Frauenbild, das jemals sterbliche Augen geschaut, schöner als das schönste Bild, das ein Künstler jemals geträumt hatte. In nichts gekleidet als in ihre unsterbliche Schönheit, so erschien sie seinen an sie sich anhängenden Blicken, die samtene Haut von frischem Leben gerötet, von ewiger Jugend geschwellt. Die rundlichen Glieder fügten sich zum schönsten Ebenmaß des ganzen herrlichen Leibes aneinander, der vom Haupte bis zum Fuße eine reine Wellenlinie bildete. Die rechte Hand war an einem Kissen herabgesunken, auf dem Kissen ruhte der rechte Arm und auf diesem das edle Haupt, die Augen im Schlummer geschlossen, die zarten, durchsichtigen Nüstern der stolz und gerade herabsteigenden Nase bewegten sich leise, um den schmalen Mund zitterte es wie ein tiefer Schmerz, freie Locken deckten wie goldene Wogen die Schläfe, der linke Arm ruhte auf der Hüfte und schloß sich mit der kleinen Hand an das gerade ausgestreckte Bein, welches in dem zierlichsten und dabei vollkommen ausgebildeten Fuß ausging, der rechte Fuß, auf welchem sie ruhte, preßte sich eng an den linken an und war am Knie umgebogen, so daß sich der rechte Schenkel unter den linken barg, die lilienweißen Brüste, bis zu den Rosen jungfräulicher Jugend schwachgewölbt, hoben sich unruhig – ja sie war das Musterbild weiblicher Schönheit, die herrlichste aller Frauen, die Griechin Helena. Faust dachte an keinen Zweifel mehr, allen Ingrimm gegen die Hölle, selbst seinen Haß gegen Gott und Menschen hatte er vergessen, aber auch jenes Mädchen, wegen dessen er eben noch seine Verbindung mit der Hölle hatte aufgeben wollen: Was war ihre dürftige, verschämte Lieblichkeit gegen diese Fülle des höchsten Liebreizes, der sich neidlos und verschwenderisch vor seinen Sinnen ausbreitete? Lange hatte Faust, in seliges Schauen versunken, regungslos dagestanden, als er bemerkte, wie der schmerzliche Zug um Helenas Mund allmählich in seliges Lächeln überging, wie das ungestüme Wogen ihres Busens sich mäßigte, wie sich endlich die langen, schwarzen Wimpern der Augenlider aufschlugen und die schönsten Augensterne wie ein Morgen der Liebe aufgingen. Da zog es ihn mit Allgewalt zu ihr hin, und er stürzte mit ausgestreckten Armen, sprachlos, weinend vor dem Lager des schönen Weibes nieder auf seine Knie. Helena richtete sich etwas empor, fuhr mit der kleinen, schönen Hand über die Stirn und sagte mit silberreiner, seelenvoller Stimme: »Träume ich oder wache ich? Ist dein Name Faust? Bist du es, der mich der Liebe und dem Leben wiedergegeben hat? Ja, meine Sinne leben und lieben, dir danke ich, daß meine Augen noch einmal erquickendes Licht trinken – schaurig ist das Reich der Schatten –, hier ist Licht, Leben, Liebe, und du, du Faust hast mir alles wiedergegeben, was ich war, was ich bin, nimm mich hin, ich bin dein!« (75)

Faust zieht sich mit Helena aus der Welt zurück

Im Taumel wollüstiger Liebe vergaß Faust alles, was ihn bisher gequält und beunruhigt hatte, er vergaß die ganze Welt und auch sich selbst. Nach Jahresfrist legte Helena einen Knaben in seine Arme, welchen sie ohne Weh und Schmerz geboren hatte.

Faust drückte ihn jubelnd an sein Herz. Noch einmal versammelte er alle seine Freunde um sich, bewirtete sie mit einem Mahle, wie er ihnen noch niemals geboten hatte, zeigte ihnen seinen Sohn, welchem er den Namen Justinus gegeben hatte, und sagte ihnen dann, daß er auf längere Zeit diese Gegend verlassen würde, daß er seinem Famulus Wagner sein ganzes Hauswesen übergeben und daß er sie sicher noch einmal wiedersehen werde. Sein Mantel trug ihn mit der Geliebten und der Frucht ihrer Liebe in ein fernes schönes Land des Südens, in eine Einsamkeit, wo nur die Reize der Natur und seiner Helena ihn umgaben. Hier schuf Faust sich und ihr eine Welt, wie sie nur seine üppige Phantasie zu ersinnen vermochte, kein sterbliches Auge hat sie jemals geschaut als nur sein eigenes. So ward der Rest seines irdischen Daseins von ihm selbst zu einem entzückenden Traume gemacht, zu einem Traume, aus dem ihm ein furchtbares Erwachen bevorstand. (76)

Faust macht sein Testament

Wagner studierte in Wittenberg emsig in Fausts an astrologischen und magischen Schriften reicher Büchersammlung und bewirtschaftete seine Besitzung als ein treuer, seinem Herrn ganz ergebener Diener. Viele Jahren waren verflossen, und Wagner begann zu fürchten, daß Faust vielleicht niemals wiederkehren würde, als dieser eines Tages plötzlich vor ihm erschien. »Wie lange bin ich fern gewesen?« fragte Faust. »Zehn Jahre«, erwiderte Wagner. »Zehn Jahre?« wiederholte Faust langsam und erbleichend: »Zehn Jahre – es ist nicht möglich! – zehn Jahre – rufe mir einen Notar und die nötigen Zeugen, ich will mein Testament machen.« Faust vermachte seinem Famulus Wagner alles, was er besaß, sein Haus, seine Äcker und Wiesen, sein ganzes Hausgerät und seine Bücher und verlangte dagegen nur, daß derselbe getreulich bis an sein bevorstehendes Ende bei ihm aushalten und nach seinem Tode sein Leben und seine Taten der Wahrheit gemäß verzeichnen und veröf-

Das Antlitz des Teufels (aus einem Volksbuch)

fentlichen solle. Solches hat Wagner auch erfüllt, denn er hielt bis
ans Ende bei seinem Herrn aus, von ihm rührt das meiste her, was
wir noch von Faust wissen. (77)

Satan kündigt Faust das Bündnis und lädt ihn vor das Gericht Gottes
Als es Abend wurde, setzte sich Faust in sein Studierzimmer, um
zu rechnen, wie lange er noch zu leben habe. Er berechnete von
Tag und Stunde, an welchem er das grauenhafte Bündnis mit Satan
geschlossen hatte, und fand, daß ihm von den verheißenen vierundzwanzig Jahren nur noch dreißig Tage übrig wären. Als er
voller Angst und Schrecken seine Rechnung noch einmal übersah,
in der Hoffnung, noch einen Fehler zu entdecken, da gab es plötzlich einen furchtbaren Knall, und als Faust aufsprang und sich
umwendete, da stand Satan in Rauch und Flammen gehüllt vor
ihm und sprach mit einem fürchterlichen Ernste: »Mensch, du

weißt, daß deine Zeit in wenigen Tagen abgelaufen ist; ich komme, um dir unser Bündnis zu kündigen. Du darfst nicht sagen, daß ich dich verlockt habe, dich von deinem Schöpfer ab- und zu mir zuwenden; du selber hast mich gerufen mit Beschwörungen in jenem Namen, vor welchem auch die Geister der Unterwelt sich fluchend beugen. Faust, du bist von mir geladen und gefordert zum Tage des Gerichts vor den Stuhl des Allerhöchsten, damit er richte zwischen mir und dir!« (78)

Fausts schreckliches Ende und Begräbnis
Am Morgen trug Faust seinem Famulus auf, alle seine Freunde und auch den Geistlichen, welcher sich seiner angenommen hatte, einzuladen, ihn zu besuchen. Alle kamen, denn jeder war begierig, Fausten wiederzusehen, den sie seit länger als zehn Jahren nicht erblickt hatten, auch hatte sich schier das Gerücht von seiner Rückkehr und von seinem nahe bevorstehenden Ende verbreitet. Als alle beisammen waren, trat Faust ganz heiter unter sie und lud sie ein, mit ihm einen Spaziergang nach einem nahegelegenen Dorfe Timlich zu machen. Hier angekommen, bestellte Faust bei dem Wirte in der Schenke ein gutes Mittagsmahl. Sie genossen es unter munteren Gesprächen, obgleich nicht in der Ausgelassenheit, die sie früher an Faust gewöhnt gewesen waren. Faust erkundigte sich nach allem, was während seiner Abwesenheit von Wittenberg vorgefallen wäre, auch nach dem einen und andern Bekannten, den er vermißte. Die Anwesenden wunderten sich im stillen, wie es käme, daß Faust so gar nichts von dem wüßte, was in den letzten zehn Jahren in der Welt vorgegangen war; als ihn aber einer fragte, wo er sich die Zeit her aufgehalten habe, antwortete er ganz unbestimmt, daß er sehr entlegene Länder bereist habe. Als es Abend wurde, trieben mehrere von den Anwesenden zum Aufbruch. Da stand Faust mit einer feierlichen Miene auf und sagte: »Liebe Freunde, ich bin euch in früheren Zeiten ein guter Kamerad gewesen, und ihr habt alle, wie ihr wohl zugeben werdet, manches Gute von mir genossen, daß ich aber bei euch noch in freundlichem Andenken stehe, das bezeugt mir unser heutiges Zusammensein. Wir sind alle, seitdem wir uns das letzte Mal gesehen, um zehn Jahre älter geworden, und gar mancher von euch mag seine frühe-

ren Ansichten wohl geändert haben. Was mich betrifft, so weiß ich aus mancherlei Anzeichen, daß heute der letzte Tag meines Lebens gekommen ist, und ich bitte euch daher inständig, mir die letzte Liebe und Freundschaft zu erzeigen und bei mir auszuharren, bis mein Stündlein geschlagen hat, hernach auch für ein ehrliches Begräbnis meines Leichnams zu sorgen. Ihr habt die Herrlichkeit meines früheren Lebens gesehen, seid nun auch Zeugen der Schrecklichkeit meines Endes und beherzigt dasselbe. Übrigens laßt diese meine Worte nicht eure Heiterkeit stören, sondern laßt sie nur so viel bewirken, daß ihr heut bei mir ausharret.« Die Freunde waren sogleich bereit, bei ihm zu bleiben, bis auf zwei oder drei, welche vorgaben, dringende Geschäfte in der Stadt zu haben. Tief ergriffen von seinen Worten drangen die Anwesenden in ihn, sich doch solcher traurigen Vorstellungen zu entschlagen und auf ein noch langes Leben zu hoffen, da er ja noch nicht über die kräftigsten Jahre des Menschenlebens hinaus sei. Faust erwiderte nur, daß es sehr leicht möglich sei, seine Ahnungen trügten ihn, sie sollten es nur mit ihm abwarten. Hierauf ließ er die Abendmahlzeit auftragen und begann solche heitre und allgemein anziehende Gespräche, daß darüber viele von den Anwesenden seine früheren Worte ganz vergaßen, andere meinten, er selbst habe sich seiner trüben Vorstellungen entschlagen. Da schlug die Uhr am Kirchturm elf. Faust erhob sich, faßte ein volles Glas und sagte: »Freunde, auf eine gute Zukunft!« Dann ging er zu dem Geistlichen und sagte zu ihm: »Erzählet den Freunden alles, was ihr von mir wißt und – lebt wohl – lebt alle wohl – keiner, dem sein Leben lieb ist, folge mir. Ich hoffe, wir sehen uns noch wieder.« Mit diesen Worten entfernte sich Faust und begab sich in ein Gemach im oberen Stockwerk. Der Geistliche ergriff sogleich das Wort und erzählte in eindringlicher Sprache alles, was zwischen ihm und Faust vorgegangen, sowie dasjenige, was ihm Faust über sein früheres Leben mitgeteilt hatte, und schloß mit den Worten: »Ich fürchte, er hat in seinem Herzen den Glauben an die Gnade Gottes nicht finden können; aber nur Gott, der Herzen und Nieren prüft, darf ihn richten.« Mit dem zwölften Schlage der Glocke erhob sich ein furchtbarer Sturmwind, welcher das Haus aus seinen Fußen reißen zu wollen schien, furchtbare Blitze erhellten die Nacht, man hörte ein Zischen wie von sprühenden Flammen oder von Schlangen und Otterngezücht, furchtbare Schläge, Hin- und Herwerfen der Stühle und Tische im obern Gemach, ein scheußliches Brüllen, dann Weheruf und Angstgeschrei von Fausts Stimme, ein gräßliches Knacken, auch ein Wimmern – dann trat plötzlich Stille ein. Die Wirtsleute hatten sich zitternd und unter Angstgeschrei zu den Gästen im untern Zimmer geflüchtet, diese saßen ebenfalls bebend mit leichenblassen Gesichtern da. Als es still wurde, erhob sich der Geistliche und sagte: »Gott sei seiner Seele gnädig!« »Amen!« sagten alle aus einem Munde. Sie blieben noch zusammen, bis der Morgen anbrach; da gingen sie zagen Schritts hinauf in das Gemach, in welchem Faust geendigt hatte. Tisch und Bänke waren umgestürzt, und die Wände mit Blut und Gehirn besudelt, auf dem Fußboden lagen Haare und Zähne zerstreut. Ein Leichnam war nicht zu sehen; als sie aber hinunterkamen auf den Hof, da lag ein scheußlich entstellter Kadaver auf dem Mist, jeder Knochen an demselben war zerbrochen, das Gesicht durchaus unkenntlich. Sie hoben den Leichnam auf und schlugen ihn in eine weiße Leinwand, während der würdige Geistliche zu dem Pfarrer des Ortes ging und ihn um ein Grab auf dem Gottesacker bei seiner Kirche für einen fahrenden Scholastikus, welcher diese Nacht im Wirtshause plötzlich gestorben sei, bat. Nach Mittag trugen sie den Leichnam Fausts an seine letzte Ruhestätte, nach der Einsenkung desselben erhob sich über seinem Grabe ein furchtbarer Sturmwind. Da sagte der Geistliche: »Du, Mörder, hast seinen Leib getötet, aber es ist nur Einer, der vermag Leib und Seele zu verderben in der Hölle, und der bist du nicht!«

Christoph Wagner trat die Erbschaft seines Herrn und Meisters unangefochten an. Niemand hat je wieder von der schönen Helena und ihrem Sohne Justinus gehört. (79)

Faust in der Volksüberlieferung

Fausts Geburtsort

Eine Stunde von Maulbronn, in dem württembergischen Städtchen Knittlingen, ist der berühmte Zauberer Johannes Faust geboren. Nachdem er viel studiert und spekuliert und kraft des Teufels, dem er seine Seele verschrieben, viel höllischen Spuk allerorten angestiftet und ein ruch- und gottloses Leben geführt, hat ihn endlich der Teufel zur bestimmten Stunde geholt, als sich Dr. Faust gerade in Maulbronn aufhielt. Dort steigt man noch jetzt vom Kloster aus durch ein Fenster über mehrere Dächer in ein ausgemauertes Gemach, darin er gehaust. An der Wand aber befindet sich ein unvertilgbarer großer Blutflecken; daselbst hat ihm der Teufel den Schädel zerschlagen, als er mit ihm davonging. *(Schwaben)* (80)

Fausts höllisches Leben

Dr. Faust fuhr oft in die Hölle zum Gastmahl des Teufels. Vier Teufel bildeten die Räder in seinem Wagen, auf vieren im Bärenfell saß er, und vier als Blitze zogen das Fuhrwerk.

Wenn er unten ankam, beschnitten ihm vier Teufelinnen das Haar und den Bart, vier trugen ihn ins Bad, vier salbten ihn und trugen ihn ins Bett.

Ihrer so viele der schönsten Teufelinnen beschlief er, als Tage im Jahr sind, soviel des Weines, als Wasser im Bach fließt, soff er, soviel der Speise, als ein eiserner Tisch zu tragen vermochte, fraß er, und dann kehrte er wieder auf die Erde zurück; und über seiner Hin- und Herfahrt verfloß nicht mehr Zeit, als ein Hauch vom Munde im Winter verdampft. *(Oberpfalz)* (81)

Fausts Luftfahrt

Faust bediente sich seines Mantels, um auf demselben in die Lüfte zu fahren. So hat er sich mehrmals in dem Hause des Junkers in der Schlössergasse, das durch den Anker auf der steinernen Spitze des Daches noch kenntlich ist, auf den Mantel gesetzt, und da die Treppen des Hauses so geschickt angebracht sind, daß sie an den Mauern hinweggehen und in der Mitte einen Raum bis unter das Dach zulassen, so ist dieses der Weg gewesen, den Faust bis in die obere Luft genommen hat. Daher konnte auch die Öffnung im Dache nie zugemauert werden, sondern es fielen die Ziegel des Nachts immer wieder herunter, die man am Tage aufgelegt hatte. *(Thüringen)* (82)

Faust äfft einen Barbier

Dr. Faust hett sik an 'n Bösen verköfft hatt. Eens lett he sik rasieren. As de Barbier dorbi is, is Dr. Faust mit 'n Mal de Hals half af. De Barbier löppt rut vör Angst. Dor röppt Dr. Faust, wo he hen will! Dor is de Hals wedder an wächst. As de Barbier farig is, hett he em 'n Goldstück gäben – as dee dat buten besüht, is 't 'ne Wörtelschiw. *(Mecklenburg)* (83)

Faust frißt einen Wirtsjungen

Es saß einmal Johannes Faust von Knütlingen zu Magdeburg im Wirtshaus und trank dort andern zu, wie es der Sachsen und auch anderer Deutschen Brauch ist. Da ihm nun des Wirts Junge seine Kanne oder Becher zu voll schenkte, schalt er ihn und drohte ihm, er wolle ihn fressen, wenn er es noch einmal täte. Der spottete seiner und sprach: »Jawohl, freßt auch uns!« und schenkte ihm abermals zu voll. Da sperrt der Faust sein Maul auf und frißt ihn; hierauf erwischt er den Kübel mit dem Kühlwasser und spricht: »Auf einen guten Bissen gehört ein guter Trunk«, und säuft auch dies aus. Nun redet aber der Wirt seinem Gaste ernstlich zu, er solle ihm seinen Diener wieder verschaffen, oder er wolle sehen, was er mit ihm anfange. Faust aber hieß ihn zufrieden sein und hinter den Ofen schauen: da lag der Junge, bebte vor Schrecken, war ganz mit allem Wasser begossen. Dahin hatte ihn der Teufel gestoßen, das Wasser auf ihn gestürzt, den Zuschauern die Augen bezaubert, daß sie gedeucht, er wäre gefressen und jener hätte das Wasser gesoffen. *(Sachsen)* (84)

Ein anderes Mal geriet er mit seinem Wirt hinderlätz. In der Wirtsstube trieb sich auch des Wirts Söhnchen herum. Da schrie Dr. Füst den Wirt an: »Wenn ds Mül nu üfftüesch, sä friss d'r dy Büeb!« Und der Wirt sagte: »Sä fris-ä!« Nun verschluckte der Zauberer das Büblein vor des Vaters Augen, bis es nur noch mit den zappelnden Beinen zum Rachen herausschaute. Auf des Wirtes Bitten spie er ihn wieder heraus. *(Uri)* (85)

Wie Faust die verlorenen Komödien des Terenz und Plautus wieder zur Stelle schaffen will

Als bei einer Magisterpromotion im Beisein vieler Theologen, Professoren und Abgeordneten des Rats darüber gesprochen wurde, daß so viel von den Komödien des Terenz und Plautus vor Zeiten verlorengegangen sei, erbot sich D. Faust, wenn es mit Erlaubnis der Herrn Theologen und ohne eine Gefahr geschehen könne, alle diese verlornen Komödien wieder ans Licht zu bringen und auf einige Stunden vorzulegen, daß man sie in Eile durch einige Studenten könne abschreiben lassen, wenn man sie haben und ihrer nachher nützen wolle. Aber weder die Theologen noch die Ratsherren wollten auf diesen Vorschlag eingehen, denn, sagten sie, der Teufel möchte in solche neu erfundene Komödien allerlei ärgerliche Sachen mit einschieben, und man könnte ja auch ohne dieselben aus denen, die noch vorhanden wären, genug gut Latein lernen. So durfte der Teufelsbanner hierin kein Meisterstück stehen lassen. *(Thüringen)* (86)

Faust läßt die Straße durch Teufel pflastern

Als Doktor Faustus auf seiner Reise durch die Welt auch nach Siebenbürgen kam, hatte er ein solch schlechtes Wetter getroffen, daß er, trotzdem seinen Wagen zwei schwarze Teufel zogen, nur schwer weiterkonnte. Auf Hammersdorfer Hattert blieb er stecken. Da mußten sich noch zwei Teufel vorspannen; sie fauchten alle vier, aus den Augen fuhren Blitze, aus ihrem Mund schossen Flammen, aber der Wagen bewegte sich nicht von der Stelle. Nun kam der alte Luzifer mit allen Teufeln, klaubten alle Steine vom Hammersdorfer Hattert auf – seitdem finden die Hammersdorfer auf ihrem Hattert nicht einmal einen Stein, wenn sie nach einem Hund werfen sollen – und pflasterten eine Straße vor dem im ärgsten Galopp dahinsausenden Faustus. Wenn ihnen manchmal die Steine ausgingen, rissen sie die Straße hinter dem fliegenden Wagen wieder auf, um vorne pflastern zu können. Daher kommen in der Steinstraße die vielen Lücken, welche nicht gepflastert sind. Doktor Faustus ist aber durch den Rotenturm gerade in den Höllenrachen gefahren. *(Siebenbürgen)* (87)

Man glaubt, Dr. Faust sei auch viel in dieser Gegend gewesen. Einst sei er vierspännig durchs Dorf gefahren. Da kam der Teufel und empfahl sich zu jeder Arbeit. Die Arbeit war folgende: Der Teufel sollte vor ihm die Straße pflastern und hinter ihm das Pflaster wieder aufreißen, während er schnell mit seinem Wagen fuhr. Da gab ihn der Teufel frei, denn die Arbeit konnte er nicht verrichten. *(Mosel)* (88)

Faust entwirft Seekarten

Doktor Faust hat den Niß einmal in seinen Diensten gehabt. Er fuhr mit ihm in einem gläsernen Kasten über die See an den Küsten entlang, um alle Tiefen und Untiefen auszuspähen. Alles, was er so durch seinen Glaskasten wahrgenommen, hat er aufgenommen und zu Papier gebracht; denn die Seekarten, die die Kapitäne und Steuermänner gebrauchen und worauf alles gezeichnet ist, die rühren von dem Dr. Faust her. Als sie an die Fährstelle am Eingange des Flensburger Hafens kamen, da war es aber nahe daran, daß der Glaskasten untergehen sollte. Da rief Dr. Faust: »Hol Niß!« Niß sollte nämlich nicht weiterfahren, weil es nicht mehr ging, und sollte das Schiff zum Stehen bringen. Seit der Zeit heißt nun der Ort Holnißfähr. *(Schleswig-Holstein)* (89)

Faust stellt dem Teufel Aufgaben

Der »Dokter Füst« oder »Dokter Füster« (auch Füstus) hatte den Bösen ganz in seiner Gewalt und traktierte ihn grenzenlos. Die heikelsten Aufgaben stellte er ihm.

Einisch hätt der Tyfel sellä-n-am Wybervolch ds Strumpfbändli erchundigä. Lang, lang heig-er ummägspanyveret und gstudiärt, und zletscht heig-er miässä bikännä, das syg är nid imstand z'erchundigä; ds Wybervolch heig all Tag äs nywes Strumpfbändli. *(Uri)* (90)

Ein anderes Mal mußte ihm der Teufel einen Sack voll Frucht oder Reis über die Axenfluh hinabwerfen und im Hinunterfallen wieder alle, und zwar jedes Körnlein in einem eigenen Sackli, auffangen, so daß kein einziges verlorengehe. Doch schau! Er brachte sie alle, kein einziges fehlte! Als sie ihn nachher fragten, wie er das zustandegebracht, sagte er: »O, äs sind nu vill meh lääri Sackli g'sy as seeligi mid-ämä Cheeräli!« *(Uri)* (91)

*

Einmal hat er ihm einen Star Mohn in die Lammer hineingeschmissen, dann hat er aber etwas zurückbehalten und hat es in den Weihbrunnen geschüttet. Jetzt hat der Teufel sollen den Mohn in der und der Zeit bringen. Da ist er auch gekommen damit zurück, jetzt hat er alle Korn. Und da hat der Dr. Faustus auf den Weihbrunnen gezeigt und hat gesagt, was ist denn mit den da drinnen, aber die hat er nit außer gebracht. *(Südtirol)* (92)

Faust spürt sein Ende
Als der Vertrag, den Faust mit dem Teufel geschlossen hatte, zu Ende ging und die letzte Nacht kam, ließ sich Faust vom Teufel so hoch tragen, daß er die Engel singen hörte. Er seufzte tief auf, denn er dachte an Gott und die Ewigkeit und an seine Sünde. Der Teufel drohte ihm, ihn fallen zu lassen, wenn er nochmals seufze. Da war Faust still, nun gehörte er aber dem Teufel. Hätte er noch einmal reuig geseufzt, hätte der Teufel die Macht über ihn verloren. *(Oberösterreich)* (93)

Faust läßt seine Zaubermittel vernichten
Als Dr. Faust merkte, daß er sterben müsse, ließ er seinen Diener kommen und übergab ihm eine Phiole, die das Heilmittel gegen Podagra enthielt, mit dem Auftrage, daß er zum Wasser gehe und das Glas hineinwerfe. Da der Diener zurückkam und auf die Frage, wie sich das Wasser gezeigt habe, antwortete, daß es ganz ruhig geblieben, drohte er, ihm den Hals umzudrehen, wenn er nicht

alsogleich noch mal zum Wasser ginge und das Glas hineinwerfe. Der Diener ging und kam mit der nämlichen Antwort zurück. Darüber wurde der Doktor böse und streckte seine Krallen nach dem Diener aus, dieser aber entlief und ging ans Wasser und warf jetzt die Phiole hinein. Da begann das Wasser zu kochen und zu brausen und spie Feuer aus wie ein Backofen. Und als der Diener danach zurückkam, war der Doktor mit dem Bericht zufrieden, denn er wußte nun, daß sein Mittel gegen das Podagra, das ihm von den großen Herren soviel Ruhm und Geld eingetragen hatte, ihn nicht überleben und der Verlust von jedem Podagrius, solange die Welt stünde, fort und fort beklagt und empfunden werden würde. *(Oberpfalz)* (94)

Fausts Tod

Es ist auch umb die Zeit der Faustus zu oder doch nit weit von Staufen, dem Stetlin im Breisgew, gestorben der ist bei seiner Zeit ein wunderbarlicher Nigromanta gewest, als er bei unsern Zeiten hat mögen in deutschen Landen erfunden werden, der auch soviel seltsamer Händel gehabt hin und wieder, daß sein in viel Jahren nit leichtlichen wurt vergessen werden. Ist ein alter Mann worden und, wie man sagt, ellengelichen gestorben. Viel' haben allerhand Anzeigungen und Vermuetungen noch vermeint, der bös' Geist, den er in seinen Lebzeiten nur sein Schwager genannt, hab' ihme umbbracht. Die Bücher, die er verlassen, sein dem Herren von Staufen, in dessen Herrschaft er abgangen, zu Handen worden, darumb doch hernach viel Leut haben geworben und daran mein's Erachtens ein sorglichen und unglückhaftigen Schatz und Gabe begehrt. *(Schwaben)* (95)

*

Dr. Faust hett to sinen Bedeenten seggt, he sall em kort un kleen hacken, oewer keenen Druppen Blott vörbikamen laten, un denn sall he em in 'n Fatt leggen un in Piermeß packen – en dreeviertel Johr süll he em ruhig liggen laten, denn wier he ni geburen – denn hadd de Düwel keenen Andeel an em. As dat bald sowiet is, seggt de Düwel to den Bedeenten: »Wi willn mal eens hengahn un tosehn, wat Dr. Faust maakt.« – Ne. – Oewer de Düwel lett em keen Rauh – toletzt geiht he mit. As se den Meß upracken, is dat all 'n lütten Jung wäst – in Bloot het he swemmt. Dor is he afstorben: so hett de Düwel em doch krägen. *(Mecklenburg)* (96)

Pan Twardowski

Twardowski, der polnische Faust, der seine Seele dem Teufel verschrieben hatte, fuhr einst von Posen nach Gnesen. In dem Gasthause Wygodda sagte ihm der Kutscher, daß es unmöglich sei weiterzufahren, da vor ihnen nur Sumpf und Moor sei. Twardowski bestand aber darauf, die Reise fortzusetzen, ging hinaus und pfiff. Sofort kamen Tausende von Teufeln und schütteten durch den Sumpf einen Damm auf, so daß Twardowski weiterfahren konnte. *(Posen)* (97)

Die Zauberbücher Fausts

Vom Jahr 1786 bis 1794 war zu Grünwettersbach Johann Ulrich Maier Pfarrer, der einen kleinen Körper, aber einen großen Geist hatte. Als ein Dreizehnschüler verstand er die Zauberkunst vollkommen, über welche er viele Werke, namentlich das sechste und siebente Buch Moses besaß. Letztere hatte er bei seinem Aufenthalt in der Maulbronner Klosterschule sich verschafft, indem er nachts in die Bücherei stieg und den von Doktor Faust hinterlassenen Abdruck, der an einer goldenen Kette hing, vollständig abschrieb. Menschen und Tiere bannen, sie krank oder gesund machen, Wetter bereiten, wahrsagen und Geister berufen war ihm ein leichtes; doch gebrauchte er seine Kunst niemals zu bösen Zwecken. In der Christnacht pflegte er alle seine Pfarrkinder in Nebelgestalt an sich vorbeiziehen zu lassen, wobei diejenigen sich legten, welche im kommenden Jahre starben. Am meisten zu schaffen hatte er mit dem Geist eines Kapuziners, welcher in und bei der Kirche sowie im Pfarrhaus umging. (Der Gottesdienst zu Grünwettersbach wurde nämlich früher, als es noch katholisch war, häufig von Kapuzinern versehen, und zwei derselben sind im Kirchturm, da, wo die beiden ausgehauenen Köpfe sich befinden, eingemauert.)

Dieses Gespenst fürchtete zwar den Pfarrer und wartete ihm das Vieh; aber in mancher Nacht band es auch dasselbe im Stalle los und trieb es in den nahen Grasgarten oder in die Hecken des Waldes. Überdies neckte es das Gesinde auf vielfältige Weise, beohrfeigte zuweilen nachts den läutenden Kirchner oder den Nachtwächter und lärmte öfters im Kirchturm dergestalt, daß die Bewohner der benachbarten Häuser nicht schlafen konnten. Nachdem Maier den Geist wegen dieser Streiche mehrmals vergebens gezüchtigt hatte, beschloß er, ihn aus dem Orte zu verbannen. Zu diesem Zwecke ließ er sich zwischen elf und zwölf in der Christnacht vom Küster in die Kirche leuchten, wo er den ihm ausweichenden Kapuziner bis ganz oben in den Turm verfolgte. »Was willst du?« sprach hier das Gespenst, welches nicht weiter konnte, »du bist selbst nicht rein und hast einmal deinem Vater einen Groschen gestohlen!« »Damit habe ich Papier gekauft und Gottes Wort darauf geschrieben!« gab der Pfarrer zur Antwort und brachte dadurch den Geist zum Schweigen, welchen er dann beschwor, aus dem Dorfe zu weichen. Infolgedessen fuhr derselbe, unter einem heftigen Knall, zum Turm hinaus, und damit er ja nicht wiederkomme, setzte Maier noch eine gewisse Inschrift über die Pfarrhaustüre.

Als der Todestag des letztern herangekommen war, welchen er, gleich jenem seiner Frau, vorhergesagt hatte, legte er sich in seinen fertigen Sarg und befahl dem Vikar und dem Schulmeister, seine Zauberbücher in der Waschküche zu verbrennen. Diese Männer wollten aber solche seltenen Werke behalten, weshalb sie sie beiseite schafften und dem Pfarrer meldeten, sie hätten seinen Befehl vollzogen. Auf dessen Antwort, er wisse wohl, was vorgegangen sei, und sie sollten ihm augenblicklich gehorchen, verbrannten sie die Bücher bis auf zwei, worüber Maier, der wieder alles wußte, ihnen sagte, daß sie ihre Unfolgsamkeit mit dem Leben bezahlen würden. Hierdurch geschreckt, überlieferten sie auch die beiden Bücher dem Feuer, welche, gleich den andern, äußerst schwer verbrannten. Nachdem dies geschehen war, verschied der Pfarrer, noch nicht dreiundvierzig Jahre alt, zum großen Leidwesen seiner Gemeinde und wurde an der Kirche, neben seiner Frau und seinen zwei Kindern, begraben. *(Baden)* (98)

Das sechste und siebente Buch Moses

Es gab ursprünglich zwölf Bücher Moses, für jeden der zwölf Stämme eins. Die sind aber früh bis auf fünf verlorengegangen. Auch das sechste und siebente trifft man noch hie und da, zum Beispiel in Tübingen oder sonst in Abschriften. Diese zwei Bücher enthalten tiefe Geheimnisse über die Magie, weshalb sie leicht gemißbraucht werden könnten und deshalb bei schwerer Strafe verboten sind. Albertus Magnus hat seine Zaubermittel daraus entnommen. Durch solche Zauberei hat Mose im göttlichen Namen die Wunder in Ägypten getan. Die Ägypter taten dieselben, aber kraft der Schwarzen Magie, das ist kraft des Teufels. Auch die Zigeuner verstehen solche ägyptische Zauberkünste und heißen deshalb »Ägyptier«. *(Baden)* (99)

Der fahrende Schüler

Leopold von Österreich suchte auf jede Weise den auf der Burg Trausnitz gefangenen Friedrich den Schönen zu befreien. Er fand einen erfahrenen Schwarzkünstler, mit dem er sich über die Entführung Friedrichs beriet. Während er sich einst mit ihm hinter verschlossenen Türen befand und der Schwarzkünstler seine Kreise zog, kam der Teufel in Gestalt eines Wanderers mit zerrissenen Schuhen, den Hut auf dem Kopfe und mit triefenden Augen zu ihm. In längerer Verhandlung trug ihm Leopold auf, Friedrich ohne jegliche Gefährdung zu entführen. Der Teufel antwortete, er wollte das wohl gern tun, nur müßte Friedrich selber einwilligen.

Der Teufel begab sich auf die Trausnitz in Verkleidung eines gewissen fahrenden Schülers aus dem Aargau; er hatte sich ein Tuch um den Hals geschlungen, als wollte er Brote darin sammeln, und sprach zu Friedrich: »Stecke dich in dieses Tuch, so werde ich dich zu deinem Bruder Leopold bringen!« Auf Friedrichs Frage, wer er wäre, antwortete der Teufel: »Sei unbesorgt, wenn du da hineingehst, werde ich dich sicher führen!« Friedrich aber machte das Kreuzzeichen, rief Christi Namen an und verscheuchte den Bösen; seine Wächter aber mahnte er, sich durch Gebet vor dem

Teufel zu schützen. Als er nach seiner Freilassung den fahrenden Schüler sah, sprach er: »Das ist der Teufel, der mich entführen wollte!« (100)

Die dienstbaren Geister des Trithemius

Der berühmte Trithemius, aus Trittenheim an der Mosel gebürtig und Abt in Spanheim, schnitzte sich aus Holz eine Dienerin, welche alle häuslichen Arbeiten verrichtete, und aus Papier eine Taube, welche seine Briefe durch die Luft trug. (101)

Der Abt von Sponheim als Zauberer

Der Geheimcode

Zu Anfange des sechzehnten Jahrhunderts lebte Johannes von Trittenheim, aus einem Dorfe bei Trier gebürtig, ein gar gelehrter, weiser Mann, aber von dem man nicht recht weiß, ob er dem Teufel nicht etwa gar zugetan und geheim war, wiewohl er es nicht Wort haben wollte, sondern vorgab, es gehe alles natürlicher Weise zu, was ihm jedoch kein verständiger Christ glaubte, der sein Tun las oder hörte. Er war Abt zu Spanheim auf dem Hunsrück (da war nach dem Sprüchwort der Teufel Abt), wo er eine überaus herrliche Bibliothek eingerichtet hatte. Von hier aus ward er von dem Herzog, man weiß nicht, aus was für Ursache, und von seinen Brüdern, den Mönchen, vertrieben, die ihn wegen seiner Geschicklichkeit und großen Namens in allen Landen und der Gunst halber, die er bei vielen Kaisern und Fürsten genoß, beneideten und ihn haßten, weil er im Kloster auf Zucht und Zwang härter wachte, als sie wollten. Er sagte, sein Geist habe ihm etliche Jahre zuvor offenbaret, er werde nicht als Abt zu Spanheim sterben. Dieser Abt hat nun viel Wunders getrieben, namentlich viel mit Gespenstern verkehrt, weshalb er den Herren bekannt, angenehm und wichtig geworden. Er hat sich aus Ehrgeiz und Ruhmsucht in solche Gemeinschaft des Teufels begeben, wie er selbst in seinen Schriften zu verstehen gibt. »Da ich«, spricht er, »mit dem Gedanken umging, wie ich doch etwas erfinden und hervorbringen möchte, das kein Mensch wüßte und worüber sich alle verwundern müßten, legte ich mich einstmals des Abends mit solchen Gedanken schlafen. Da kommt einer des Nachts zu mir, ich weiß nicht, wer er war, reizt mich, in solchem Vornehmen und Nachtrachten fortzufahren, er wolle mir dazu helfen, wie er denn auch getan.« Was er ihn aber gelehrt habe, sagt er, sind solche Künste, die nicht gemeine Leute, sondern allein Fürsten wissen mögen. Unter diesen Künsten, bekennt er, sei auch die gewesen, wie man einem weit von dannen durch Schrift, die andere lesen und verstehen und doch die Bedeutung und den Sinn derselben verfehlen, etwas zu wissen tun könne. Er gibt dieses Exempel: »Ich will, daß mein Freund aus meinem Briefe dies verstehe: ›Lieber Freund, Du bist in großer Gefahr, denn der und der haben sich miteinander besprochen, sie wollten an dem und dem Tage in Deine Behausung einfallen und Dich und die Deinigen umbringen. Derohalben siehe Dich vor.‹ Die Worte schreibe ich ihm aber nicht so, sondern etwa diese: ›Lieber Freund, ich habe, wie Du weißt, einen Bau angefangen, da geht mir viel Geld auf; ich bitte, Du wolltest mir fünfzig Gulden leihen, ich will sie Dir in kurzem treulich und mit Dank wiedergeben.‹ Aus diesen Worten schöpft er die vorhin erwähnte Meinung, jedoch muß er die Kunst wissen, die der Schreiber des Briefes weiß.« (102)

Die Zitation

Kaiser Maximilian der Erste, hochlöblichen Andenkens, hatte zum Ehegemahl Maria, Karls von Burgundien Tochter, die ihm herzlich lieb war, also daß er sich heftig um ihren Tod bekümmerte. Das wußte der Abt wohl, erbot sich, er wolle sie ihm wieder vor Augen bringen, daß er sich an ihrem Gesichte ergötze, so es ihm gefalle. Jener läßt sich überreden und willigt in diesen gefährlichen Fürwitz. Sie gehen miteinander in ein besonderes Gemach, nehmen noch einen zu sich, also daß ihrer drei waren, und es verbietet ihnen der Zauberer, daß ihrer keiner beileibe ein Wort rede, solange das Gespenst da sei. Maria kommt hereingegangen wie der verstorbene Samuel zum Saul, spaziert fein säuberlich vor ihnen herum, neigt sich gegen den Kaiser, liebäugelt und lächelt ihn an, derselben lebendigen Maria so ähnlich, daß gar kein Unterschied daran war und nicht das geringste daran mangelte. Ja, in Anmerkung und Bewunderung der Ähnlichkeit wird der Kaiser eingedenk, daß sie ein schwarz Flecklein hinten am Halse gehabt; auf dies hat er acht und findte es auch also, als sie zum andern Male vorüberging. So genau weiß der Teufel, der allenthalben zugegen ist, wie ein jeder geschaffen ist, und so ein gutes Gedächtnis hat er, und so ein Meister im Abkonterfeien ist er. Da ist dem Kaiser ein Grausen angekommen, er hat dem Abte gewinkt, er solle das Gespenst wegtun, und darauf hat er mit Zittern und voll Zorn zu ihm gesprochen: »Mönch, mache mir der Possen keine mehr!« und hat bekannt, wie schwer und mit aller Mühe er sich kaum habe enthalten können, sie anzureden. Darauf war's gespielt, aber Gott hat den frommen, gottesfürchtigen Herrn behütet und gewarnt, daß er hinfort sich solcher Schauspiele enthalten möge. (103)

Das Speisenwunder

Demselbigen Abt wartete sein Geist dermaßen auf den Dienst und war ihm allenthalben und jederzeit also willig und bereit, daß, wenn er über Land reiste und etwa in eine kalte Herberge kam, ihm dann der Geist Speise und Trank von anderswoher zutrug. Er ist einmal im Frankenland gereist, und unter seinen Gefährten ist ein vornehmer Mann gewesen, ein kaiserlicher und der Stadt Nürnberg Rat, der das auch erzählt hat. Als sie in ein Wirtshaus gekommen sind, da ist nichts Gutes zu essen und zu trinken gewesen. Da hat der Abt nur ans Fenster geklopft und hat gesagt: »Adfer!« das heißt: bringe. Nicht lange danach wird eine Schüssel mit einem gekochten Hechte zum Fenster hereingereicht und daneben eine Flasche Wein. Davon hat der Abt gegessen und getrunken, die andern aber haben einen Abscheu darob gehabt und es nicht gegessen. Wo hat denn der Teufel den Hecht und Wein hergenommen? Hat er sie erschaffen? Nein. Das kann er nicht. Er hat sie vermutlich aus eines reichen Herrn Küche und Keller gestohlen. Da der Koch den Fisch angerichtet hat, damit man ihn auftrage, ist er ihm entrückt worden, so daß er nicht gewußt hat, wohin er gekommen sei, und ist ohne Zweifel deshalb in Verdacht und Ungemach bei seinem Herrn geraten, als wenn er ihn entwendet hätte, daran der Teufel doch seinen Gefallen gehabt. Den Wein hat er leicht zuwege gebracht, sintemal er zu vielen Kellern, wenn auch nicht zu allen, durch Gottes Verhängnis einen Schlüssel hat. Nun hatten aber damals gerade zu Oppenheim am Rhein etliche Edelleute ihre Höfe, in die sie einzogen, sooft sie in die Stadt kamen. In dem einen, genannt der Frankensteiner Hof, hielt ein Bürger Hochzeit. Da die Gäste zum Abendmahl wiedergekommen waren und zu Tische saßen, sott man Fische, und als diese nun gar gesotten waren und vom Feuer abgenommen und angerichtet werden sollten, bläst plötzlich ein heftiger Wind zu Schornstein, Küchenfenster und Türe herein, wehet alle Lichter aus und stürzt den Kessel über dem Feuer um, daß er auslöscht. Darüber sind alle erschrocken, wie leicht zu erachten. Als sie sich nun wieder besannen und zu sich selbst kamen, das Licht wieder angezündet hatten und suchten, wo die Fische waren, ist nicht ein Auge oder Grätlein von einem Fisch gefunden worden. Sie haben also den Gästen mittlerweile Nüsse aufgesetzt, bis sie andere Fische geholt und zugerichtet hatten, und danach sich entschuldigt und erzählt, wie es zugegangen sei. Wohin sind denn die Fische anders gekommen als zu dem Abt oder einem Zauberer seinesgleichen, der Gäste geladen und nichts für sie gekocht hatte? (104)

Agrippa von Nettesheim, der Allwissende

Obgenannten Abts Schüler war ein berühmter Schwarzkünstler mit Namen Cornelius Agrippa, der den Teufel in einem schwarzen Hunde mit sich führte, der ihm anzeigte und wirkte, was er nur wollte und was er, der Teufel, konnte. Das hat sein eigener Diener einmal dem Augustin Lercheimer von Steinfelden selbst erzählt. Der Diener nun hat heimlich von dannen ziehen wollen und zu einer Zeit, da sein Herr nicht zu Hause war, seine Habe zusammengesucht und sich zur Reise fertig gemacht. Da ist Agrippa heimgekommen und hat mit der Hand dem Hunde, der auf dem Lotterbettlein lag, den Rücken gestreichelt und sich dann zu dem Diener gewendet und ihn gefragt, warum er denn von ihm wegziehen wolle? Dieser Agrippa rühmte sich, daß er und der Abt eine solche Kunst verständen, daß kein Ding so fein sei oder geschehe, daß sie solches nicht in vierundzwanzig Stunden wissen könnten, und das alles auf natürliche Weise. Als nun aber die Zeit, die ihm der Teufel versprochen, um war und er empfand, daß er sterben müsse, löste er dem Hunde das Halsband ab, darauf seltsame Zeichen und Schrift standen, und sprach zu ihm: »Gehe hin, du verfluchtes Tier, du hast mich in Ewigkeit verderbt!« Damit läuft der Hund fort, springt in die Rhône, die vor Lyon vorbeifließt, und nachdem dies geschehen, ist der Agrippa gestorben, und der Hund ist im Wasser geblieben und ist nicht wieder gesehen worden. Diesen Zauberer hatte aber der Kaiser zum Ritter geschlagen, und er hat sich Kaiserlicher Rat geschrieben, womit aber der kaiserlichen Majestät eine geringe Ehre geschehen, daß ein öffentlich von Gott Abtrünniger und dem Teufel mit Leib und Seele Eigener sich für seinen Rat ausgab. (105)

General Luxemburg und der Teufel

Vor Zeiten war einmal ein großer General, der hieß Luxemburg, und hatte einen Bund mit dem Teufel geschlossen, daß er ihm eine bestimmte Zeit dienen solle; das wurde aber dem Teufel gar bald leid, denn der Luxemburg quälte ihn so, daß er ihm endlich alle seine Briefschaften, mit denen er sich ihm verschrieben hatte, zurückgeben wollte, aber jener nahm es nicht an, sondern fuhr fort, den Teufel tüchtig in Atem zu setzen. So wollte Luxemburg auch einmal eine große Reise unternehmen, doch wollte er nicht die gewöhnliche Straße nehmen, sondern durch die Luft fahren, und da mußte ihm denn der Teufel eine Brücke bauen. Da es aber gar schnell ging und er dem Teufel auch vorher nichts davon gesagt hatte, so mußte der immer die Bohlen und Balken, über die Luxemburg eben gefahren war, hinten abreißen und sie vorne wieder anbauen, damit nur die Brücke nicht unterbrochen wurde, denn sonst wäre der Kontrakt gelöst gewesen. Nur hin und wieder erlaubte ihm der General ein wenig Ruhe, und dann fuhr er auf ebner Erde. Da geschah es auch einmal, daß ein Bauer auf einem Strohwagen hinter ihm herfuhr, und als der Teufel nun die Luftbrücke baute, da folgte er immer hinten nach, ohne daß er, da es Nacht war, gemerkt hätte, wo er sich befand; einmal zwar wollten seine Pferde nicht recht vorwärts, und er wußte nicht warum, allein er hieb mit der Peitsche tüchtig auf sie los, und da liefen sie wieder vorwärts, seine Peitsche jedoch blieb an einem Pfahle sitzen, so daß er sie in der Schnelligkeit im Stich lassen mußte. Endlich gings nun wieder zur Erde hinab, und als ein Kreuzweg kam, fuhr der Bauer ab; da rief ihm Luxemburg nach, diesmal sei's ihm noch so hingegangen, aber er solle nicht wiederkommen. Der Bauer war ganz verwundert und wußte nicht, was jener wollte, als er aber nach einiger Zeit nach Hause zurückkehrte und ins erste Dorf kam, sah er an der Spitze des Kirchturms seine Peitsche hängen, und da ward ihm denn klar, daß er müsse durch die Luft gefahren sein.

So quälte denn Luxemburg den Teufel noch manches Jahr, bis endlich die Zeit des Bündnisses um war; da kam der Böse an, ihn zu holen, Luxemburg aber hatte Wachen aufgestellt, die ihn nicht hereinlassen sollten, allein die schob der Teufel beiseite, den einen Mann zur Linken, den andern zur Rechten, so daß sie augenblicklich tot niederfielen; darauf eilte er in das Zimmer des Generals, und als dessen schnell nachgeeilte Dienerschaft dahin folgte, fand sie ihn nicht mehr, aber auch der General war verschwunden, und nur seine hohle Haut lag am Boden. *(Uckermark)* (106)

Der Herzog von Luxemburg

Pacta und Verbündnis des in der Bastille zu Paris im Verhaft sitzenden
  Herzog von Luxemburg, so er mit dem leidigen Satan getroffen
Die gantze Welt war zum höchsten verwundert und kunte sich nicht einbilden, aus was Ursach' doch der in dem jüngst vergangenen niederländischen Krieg teils durch tapfere Kriegsaktionen, teils aber durch barbarische und unmenschliche verübte Greueltaten (wovon die beide holländische schöne Flecken Budegrave und Schwammerdamm ein unauslöschliches Zeugnus, solange die Welt stehet, werden geben können) in gantz Europa berufene Herzog von Luxemburg, so plötzlich und wider aller Menschen vermuten in des Allerchristlichsten Königs Ungnade geraten, daß er in die sogenannte Bastillie zu Paris in enge Verhaftung gesetzt worden. Es ginge zwar insgemein die Sage und Ver-

mutung dahin, als ob er bei der so beschreiten Giftsache mit interessiert gewesen, welches man, weiln hiervon keine gründliche Nachricht vorhanden, an seinen Ort gestellet sein lässet; jedoch aber hat man nachgehends erfahren, daß derselbe in seiner Gefangenschaft ausgesagt und bekennet, daß er sich mit dem höllischen Mordgeist, dem leidigen Satan, in eine Verbündnus auf nachgesetzte Punkten eingelassen und sich mit ihme folgendermaßen verbunden.

1. Sollst du, Luzifer, mir also bar hunderttausend Pfund an Geld einliefern.

2. Alle erste Dienstag eines jeden Monats tausend Pfund liefern.

3. Soll dieses Geld, so du mir bringen wirst, geb- und gangbar sein, also und dergestalt, daß nicht allein ich, sondern auch alle, denen ich davon geben werde, solches zu ihrem Nutzen anwenden und gebrauchen können.

4. Besagtes Geld soll nicht falsch oder betrüglich noch von einer solchen Materie sein, welche unter der Hand entweder wieder verschwindet oder zu Stein, Kohlen und dergleichen wird, sondern es soll dasselbe von solchem Metall sein, welches von Menschenhänden geprägt worden und in allen Orten und Landen, wo es auch hinkommen mag, gültig und gangbar sei.

5. Wofern ich eine gute Summa Gelds vonnöten haben würde, es mögte auch sein zu was für einer Zeit oder zu was für einem Gebrauch es immer wolle, so sollst du obligiert und verpflichtet sein, mir verborgene oder vergrabene Schätze einzuhändigen, und zwar nicht also, daß ich dieselbigen an demjenigen Ort, wo sie verborgen oder vergraben sein, selber erst heben müßte, sondern du sollst mir selbige, ohne einige meine Mühewaltung, an dasjenige Ort, wo ich mich zur selben Zeit aufhalten und befinden werde, zu Handen liefern, darmit nach meinem Belieben und Gefallen zu schalten und zu walten.

6. Sollst du mich weder an meinem Leib und Gliedmaßen beschädigen, noch an meiner Gesundheit angreifen, sondern mir dieselbe ohne einige menschliche Schwachheit und Gebrechen funfzig Jahr lang unversehret erhalten.

7. Dafern ich aber je wider Verhoffen in einige Krankheit fallen sollte und du solches nicht verhindern könntest, so sollst du mir

heilsame und bewährte Artzneimittel verschaffen und zu meiner vorigen Gesundheit, sobald es möglich sein wird, verhelfen.

8. Die Jahr, auf welche wir uns miteinander vergleichen werden, sollen in zwölf Monaten, wie es nicht allein hier in Frankreich, sondern auch in der gantzen Welt gebräuchlich ist, bestehn, und zwar jeden Monat zu dreißig oder einunddreißig Tagen, ein Tag und Nacht zu vierundzwanzig Stund' gerechnet. Diese Zeit soll sich anfangen heut Dato den – – – – dieses 1676sten Jahrs und sich endigen eben diesen Tag des 1727. Jahrs, also und dergestalt, daß im geringsten nichts von dieser Zeit abgehe und du mir dieselbe verkürtzest oder eine falsche und verkehrte Rechnung und Ausdeutung (wie du wohl ehemalen andern zu tun gepflogen) dahermachest.

9. Wann nun diese Zeit allerdings verflossen und ausgelaufen, sollst du mich nach dem gemeinen Lauf der Natur, jedoch sonder großen Schmertzen und Qual, auch ohne Spott und Schand' sterben lassen und nicht verhindern, daß mein Leib ehrlich zur Erden bestattet werde.

10. Sollst du mich beim König, wie auch bei allen vornehmen Herren, in Summa bei großen und kleinen, hohen und niederen Mann- und Weibspersonen, beliebt und angenehm machen, so daß ich ihrer Gunst und Gewogenheit jederzeit versichert seie und sie mir in allem, was ich an sie begehren werde, unverweigert willfahren mögen.

11. Sollst du mich selbander an alle Ort und Ende der Welt, wohin ich verlange, unbeschädiget führen und mich derselben Sprache alsobald kundig machen, daß ich dieselbe fertig reden könne, auch wann ich meiner Kuriosität ein Genügen getan, mich unversehrt wieder zurück in meine Wohnung bringen.

12. Sollst du obligiert und verbunden sein, mich für allem Geschoß, als nämlich Stücken, Bomben, Feuermörseln, Granaten, Musketen, Pistolen, Feuerröhren und allen andern Gewehr und Waffen, sie mögen auch Namen haben, wie sie immer wollen, bewahren, daß mich keines derselben berühren, noch mir an meinem Leib und Gliedern einigen Schaden zufügen möge.

13. Sollst du mir behülflich sein, alle, sowohl des Königs offentliche als meine Partikulier-Feinde zu überwinden und über sie zu triumphieren.

14. Sollst du mir einen Ring verschaffen und zuwegen bringen, welcher mich, so oft ich denselben an den Finger stecke, unsichtbar und unüberwindlich mache.

15. Sollst du mich für allem, was wider mich in geheim vorgenommen und angesponnen wird, zeitlich warnen, mir auch Mittel und Wege an die Hand geben, solche wider mich gemachte Vorschläge zu hintertreiben und zunichte zu machen.

16. Mußt du mir in allen Stücken, so ich dich fragen werde, gewisse, wahrhaftige und gründliche, nicht aber verkehrte, zweifelhafte oder zweideutige Nachricht erteilen.

17. Sollst du mich alle Sprachen, so ich verlangen werde, lesen, reden und aussprechen lernen, und zwar so gut und perfekt, als ob ich derselben von Jugend auf kündig gewesen wäre.

18. Sollst du mir Klugheit, Witz und Verstand verleihen, von allen Sachen vernünftig zu diskurrieren und ein Urteil darüber zu fällen.

19. Sollst du mich vor allen Gerichts- und Ratsstühlen des Königs, davor ich möchte zitiert und geladen werden, wie auch dem päpstlich- und kanonischen Recht präservieren und vertreten.

20. Sollst du mich und mein Hauswesen verwahren, daß weder Einheimische noch Fremde mir dasselbe angreifen oder etwas davon entfrembden, sondern solches unversehrt erhalten.

21. Soll mir zugelassen sein, daß ich dem äußerlichen Schein nach als ein guter Christ mein Leben führen und dem offentlichen Gottesdienst ohne Verhinderung beiwohnen möge.

22. Sollst du mich die Universalmedizin präparieren und zurichten lernen, mir auch den rechten Gebrauch derselben und der Dosis oder das Gewicht, wieviel man einer Person davon eingeben soll, sagen.

23. Wofern ich in irgendeine Occasion, Scharmützel oder Gefechte an meiner Person attakiert und angegriffen werden sollte, sollst du mir zuvorderst und vor allen Dingen Hülf' und Beistand leisten.

24. Sollst du verhindern, daß niemand, wer es auch sein mag, diesen unsern gemachten Akkord innenwerden oder erfahren, viel weniger aber entfrembden oder zu Handen bekommen können.

25. So oft ich deiner begehren werde, sollst du mir in einer

lieblichen und angenehmen, keineswegs aber in einer erschröck-
und abscheulichen Gestalt erscheinen.

26. Sollst du mir Mittel verschaffen, das Gedächtnus zu erhalten
und zu stärken, und dieses nicht nur für meine Person, sondern daß
solches auch alle und jede Menschen, denen ich's mitteilen werde,
helfen solle.

27. Sollst du mir zusagen und versprechen, daß du alle obange-
führte Punkten und einen jeden insonderheit unverbrüchlich halten
und diesem allem fleißig nachkommen wollest: Wofern du aber an
einem im geringsten fehlen oder dich hierinnen saumselig erzeigen
würdest, so soll alsdann dieser Pakt und Vertrag null und nichtig
und von gantz keinen Kräften sein.

28. Dahingegen gelobe und verspreche ich, dir nicht allein unterschiedliche Manns- und Weibspersonen in deinen Gewalt zu
liefern, sondern verläugne auch Gott, die Allerheiligste Dreieinig-
keit, und kündige derselben den Bund, den ich in der Tauf' mit ihr
gemacht habe, gäntzlich auf, trete hingegen mit dir in eine neue
Verbündnus und ergebe mich dir mit Leib und Seel' immer und
ewiglich. (107)

Luxemburgs Künste

General Luxemburg is allerwägt dörchkamen. As Krieg wäst is,
hett he 'n Sack vull Hackels in de Luft streut – dor sünd da luter
Husoren wäst. Eens führt he ok mit sinen Kutscher na Doberan.
De Kutscher denkt, he führt in 'n Weg. De Pietsch hackt em fast,
he denkt, an 'n Duurnbusch. Annern Morgen geiht he in de Stadt
ümher, he will sik dat besehn – dor süht he sien Pietsch an 'n
Klockenturm hängen. – Eens sitt dor 'n Frachtführer fast in 'n
Armstrang von de See – he kann dor nich dörchkamen. Dor
kümmt Luxemburg ok an, un de Düwel mölt em 'ne Brügg
doroewer bugen. De Frachtführer denkt, dor kannst du ok roewer-
führen uun führt hinnerdrinn. Dor röppt Luxemburg em to: »Dat
do oewer nich wedder, dat du achter mi anführst!« – De Brügg ist
wedder weg wäst. *(Mecklenburg)*

*

Luxemburg hett sik eens vertüürnt hatt mit König Fritz. Dor hett König Fritz to em seggt, he bruukt em nich mihr – he künn afkamen, he süll rut ut de Stadt. Dor hett de König Posten stellt – ut alle soeben Düür is he togliek rutgahn. Nahst hett König Fritz eens seggt: »Hätt icch meinen Luxemburg doch wieder!« »Ik bün ok noch nich weg«, röppt dat – dor steiht he wedder bi em. *(Mecklenburg)* (109)

*

In de Twölften hett Luxemburg oewer 't Water führt. De Düwel hett vorn 'n Koppsteendamm maken müßt un hinnen wedder upriten un dorbi dat föfft Rad an 'n Wagen sien. Un rügglingsoewer hett he gahn müßt, dat he rund wäst is as 'n Rad. Donn hett de Düwel to em seggt: »Luxemburg, bekihr di to Gott!« *(Mecklenburg)* (110)

Luxemburgs Ende

Luxemburg is jo 'n Hoochstudierter wäst. As de Tiet aflopen is, sitt he in sien Sloß un hett all de Adelschaften bi sik. Dor kümmt de Düwel an un will em afhalen. Luxemburg fängt an to studieren – de Adelschaften kiken dörch 't Sloetellock. Dor seggt de Düwel: »Gottes Hand hält mich zurück – süß wull ik juug woll de Ogen utpuusten.« Dor seggt Luxemburg to sinen Diener, he sall tosehn, wat dor baben up 'n Dack sitt. De Diener mellt: »Da sitzt ein schwarzer Rabe auf.« Luxemburg studiert ümmer duller. De Düwel seggt to den Diener: »He süll seggen, dor seet 'ne witt Duw up.« Ne, dat ded' he nich. De Düwel bütt em väles Geld. Ne – he mellt wedder: »Dor seet 'n Raw up.« Luxemburg studiert wider. Dor schickt he den Diener to 'n drüdden Masl rut, he sall tosehn, wat up 't Dack sitt. Dor bütt de Düwel em goor to väl Geld un he lett sik dämpen un mellt an Luxemburg: »Dor sett 'ne witt Duw up.« Dor röppt Luxemburg: »Du hest mi bedragen!« un lett dat Studieren na un leggt dat Book daal. De Düwel hett noch seggt: »Luxemburg, Luxemburg, hätt ich die Gnade bei Gott, die du hast, so wollt ich die Leiter raufsteigen zum Himmel und wenn sie voll lauter Schwerter wär.« Nahst is he mit em afgahn. *(Mecklenburg)* (111)

Copernicus. Domherr, Arzt, Astronom
(B.-M. Rosenberg, Göttingen 1973)

Die Weisheit des Kopernikus

Kopernikus hat auf dem Domberg, wo jetzt die evangelische Kirche steht, eine Bank gehabt. Da hat er jeden Tag gesessen und gegrübelt, der berühmteste Sternkundige der Welt. Einmal wollen sie es ausprobieren. Er war einmal verreist gewesen. Sie waren an seine Bank gegangen und hatten mit feiner Säge ein Ende abgeschnitten, so daß an den vier Füßen ein Haarbreit weg war. »Wenn er so klug ist, ob er das wird spüren?« Aber er hat es gespürt. Und hat denn auch gleich gesagt: »Nun ist es nicht mehr richtig! Entweder der Himmel hat sich gehoben oder die Erde sich gesenkt.« So klug ist er gewesen. Das haben die alten Leute erzählt. *(Ostpreußen)*
(112)

Kopernikus baut einen Kanal

Kopernikus hat auch gemacht, daß das Wasser auf den Dornberg
bergan fließen konnte. Und im Mühlgraben, da ist erst kein Wasser
gewesen. Das geht gegen den Berg. Da hat ihm ein Ochsenpflüger
müssen nachgehen. Der Graben geht im Zickzack hinter Frauenburg. Er geht um den Berg herum, gar nicht richtig geradeaus.
Den hat er erfunden. Da hat Kopernikus gesagt: »Der Ochsenpflüger soll mit ein paar Ochsen nachfahren. Da wird der Kanal kommen!« Und da haben sie nachher müssen graben. Da hatten sie
gesagt, das wird nicht möglich sein, das geht gegen den Berg. Na,
sie sollten mal! Und nun treibt er die ganze Mühle. *(Ostpreußen)*
(113)

Pfeifer Huisile, der Tiroler Faust

Es ist noch nicht lange her, daß man mal sagte, wenn sich die
Wolken über die Berge zusammenzogen, das könne ein Wetter
werden: »Das Pfeifer Huisile wird wohl um die Wege sein.« Denn
das Wasser besorgte das Pfeifer Huisile auf die Berge und goß es
von dort in die Täler herab. »Dös hoat no öppes gekönnt.« Ober
der Lamse ist das Mannl auf einem Ziegebock heruntergefahren.
Wo es gefahren ist, ist gleich hinter ihm ein Graben aufgerissen
gewesen und die Güsse kommen. Eigentlich hat es über den Platz-
hof noch Gossensaß herabfahren wollen, aber die Glocken des
Warbls Kirchl läuteten, die sind so hochgeweiht, daß es dort nicht
fahren durfte und seitwärts biegen mußte.

Ein Pfarrer war es bei Lebzeiten; es hat Bauerndienste verrichtet
und ging mit einem spitzen Hut und einer Feder dran und mit
einem Körbl auf dem Rücken, worin es seine Künste drin hatte,
und das Körbl war mit einem Luck verschlossen. *(Südtirol)* (114)

Der Wettermacher

An der Gschleierwand kam es zu zwei Bauern, die Nachbarn
waren. Der eine tat ihm, was er wollte, der andere nicht. Beide
waren bei der Heuarbeit. Der erste hatte das schönste Wetter, und
weil mal die Sonne schien, konnte er den ganzen Tag hagn; der

Pfeifer Huisile und das Hahnenfuhrwerk (Paul Flora)

zweite konnte nichts tun, denn es regnete auf seine Mahd den ganzen Tag, und doch lagen die Wiesen der beiden Bauern so nahe beieinander, daß nur die Grenzsteine dazwischen waren. Das hatte das Pfeifer Huisile gemacht. *(Südtirol)* (115)

Das Blendwerk

Von Pflersch fuhr das Hexenmannl nach Sterzing; es saß auf einem Baumstamme, hatte aber nur einen Hahn vorgespannt, und doch war es schneller dort, als man es mit einem Roß gekonnt hätte. Als die Leute näher hinsahen, war der Stamm, auf dem es gefahren war, nur ein Strohhalm. *(Südtirol)* (116)

Der Vertrag mit dem Teufel

Das Pfeifer Huisile durfte am Tage nur ein Vaterunser beten, mehr hatte ihm der Teufel nicht erlaubt; es war auf dem »Jaufensteg« in der Kirche, der gegenüber ein großer Baum steht. Dort betete es, als es über das Joch gehen wollte, drei Vaterunser. Nachher fehlte es den Weg und kam statt auf das Joch auf die Jaufenspitze. Hier wartete schon der Teufel auf ihn und machte ihm Vorwürfe: »Du hast ja heute drei Vaterunser gebetet! Bist mir ungehorsam gewesen! Ich werde dich hier von der Bergspitze hinunterstürzen!« Pfeifer Huisile sah hinab und rief: »Da unten steht a Weibes und höbts Fürtig au!« Und das war so, es war die Mutter Gottes selbst, die ihn schützen wollte; aber er rief: »Dös isch mir z'weibisch.« Von den Weibern hat er nie etwas wissen wollen, und vom Teufel möchte er nicht lassen. *(Südtirol)* (117)

Das Ende

Schwer wurde es den Leuten, das Hexenmandl zu fangen, und als sie es endlich hatten, ihm den Garaus zu machen, rief es noch immer, nachdem es bereits zwei Stunden in glühendem Öl gesotten hatte: »I hann z'kalt.« Es wär auch noch außer kemen, wenn es nur einen Tropfen Wasser oder a Bröckl Erdn kriegt hat. Alle Vorübergehenden hat es angebettelt, sie möchten ihm nur soviel Wasser geben, als am kleinen Finger hängenbleibt, wenn man ihn hineintaucht; aber niemand gab es ihm. Da mußte sich das Pfeifer Huisile ergeben, und zwar in derselben Stunde, in der unser Herr Jesus Christus verschied. *(Südtirol)* (118)

Punklers Ring

Jedermann kennt den Eberhard im Bart, den ersten Herzog von Württemberg. Zu dessen Zeit wohnte auf Lindenbrunn ein mächtiger Raubritter, und den zu bekämpfen zog der Herzog auf die Burg los und belagerte sie. In seinem Gefolge hatte Eberhard einen kunstreichen Schützen, der hieß Punkler, und der tat jeden Tag drei Schüsse, von denen ein jeder einen Mann aus der Besatzung traf; tat er mehr Schüsse, die waren ungewiß. Das merkten die von der Burg bald, und einer rief eines Tages dem Schützen zu: »Punkler, wahrhaftig, willst du uns denn den Ring am Tore selbst nicht ungeschändet lassen?« Punkler rief ihm hinwieder: »Den hole ich mir, und zwar bei hellem Sonnenschein und an dem Tage, an welchem wir die Burg in unseren Händen haben werden.« So geschah es auch; er hatte mit einem begonnen und so nach und nach die ganze Mannschaft zusammengeschossen, und als darauf das Schloß erobert wurde, nahm er den Ring vom Tore und hing den an die Türe seines Hauses in Rohrbach, welches in der Wormser Diözese liegt; da kann man denselben noch schauen.

Er hatte aber kein' gut Ende, der Punkler; denn er wurde den Bauern langsam verhaßt wegen seiner Zaubereien, und die überfielen ihn eines Tages und schlugen ihn mit ihren Hacken und Schaufeln tot. Man sagt, er habe auf ein Kreuzbild drei Pfeile geschossen und dadurch vom Teufel die Gabe erlangt, täglich drei sichere Schüsse zu tun. *(Württemberg)* (119)

Eine Teufelsverschreibung

Im Jahre 1695 hat die Magd des Kaufmanns Junge zu Zittau im Bette des bei diesem wohnenden Schülers Gottfried Heinrich Pursche ein zugenähtes ledernes Beutelchen gefunden. Als man es öffnete, fand man darin ein Stückchen mit Blut getränktes Papier und ein mit Blut geschriebenes Zettelchen. Auf der einen Seite desselben stand:

>»Seegen zum Festmachen
>††† Satan Gott Juva permittere necesse est oportet
>Nagel (das heißt, Teufel) der Erste ist mein Schutz.«

Die andere Seite enthielt die Worte: »Gottfr. Heinrich Pursche. O Satan, ich will Dir dienen, ja ich will Dich auch lieben bis in den Tod, gib nur, daß ich meine Feinde überwinden möge, hiermit hast Du mich selbst, mache mich stark, fest und unüberwindlich.« Pursche gestand, er habe zwei solche Zettel, den einen mit Tinte, den andern mit Blut geschrieben; der erste sei verloren gegangen, den andern habe er vors Fenster gelegt, daß ihn der Teufel holen solle. Dieser holte das Papier aber nicht, daher nähte es Pursche in ein Säckchen und trug es am Halse mit sich herum, nahm es aber ab, als er am Gründonnerstag zum Abendmahl gehen mußte, und verbarg es im Bette, wo man es fand. Er ward zu Staupenschlag und Landesverweisung verurteilt, zuvor aber in Haft genommen, um sich zu bessern. (120)

Das Christophelgebet

Diese Begebenheit hat sich vor weniger Zeit zugetragen und ist folgenden Inhalts: Extrakt aus dem bei dem Hochfürstl. Brandenburg-Bayreuthischen Vogteiamte zu Markt-Lenkersheim geführten Inquisitionsprotokoll, über die Anno 1732 allda in Verhaft gesessene Diebesbande, unter welchen sonderlich Oßwald Stahlis, gewesener Wirt und Metzger zu Mulfingen an der Daxt wegen des sogenannten Christophelgebets mit angegeben worden. Dieser hat ausgesagt, daß kraft dessen der Teufel gezwungen würde, soviel Geld zu bringen, als man von ihm verlange; wenn man aber dasselbe beten und gebrauchen wolle, so müsse wenigstens eine Kompanie von drei Personen da sein, welche vorhero beichten und fromm leben müßten. Wenn nun diese Geistesbannung vorgenommen werden sollte, müßte einer aus der Gesellschaft an allen vier Ecken des Zimmers vier heilige Evangelia (nämlich an jedem Orte eines) beten; darauf man an demjenigen Ort, wo man sich niederlassen wolle, einen Kreis mache unter Sprechung gewisser Worte und alsdenn ein gewisses Gebet verrichte, welches entweder könne von jemand auswendig gesagt oder nur hergelesen werden. Das letztere pflege am meisten zu geschehen, weil es auf vier Bogen lang wäre und viele Worte von fremden Sprachen in sich enthalte. Eben dieser Gefangene bekannte, daß dieses Gebet erstaunend anzuhören, weil darinnen Gott und alle heiligen Engel beschworen würden, daß sie den heiligen Christoph, als den großen Herrn der Schätze, sollten aus dem Himmel kommen lassen, damit er die unterirdischen Geister nötigen möchte, Geld und Gut zu bringen. Woferne nun solches zum erstenmal nichts würke, so erfolge darauf eine andere und noch härtere Beschwörung: wenn auch diese noch nicht zulänglich, daß der Geist noch nicht mit seiner Hülfe erscheinen wollte, so würde außer dem vorigen noch ein anders Gebet verrichtet, welches der eigentliche Höllenzwang sei. Worauf alsdenn der Geist erscheinen müßte, wenn er auch in den innersten Abgründen verborgen wäre. Von den Formalien dieser Beschwörung wollte der Inquisit keines auswendig wissen, unter dem Vorwand, daß sie viel zu lang wären und dahero nicht könnten im Gedächtnis behalten werden. Sie hätten die Sache vor etlichen

Jahren einmal praktizieret, da denn der Geist einen großen Zwerchsack mit Geld gebracht; als sie aber eben über dem Empfang dessen gewesen, wäre ein Lärm auf der Gasse entstanden, daß das Haus brenne (indem der Geist den Ruß in der Feuermauer angezündet gehabt), darüber sie hätten entlaufen müssen; der Geist aber wäre mit seinem Gelde bald wieder verschwunden. Das war also der fatale Ausgang dieser Narrenkomödie. Inquisit gestand ferner zu, daß sie dergleichen Geisterbann zur andern Zeit wieder vorgenommen hätten; allein die Sache wäre ihnen ebenfalls nicht wohl gelungen, weil der Geist mit einem entsetzlichen Wind gekommen, daß sie gemeinet, das ganze Haus würde einfallen: dahero wären sie wieder entlaufen und hätten alles im Stich lassen müssen. Dieses ist extrahiert aus den Akten, Markt-Lenkersheim den 30. Junii 1733, subskripsit George Christoph – – – Amtsvoigt. (121).

Hinrichtung eines Zauberers in Konstanz

Es waren zween Gesellen in dem Turgöw, da zoch einer den andern, er künde gelstrye und den Kügen die Milch nehmen, Wetter und Hägel machen, daß er Gott und dem Land, den Lüten und den Erdenvücher ein schädlicher, verderblicher Mann wär und wäger tot dann lebendig; dem widersprach der ander und bot sin Unschuld dar. Diese Sach kam offen zu Rechten, daß die von Wil diese Sach gen Costantz für Landgericht, dahin die beiden zu den Rechten kummet. Und was des einen Fürsprech Ulrich Blaurer und des anderen Cunrat Schatz, daselbst ward uff obgemelte Klag und Antwurt, Red und Widerred zu Recht gesprochen, wa der Kläger mit sechs unversprochenen Mannen fürbrächte und daß die schwarzen Eid zu Gott und den Heiligen und er der sibend wär, daß ihm zu wissen wär, daß der antwurtet, solliches künde und hätte getan und ouch dem Land und den Lüten ein schädlicher Mann und besser tot denn lebendig wär, daß darnach aber söllte beschehen, daß recht wär. Also verhört man da an dem Landgericht viel Zügen, der ein Teil verworfen wurdet, doch am letzten lait er sechs Zügen, die schwurent, daß er ein söllicher böser Mann wäre und schädlich dem Land und den Lüten wär und was der Kläger der sibend; uff des erkannten sich die Richter, daß er die Sach wohl gewißt hette, und ward damit verurteilt zu dem Tod, daß man ihn sollt verbrennen. Also ward er desselben Tages an dem espan verbrennt uff Samstag vor Sant Oschwaldstag. (122)

Der Hexenprozeß gegen Frau von Neitschütz

Die Frau von Neitschütz, eine geborene von Haugwitz, Mutter der bekannten Gräfin von Rochlitz, soll, wie aus den Untersuchungsakten, welche nach dem Tode ihrer Tochter über deren Verhältnis zum Kurfürst Georg IV. geführt wurden, hervorgeht, eine arge Zauberin gewesen sein. Es ward konstatiert, daß sie Fledermausherzen unter ihren Stuhl genagelt hatte, um im Spiele zu gewinnen, sie trug ihr Spielgeld in einem Beutel von Fledermaushäuten und soll einen Diebsdaumen gehabt haben. Sie pflegte Umgang mit einer gewissen Zauberin namens Baumeisterin, der Hexe Margarete aus dem Dorfe Zinnig im Spreewald, der Traum-Marie, dem Dresdner Scharfrichter Melchior Vogel und vier anderen Zauberinnen. Eine ihrer Vertrauten namens Krappin soll ausgesagt haben, die Gräfin, sie und die Margarete hätten durch Zauber den Kurfürsten Georg III. umgebracht, indem sie ihn (wahrscheinlich ein wächsernes Bild von ihm) im Feuer getötet, so daß sein Herz im Leibe gebrannt wie ein Licht: und allerdings fand sich auch bei der Sektion des Körpers sowohl das Herz als der ganze Leib blutleer. Sie hat auch ihre Tochter gelehrt, gewisse Zaubercharaktere, die ihr ihr Sprachlehrer Saladin mitgeteilt, sich mit einer Rabenfeder in die Hand zu schreiben, wenn sie den Kurfürsten anrührte, und am Karfreitag in der Bartholomäuskirche zu Dresden ein Schächtelchen versiegelt und an sich genommen, worin sich verschiedene Gegenstände ihrer Tochter und des Kurfürsten, die mit dessen Schweiß und dem Blute jener benetzt und in zwei Säckchen gewickelt waren, um die Liebe beider unauflöslich zu machen, befanden; vorher war es aber heimlich auf den Altar, als man die Passion sang, gesetzt worden, um den Segen darüber sprechen zu lassen. Bekanntlich starb nun die Rochlitz am 4. April

1694 an den Blattern, und der Kurfürst, von denselben angesteckt, folgte ihr am 27. April 1694, und kurz nach seinem Tode ward ein Hexenprozeß gegen die Frau von Neitschütz eingeleitet, worin sie angeklagt ward, den Kurfürsten Johann Georg III., um den Kurfürsten Johann Georg IV. zur Regierung zu bringen, durch Zauberei ermordet und diesem durch Zauberei Liebe zu ihrer Tochter eingeflößt zu haben. Infolge davon ward der Leichnam der letztern aus der Hofgruft in der Sophienkirche ausgegraben, weil Verdacht vorhanden war, daß ihr von ihrer Mutter nicht bloß das Porträt des Kurfürsten mit einem gespaltenen Penseebande, sondern auch in Papier eingewickelte Haare und das Haarband des Kurfürsten, trotzdem daß dieses auf Anraten des Leibmedikus der Leiche vorher abgenommen worden war, in den Sarg mitgegeben worden sei; und wirklich fanden sich, außer verschiedenen Ringen, am Kinne der Leiche einige braune Haare, in ein Papier gewickelt, am Beine ein gelber Schwamm und am linken Arm ein schwarzes, mit Atlas überzogenes Haarband, das sehr fest umgestreift war, und hinter dessen Ellenbogen Sr. Kurf. Durchlaucht Porträt, an den vier Enden mit größeren Diamanten besetzt, das mit einem penseefarbenen Bande stark verbunden, aber mit den weiten Ärmeln wohl verdeckt war. Daß mit allen diesen Dingen offenbar gewisse sympathetische Wirkungen erzielt werden sollten, versteht jeder, dem das sogenannte Bannen bekannt ist. Der Prozeß endigte auch mit der Verurteilung sämtlicher Inkulpaten. Die Traum-Marie ward dreimal gefoltert und kam an den Pranger, die Hexe Margarete und der Scharfrichter starben, nachdem sie dreimal torquiert worden waren, im Gefängnis (1695), die alte Neitschütz aber, welche ebenfalls den ersten Grad der Tortur ausgestanden, starb lange nachher (1713), eigentlich straflos, weil ihr Prozeß niedergeschlagen worden war, auf dem Gute Gaußig bei Bautzen. (123)

Die Alraune Kaiser Rudolphs II.

Von der kaiserlichen weltberühmten Bibliothek hat vor nicht gar langer Zeit der damalige Vorsteher dieses vortrefflichen Bücherschatzes aufrichtig bekannt, daß er nach dem gewöhnlichen Betzei-

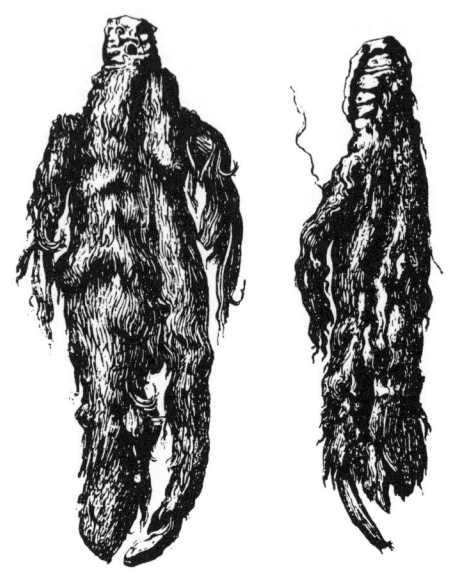

Die Alraunen Kaiser Rudolfs II. mit Namen Marion
und Thrudacis (Wien, Hofbibliothek)

chen keine bleibende Stätte mehr daselbst habe, wo er nicht mit
Gewalt wollte herausgetrieben werden. Absonderlich versicherte
er dieses von demjenigen Zimmer, in welchem unterschiedene
Manuskripta nebst andern raren Monumenten verwahret werden,
wie er mir denn zwei Mandragoras, mit rotem Scharlach bekleidet
und gleichsam in ordentlichen Totenladen nach Proportion ihrer
Größe liegend, gezeiget, auch mir solche in die Hand zu nehmen
vergönnet hat. An denselben funden sich besondere Zeichen, als
wenn sie unterschiedenen Geschlechts wären, und sollte sich Kaiser Rudolphus II. derselben bedienet und gar seltsame Dinge damit
verübet haben. Unter anderm erzählte er mir auch, daß sie wie
kleine Kinder hätten müssen gebadet werden, und zwar mit unver-
fälschtem Weine. Wenn dieses nicht geschehen wäre, hätten sie ein
Geheule angefangen wie neugeborene Kinder, welche erst vom
Mutterleibe kommen und die äußere Naturluft anfangs nicht recht
vertragen können, hätten auch nicht eher nachgelassen, bis ihnen
ihre ordentliche Pflege widerfahren sei. Dieses Gewächse wird,

wie man insgeheim dafür hält, nirgends anders gefunden als unter einem Galgen, welcher seine gehörigen Früchte träget, ich will soviel sagen, an welchem ein oder mehr arme Sünder hangen, welche in der ersten Auflösung begriffen sind. Aus den körperlichen Ausflüssen, welche von diesen auf die Erde heruntertropfen, soll diese Pflantze ohne einigen andern Samen Wurtzel fassen, und in einer Nacht ihren Stengel auf eine Elle in die Höhe treiben. Wer nun dieselbe ausgraben will, der muß in der Tasche des schwartzen Kaspars wohl erfahren sein, damit er die darzu erforderten Charakteres um die Mandragoram her machen und niemand ihm dieses kostbare Kleinod entführen möge. Will er also mit gutem Fortgang zu seinem Zweck gelangen, so muß gar keine Menschenhand an dieses Gewächs geleget werden; hingegen kann ein eintziger schwartzer Hund, der gar keine Flecken von anderer Farbe hat, wenn er an den Stengel gebunden wird, selbiges zwischen der elften und zwölften Nachtstunde aus der Erde bringen, indem derselbe von einem unsichtbaren Wesen durch Schläge darzu angetrieben wird. Auf diese Art bringet der Hund diese Wurtzel seinem Meister zuwege, wiewohl derselbe seine angewandte Mühe noch darzu mit dem Tode bezahlen muß. Soweit bringet die Geldbegierde die blinden Menschen, daß sie mit so wunderlichen Umständen nicht ohne Gefahr ihres eigenen Lebens ihr Glück unter dem Galgen machen wollen. Es stehen aber solche abergläubische Leute in der festen Einbildung, daß dieses Gewächs von gewissen Ausflüssen der erhenkten Körper gezeuget werde und die Kraft habe, sie nach Hertzenswunsch mit Gelde reichlich zu versehen, da sie doch bedenken sollten, daß der Galgen nicht sowohl eine Schatzkammer der Reichtümer, sondern vielmehr ein trauriger Schauplatz sei, auf welchem unglückselige Leute wegen erworbenen ungerechten Guts andern zum Abscheu und zur Warnung nackt und bloß in freier Luft ausgestellet werden und deren abtriefendes Fett so wenig als sie selbst das Vermögen hat, ihnen etwas mitzuteilen. Wenn sie nun diese Wurzel auf obberührte Art erlanget haben, so pflegen sie derselben ordentlich, wie eines Kindes, waschen sie mit Weine, geben ihr ein Bette, wie auch gewisse Speisen und Getränke zu ihrer vermeinten Nahrung. Wird denn dieses alles von ihnen mit gebührendem Fleiß ins Werk gesetzet, so glauben sie gantz gewiß, daß sie dieser Mandragorae alles dasjenige Geld zu danken haben, was sie in ihrem Geldkasten antreffen. Und dieses ist es, was ich dir von der so berufenen Mandragora habe erzählen können. (124)

Cagliostro und die Halsbandaffäre

Paris, den 5. September. Der Graf von Cagliostro und seine Frau sitzen nicht in der Bastille, sondern in dem Zuchthaus. Man will zuverlässig wissen, daß er ein eingeborener portugiesischer Jude sei und daß er sich vor zwanzig Jahren bei einer heftigen Pest zu Alexandrien aufgehalten und von verschiedenen portugiesischen Juden, die sich allda seiner Kur bedienet, ansehnlich geerbt. Von diesen Erbschaften soll er den großen Aufwand, den seine Lebensart erforderte, bestritten haben. Man hat bei ihm verschiedene Schriften gefunden, die sich auf eine sogenannte ägyptische Freimaurerei beziehen. Dieser Empiriker hielt vor der Arretierung in seinem Quartiere geheime Zusammenkünfte unter dem Namen der ägyptischen Loge, wozu nur gewisse Personen beiderlei Geschlechts unter den fürchterlichsten Eidschwüren zugelassen wurden. Da aber nur gewisse Leute den Zutritt dazu erhielten, so hatte die Wachsamkeit der Polizei nicht in die Geheimnisse dieser Zusammenkünfte dringen können. Es wurde darin gespielt, gespeiset und gezecht. Cagliostro machte Experimente mit Schmelztiegeln und Kohlen und verblendete damit die Unerfahrnen, auch mit einer Blendlaterne bildete er dieser Gesellschaft ein, ihnen die Schatten verstorbener Leute zu zeigen. So glaubte der Kardinal, bei der Hochzeit zu Kanaan (!) in Galiläa gegenwärtig zu sein, mit Voltairen, Montesquieu und Heinrich IV. zu speisen. Cagliostro behauptet zwar, daß er von dem Halsschmuck nichts wisse, weil er zu der Zeit, da solcher gekauft worden, zu Lyon gewesen wäre, allein er sagt nicht, daß er versprochen hatte, die Diamanten noch einmal so groß zu blasen. *(Vossische Zeitung, Berlin 1785)* (125)

General Sparr als Hexenmeister

Der General Sparr ist bei Lebzeiten ein großer Zauberer gewesen, und das kam daher, weil er einen Bund mit dem Teufel gemacht hatte. So hat er denn zum Beispiel, wenn er Fische aß, die Gräten in einen Napf gespieen und Wasser darauf gegossen, und sogleich sind es wieder lebendige Fische gewesen. Auch durch die Luft flog er dahin, über Wälder und Seen. Namentlich sah man ihn oft von seinem Schlosse in Prenden, das er sich aufs künstlichste mit einer Zugbrücke erbaut hatte, nach Lichterfelde, das ihm ebenfalls gehörte, fahren.

Einmal sah ihn ein Bauer eben aus dem Prendenschen Schlosse kommen und folgte mit seinem schwerbeladenen Ackerwagen dicht hinterher. Da ging's auf einmal in die Höhe; der Bauer aber fuhr immer hinterdrein. Wie im Sturm ging es über Feld und Wald, bis sie endlich wieder auf ebener Erde stillhielten. Der alte Sparr hatte das aber übel vermerkt, drehte sich schnell um und sagte, indem er dem Bauern ein paar tüchtige Maulschellen gab: »Diesmal habe ich dich noch so mitgenommen, und du kamst glücklich davon, aber versuch's nicht wieder!«

Ein andermal fuhr er auch so durch die Luft, da fiel dem Kutscher die Peitsche aus der Hand und blieb am Kirchturm zu Biesental hangen. Jener wollte sich bücken, um sie aufzuheben; aber da hielt ihn der alte Sparr zurück und sagte: »Bedenke, mein Sohn, wo du sitzest!« Da sind sie denn weitergefahren; die Peitsche soll aber noch lange nachher am Biesentaler Kirchturm zu sehen gewesen sein.

Als es nun endlich mit dem alten Sparr zu Ende gegangen, da hat er lange gelegen und hat nicht leben, nicht sterben können. Endlich haben sie ihm dann die Fußsohlen aufgeschnitten und dort die Oblaten gefunden, die er beim Abendmahl einst genossen. Sobald sie aber die herausgenommen, ist auch seine Seele sogleich davongefahren!

Kaum war er aber tot, da ließ sich um Prenden unaufhörlich die Wilde Jagd hören und ließ den Leuten fast keine Nacht Ruhe.

Da begegnete es auch einmal einem Bauern, daß er das Hallo und Jagdgeschrei hörte und in seinem Übermute mit einstimmte. Aber alsbald wurde es still, und eine Stimme rief:

»Hast du helfen jagen,
Sollst du auch helfen tragen.«

Und sogleich flog ihm eine Menschenlende auf den Rücken, an deren Fuß noch ein Schuh mit einer Schnalle saß, auf welcher der Name dessen, dem sie gehört hatte, zu lesen war. Schnell warf er seine Last ab; aber das half nichts: Sie saß ihm sogleich wieder im Rücken, und soviel er sich auch mit Abwerfen abmühte, er konnte sie nicht loswerden. Da riet ihm einer, er solle sie doch nach dem Wildkeller des Sparrschen Schlosses tragen,. Das tat er und wurde sie auf diese Weise glücklich los. *(Mark Brandenburg)* (126)

Der Alte Fritz und die Bücher Moses

Der Alte Fritz, ja, das war einmal ein König, der konnte aus Häckerling und Elsenbüschen Soldaten zaubern; und außerdem verstand er die Kunst, sich fest zu machen, so daß ihn keine Kugel zu treffen vermochte. Das kam aber daher, weil er das sechste und siebente Buch Moses besaß. Daß dies seine Richtigkeit hat, kann man auch aus dem Bilde des Alten Fritz sehen, welches in Stettin auf dem Paradeplatz in Stein gehauen ist. Die Schriften nämlich, die dort mit ausgemeißelt sind, stellen nichts anderes dar als jene beiden Bücher.

Einmal hatte der Alte Fritz eine große Schlacht verloren und mußte, nur von zehn Reitern begleitet, die Flucht ergreifen. Das sahen die Feinde und folgten ihm nach mit einem ganzen Regiment Soldaten. Als sie nun an einen Berg kamen, auf dem sich der König mit seinen Getreuen, zu Tode erschöpft, ausruhte, da erblickten sie mit einemmal den ganzen Hügel dicht mit Soldaten besetzt, obgleich nichts vorher davon zu sehen gewesen war. Sie kehrten bestürzt um. Doch als sie nach einer kleinen Weile zurückschauten, waren es keine Soldaten, die auf dem Berge gewesen waren, sondern nichts als Elsenbüsche. So hatte der Alte Fritz ihnen mit seiner Kunst die Augen verblendet. (127)

Die Grafen v. d. Trenck reiten das Feuer aus

Auch die Grafen v. d. Trenck auf Schakaulack konnten jede Feuersbrunst ausreiten. Im Jahre 1809 brannte die Vorstadt Labiau ab. Da kam plötzlich der damals lebende Graf v. d. Trenck auf seinem Schimmel und ritt dreimal um das Feuer. Ein feuriger Streifen zog sich hinter dem Pferd her, den Schweif des Schimmels hinauf, längs dem Rücken des Pferdes, bis an die Lehne des Sattels. Nach dem dritten Umritt stürzte sich der Graf mit seinem Pferd in das nächste Wasser. Als er auf der andern Seite herausritt, war das Feuer aus. *(Ostpreußen)* (128)

Der Alte Dessauer als Zauberer

Ein richtiger Zauberer und Hexenmeister war auch der Alte Dessauer. Der König Friedrich Wilhelm hatte diesen General nach dem nördlichen Ostpreußen geschickt, um dort große Leute für die Garde zu suchen. Bei dieser Gelegenheit hatte der Alte Dessauer das Land kennengelernt und rühmte es dem König. Da schenkte der König dem General und Fürsten die Herrschaft Norkitten. Der Alte Dessauer ließ eine Mühle in Bubainen bauen. Als diese beinahe fertig war, kam eines Tages ein litauischer Müllergeselle herbei, der an der Mühle mitarbeiten wollte. Das wurde ihm abgeschlagen, weil der Fürst bloß Dessauer arbeiten ließ und glaubte, daß die Litauer nichts könnten. Darüber wurde der Geselle sehr entrüstet und schwor, daß man ihn noch zurückholen werde. Der Müllergeselle war ein großer Zauberer, und er brachte es nun zuwege, daß an der Arbeit gar nichts mehr vorangehen wollte und die Mühle nicht fertig werden konnte, mochte der Mühlenmeister auch schimpfen, soviel er wollte, und mochten die Arbeiter auch schwitzen von morgen früh bis abends spät. Da sah der Meister endlich ein, wem er dies zu verdanken habe, und er rief den litauischen Gesellen zurück, und die Mühle wurde dann ohne besondere Beschwerde bald fertig, so daß es die schönste Mühle im Lande war. Wie nun aber der Geselle seine Bezahlung forderte, da wies ihn der Fürst schnöde ab, und der Geselle bekam nichts; denn der Fürst war selber ein Zauberer, dem daher in seinem Schlosse der Geselle nichts anhaben konnte. Daß der Alte Dessauer ein Zauberer war, ist ganz gewiß, denn es konnte ihm keine Kugel etwas anhaben. Auch ist es bekannt, daß er einmal, als er im Hochsommer von Memel nach Königsberg reiste, mit seinem Wagen und sechs Pferden davor, mitten über das Haff fuhr und das Wasser so fest hielt, als wenn es im strengsten Winter wäre. Der Geselle war aber doch ein größerer Zauberer als der Fürst. Als dieser nun einige Zeit darauf nach Königsberg reisen mußte, da ging ihm der Geselle dahin nach, denn er wußte wohl, daß er dem alten Herrn überall, nur nicht in dessen Schlosse Meister war. Als der Geselle in Königsberg ankam und vor dem königlichen Schlosse vorbeiging, lag der Fürst gerade im Fenster und rauchte aus einer großen Pfeife Tabak. Der Geselle stellte sich vor ihn hin und forderte seinen Lohn für den Bau der Mühle. Der Alte Dessauer aber lachte ihn aus. Da zauberte der Geselle ihm auf einmal ein Elchgeweih an den Kopf, das mit jedem Augenblick größer wurde. Anfangs merkte der Fürst nichts davon, als aber die Leute auf der Straße verwundert stehenblieben und ihn ansahen, da faßte er sich an den Kopf und fühlte nun das große Geweih. Er wurde darüber sehr erschrocken und wollte in die Stube zurückgehen, aber das Geweih war zu groß, und er konnte den Kopf nicht aus dem Fenster ziehen. Da lachte der litauische Geselle, bis der Fürst durch einen Offizier ihm das Geld auszahlen ließ, soviel er forderte, worauf dann das Geweih von seinem Kopfe verschwand. Seitdem hat der Alte Dessauer sich mit keinem Litauer mehr in Zauberkünste eingelassen. *(Ostpreußen)* (129)

Der Alte Dessauer auf den Norkitter Gütern konnte aus einem Fenster seines Schlosses herausschauen und gleichzeitig in der Mühle zu Bubainen sein, wo er den betrügerischen Erbmüller aus der Mühle jagte. Zu derselben Zeit aber bestrafte er in Dörfern und Feldern die Pächter, die die Bauern knechteten und plagten. *(Ostpreußen)* (130)

Das Pferd des Generals Ziethen

Ziethen hett'n Peerd hadd, wenn dat morgens ut'n Stall rut güng, denn hett he de Slach gewunn; wull dat Peerd awer nich rut, denn is em dat slech gahn. Mal morgens hett dat Peerd ni rut wullt, un do hett Ziehten seggt: »Soll ich immer den Ochsenkopf haben!« un he hett dat Peerd mit Gewalt rut trocken. Un den Dag is he fulln. He hett'n Hackelssack bi sik hadd, wenn he dar den Hackels rut smeten hett, denn sünd dar luter Büscher bi em rüm wess, dat sünd sin Soldaten wess, un dat frömm Kriegsvolk is dör er weg trocken und he achterher. Mal hett een pissen müss; he stell sik an'n Bom hen, un do pisst he Ziethen in'n Stewel. »Verfluchter Tambour!« hett he seggt. *(Mecklenburg)* (131)

Die Künste des alten Ziethen

Ziethen hett sien Soldaten in Duurnbüsche verwandeln un ut Hackels Soldaten maken künnt. Eens is he mit König Fritz tosaam gefangen wäst. Dor heet he seggt: »De ihrst Noot ward kihrt«, un hett den König an de Hand faat't un em ut 't Lager rutleddt – he hett em ok unsichtbor maakt. *(Mecklenburg)* (132)

❋

Ziethen is eens mit de Franzosen to Gang' wäst. Dor hett he sien Soldaten to 'ne grote Schonung maakt un sik sülben to 'n Duurn-busch. In dat Holt hebben de Franzosen grad' Halt maakt. Dee verrichten nu ehr Nootdurft un en General hett Ziethen de Stäwel vull pißt, dat da baben rutkamen is. Naher is he de Franzosen anrückt un hett se fastdrüben. *(Mecklenburg)* (133)

❋

Ziethen is kugelfast wäst. Abends na en Slacht sünd em soeben [sieben] Kugel ut 'n Rock follen. (134)

Der alte Blücher

De oll Blücher sall sien Soldaten in Duurnbüsche verwandelt hebben, wenn de Feind to stark wäst is – mien Ogen hebben 't nich sehn. He sall ok nachts frieren laten künnt hebben. He is jo in de Nijohrsnacht oewer 'n Rhein gahn; dor is 'ne Brügg oewer froren wäst. *(Mecklenburg)* (135)

General Seidlitz und der Teufel

Seidlitz hett sien Soldaten ok in Water un Brücken verwandelt – wenn de Feinde denn doroewer gahn sünd, is he ehr in 'n Rücken follen. *(Mecklenburg)* (136)

Seidlitz hett von 'n Düwel verlangt, he süll em seggen, wat von Anfang an in de Welt passiert wier un wat noch passieren ded' bett an dat End' von de Welt. Dor hett de Düwel seggt, da künn he nich anners to weiten krigen – denn müßt he sik enen ganzen trugen Deener hollen un von den'n müßt he sik slachten un terfleischen un denn in warmen Piermeß inpacken laten; denn will de Düwel den Deener en Öl gäben und dee sall denn dor alle stund' von de Öl upgeeten up den Piermeß – üm 'n dreeviertel Johr würd he denn as 'n nigeburenes Kind hervörkamen; wenn he denn wedder erwachsen wier, denn künn he alles weiten. Dat hett Seidlitz ok daan – de Deener het em slacht't. Nu drapen em dor eens Lüd' bi, dat he ümme wat upgütt up den Piermeß. Dor fragen se em, worüm he dat ded'. Ihrst will he nich bekennen – toletzt seggt he dat. Dor vertellen de Lüd' dat den König – dee let ohne Urdel un Recht den Piermeß upriten. Donn is dat all as 'n läbendes Wäsen, as 'n Kind – is all tosamenheilt. So is Seidlitz to End' kamen. *(Mecklenburg)* (137)

Tod und Nachleben historischer Persönlichkeiten

Ahasverus, der Ewige Jude

Unterm 5. Juni 1564 und der Ortsangabe Schleswig berichtet ein Ungenannter folgendes: Paulus von Eitzen, Doktor der Heiligen Schrift und Bischof zu Schleswig, zu diesem Amte erwählt von Herzog Adolf von Holstein, ein ebenso hochangesehener und glaubwürdiger als durch seine herausgegebenen Schriften berühmter Mann, hat mir und andern Studierenden etliche Mal erzählt: Als er noch zu Wittenberg studierte, sei er einmal im Winter des Jahres 1542 zu seinen Eltern nach Hamburg gereist und habe den ersten Sonntag nach seiner Ankunft in der Kirche während der Predigt einen Mann von auffallendem Äußern gesehen, welcher barfuß der Kanzel gegenüberstand. Derselbe war hochgewachsen, trug langes, über die Schultern herabwallendes Haar und hatte ungeachtet des damals so strengen Winters keine andern Kleider an als ein Paar Hosen, die an den Füßen durch waren, einen bis an die Knie reichenden Rock und darüber einen Mantel, der bis zu den Füßen herabhing. Seines Alters schien er ungefähr fünfzig Jahre zu zählen. Dieser Mann hörte der Predigt mit solcher Andacht zu, daß an ihm keine Bewegung zu bemerken war, außer wann der Name Christi genannt wurde, wobei er sich jedes Mal neigte, an seine Brust schlug und tief aufseufzte. Da sich nun der junge von Eitzen seiner großen Gestalt, seiner Kleidung und Gebärden halber sehr über ihn verwunderte, forschte er ihm sorgfältig nach und vernahm, derselbe habe sich schon etliche Wochen dieses Winters hier aufgehalten und angegeben, er sei ein in Jerusalem geborner Jude, namens Ahasverus, seines Handwerks ein Schuhmacher. Bei der Kreuzigung Christi sei er persönlich zugegen gewesen, seither am Leben geblieben und durch viele Länder gereist. Zur Bestätigung dieser Aussage habe er manches gar genau berichten können, was weder in den Evangelien noch in den Werken anderer Geschichtsschreiber zu finden sei, betreffend die Umstände, von denen das Leiden und

Der Ewige Jude (mit synoptischer Darstellung der einzelnen Episoden; Holzschnitt, Anfang des 19. Jahrhunderts, Caen)

die Kreuzigung Christi begleitet gewesen, ebenso betreffend die Ereignisse, welche sich die ersten Jahrhunderte nach Christi Kreuzigung im Morgenlande zugetragen, endlich betreffend die Apostel, wo jeder von ihnen gelebt, gelehrt und gelitten habe. (138)

Auf solchen Bericht hin suchte Paulus von Eitzen eifrig Gelegenheit, mit dem Ahasverus selber zu reden, wozu er auch wirklich gelangte. Da erzählte ihm denn Ahasverus, er habe zur Zeit Christi in Jerusalem gewohnt und sei dem Herrn feind gewesen, weil er denselben für einen Ketzer und Verführer gehalten, indem er's eben als treuer Anhänger der Hohenpriester und Schriftgelehrten, die ihm also über Jesum berichtet, nicht besser gewußt habe. Deswegen habe er allezeit sein möglichstes dazu beigetragen, daß dieser Verführer vertilgt werde, und endlich geholfen, ihn gefangenzunehmen, vor die Hohenpriester und den Pilatus zu führen, anzuklagen, über ihn das »Kreuzige!« zu schreien und seine Verurteilung zu erzwingen. Nachdem nun das Todesurteil gesprochen gewesen, sei er alsbald in sein Haus geeilt, an welchem Christus auf seinem Todespfad habe vorübergehen müssen, und habe es seinem Hausgesinde angezeigt, damit sie auch zuschauen möchten. Sein kleines Kind habe er selbst auf den Arm genommen, um ihm den vorüberwandelnden Jesus zu zeigen. Als nun Christus unter der Last des Kreuzes herzugeführt worden, habe er sich ein wenig an sein Haus angelehnt; da sei er, Ahasverus, um seinen Eifer abermals an den Tag zu legen, auf ihn zugelaufen und habe ihm unter Scheltworten zugerufen: »Packe dich von dannen und gehe, wo du hingehörst!« Christus aber habe ihn stark ins Auge gefaßt und folgendes entgegnet: »Ich will stehen und ruhen, du aber sollst gehen!«

Sogleich habe er sein Kind niedergesetzt und sei, da er im Hause nicht bleiben können, dem Zuge nachgefolgt bis nach Golgatha, woselbst er die Kreuzigung Christi mit angesehen. Nach Vollendung all dieser Dinge habe er aber nicht mehr in die Stadt Jerusalem zurückkehren können, sein Weib und seine Kinder nimmer gesehen, sondern fortan ruhelos in fremden Landen umherirren müssen. Zwar sei er nach einigen hundert Jahren wieder nach Palästina zurückgekommen, habe jedoch eine solche Verwüstung angetroffen, daß er die Stätte, wo Jerusalem gestanden, kaum mehr erkannt habe. Im übrigen wisse er nicht, warum ihn Gott so lang in diesem elenden Leben herumführe; vielleicht wolle er ihn bis zum Jüngsten

Tage als einen lebendigen Zeugen der Leiden Christi aufbewahren, zur Überführung der Ungläubigen und Gottlosen. Seinerseits sehne er sich aber inbrünstig, von Gott aus diesem Jammertal erlöst und zur Ruhe eingeführt zu werden. (139)

*

Solange er in Hamburg weilte, hat man ihn nie lachen sehen. Er redete die Sprache jedes Landes, welches er betrat, z. B. damals das sächsische Deutsch, so gewandt wie ein geborner Sachse, was bei einem gebornen Hebräer nicht wenig heißen will. Zu jener Zeit sind auch viele Neugierige aus verschiedenen Ländern, bisweilen aus weiter Ferne, nach Hamburg gekommen, ihn zu sehen und zu hören. Da wurde denn gar verschieden geurteilt. Die meisten glaubten, er habe einen fliegenden Geist bei sich, der ihm solche Geheimnisse verkündige. Von Eitzen selbst aber war nicht dieser Meinung, zumal Ahasverus Gottes Wort ebenso gerne gehört als darüber geredet, allezeit den Namen Gottes mit andächtigem Seufzen ausgesprochen und kein Fluchen geduldet habe. Wenn er nämlich irgendeinen bei Gottes Blut und Wunden fluchen gehört, sei ihm darüber ein heftiges Zittern angekommen, und er habe dem Flucher mit furchtbarem Ernste gedroht: »Du elender Mensch, elendes Geschöpf, daß du Gottes Namen und Marter also schändest! Hättest du, wie ich, gesehen und gehört, wie schwer dem Herrn Jesus seine Wunden und Qualen dein- und meinetwillen geworden sind, lieber ließest du dir ein Leid antun, als daß du seinen Namen dermaßen mißbrauchst!« (140)

*

Die ursprüngliche Schrift enthält noch folgende spätere Zusätze: »Dieser Jude soll so dicke Fußsohlen haben, daß das Maß derselben zwei Querfinger dick gefunden worden, auch seien dieselben von seinem langen Wandeln und Reisen hart wie Horn.

Secretarius Christoph Ehringer und M. Jakobus, Gesandter des Herzogs Adolf von Holstein an den König von Spanien, berichteten bei ihrer Rückkehr nach Schleswig 1575, sie haben den Ewigen

Juden in oben beschriebener Gestalt und Kleidung in Madrid gesehen, wo er geläufig Spanisch geredet.

Im Jahre 1599 während des Christmonats will man ihn auch in
Danzig gesehen haben.« (141)

Kaiser Friedrich Barbarossa im Kyffhäuser

Von dissem Keisser Frederiche dem Ketzer erhub sich eine nuwe
Ketzerei, die noch heimelichen under den Cristen ist unde die
glouben des genzlichen, daß Keisser Frederich noch lebe unde
lebinde bleiben sulle bis an den jungisten Tag, und daß kein rechtir
Keisser noch om worden sei adir werden sulle, und daß he wander
zu Kuffhussen in Doringen uf dem wusten Flosse unde ouch uf
andern wusten Burgen, die zu dem Reiche gehoren, unde rede mit
den Leuten unde lasse sich zu Gezeiten sehin. Disse Buferei brenget
der Tufel zu, dor mete her dieselben Ketzer unde etzliche einfeldige
Cristenleute vorleitet ...

*

Von diesem Kaiser Rotbart gehen viele Sagen im Schwange. Er
soll nicht tot sein, sondern bis zum Jüngsten Tag leben, auch kein
rechter Kaiser nach ihm mehr aufkommen. Bis dahin sitzt er
verhohlen in dem Berg Kyffhäuser, und wann er hervorkommt,
wird er seinen Schild hängen an einen dürren Baum, davon wird
der Baum grünen und eine bessere Zeit werden. Zuweilen redet er
mit den Leuten, die in den Berg kommen, zuweilen läßt er sich
auswärts sehen. Gewöhnlich sitzt er auf der Bank an dem runden
steinernen Tisch, hält den Kopf in der Hand und schläft, mit dem
Haupt nickt er stetig und zwinkert mit den Augen. Der Bart ist ihm
groß gewachsen, nach einigen durch den steinernen Tisch, nach
andern um den Tisch herum, dergestalt, daß er dreimal um die
Rundung reichen muß bis zu seinem Aufwachen, jetzt aber geht er
erst zweimal darum. (143)

*

Von diesem Berge und Schlosse redet der allhier am Harz und in der Nachbarschaft wohnende gemeine Mann viel Fabelhaftes, die gemeineste Sage aber ist: Gleichwie Kaiser Carolus Magnus zu Nürnberg auf der Kaiserlichen Burg sich in einen daselbst vorhandenen sehr tiefen Brunnen, also auch Kaiser Friederich der Erste, Aenobarbus oder Barbarossa, das ist Rotbart, zubenamet, sich selbst mit etlichen der Seinigen an diesen Ort verfluchet habe, auch dieserwegen daselbst mit ihnen auf der Bank, an einem steinern Tisch sitzend und den Kopf in der Hand haltend, ruhe oder schlafe, dem Kaiser aber sei sein roter Bart durch den Tisch bis auf die Füße gewachsen, nicke stetig mit dem Kopfe und zwinkere mit den Augen, als wenn er etwa nicht recht schliefe oder bald wieder aufwachen wolle, denn sie in denen Gedanken stehen, als wenn derselbe vor dem Jüngsten Tage wiederum aufwachen und sein verlassenes Kaisertum auf das Neue antreten und bestätigen werde... Sie mögen aber solches beschönen, womit sie wollen, so ist und bleibet es doch ein wahrhaftiges lächerliches Gedichte, maßen aus beglaubigten Historicis bekannt ist, wie vorgedachter löblicher und tapferer Kaiser schon vorlängst gestorben sei, denn als derselbe einen Feldzug in das Gelobte Land wider den Saladinum und die Sarazener getan..., hat er sich einesmals, großer Hitze wegen, in Cicilien in dem Fluße Cydno baden und abkühlen wollen, ist aber darinnen ertrunken oder hat davon... eine tödliche Krankheit bekommen, die ihm das Leben genommen. Wollen nun schon einige sagen, daß der in dem Berge vorhandene Kaiser Friedrich der andere sei, so ist doch ebenfalls solcher tot und in Apulia auf dem Florentiner Schlosse, teils durch Gift, teils durch Erstickung, von seinem unechten Sohn Manfredo um das Leben gebracht worden. Nichts weniger kann es Friedrich der Dritte sein, weilen derselbe zu Linz in Österreich von unmäßig gegessenen Melonen und daher entstandenem Durchfall den Tod bekommen hat. Derohalben ist es wider die Wahrheit, daß ein Kaiser Friedrich in dem Kiefhauser Berge vorhanden sei, geschweige, daß er darin schlafe und endlich wieder aufwache. (144)

Die Raben

Die Schäfer und Hirten, welche auf dem Kyffhäuser weiden, sind besonders die Günstlinge des Kaisers gewesen, und dessen Pagen und Hofjunker, die in Zwerge, Mönche und andere verkrüppelte Gestalten verwandelt wurden, haben sich stets gern mit ihnen abgegeben. Einem Hirten, der einst, an das alte Gemäuer der Burg gelehnt, sich ein lustiges Liedchen pfiff, erschien auf einmal solch ein kaiserlicher Hofdiener und frug ihn: »Willst du Kaiser Friedrich sehen?« »O ja!« erwiderte der dreiste Hirt. Der Zwerg führte ihn nun in den Berg, der sich immer vor ihnen her öffnete, bis sie endlich an eine große, weite Grotte kamen. Hier saß der Kaiser leibhaftig in glänzendem, hellfunkelndem Schmuck. Die Wände der Grotte waren mit flimmernden Sternchen übersät, und vor dem Kaiser, auf einem steinernen Tische, brannte ein großes dickes Licht. Der Schäfer machte eine Verbeugung, so gut er konnte, war aber gar nicht furchtsam, schaute vielmehr umher und besah alle die Kostbarkeiten, die hier standen. Nach einer Weile fragte ihn der Kaiser, ob die Raben noch um den Berg flögen. »O ja«, erwiderte der Hirt. Da blickte der Kaiser gen Himmel, hob langsam seine dürren braunen Mumienhände auf und sprach mit weinerlicher Stimme: »Ach, so muß ich noch hundert Jahre an diesem Orte schlafen!«

Der Zwerg winkte hierauf dem Schäfer. Sie gingen zurück, er erhielt aber nichts. Unwillig wollte er schon den Zwerg darüber zur Rede setzen, aber fort war er. *(Thüringen)* (145)

Der Kornfuhrmann aus Reblingen

Es war im Jahre 1669, daß ein Bauer aus dem Dorfe Reblingen im Rieth einen Wagen voll Korn nach Nordhausen zum Verkauf zu führen willens war. Dem begegnete ein kleines Männchen und lag ihm an, die Frucht auf den Kyffhäuserberg zu liefern und dafür aber so viel, aber nicht mehr Geld zu nehmen, als das Korn nach der damaligen teuern Zeit im Wert sei. Solches tat denn auch der Bauer, kam hinauf und sah in der Bergeshalle den verzauberten Kaiser sitzen, aber stumm und unbeweglich und schlafend. Das Geld, welches er für sein Getreide empfing, war uralten Gepräges, und darunter manches Stück, das auf der einen Seite ein Kaiserbildnis mit der Umschrift »Tibervs« trug, auf der andern die Aufschrift »Halber Secel«. *(Thüringen)* (146)

Kaiser Friedrich und Napoleon

Im letzten französischen Kriege zu Anfange dieses Jahrhunderts kam ein französischer Marschall nach Nordhausen, und wie er die Trümmer der Kyffhäuserburg sah und hörte, daß dies ein verwünschtes Schloß sei, auf dem es bei Nacht niemand Ruhe lasse, rief er im Übermut: »So will ich die nächste Nacht dort oben schlafen«, und er hörte auf keine Warnung, sondern ließ sich sein Feldbett auf dem Kyffhäuser aufschlagen. Als es Mitternacht war, sandte der Kaiser Friedrich, der seit undenklichen Jahren hier wohnt, die Königin Holle hinauf zu dem Marschall und ließ ihm sagen, er möge seinen Herrn, den Kaiser Napoleon, warnen, nicht nach Rußland zu ziehen; denn von da werde er nur in Schmach und Not wiederkehren; und er möge dem Kaiser verkündigen, wenn er seinen Ruhm liebhabe, solle er Deutschland räumen, denn er, der Kaiser Friedrich, dulde nicht, daß sein deutsches Volk den Franzosen untertan sei; und wenn der Kaiser Napoleon diese Mahnung nicht höre, werde er in Jammer und Armut untergehen. – Der Marschall eilte am folgenden Morgen nach Halle, wo Napoleon sich gerade aufhielt, und sagte ihm, was die Königin Holle ihm melden ließ, und alle Generale und Soldaten baten den Kaiser, nicht nach Rußland zu gehen; doch er, wie er war, lachte sie aus, und das hat er dann büßen müssen.

Die Königin Holle ist Kaiser Friedrichs Haushälterin im Kyffhäuser. Sie war eine reiche Königstochter und wurde freventlich ermordet; da fand ihr Geist keine Ruhe im Grabe und schwärmte lange umher, bis sie hörte, daß der Kaiser Friedrich im Kyffhäuser eine Freistatt gefunden; und da sie sich aus ihrer Zeit erinnerte, daß man ihn immer als einen so gerechten und gütigen Herrn gepriesen hatte, ging sie zu ihm in den Berg, und dort führt sie ihm nun die Wirtschaft und sorgt für alles, was er und die vielen hundert Ritter und Knappen bedürfen, die mit ihm um den großen steinernen Tisch sitzen. *(Thüringen)* (147)

Kaiser Otto im Kyffhäuser

Nach einer ebenfalls in der Umgegend des Kyffhäusers verbreiteten Sage ist der Kaiser, der in dem Berge sitzt, nicht Friedrich Barbarossa, sondern Kaiser Otto mit dem roten Barte. Dieser soll mit der Geistlichkeit in bittern Streit gekommen sein, und da machten ihm die Reichsgeschäfte bald keine Sorgen mehr. Man sagte dem Volke, er sei plötzlich gestorben und veranstaltete ein feierliches Begräbnis; doch der Kaiser lag nicht im Sarge, sondern schmachtete im Gefängnis. Und als er nach vielen Jahren starb, fand sein Geist keine Ruhe im Grabe, sondern irrte lange umher, bis er sich den Kyffhäuser zur Wohnstatt erkor.

Ein armer Schäfer hatte gehört, daß einst eine Bande Musikanten dem Kaiser Otto ein Ständchen auf dem Berge gebracht und von seinem Kastellan jeder mit einem grünen Zweige beschenkt worden seien, die sie zwar bis auf einen weggeworfen hätten, allein welche, wie man aus dem einzigen übriggebliebenen gesehen, von purem Golde gewesen seien. Er trieb nun immer auf den Kyffhäuser und dachte: »Wenn ich nur den Weg wüßte, der in den Berg zum Kaiser Otto führt; da er ein so reicher, wohltätiger Herr ist, so würde ich ihm meine Armut klagen, und er würde sich gewiß meiner annehmen.« Und wie er einst auch wieder so bei sich dachte, bemerkte er vor seinen Füßen eine Falltür, die er nie zuvor gesehen hatte. Er öffnete sie und stieg eine lange Treppe in den Berg hinab bis in einen weiten hochgewölbten Saal. Dort saß der Kaiser Otto mit seinem langen roten Bart an einem großen, steinernen Tisch, und um ihn her saßen viele Ritter und Schildknappen in voller Rüstung. Schüchtern blieb der Hirt am Fuße der Treppe stehen, doch der Kaiser winkte ihm freundlich und sprach: »Ich weiß schon, weshalb du kommst; hier, nimm dir soviel du brauchst, und wenn du heimkommst, grüße deine Weib und deine Kinder von mir!« Und damit wies er auf einen Haufen glühender Kohlen, der in einem Winkel lag. Der Hirt beugte sich ängstlich über die Kohlen, doch er wagte nicht, sie anzurühren. Da lachte der Kaiser und rief: »Greif nur zu, es brennt nicht; doch nimm nicht zu wenig.« »Ja, zu wenig«, dachte der Hirt, »wenn nur was zu nehmen wäre. Um Kohlen zu verschenken und arme Leute auszulachen, braucht man kein Kaiser zu sein!« Doch weil er sich fürchtete zu widersprechen, füllte er seine Hirtentasche mit Kohlen, verneigte sich tief vor dem Kaiser und seinen Rittern und Knappen und stieg die Treppe wieder hinauf. Und wie er oben die Kohlen aus der Tasche schütten wollte, war dieselbe voll gediegenen Goldes, und der Schäfer war so reich wie jener Musikant, der seinen Busch behalten hatte, doch die Falltüre konnte er nicht wiederfinden. *(Thüringen)* (148)

Ein Flugblatt aus dem Jahr 1519

Kaiser Friedrich II.

Friedrich II. ist im Jahre 1212 von Papst Innozenz III. gekrönt worden, hat das Kaisertum dreiunddreißig Jahre innegehabt und einen Sohn Manfred hinterlassen, den er schon bei seinen Lebzeiten zum König von Sizilien gemacht hatte. Er ist ein weiser und wohlberedter Mann gewesen, der fünf Sprachen reden konnte, griechisch, sarazenisch, lateinisch, deutsch und welsch. Nun wollen einige sagen, er sei eine Zeitlang durch die Türken gefangen gehalten und von dem Reiche verlassen worden, und obwohl er einige Zeit Gefangener der Türken gewesen sei, habe ihn doch niemand befreien wollen.

Der türkische Sultan aber hatte einen Tiergarten mit zahlreichen grausamen, wilden Tieren. Seit Jahrhunderten war kein Mensch in diesen Garten hineingekommen. Der Türke wußte aber von seinen Eltern her, daß seine wilden Tiere vier Edelsteine als größten Schatz der Erde bewachten und daß sie alle Mittage bei klarem Sonnenschein mit den Steinen spielten. Da gedachte er, wenn der römische Kaiser den wilden Tieren die Steine entreißen könnte, würde er ihn ohne Lösegeld freilassen. Von seiner Absicht machte er dem Kaiser Friedrich Mitteilung, der sich Bedenkzeit ausbat und sich auch erzählen ließ, was für Tugenden oder Kräfte die Steine besäßen. Der Türke offenbarte sie ihm und sagte: »Der erste Stein macht unsichtbar, der andere hat die Kraft der Unleidigkeit, der dritte die der Behendigkeit, der vierte die der Unsterblichkeit.« Der Kaiser dachte: »Wenn mir Gott Gnade gibt, daß ich den Stein der Unsichtbarkeit erlange, will ich wohl aus meinen Leiden und großen Nöten entkommen.«

Nachdem er bei sich alles genau erwogen hatte, ließ er dem Türken sagen, er wollte versuchen, den wilden Tieren die Steine unter folgenden Bedingungen zu entreißen: Man sollte ihm einige Tüchter oder Gewänder geben, ihm auch ein Loch unter dem Tiergarten hindurchgraben, bis dahin, wo die Tiere sich aufhielten, damit er aus dem Loche unversehens zu den Tieren gelangen könnte. Der Türke tat nach des Kaisers Willen, ließ das Loch graben und gab ihm Tuches genug. Nachdem alle Dinge zugerichtet waren, befahl Kaiser Friedrich sich andächtig Gott, erbat seine Gnade und Hilfe und sprang mit großer Behendigkeit aus dem Loche heraus unter die wilden Tiere, während sie gerade in der Mittagszeit mit den Steinen spielten. In aller Eile erhaschte er den Stein, ließ flugs das Tuch fallen und sprang dem Loche wieder zu. Die wilden Tiere warfen sich auf das zurückgelassene Tuch und zerrissen es zu kleinen Stücken. Als Friedrich sich in dem Loche in Sicherheit befand, überlegte er, was nun zu tun wäre, und trat aus dem Loche heraus unter das Volk. Niemand sah ihn. Dadurch merkte er, daß er sich im Besitze des Steines der Unsichtbarkeit befand. Nun war er sehr froh, fürchtete sich nicht mehr und holte ohne Furcht einen Stein nach dem anderen zwischen den Tieren weg, obschon diese sich wild gebärdeten und das besonders, als er den letzten Stein holte. Der Türke saß während des ganzen Vorganges mit seinen Herren oben am Fenster und hörte und sah alles, nur nicht den Kaiser mehr.

Als dieser die Tugenden und große Nützlichkeit der Steine bedachte, ließ er den Türken sitzen und zog in das Römische Reich zurück. Hier konnte er nun seine Wohnung haben, wo er wollte, sich sichtbar oder unsichtbar zeigen, sich behend oder unsterblich, leidlich und unleidlich machen. (149)

Die Höhle
Bei Kaiserslautern ist auch ein Fels mit einer großen Höhle; davon ging das Gerücht, der verlorene Kaiser Friedrich hätte seine Wohnung darin. Die Höhle war so tief, daß niemand Grund sehen konnte. Einmal hat man jemand an einem Seil hinabgelassen und

oben an das Loch eine Schelle befestigt; wenn er nicht mehr weiter könnte, sollte er die Schelle läuten, dann wollte man ihn wieder hinaufziehen. Als er hinabgekommen war, sah er Kaiser Friedrich in einem goldenen Sessel sitzen, mit einem grausamen Barte. Der Kaiser redete ihm zu und sagte, er dürfte mit niemandem reden, dann würde ihm nichts geschehen, er sollte aber seinem Herrn verkünden, daß er ihn gesehen hätte. Der Mann blickte um sich und sah einen schönen, weißen Plan und darauf viele Leute vor dem Kaiser stehen. Da läutete er seine Schelle, kam ohne Schaden wieder hinauf und verkündete seinem Herrn die Botschaft. (150)

Der falsche Kaiser

Wieder andere wollten folgendes wissen: Nachdem Kaiser Friedrich seinen Sohn Manfred zum König von Sizilien gemacht hatte, stiftete er ihn an, seinen Tod niemandem zu offenbaren. Es gab aber einen Köhler, der dem Kaiser Friedrich so gleich sah, daß man keinen vor dem anderen erkennen konnte. Diesem Köhler hat man des Kaisers Kleidung gegeben, und jedermann hat ihn für den Kaiser gehalten. Und wenn er zu Rate saß und ein schöner Tag war, sagte er stets: »Ei, wie schönes Wetter ist, jetzt wären gut Kohlen zu machen.« Und falls man ihn nach kaiserlichen Ratschlägen fragte, so sagte er nichts anderes als: »Jetzt wären gut Kohlen machen.« Weil die Leute nun nichts mit ihm ausrichten konnten, haben sie ihn wieder laufen lassen. Er ging aber in den Wald und machte Kohlen wie zuvor.

Als er nun wieder so schwarz geworden war wie ein Köhler, kam der schwarze Teufel, gesellte sich zu ihm, und beide sind miteinander verloren gegangen, so daß man nicht wußte, ob der Teufel den Köhler oder der Köhler den Teufel hinweggeführt hatte. (151)

Tile Kolup, der falsche Friedrich

Zur Zeit Kaiser Rudolfs von Habsburg gab sich in Wetzlar und andern Orten ein Mann für Kaiser Friedrich aus. Man erzählte, das Geschirr, das der angebliche Kaiser Friedrich in Wetzlar zum Essen und Trinken benützte, bestände aus lauterem Golde. Rudolf fragte begierig, woher denn der Mann das viele Gold nähme. Man erwiderte ihm, der Wirt, bei dem Friedrich wohnte, sei sehr in Ängsten wegen der Bezahlung seiner großen Zeche gewesen. Als er darüber eine Äußerung an seinen Gast getan hätte, wäre er von diesem mit den Worten beiseite genommen: »Sorge nicht um dein Geld, reite morgen früh allein aufs Feld, ehe die Sonne aufgeht. Du wirst Gäste vom Osten kommen sehen. Frage sie nur, ob sie meine Kämmerer seien, und wenn sie ja sagen, so führe sie ohne Aufenthalt zu mir.«

Dem Wirte dauerte ob dieser seltsamen Auskunft die Nacht zu lang, und immer wieder dachte er daran, wie es mit ihm werden würde, wenn die Boten nicht kämen. Schon lange vor Sonnenaufgang eilte er auf die Straße, aber wie verwunderte er sich, als er drei pechrabenschwarze Mohren dahertraben sah. Trotzdem ihm die Haare zu Berge standen, begrüßte er sie und fragte, ob sie die Kämmerer des Kaisers wären, und als sie das bejahten, sagte er freudig, sie möchten nicht säumen, er würde sie zum Kaiser führen. Mit besonderer Genugtuung stellte der Wirt fest, daß die Fremden zwei wohlbeladene Saumtiere hatten.

Als der Kaiser die beiden Kämmerer begrüßt hatte, ging er mit ihnen in eine Kammer; was sie darin getan haben, hat kein Mensch erfahren. Aber nicht lange darauf nahm der Kaiser den Wirt an die Hand, führte ihn vor einen Saumschrein und sagte: »Lieber Wirt, nimm, was ich dir schuldig bin, und von dem übrigen tue uns ferner gütlich wie zuvor!« Als sich die Boten bald darauf zu neuer Reise anschickten, bat der Kaiser den Wirt, er möchte sie doch ein wenig vor die Stadt begleiten. Der Wirt erfüllte die Bitte des Kaisers, konnte aber nachher nicht sagen, wohin die Gäste ihren Weg genommen, auch sonst wußte niemand etwas davon zu erzählen.

Als alle diese Sachen Rudolf von Habsburg mitgeteilt wurden, lachte er laut darüber, bezeichnete den Menschen für einen Betrüger und maß der ganzen Angelegenheit keine Bedeutung bei. Doch die Sache wurde ernster; die Leute liefen dem vermeintlichen Kaiser Friedrich zu, und von manchen Seiten ergingen Mahnungen an Rudolf, er möchte den Anhang des Betrügers nicht so groß werden lassen. Als der Erzbischof von Mainz meldete, der vermeintliche Friedrich hätte sich erkühnt, ihn nach Wetzlar zu einer geheimen Unterredung zu fordern, rief Kaiser Rudolf zornig aus: »Jetzt sehe ich wohl, daß ich etwas tun muß! Gern hätte ich ja dem Betrüger gegönnt, sich auf seine Weise durchs Leben zu schlagen, aber er will doch zu hoch hinaus!« Und da er erfuhr, daß Friedrich gegen Neuß gezogen war, machte er sich hinter ihm her und richtete an die Bürger von Neuß den Befehl, ihm dem Betrüger ohne Verzug auszuliefern. Auf die Antwort, sie fürchteten sich, Friedrich auf irgendeine Weise anzutasten und festzunehmen, tat der Kaiser die Bürger in die Acht und belagerte die Stadt.

Bald erhub sich Zwiespalt in der Stadt, indem einige für die Auslieferung stimmten, andere aber es für schädlich hielten, den Herrn seinen Knechten zu überantworten.

Endlich unternahmen es zwei weise und furchtlose Männer, Friedrich von Nürnberg und Eberhard von Katzenellenbogen, den falschen Friedrich zu entlarven. Nachdem ihnen von den Bürgern freies Geleit zugesichert worden war, ritten sie in die Stadt und erlangten eine Unterredung mit dem geheimnisvollen Kaiser. Aus dieser Unterredung stellten sie fest, daß es sich bei dem angeblichen Kaiser um einen Betrüger handelte, schon ganz abgesehen davon, daß er für Kaiser Friedrich viel zu jung war. Sie vermochten nun die Bürger zu überreden, die Entscheidung in die Hände des vermeintlichen Kaisers selbst zu legen und diesen zu bitten, in das Lager Rudolfs von Habsburg hinauszureiten; denn, so fügten beide Gesandten hinzu, Rudolf habe noch niemals als ungerechter Mann gehandelt. Wäre jener angebliche Friedrich in Wirklichkeit der verschwundene Kaiser Friedrich, so würde ihm sein großer Geist wie ehemals in den schwierigsten Lagen auch jetzt glücklich durchhelfen.

Die Bürger waren ob dieses glücklichen Ratschlags hocherfreut. Der falsche Friedrich mußte sich, wenn auch ungern, zum Ritt bequemen, vorher aber gab er seinen Leuten noch den Befehl, nach Frankfurt zu gehen und seiner dort zu harren. »Was mir auch bei König Rudolf geschieht«, so sprach er, »ich komme morgen zu euch!«

Aber der vermeintliche Friedrich übte solch bezaubernde Gewalt aus, daß er durch seine Reden selbst im Lager Rudolfs von Habsburg noch manchen betörte; vor diesen geführt, wußte er auf alle Fragen keck und unverzagt zu antworten. Kaiser Rudolf erhielt samt seinen Räten die Überzeugung, daß der Gegner ein gemeiner Betrüger wäre, und verdammte ihn zum Feuertode.

Nicht alles Volk war des Kaisers Meinung. Viele behaupteten zwar, Friedrich wäre ein Betrüger, hieße Holzschuh und habe nur die Bücher der Schwarzkunst gelesen, andere aber beteuerten, er sei in Wirklichkeit der Kaiser, für den er sich ausgegeben. Nach seinem Feuertode hätte man die Kohlen seiner Asche gesammelt, aber keine Gebeine dazwischen gefunden, ein Zeichen dafür, daß er nicht gestorben wäre, sondern Gott ihn noch lebendig für eine fernere Zukunft aufzubewahren gedächte. Der Glaube an ihn und die Hoffnung an seine Bestimmung waren also mit seinem Tode nicht vernichtet. (152)

Die Sage vom Untersberg

Die Propheceyung, so im Undtersperg zu Reichenhall geschehen ist,
im 1523. Jahr

Als man zöhlt 1523, da bin ich, Lazarus Günzner, zu Reichenhall in Diensten gewesen bey dem Herrn Stattschreiber, da sein wür einsmahls auf den Undtersperg gegen Salzburg spaziren gangen, mein Herr der Stattschreiber, Herr Martin, der Stattpfaarer, der Herr Pfleger und sonst auch ein Burger zu Reichenhall, und sein mir miteinander auf dem Undtersperg nach einer tieffen Clam, da khammen wür in ein Loch wie ein Kürchenhöll und vor unter den Hochen Thron, darinen war ein Schrüfft mit silbern Buechstaben eingehaut in der Wandt, das haben wür also gelesen und geschaut, darnach sein wür widerumb haimbgangen. Und wie wür dahaimb sein gewesen, da haben wür von der Schrüfft geredt, nach dem hat mein Herr Stattschreiber und Herr Martin als Stattpfaarer mich widerumb hinaufgeschikt, ich solte ihnen die Schrüfft abschreiben, dasselbig hab ich gethan und bin allein hinaufgangen, welches geschehen ist zu den lesten Unser-Frauen-Tag im Hörbst, sie haben mich sonst auch offt ausgeschickht, sobald ich hinauf bin

Der Mönch führt Lazarus Gitschner in eine Kirche im Untersberg
(Hs., Museum Carolino Augusteum, Salzburg)

khommen, so hab ich abgeschriben, und ist eben eingehaut gewesen mit silbern Buechstaben wie hernach volgt:

S. d. d. occo. x.
Satrnrop, 5. a. f. 5. l. d.
P. 6. m. 6. a. t. 5. q. o. t. m. 5. r. u. a. z.
m. 519. r. l. v. e. p. 55. a. tt. tt. l. x. missm
ariu, a. o. u st g c x 5. l. 19. alto mvraco
mic r l y. pymi. l o p m i. v m l t. tg

Und wie ich solang geschaut und abgeschriben hab, in dem ist es Abend worden, das ich nit hab mögen haimbgehen, sondern bin yber Nacht oben auf den Undtersperg an der Wandt vor dem Loch oder Kürchenhöll gesessen, und ist an einer Mitwochnacht gewesen.

Und am Pfingstag fruhe, als ich hab wöllen widerumb haimbgehen, da hab ich in die Weithe geschaut und bin ein wenig auf Pertlsgaden zuegangen, und wie ich also hab umbgeschaut am herabgehen in die Weith, da sach ich vor mein stehen ein Barfuesser-Münich, der hat ein Prefierbuech gelesen und auf der einen Achsel trueg er eine grosse Burth Schlissl, er grüesset mich und sagt zu mir, Lazarus, wo bist du gewesen oder wo wilst du hin, hast du gössen oder hungert dich, da ich ihm alle Mainung erzöhlet, sagt er zu mir, Lazarus, gehe mit mir, ich will dir zu essen und trinckhen geben und will dir zaigen, was oben am Loch oder an der Wandt ist eingehaut und wie es lauth, nach dem und in unsern Gespräch sein mir miteinander widerumb zuruckh hinauf gegen den Hochen Thron, da sein wür khommen an ein grosse eisene Thür, da hat er aufgespört mit ainem Schlissl aus derselbigen Burth, die er getragen hat, und bis an das rechte Thor, ich hab mir nichts gefürcht oder etwas sonders gedacht, und unter dem Thor hat es eine stainene Panckh gehabt, da sagt er zu mir, Lazarus, lege dein Huet dieweil daher auf die Panckh, so magst du widerumb heraus, oder wilst du gar hierinnen bleiben, und dieweil du hierinnen bist, so sprich zu niemand khain Worth, es sag einer was er will, aber mit mir darfst du wohl reden und mich wohl fragen, und mörkh auch eben, was du hörest oder syhest bey uns.

Mit deme Worthen seyn mir durch das Thor hineingangen, da ist gestandten ein grosser starckher vieröckheter Thurn und ein Uhr daran mit Gold wohlgeziert, und er sagt zu mir, Lazarus, sich auf die Uhr, auf welche Stund der Zaiger steht, und der Zaiger stundt auf 7.

Und als ich fürbas sach, da sach ich ein schönnes und herrliches grosses Gebeu mit einem doppelten, hochen Gloggenthurn, wie ein herrliches, grosses Closter, und lag auf einer schönnen, weithen Wisen, und bey dem Closter hat es einen schönnen, kalten Prunnen, herrlichs, guets Wasser, ist ein schönner, schwarzer Waldt, und auf der schönnen, weithen Wisen vill schönne Obstpaum mit allerley Früchten, Äpfel und Biern. Und führt mich in daselbig Gebeu, mir khammen in die Kürchen, die war so lang und weith,

das ich von der hintern Kürchenthür hinführ auf den Chor nit hab
sehen mögen, und er führt mich hinauf zum Sacramentheusl und
hiess mich betten, er knyet auch nider und bettet in seinen Buech,
alsdan führt er mich hin hindter in einen Stuel bey ainer Stiegen, da
die Münich solten herabgehen, und sagt zu mir, da bleyb, Lazarus,
bis ich wider zu dir khomb und dick wöckh führ, und sagt mir, die
Kürchen hat mehr als 300 Altär und 30 Orgeln ahne alle Instrument
als Härpffen, Geigen, Lauthen, Pfeiffen und auch musicallische
Gesäng, er gieng hinfür und schueff das man zum Kürchengang
leuthen soll, das geschach, in dem da giengen yber die Stiegen
herab 300 Münich, jung und alt, in Holzschuehen, allweg Bar und
Bar und schaueten mich gar eben an und giengen herfür in den
Chor und hueben an zu halten den Gottesdienst, wie mans in
Thumbstüfft pflegt zu halten mit allen Coricanten und halten
solches der höchsten allerheiligsten Dreyfaltigkheit mit großer
Andacht zu Lob und Ehr, alsdan hat man widerumb geleuthet zum
rechten Kürchgang, da khammen grosse Schaaren Volckhs gen
Kürchen, die mit schönnen, hochzeitlichen Kleydern bekhleidet
waren, da hueb man an Meess zu lösen auf allen Altären, man hebt
auch das Hochambt und schluegen auf allen Orgeln und brauchten
auch allerley musicallische Instrument, es lauthet also wohl und
süess, das mich gedunckht hat, ich wer im Himmel, also war der
Gottesdienst vollbracht, und nach den Seegen gieng das Volckh
alles wider haimb und die Münich die Stiegen wider hinauf, darnach da kham der Münich wider von dem Chor zu mir und sprach,
Lazarus, bleib da, man würd iezt zum Essen gehen, also blib ich
allein in der Kürchen, bis es 12 schlueg, alsdan kham derselbige
Münich widerumb zu mir und führt mich hinauf yber die Stiegen,
darbey ich gesessen bin, dieselbig Stiegen hat nur 8 Stäffel, und
gieng auf ein Mueshaus, da waren zu bayden Seyten voller hochen,
weithen Kürchenfenster unverglast, dardurch sach ich hinab auf
die schönne, weithe Wisen, darauf das Closter lag, und aus demselbigen Mueshaus führt er mich durch ein Thür in ein Refent, das
oben gewölbt und mit Fenster gemacht, wie das Mueshaus, darinen seynd gestandten lange Tisch, und bey der Thür sezt er mich
an einen aufgerichten Tisch und sagt zu mir, da bleyb Lazarus, ich
will dir zu essen und trinckhen bringen, dieweil er daranch gieng,

da schauet ich hinaus zum Fenster und sahe grosse Schaaren Volckhs yber den Anger hin und her gehen von ainem Waldt zu dem andern, und in dem bracht er mir zu essen, Suppen, Fleisch, Krauth und Gersten, ain Laibl Brodt wie mans zu St. Peter zu Salzburg hat, darzue ein Böcher Wein, ungefehr bey einen Mässl, der Böcher und die Schüsslen, die er mir hat fürgetragen, die waren zinner, und als ich gar gössen und trunkhen hab, da schuef er, ich solt Gott darumb Lob und Danckh sagen, darnach führt er mich widerumb in die Kürchen zu der Nonn, da war die Kürchen auch voll Volckh wie zu dem Ambt, und nach der Nonn führt er mich widerumb in das Refent und aus dem Refent gleich gegenyber des Mueshaus in ein Liberey, die auch war zu bayden Seyten mit unverglasten Fenster, dardurch sahe ich auch die Leuth yber den Anger hin und her gehen von ainem Orth oder Waldt zu dem andern, und ich fraget den Münich, wer sie wehren, da sagt er zu mir, es seyn Keyser, König, Fürsten, Grafen, Freyherrn, Ritter und Knecht, Cardinal, Bischoff, Praelaten, Pröbst, Prior, Techant, Pfaarherrn und andere guete geistliche und weltliche Persohnen, auch andere guete Leuth, die den christlichen Glauben zu ihrer Zeit werden helffen erretten, und die Büecher, die ich sahe, die wahren aus Rindten der Paummen und aus Heuten gemacht und auch mit alten, besten Buechstaben geschriben, ich kundte gar wenig darinen lesen, aber er leset mirs vor und sagt mirs, was sie inhielten mit ihren Verstandt, und ich fandt auch darinen die silbern Buechstaben, so hievor in der Höllen oder Capell in der Wandt sein eingehaut worden, die ich abgeschriben hab, das zaigt mir der Münich und löst mirs vor, es ist auch in Latein geschriben, darmit war es Vesperzeit, da leuthet man zu der Vesper, und mir giengen auch zu der Vesper, die war auch mit grosser Andacht gesungen wie zuvor, mit Härpffen und andern musicallischen Instrumenten, Saitenspill und Figuriren, und nach der Vesper gab er mir an den Tisch zu essen in Refent, darnach giengen mit widerumb zu der Complet und sobald die Complet füryber war, da waren alle Münich beraith mit Liechtern und Laternen und giengen Bar und Bar gegen den Thurn, dardurch das ich hinein bin gangen, der hat zu bayden Seyten eisene Thürn beschlossen, auf ieder Seyten 6, er sagt zu mir, durch dise geht man gen St. Pärtlmee zu Pertlsgaden, durch diese gen St. Zenno bey Reichenhall, durch dise gen Salzburg St. Rue precht in Thumb, durch dise gen St. Michael in die Inzel, durch dise gen Feldtkhürchen, durch dise auf diegmain zu Unser-Lieben-Frauen zu Reichenhall, durch sie gen Peter und Paul zu Reichenhall bey der Statt, durch dise gen St. Peter auf den Radtstatter Thaurn, durch dise gen St. Dionisi, durch dise gen St. Maxmillian, und mir giengen dieselbige Nacht in ainen schönnen Gang, und so weith ist der Weeg, das 3 und 3 nebeneinander gehen mechten, und als offt hat es ein Ebene, darnach wider 3 Stäffel, das werth für und für, und sagt zu mir, syhe Lazarus, ietz gehen mir tieff unter ainen See, da mir hinzue khammen in die Kürchen hindter den Frauen-Altar, so sungen sie die Mötten, darnach giengen mir widerumb in Undtersperg, da mir haimb sein khommen, haben sie die Prim gesungen, das werthe alle Tag, das der Gottsdienst mit Andacht würd vollbracht und die Kürchen voll Volckh, darnach an der andern Nacht sein mir gen Salzburg in Thumb gangen, und wie mir sein gangen, hat der Mösner in Thumb zu der Mötten geleithet, er hat uns schier in der Kürchen erwischt, wie der Münich hat zugespört, da hat der Mösner den Gloggenthurn aufgespört und zu der Mötten geleithet in Thumb, sein wür bey der hindtern Kürchenthür durch die Mauer hindter den Stiellen unter der grossen Orgl ein und aus gangen, die dritte Nacht sein wür gen St. Pärtlmee gen Pertlsgaden zuegangen und verrichtet wie zuvor, und alle Morgen sein wür wider in den Undtersperg gangen, die vierte Nacht sein mir gangen gen St. Peter und Paul, die 5te Nacht gen St. Maxmillian, die 6te Nacht auf die Gmain zu Unser-Lieben-Frauen, in denen Tagen, so ich darinnen war, da leseten wür in den grossen Büechern die Geschichten und Weissagungen, er sagt mir auch vill, wie es sich in der Welt würd zuetragen und verändern, als mit Krüeg, Hunger, Theurung, Kranckhheiten und Kummer, Angst und Noth und greulichen Sterben der Pestilenz und andern erschröckhlichen, greulichen Todt, als mir nun von solchen Dingen sagen und sahen durch die Fenster hinaus auf die schönne, weithe Wisen, da die grosse Mennig des Volckhs, jung und alt, khlain und gros, in schönnen, saubern Klaidern, in dem da gieng ein Kayser unter dem Volckh der hat ein guldene Cron auf und trueg einen keyserlichen Scepter in seiner Hand, er hat einen langen gräben

Geistliche und weltliche Würdenträger (Hs., Museum Carolino Augusteum, Salzburg)

Barth, der gieng ihm auf den Laz hinab, auch andere Herrn und Frauen und Jungfrauen, da fragt ich den Münich, wer sie wären, da sagt er mirs: Der Kayser, der dort geht, der ist der Kayser Friderich, der verzuckht ist worden auf den Walserfeldt, sich ihn eben an, er ist in Gestalt, wie er verlohren ist worden, auch hab ich mehr Fürsten gesehen als Herzog Albrecht von Münichen und sein Gemachel, Bischoff Leonhardt von Salzburg, Herrn Praelat bey St. Peter, den Probst von St. Zenno, den Probst zu Pertlsgaden, und andere mehr, die ich auch gekhent hab, dieweillen sie noch im Leben gewesen seyn, da fragt ich den Münich, was ihr Thain und Handlung hierinnen sey, da hueb er sein Hand auf und gab mir einen entsäzlichen Backhenstreich an das linckhe Wang, denselbigen hab ich all mein Lebtag empfundten, und mich zornlichen angefahren, sprach er zu mir, was darfst du der Geheimbnus Gottes

nachfragen, du solst das fragen, was noth ist zu wissen, der Geheimbnus Gottes darfst du nit nachfragen oder was ihr Thain
hierinnen sey, aber sonst hat er mich wohl gehalten mit Essen und
Trinckhen, ain Tag wie den andern, an den 7ten Tag sagt er zu mir,
wie mir von der gmain wider haimb sein gangen in den Undtersperg, Lazarus, es ist Zeit, das du wider hinaus gehest, oder wilst
du gar hierinnen bleiben, so magst du es wohl thain, ich sprach, ich
will widerumb hinaus, und er gab mir widerumb zu essen und
trinckhen wie zuvor, und gab mir 2 Laibl Brodt auf den Weeg und
sagt, das is an Haimbgehen und sey gar demiethig, dieweil du
lebest, darnach hat er mich zu den Thurn, dadurch ich hinein bin
gangen, geführt, er sagt zu mir, da sez widerumb dein Huet auf,
und er lag, noch wie ich ihn hingelegt hab, er sprach zu mir,
Lazarus, schau auf an die Uhr, da stundt es widerumb auf 7, als wie
ich hinein bin gangen, er führt mich durch das Thor hinaus, bis an
das Orth, da er zu mir ist khommen, in diser Stund ist er noch lang
bey mir gewesen und sagt zu mir vill von den kümmerlichen
Zeiten, so sein werden und sich zuetragen, und befilcht mir, ich
solts fleissig beschreiben und fleissig aufmörckhen, was ich gehört
und gesehen hab in disen wunderlichen Berg, alsdan geseegnet er
mich und sprach weither zu mir, Lazarus, sich, das du es niemand
sagest vor 35 Jahren, also lieb dir dein Leib und Leben ist, so aber
die Zeit verlauffen würd, so magst du es wohl sagen, dan es würd
noth thain, das man es wisset, dan es werden sich gefährliche
Zeiten in der Welt zuetragen, aber die Menschen, so Gott recht
verthrauen und an ihn glauben, dieselbigen Leuth werden vor
solchen Greulen behüetet. Und das seynd die warhafftigen Weissagungen, die ich beschriben hab von disen Berg, die darinen seyn,
ainsthayls verzaichnet wie es stehen solt auf Erden, in vill Lendtern
Sterben, Theurung und Krüeg sein, auch des Unglaubens halber,
so Gott der Herr verhengen würd yber die gottlosen Menschen, die
seinen göttlichen Worth nit nachfolgen wollen, sonder in ihren
Wollust leben und handlen, yber sie will er schröckhliche Straffen
erfolgen lassen, ich hab in den grossen Büechern gelesen, das der
Glaub in denen Jahren so man zählen würd 59 und 65 unter allen
Völckhern auf Erden so gar verkhert würd, Feindtschafft, Neyd
und Hass, Morth und Liegen, Betrug und alle Hoffarth yberhand

nehmen würd, Gottes Worth nur mit dem Mund bezeigen, aber mit dem Werckh gar unterlassen und ein ieder nach seinen Willen leben würd, darumb würd Gott verhengen yber die Teutsche Nation, das der Erbfeindt der Türckhen so gar würd yberziehen und sie bezwingen, das ihm die Teutschen wöllen entgegen gehen und der Krüeg würd aben an Reinstramb erlegt werden, und die Christen werden untereinander selbst Krüeg führen und vill Völckher erschlagen, das die 3 Wässer, der Rein, Thonau und der Inn, mit Bluet werden fliessen, dan Gott würd verhengen yber sie wegen ihrer Hoffarth und Ybermueth, wegen der Fürsten des Römmischen Reichs, es würd ein erschröckhliche Zeit seyn, das die Paurnleith ihre Pfluegeisen zu Krüegsristung werden machen lassen, Spiess, Hellerparthen und Schwerdt, darmit zu streiten, es würd nit allein am Reinstramb oder Teutschlandt, Franckhreich, Niderlandt und Payrn allenthalben grosser Zwang seyn, mit Krüeg, Theurung, Kranckheiten und Sterbens, das die Menschen ganz und gar verzagen und verschmächt werden, weither zaigt mir der Münich an und ich habs selber gelesen in denselben Buech, wie das alhie in Salzburg auf den Walserfeldt ein grosse Schlacht würd werden, des Glaubens halber und sein würd so greulich und er-schröckhlich, das es zu erbarmen sein würd, das alles geschicht durch die Verhengnus Gottes dieweil ainer dem andern so gar khein Gleich thuet oder brüederliche Lieb und Threu erzeigt, dero-halben der allmechtige Gott die Unglaubigen würd ausreuthen durch Schwerdt, als mir der Münich gesagt und propheceyet hat, und er sagt mir auch von den Pierpaum, der auf den Walserfeldt steht zu ainen Zeugnus, der Schlacht, denselbigen Paum hat er mir oben an der Porthen oder Vorhöll heroben gezaigt und sprach, syhe Lazarus, der Paum, der dorth stehet auf dem Feldt, der ist lange Zeit thör gestandten und einmahl gar umbgehaut worden, darnach durch die wunderbarlichen Zaichen Gottes, seiner göttli-chen Mayestätt, ist er widerumb auf die Wurzel gestandten, dar-nach angefangen zu grainen und also für und für immerzue grüe-net, und hat mir gesagt, wan diser Paum gar grüen würd, so würd sich der Krüeg und Schlacht anfangen, es würd ein Fürst von Bayrn seinen Schildt daran aufhengen, die Schlacht würd so gar gros und erschröckhlich sein, das alles Volckh weith und breith zueziehen, ja die Paurnleuth mit der Reitl von dem Pflueg, der Menner mit der Gaissl der Rossen, der Handtwerckhsmann mit seinen Werckhzeug, ja auch die Weiber mit ihren Rockhen und Ofengabl und andere Ristung mehr, das alles geschehen würd zu erretten den christlichen Glauben, dan er werth so gar abnehmen, das man Gott allein mit dem Mund würd bekhenen und von dem Worth Gottes praediciren und mit Werckhen verlaugnen, so würd alles Volckh aneinander erschlagen und erwürgen in grossen Grimmen, das das Feldt weith und breith mit erschlagen, erschossen, zertrettnen Menschen und Vich ligen würd und auch mit Bluet yberrunnen bis an die Enckhel der Füess, und welches Volckh noch yberbleiben würd, dasselbig würd aneinander erwürgen, aber es würd erschlagen werden von denen Risen, so in disen Berg wohnen, die Gott hierinnen darumb erhalt, mitsambt Kayser Friderich, der auch hierinnen wandt, wie du ihn gesehen hast, sie werden hinauskhommen zu der Schlacht, die unglaubigen, verstockhten und gottlosen Leuth helffen ausreuthen, das der Adel in ainen Sadl darvonreithen würd, das das Volckh so gar grimmig und erzürnt würd ybereinander, das vill Stätt, Märckht, Schlösser und Derffer ed werden stehen, das die Fix und Wölff ihre Wohnung darinen haben werden. Dann er mir vill von Salzburg gesagt und propheceit hat, wie es also ed gelassen würd werden und die unvernünfftige Thier oder andere Creaturen unter St. Rueprechts Altar ihre Junge auspruethen werden, geschicht alles durch die Straff und Verhengnus Gottes das die Menschen so gar nach ihren Wollust leben, Gottes Worth nur mit dem Mund erkhläret, aber kheiner Gottsdienst achten, kheine Erwürdigkheit nit pflegen sonder auf allerley Fortl, Betrug und Wuecher, falsche Mässerey sie brauchen, den Armen das Recht und das Glickh untertruckhen, welche die Warheit und threue Wahrnung reden, die verfolgen, darumb Gott sovill Plag und Ybls auf die Welt schickhen thuet, das vill Menschen verzagen werden, er hat mir gesagt, das nach Kayser Carl Absterben vor der andern Zuekhunfft Christi khein gecrönter Kayser mehr seyn würd, es gäbs dan Gott aus sonderlicher Gnad, dem sey Lob, Ehr und Preis und Danckh gesagt, von Ewigkheit zu Ewigkheit, Amen. (153)

König Dan (Holzschnitt, 1628)

König Weking

Als Wittekind die Schlacht auf dem Wittenfelde verloren hatte und auf der Flucht vor den Franken war, kam er zuletzt zu der Babilonie im Wiehengebirge; in dieser Burg war er geboren, und unten im Berge soll noch seine silberne Wiege stehen. Da hat sich Wittekind mit seinem ganzen Gefolge in den Berg verwünscht. Und der Berg hat sich aufgetan, und König Weking ist hineingezogen mit allem Heer; und sitzt darinnen und harrt, bis seine Stunde kommt. Zu Zeiten soll man ihn und die Seinen ausreiten hören mit Getöse und Waffenlärm; das bedeutet den Anwohnern dann immer Krieg. *(Westfalen)* (154)

König Dan

Nahe bei Tönningen in Eiderstede, sagt man in Dithmarschen, ist ein kleiner Hügel mit einer Höhle. Darin sitzt der König Dan mit zweimal hunderttausend Mann, und alle schlafen.

Ein Soldat war zum Tode verurteilt. Da schenkte ihm unser verstorbener König das Leben unter der Bedingung, wenn er in den Hügel ginge und ihm von König Dan Nachricht brächte. Der Soldat ging in die Höhle. Da saß der alte König vor einem Tisch und hatte sein Haupt auf den Arm gestützt und schlief, sein Bart aber hing ihm unter den Tisch, und die andern standen alle um ihn herum. Als nun der Soldat eintrat, erwachte der König und fragte, was er wolle. Der Soldat antwortete, er sei vom dänischen König hereingeschickt und solle ihm Nachricht bringen. Da erwiderte König Dan, er solle nur seinem König sagen, daß er einst an ihn dächte, wenn er in Not käme. Dann wolle er ihm mit allen seinen Leuten zu Hilfe kommen und die Feinde vertreiben und ihm zur Herrschaft über die ganze Welt verhelfen. – Der König muß aber nicht zur rechten Zeit an ihn gedacht haben. *(Schleswig-Holstein)* (155)

Der Besuch in der Hölle

Als Ludwig der Eiserne gestorben war, hinterließ er zwei Söhne, von denen Ludwig sein Nachfolger wurde. Dieser jüngere Ludwig war umgänglicher und menschenfreundlicher als sein Vater und erließ eines Tages folgenden Aufruf: »Wer mir aus ganz sicheren Anzeichen über die Seele meines Vaters Wahrheit verschaffen kann, dem werde ich zur Belohnung ein schönes Hofgut schenken!« Als das ein armer Ritter hörte, der einen in der Schwarzkunst bewanderten geistlichen Bruder hatte, erzählte er es diesem. Der Geistliche aber erwiderte: »Lieber Bruder, ich habe manchmal den Teufel durch Beschwörungen herbeigerufen und von ihm alles erfahren, was ich wissen wollte, seit langer Zeit jedoch habe ich die Unterredungen mit ihm, wie die heimliche Kunst überhaupt, aufgegeben.« Als der Ritter aber drängte und meinte, er möchte seiner Armut und der zugesagten Belohnung gedenken, gab der Geistliche endlich nach und rief den Teufel herbei, dem er sagte: »Es ist mir leid, daß ich so lange keinen Verkehr mehr mit dir gehabt habe; jetzt aber bitte ich dich, mir zu sagen, wo sich die Seele meines Herrn, des Landgrafen, befindet!« Auf dieses Verlangen hin leistete der Teufel dem Geistlichen einen schrecklichen Eid, in dem er ihm versicherte, ihn ohne Gefahr für sein Leben zu führen.

Der Geistliche wurde nun in kürzester Frist vor die Tore der Hölle geführt, warf einen Blick hinein und erschaute glühende Orte und Strafen verschiedenster Art. Auf einem zugeschlossenen Brunnen saß ein Teufel von schrecklichem Aussehen. Er entfernte den Deckel des Brunnens, auf dem er saß, und blies mit einer ehernen Trompete so entsetzlich in die Tiefe, daß es dem Geistlichen war, als tobte und brüllte die ganze Welt. Daraufhin warf der Brunnen Schwefelflammen aus; nach einer Weile stieg der Landgraf mit den Gluten empor und zeigte sich dem Geistlichen bis an den Hals: »Siehe, da bin ich, jener unglückliche Landgraf, einst dein Herr. Oh, daß ich nie geboren wäre!« Der Heinrich entgegnete: »Ich bin von Eurem Sohne geschickt, um Nachricht über Euren Zustand einzuholen; wenn Euch irgendwie geholfen werden kann, so müßt Ihr es mir sagen!« »Du siehst, wie mein Zustand ist«, erwiderte der Landgraf, »doch wisse, wenn meine Söhne jene Kirchengüter« – er nannte sie mit Namen – »die ich unrechtmäßig an mich gerissen und als Erbgüter hinterlassen habe, zurückerstatten würden, so wäre das für meine Seele in hohem Grade heilsam.« Da warf der Geistliche ein: »Herr, werden sie mir auch Glauben schenken?« – »Ich will dir ein Wahrzeichen geben, von dem niemand weiß außer mir und meinen Söhnen.« Der Geistliche empfing dieses Zeichen, worauf der Landgraf vor seinen Augen wieder in den Brunnen versenkt wurde.

Der Teufel aber brachte den Geistlichen wieder heim. Obwohl er nicht ums Leben gekommen war, sah er doch blaß und hinfällig aus, so daß man ihn kaum wiedererkannte. Er teilte zwar den Söhnen die Worte des Vaters mit, gab ihnen auch das Wahrzeichen, doch sie wollten von einer Rückerstattung jener Güter nichts wissen. Der jüngere Landgraf Ludwig aber erklärte dem Geistlichen: »Ich erkenne das Wahrzeichen an, zweifle auch nicht daran, daß du wahr gesprochen und meinen Vater gesehen hast, darum sollst du die zugesagte Belohnung erhalten.« Aber daraufhin entgegnete der Geistliche: »Ihr könnte Euern Hof behalten; ich denke jetzt nur noch daran, wie ich meine Seele errette.«

Er ließ alles Irdische im Stich und trat in den Orden der Zisterzienser, um alles Weltliche zu vergessen und dadurch der ewigen Strafe zu entgehen. (156)

Napoleons Heerschau

Bei dem Kreuzstadel, zwischen Niedergestelen und Raron, hat Napoleon einmal sein Lager aufgeschlagen und einige Gefangene niederschießen lassen. In Quatembernächten hört man dort trommeln und kommandieren, als ob eine Armee aufgestellt würde.

Einmal fuhren zwei Bauern auf einem Wagen von Vispach nach Turtmann. Es war eine mondhelle Nacht; schon von weitem sahen sie die dichten Massen der Soldaten in den altfranzösischen Uniformen, und sie hörten Trommelgerassel und Kommandorufe. Da sie nach Hause mußten, ließen sie sich nicht zurückschrecken und fuhren weiter. Als sie die ersten Truppen erreichten, scheute das Pferd, so daß sie beide das Leitseil halten mußten. Die Soldaten öffneten ihre Reihen und ließen den Wagen durchfahren. Im Mondenschein erglänzten die Waffen und Beschläge. Sie sahen Generäle und andere Offiziere zu Pferd, Schwadron an Schwadron gereiht, Tambouren und Soldaten mit dem Gewehr, Kanonen und Fahnen. Eine ungeheure Masse, Abteilung an Abteilung, zog sich hinunter bis nach Schnydrigen. Da das Pferd sich wie wild gebärdete und immer durchbrennen wollte, glaubten die Bauern, ihre letzte Stunde sei gekommen, und vor Schrecken durften sie kein Wort zueinander reden.

Als sie vorüber waren, hörten sie wiederum die Kommandos und das Abmarschieren der Truppen. *(Oberwallis)* (157)

Der Rodensteiner

Der Bauer Simon Daum berichtet im Jahre 1742
Sein Vater sel., Jeremias Daum, seinerzeit Ortsschultheiß, der ein alter Mann geworden sei, habe das Wesen gar oft gehört und davon erzählt, er selbst könne auch auf sein gut Gewissen das gleiche versichern, aber er habe nie etwas gesehen: es bestünde allzeit in

Napoleons Heerschau (Kupferstich, 1834)

einem großen Getöse, gleich vielem Fuhrwerk, Pferden und dergleichen; es komme gemeiniglich eine Stunde nach eingetretener
Nacht oder eine Stunde vor Tag gerade durch seinen Hof, und
zwar zu der Zeit, wann Krieg und Völkermärsche sich ereignen
wollten. Wie dann Sager es dazumalen, als der König von Preußen
vor zwei Jahren den Krieg in Schlesien angefangen, gar eigentlich
gehöret, daß es vom Schnellerts ab und nach dem Rodenstein
gezogen; es sei zu der Zeit ein halbes Jahr außen geblieben und
hernach wieder zurückgezogen ... Vorjetzt aber und bei dem der-
maligen Marsch der französischen Hilfsvölker (welche damals bei

Aschaffenburg standen) habe er nicht das Geringste wahrgenommen, ohngeachtet es doch sonsten und in vorigen Zeiten, wann zumalen Krieg am Rhein gewesen, sich alle Zeit vermerken lassen. (158)

Ein anderer Bauer erzählt im Jahre 1763

Als er großes Lärmen wahrgenommen, sei er in den Hof gegangen, da habe er ein erstaunliches Getöse und Geräusch in der Luft gehöret, welches die Quer über seine Güter vorbei und gegen das Conrad Rauschen Haus sich gewendet, und habe es ihn, Deponenten, diesmal nicht anders gedünket, als wenn viele große Hunde zusammen bellen, und eine Stimme, welche immer gerufen: »Hau! Hau!«, dieselben aufzuhetzen. Er sei zwar dem Geräusche nachgegangen, um zu sehen, welchen Weg es noch weiter nehmen würde, habe aber nichts mehr wahrnehmen können. (159)

Der Auszug des Rodensteiners 1914

Hier an diesem Platze (auf der Hohen Straße zwischen Ernsthofen und Webern) stand ich Ende Juli 1914 mit meinen beiden Brüdern. Sie wollten nun nach den Ferien wieder zurück an ihre Wirkungsstätte, der eine ins Ried, der andere nach dem Vogelsberg. Es war ein sonnenklarer Tag mit blauem Himmel wie heute. Da werden wir durch ein seltsames Geräusch, offenbar in der Richtung nach dem Johannisberg zu, das unsere ganze Aufmerksamkeit in Anspruch nimmt, vom Abschied abgehalten. Wir lauschen gespannt, wir sehen wie gebannt nach Westen, sehen und sehen und können doch nichts wahrnehmen, was das immer heftigere anhaltende Geräusch erklären könnte. Als ob schwerer Hagel niederginge, der alle Obstbäume und die Frucht vernichten wollte – so hörte es sich an, und doch schien die Sonne unverändert vom wolkenlosen Himmel. Alle drei sehen wir uns gegenseitig an. Keiner weiß eine Deutung, keiner spricht ein Wort, bis schließlich der älteste von uns Brüdern das Schweigen bricht: »Wißt ihr, was das ist? Na, dann will ich's euch sagen: Der Rodensteiner! Der Rodensteiner zieht aus. Es gibt Krieg!« Mit stummem Händedruck, ganz bewegt von dem unheimlichen Erlebnis, schieden wir voneinander. Am 2. August 1914 brach der Krieg aus. *(Odenwald)* (160)

Auch der 1946 verstorbene Butterhändler Georg Wüst aus Steinau
hat den Rodensteiner 1943 heimkehren hören. Daher glaubte er an
eine rasche Beendigung des Krieges. In einer Reinheimer Gastwirt-
schaft war er so unvorsichtig, seine Meinung zur Kriegslage auszu-
sprechen und sie mit seinem Rodensteiner-Erlebnis zu begründen.
Aber sehr bald danach wurde er amtlich vorgeladen. Man warf ihm
»Defaitismus« vor. Bei seiner Vernehmung wußte er plötzlich von
nichts mehr. Sein Mund blieb auch später stumm, wenn ihn irgend
jemand auf dieses Thema hin ansprach. Auch meinem Gewährs-
mann versagte er sich. *(Odenwald)* (161)

Der Fliegende Holländer

Der Schiffer Barend Fockes lebte im 17. Jahrhundert in Westfries-
land und war ein sehr unternehmungslustiger, vielleicht sogar
leichtsinniger Seemann. Einmal machte er eine Reise nach Ostin-
dien in drei Monaten und vier Tagen. Zu jener Zeit, wo die meisten
Schiffe ein halbes Jahr dafür nötig hatten, war eine solche Reise ein
Wunder.

Barend Fockes war außerordentlich groß und stark, dabei grob
und äußerlich abstoßend, und er konnte fluchen, daß es nur so
donnerte. Obendrein hatte er einen großen, schwarzen Pudel an
Bord, den hielt man offenbar für den Teufel, der vor allem bei
Nacht dem Schiffer half. Einst fuhr er aus, ohne daß man jemals
etwas von ihm wieder gesehen oder gehört hat. Der Teufel hat ihn
eingepackt und verurteilt, auf ewige Zeiten zwischen dem Kap
Horn und dem Kap der Guten Hoffnung zu fahren, ohne Ruhe,
ohne jemals einen Hafen anlaufen zu dürfen. Viele Seeleute wissen
von dem »Fliegenden Holländer« zu erzählen. Barend Fockes ist
der Kapitän dieses Gespensterschiffes.

Mancher Schiffer ist des Nachts von ihm angesprochen worden
und hat auch die Mannschaft an Bord gesehen. Sie bestand nur aus
dem Kapitän, dem Bootsmann, dem Koch und einem einzigen
Matrosen, alle steinalt und mit langen Bärten. Rief man das Ge-
spensterschiff an, so erhielt man keine Antwort und es verschwand

augenblicklich. Auch bei Tage hat man den Holländer gesehen und sogar versucht, mit einer Schaluppe an Bord zu gelangen. Aber immer wieder entschwand das Schiff.

Man hat dem friesischen Seemann ein Standbild auf einem unbewohnten Eiland aufgerichtet, Kuipertje genannt, gegenüber der Reede von Batavia. Barend stand dort mit seinem friesischen Wams und in Kniehosen in Stein gehauen, so daß jedes Schiff, das die Reede von Batavia verließ, ihn sehen konnte. Als 1808 der englische Admiral Dourie den damaligen Statthalter Daendels nicht anzugreifen wagte, hatte er gleichwohl den Mut, das Standbild von Barend Fockes in Stücke schlagen zu lassen. (162)

Der Alte Fritz geht um

Die Potsdamer Garnisonskirche, in deren Gruft der Alte Fritz begraben liegt, wird manchmal um Mitternacht ganz hell im Innern, Orgelspiel ertönt, es öffnen sich die Türen weit, und der Alte Fritz kommt hoch zu Roß herausgeritten. Die Schildwachen haben den König deutlich erkannt und vor ihm präsentiert; aber das Pferd des Königs ist ohne Kopf gewesen. Er reitet nun durch die nächtliche Stadt bis hinaus nach Sanssouci, kehrt auf gleichem Wege wieder zurück und betritt wieder die Kirche, deren Türen sich dann schließen. Das Reiterstandbild im Park von Sanssouci aber soll sich jedesmal umwenden, wenn der König die Gruft verläßt. *(Brandenburg)* (163)

Gerüchte um den Tod Kaiser Josephs II.

Der Tod des Kaisers hatte manche Sage zur Folge. Die Jesuiten sollen ihren Gegner mit einer vergifteten Kerze getötet haben. Als die Todesnachricht im Lande verbreitet wurde, glaubte man nicht daran. Man sagte einerseits, er wäre von seinem Bruder auf eine Insel verbannt worden, andererseits sollte er unter der Schmelz oder auch bei den Kapuzinern noch lange gefangengehalten worden sein. Nach einer weiteren Überlieferung wäre er sogar im

Vatikan gestorben. Noch vor Jahrzehnten gab es alte Leute, die in ihrer Jugend den Kaiser gesehen haben wollten. Man gab auch vor, daß in der Kapuzinergruft eine Wachsfigur anstatt des Kaisers begraben worden sei. Wann die Zeit da sein wird, wird Joseph II. auferstehen und sein Volk befreien. *(Wien)* (164)

Die Blümlein des Nikodemus Frischlin

Als der gekrönte Dichter Nikodemus Frischlin aus Balingen wegen seiner freimütigen Reden schon längere Zeit gefangen auf Hohenurach gesessen und der Kerker ihm zuletzt unerträglich wurde, suchte er durch die Flucht zu entkommen. In der Nacht vom 29. auf den 30. November 1590 kroch er durch das Ofenloch zum Gefängnis hinaus, zerschnitt all sein Leinenzeug und drehte ein Seil daraus, an dem er sich bis auf die Schloßmauer herabließ. Dann schlug er ein Stück Holz in die Mauer und band das Seil daran. Allein der Mondschein hatte ihn getäuscht; er hatte die steilste Stelle gewählt, und als er halb hinabgelassen war, brach das Seil, worauf er an den gezackten Felsenwänden hinunterstürzte und am andern Morgen zerschmettert und entseelt gefunden wurde. Kein Denkmal bezeichnet Frischlins Grab auf dem Kirchhof zu Urach. Zwischen den Felsen aber, wo das Blut des armen Dichters verspritzt worden, wuchs seitdem ein seltenes, schönes Blümlein hervor, das sich der Sage nach nur auf Hohenurach findet und »Totenkopf« oder »Uracher Totenköpfchen« (Ophrys arachnites) genannt wird. *(Schwaben)* (165)

Andreas Hofer, der Sandwirt

Als im Jahre 1848 Nachrichten von Siegen der Italiener über die österreichischen Truppen verbreitet wurden, bemerkte ein Aberstückler: »Es geht halt so, wie die Willeweiß prophezeit hat. In Wälschland wird es unsern Leuten so schlecht gehen, daß die meisten zugrunde gehen. Wenn es aber so weit gekommen ist, daß der Kaiser mit seinen zwei letzten Soldaten durch den Kuntersweg hereinzieht, wird der Sandwirt erscheinen und die Leute aufbieten. Dann gibt es einen so großen Landsturm, wie er noch nie dagewesen ist, und die wälschen Rebeller werden für immer geschlagen sein. Viele Leute glauben zwar, daß der Sandwirt zu Mantua erschossen worden sei. Dies ist aber erlogen. Er hat sich nur versteckt und lebt in der Sarner Scharte oder im Ifinger, kurz in einem oder dem andern von den beiden Bergen.« *(Tirol)* (166)

Der Schlageter-Streifen

Als nach dem Frieden von Versailles die Franzosen Düsseldorf und das Ruhrgebiet besetzten, den Bahnbetrieb in ihre Verwaltung nahmen und die deutschen Eisenbahnbeamten auswiesen, versuchte ein für das Vaterland begeisterter Jüngling, Albert Leo Schlageter, in der Gegend von Kalkum einen französischen Transportzug zum Entgleisen zu bringen. Sein Vorhaben wurde aber verraten, und er fiel in die Hände der Feinde, die ihn am 26. Mai 1923 auf der Golzheimer Heide bei Düsseldorf erschießen ließen. Dann wurde auf französischen Befehl der Kalkumer Forstbusch auf beiden Seiten der Bahnlinie in einem 100 m breiten Streifen abgeholzt. Inzwischen wurden zwar auf der Lichtung neue Anpflanzungen vorgenommen; doch wird es noch lange dauern, bis der prächtige Hochwald wieder ersetzt ist. Aber jedesmal, wenn der Sommer kommt, sprießen dort Hunderttausende von Weidenröschen (Epilobium angustifolium) aus dem Boden und bedecken mit ihren blutigroten Blüten den »Schlageter-Streifen«. So bewahrt der deutsche Wald das Andenken jenes beklagenswerten Jünglings, der für das Vaterland sein Blut vergossen hat. *(Düsseldorf)* (167)

Andreas Hofer und die Schlacht am Berg Isel (Flugblatt, 1809)

Geistliche Herrschaft

Der Tod des Abtes Dagulf

Dem Abt Dagulf wurden häufig seine Verbrechen vorgeworfen, denn er verübte öfters Raub und Mordtaten, war auch gänzlich zügellos im Ehebruch; einmal warf er sein Auge auf die Frau eines Nachbarn und verging sich mit ihr fleischlich. Während er vielfach nach einer Gelegenheit suchte, den Mann der Ehebrecherin, der auf einem Gute des Klosters wohnte, zu töten, schwur ihm dieser zuletzt zu, wenn er zu seiner Frau ginge, solle er es büßen. Als nun der Mann einst seine Wohnung verließ, begab sich dieser Dagulf nachts, von einem Geistlichen begleitet, in das Haus der Buhlerin. Sie zechten lange zusammen, bis sie trunken waren, und legten sich dann auf dasselbe Lager. Als sie aber schliefen, kehrte der Mann zurück, zündete etwas Stroh an, nahm seine Axt und erschlug beide. Das möge allen Geistlichen zur Warnung dienen, den Verkehr mit fremden Weibern zu meiden, da solchen Umgang sowohl die Kirchengesetze wie alle heiligen Schriften verbieten, mit Ausnahme von solchen Frauen, um derentwillen sie kein Vorwurf treffen kann. (168)

Karl der Große befreit Leo III.

Über etliche Jahr hernach, als man zählt nach Christi, unseres lieben Herrn Gepurt siebenhundertachtzige, besaß den bäpstlichen Stuol zu Rom Leo, der dritt' dieses Namens, der ward von den Obristen und Gewaltigisten gedachter Stadt von wegen seiner getrewen Lehr' und Straf' ihrer Laster unschuldiglichen gefangen und gemartert. Alsbald solchs König Karle erfuor, wardt es ihne nit wenig beschweren, angesehen des Bapst' Unschuld und daß er ihm mit Freundschaft verwant. Derhalben auf Erfordern und Begehrn des Bapsts zog er mit Macht personlich gen Rom, setzet gedachten Bapst nach gnugsamer Inquisiton und Erkundigung seiner Unschuld wiederumb ein und empfing darnach von ihm die kaiserliche Kron'. Und wiewohl der Bapst keiner Rach' oder Straf' wider die, so ganz schmechlichen und unbarmherziglich wider ihne gehandelt, begert, nichts desterweniger ließ vielenempter Kaiser deren Hauptsacher solcher Aufruorn nit wenig mit dem Schwert richten. (169)

Der Besuch aus dem Jenseits

Nach der Verordnung in Dortmund erkrankte Richer, ein Priester der Magdeburger Kirche und mein geistlicher Bruder. Ich war nicht da, konnte ihn also nicht besuchen. Doch als ich am Tage vor dem Ende dieses gerechten Mannes eintraf, suchte ich ihn auch nicht auf, sondern verschob es auf den folgenden Tag, und so mußte er ohne meinen Beistand sterben. Unsere Mitbrüder trugen seine Leiche in die Kirche, und ich ließ meinen Vikar Totenwache halten, weil ich das Nachtwachen nicht vertrug. Da erschien er mir nicht lange nach seiner Beisetzung im Traume und sprach: »Warum hast du mich nicht besucht, warum nicht die Sterbepsalmen gesungen, warum die in Dortmund gestiftete Seelenfeier nicht gehalten?« Auf meine Entschuldigung entgegnete er: »Es war eine schlimme Unterlassung!« Darauf fragte ich ihn, wie es ihm gehe, und er erwiderte: »An einem Samstag bin ich entschlafen, an einem anderen eingegangen zur Freude süßer Ruhe.« Als ich nun forschte, wie es um meinen Vater und meine Mutter stünde, berichtete er: »Gut«, und fügte hinzu: »Deine Mutter läßt dir durch mich anzeigen, du wirst ihr an einem Montag oder Donnerstag folgen.« Da wachte ich stöhnend auf im festen Bewußtsein, daß eine freundliche Unterweisung durch die Gerechten heilig und heilsam ist, wenn man sie befolgt. Andernfalls birgt sie schwere Gefahr. Wenn ich hier nun auch nur mich allein anklage, so fürchte ich doch, daß die meisten Menschen in solchem und dem folgenden Falle ihrer Pflicht nicht genügen. Je mehr wir die Weisungen Höherstehender mißachten, um so größer ist unsere Schuld, wenn wir Rechenschaft ablegen müssen. (170)

Der Mönch und das Vöglein

Der erste Abt von Siegburg hieß Erpho, er war eigentlich ein Italiener, den Anno, der Erzbischof von Köln, aus Italien mitgebracht hatte, und ihn im Jahr 1066 zum Abt einsetze. Es war dieser ein sehr strenger, heilige Mann; ein Feind von äußerlichen Zerstreuungen, war es seine höchste Lust, ernsten und heiligen Betrachtungen nachzuhängen. So wählte er sich denn jeden Tag eine Stelle der Heiligen Schrift, die er ganz besonders mit Geist und Herz erwägte. Als man nun einst am Tage Christi Himmelfahrt des Jahres 1067 in den Vigilien den 89. Psalm gebetet, fiel ihm besonders der vierte Vers: »Tausend Jahre sind vor Deinen Augen, o Herr, wie ein Tag, der gestern vorübergegangen« auf, und er konnte sich der Zweifel über diese Worte gar nicht entschlagen. Den ganzen Morgen dachte er darüber nach, und selbst bei Tische hatte er keine Ruhe. Die heilige Vorlesung ging an seinem Geiste vorüber als hörte er sie nicht und nichts vermochte auf sein gefesseltes Gemüt Eindruck zu machen. Um nun seinen tiefsinnigen Betrachtungen ungestörter nachhängen zu können, begab er sich nach eingenommenem Mahle in den Klostergarten, und ganz vertieft in seine Gedanken, kam er, ohne es zu bemerken, in den Wald, welcher sich unterhalb Wolsdorf nach der Sieg hin erstreckte. Da auf einmal flog ein wunderschönes Waldvögelein vor ihm von Zweig zu Zweig und zog den ernsten Greis durch seinen wunderlieblichen Gesang aus der Tiefe seiner Betrachtung. Nie noch hatte Erpho einen solchen Vogel gesehen; er war von der Größe einer Taube, und alle Pracht des Regenbogens, der Glanz aller Blumen und Metalle schien auf seinem Gefieder vereinigt. Mehr noch als der herrliche Anblick ergötzte sein melodischer Gesang, auf dessen Wohllaut der ganze Wald zu horchen schien; denn alle andern Vögel verstummten mit ihren Liedern, die Bäume hörten auf zu rauschen, und selbst die Eidechsen, Grillen und Käfer horchten tief aufmerksam und wandten ihre klaren Äuglein dem wundervollen Vogel zu. Das Ohr des greisen Abtes hing an des Vögleins Gesang wie an dem Munde der Weisheit, und es ward ihm gar wundersam zumute; er glaubte sich schon von des Paradieses Freuden umgeben.

Plötzlich verstummte das Vöglein, und als Erpho näher aufschaute, war es verschwunden. Alsbald bemerkte er, daß er demselben bereits bis in die Mitte des Waldes gefolgt war, und wenn ihm diese Zeit auch nur ein paar Augenblicke zu sein schien, so betrübte es ihn doch, dieselbe statt zu ernsten Betrachtungen zur Ergötzung seiner Sinne verwendet zu haben. Eiligst wandte er sich dem Kloster zu, dessen alternde Zinnen die schon sinkende Sonne vergoldete. Eben läutete die Glocke zur Vesper, doch wie erstaunte Erpho, als er in die Nähe der Stadt und des Klosters kam. Alles schien ihm weit schöner und größer, als er es vor einer Stunde gesehen hatte; es kam ihm vor, als sei die ganze Gegend von Fremdlingen bewohnt, so verschieden war die Kleidung der Leute, so anders die Sprache der ihn Grüßenden. Wie er nun in die weit prachtvolleren Klostergebäude eintrat, da läuteten alle Glocken, und ein fremder Prälat hielt an der Spitze der ganzen Genossenschaft einen feierlichen Umzug. Das war ihm vollends unerklärlich; er glaubte, ein Traumgesicht zu sehen.

Er ging nun zu dem Pater Pförtner, um bei ihm die Ursache dieser Veränderung zu erfahren. Er sei der Abt des Klosters und erst vor einer halben Stunde habe er das Kloster verlassen, wie es denn komme, daß ein neuer Konvent in dieser Zeit eingewandert sei. Ungläubig schüttelte dieser sein greises Haupt: er, ein achtzigjähriger Greis, habe das Kloster nie anders gekannt. Dann aber begab er sich mit Erpho zu dem neuen Abte des Klosters und meldete ihm den sonderbaren Vorfall. Dieser und der ganze Konvent staunten nicht weniger, aber Erphos verklärtes Antlitz und die Lichtstrahlen, welche sein silberbeglänztes Haupt zu einem Heiligenschein umflossen, hielten alle fern, ihn für einen Lügner zu halten. Endlich erinnerte sich ein sehr alter Bruder, daß er einmal von schon verstorbenen Mitbrüdern vernommen, wie vor etwa 300 Jahren der erste Abt des Klosters, Erpho, kurz vor der Vesper verschwunden sei (3. Juni 1067), ohne daß man später wieder etwas von ihm gesehen oder gehört habe. Dieses eröffnete er dem Abte, man sah in den Jahrbüchern nach und erkannte, daß dieser Greis, welcher vor ihnen stehe, derselbe Erpho sei, welcher also von Gott auf wunderbare und ihm selbst unerklärliche Weise erhalten sei. Als aber nun Erpho von seinem Zweifel an jener Stelle des Psalms und von dem wundersamen Vöglein erzählte, da priesen alle Gott, der durch ein solches Wunder die Heilige Schrift bewahrheitet hatte. Erpho aber ging zur Kirche, empfing das heilige Abendmahl, und Gott preisend gab er mit erhobenen Händen seinen Geist auf. *(Siegerland)* (171)

Kurt, die Geisterkatze

Erzbischof Albrecht von Magdeburg, Kurfürst Joachims I. Bruder, hatte eine Katze, die hieß Kurt und saß stets neben dem Bischof auf einem samtenen Polster am Tisch. Sie hat das Beste gefressen, des Nachts vor seinem Bette liegen müssen und ist ein böser Geist gewesen, was niemand am Hofe, auch der Herr selbst nicht gewußt hat, bis es endlich offenbar geworden ist.

Einst hat der Bischof einen reitenden Boten abgefertigt, welcher nach verrichteten Geschäften sich verspätet, so daß er die Nacht über im Felde hat bleiben müssen. Er bindet sein Pferd an einen Baum, legt sich nieder zur Ruhe und befiehlt sich unserem Herrgott. Was geschieht? Kaum hat er sich niedergelegt, kommt ein großes Geschwarm böser Geister auf den Baum, die stellen eine Umfrage an, was ein jeder den Tag angerichtet. Da hat einer gefragt, wie es doch gekommen sei, daß sich der Mentzische Kurt absentiert hätte. Darauf hat ein anderer geantwortet: er müßte etwas Sonderliches und Wichtiges vorhaben, sonst würde er nicht außen geblieben sein. Als sie nun mit großem Getümmel wieder wegfahren, setzt sich der Bote zu Pferde und reitet seiner Wege. Als er nun mittags nach Hause kommt, läßt ihn der Bischof vor sich fordern und fragt ihn, warum er sich verspätet habe. Da ihm nun der Bote alles berichtet, wie es ihm die Nacht ergangen, was er gehört und wie die andern nach dem Mentzischen Kurt gefragt hätten, da erhebt sich die Katze vom Polster gar ungestüm in die Höhe auf ihre Hinterfüße und fängt greulich und schrecklich an zu fauchen und zu mauen, gleich als wollte sie den Boten ausschelten. Dann springt sie flugs zum Fenster hinaus und hat sich nicht mehr sehen lassen. *(Brandenburg)* (172)

Der Türhüter als Bischof

Als Kaiser Otto I. den Tod des Bischofs von Regensburg vernahm, begab er sich dahin und erhielt im Traume die Weisung, das Bistum keinem anderen zu verleihen, als wer ihm zuerst entgegenkäme. Schon in der Frühe des nächsten Morgens nach seiner Ankunft ging er nach dem Kloster St. Emmeran, ohne daß die Mönche davon wußte. Ein alter, verehrungswürdiger Geistlicher, der Türhüter Gunter, ließ ihn ein. Otto ging auf ihn zu, bat um seinen Segen und sagte: »Was gibst du mir, Bruder, wenn du Bischof wirst?« Als dieser Gunter später mit den übrigen Geistlichen zur Bischofswahl in die Peterskirche kam, setzte der Kaiser seinen Traum auseinander und ernannte Gunter im Einverständnis mit der Geistlichkeit und der ganzen Gemeinde zum Bischof. (173)

Die Wahl des Bischofs Hildebold

Hildebold, der 19. Bischof von Köln, wurde im Jahre 784 gewählt. Als sein Vorgänger Ricolfus gestorben war, entstand ein langer Streit über den Nachfolger. Karl der Große weilte in Aachen; er setzte sich auf sein Pferd und ritt gen Köln. In der Nähe der Stadt hörte er in einem Kirchlein zur Messe läuten, stieg ab und trat an den heiligen Ort. Er war gekleidet wie ein Jäger, hatte wie dieser ein Hornfaß umhängen und opferte auf dem Altare einen Gulden. Als die Messe zu Ende war, nahm der Priester des Kirchleins, der Hildebold hieß, den Gulden und sprach zu dem Kaiser, den er nicht kannte: »Freund, nehmt den Gulden zurück, hier opfert man keine Gulden!« Er glaubte nämlich, der Kaiser habe seiner spotten wollen. Doch dieser antwortete: »Behaltet den Gulden, ich gebe ihn Euch gern!«, worauf Hildebold erwiderte: »Ich sehe wohl, Ihr seid ein Jäger; schickt mir lieber die Haut von dem ersten Rehe oder einem anderen Wilde, das Ihr erjagt, denn mein Meßbuch hat einen Überzug sehr nötig. Euern Gulden aber behaltet!« Als der Kaiser diese offene, gerade Rede hörte, fragte er die Umstehenden über des Priesters Lebensweise aus und vernahm, daß er ein frommer und rechtschaffener Mann war. Dann ritt er weiter gen Köln, hörte den Streit an und sagte, da sich die Wähler nicht einig werden konnten: »Ich will euch einen Bischof wählen!«, ließ den Priester herbeiholen und erhob ihn zum Bischof. Hildebold regierte vierunddreißig Jahre.

Als Kaiser Karls Sohn, Ludwig, Kaiser wurde, krönte Hildebold ihn.

Nach seinem Tode wurde Hildebold in St. Gereon zur rechten Hand neben dem ersten Altar begraben. (174)

Kaiser Friedrich und die beiden Äbte

Unter Kaiser Friedrich I., des nun lebenden Friedrichs Großvater, fiel eine Abtstelle in einer der kaiserlichen Abteien frei; für diese hatte man zwei Mönche gewählt, wußte aber nicht, welchen von beiden man nehmen sollte. Da sammelte der eine eine große Summe Geldes in dem Kloster und brachte das dem Kaiser, damit der die Wahl auf ihn möge fallen lassen, und der Kaiser nahm es an und versprach ihm seine Hilfe. Bald darauf aber hörte der Kaiser, daß der andere ein Mann von gar guten Sitten sei und der Ordensregel treulich folge, und er rief seinen Rat zusammen und frug den, wie er den Unwürdigen von der Stelle ausschließen und dem Würdigen sie schenken solle. Da sprach einer der Räte: »Herr, ich habe gehört, daß diese Mönche ihrer Regel gemäß stets eine Nähnadel mit sich tragen müssen. Wenn Ihr nun im Kapitel sitzet, dann bittet den, der Euch das Geld gab, Euch mit seiner Nadel in den Finger zu stechen; hat er keine Nadel bei sich, dann habet Ihr Gelegenheit, gegen ihn zu stimmen, weil er seiner Regel nicht folgt.«

So geschah es denn auch, und nachdem der eine Mönch sich entschuldigt, er habe keine Nadel, sprach der Kaiser zu dem andern: »Herr, dann leihet Ihr mir Eure Nadel«, der zog die Nadel flugs hervor und bot sie dem Kaiser. Da sprach Friedrich: »Ihr seid Eures Ordens würdig und auch so großer Ehre, wie einige Euch zugedacht. Ich hatte beschlossen, die Stelle Eurem Gegner zu geben, aber er hat dieselbe durch seine Unordnung verloren. Wenn er in so kleinen Dingen seine Regel nicht befolgt, wie wird es mit größeren und wichtigeren erst gehen!« So wurde der Mönch durch seine Nadel zum Abte. (175)

Der Erwählte

Papst Leo IX. war ein Grafensohn, und sein Vater ging einmal zu einer Wahrsagerin, daß sie ihm die Wahrheit sagen solle von der Zukunft. Jetzt sagte die ihm, er würde einmal einen Kniefall tun vor seinem Sohn. Dann sagte er, er würde dafür sorgen, daß dies nicht geschieht! Dann ordnete er an, daß das Kind umgebracht werden solle. Er schickte einen Jäger in den Wald, und er sollte ihm das Herz bringen von ihm. Und den Kerl dauerte das junge Büwel. In dem Moment kam ein junges Reh, und dann schoß er dies Reh tot und brachte dem Vater das Herz davon. Und den Jungen taten sie fort zu seinem Onkel. Der war Bischof von Reims, und dort wurde er großgezogen und wurde Priester und Bischof und nachher Papst. Und weil sein Vater lange Jahre keine Ostern gehalten hatte, so wollte er sich in seinen alten Tagen bekehren, bei einer Mission. Da beichtete er bei einem Pater. Und der Pater schickte ihn nach Rom zum Heiligen Vater, der ihm allein die Lossprechung erteilen könnte. Dann pilgerte er nach Rom, und als er nach Rom kam, tat er einen Kniefall vor dem Papst, und das war sein Sohn. Dann hörte der Papst an allem heraus, daß es sein Vater war, und dadurch erkannten sie sich. *(Lothringen)* (176)

Die Wundertaten des Priors Wichmann

Der Mitbegründer und erste Prior des Dominikaner-Mönchsklosters zu Neu-Ruppin, Wichmann von Arnstein, führte ein gar frommes und gottseliges Leben und erhielt daher zuletzt durch dasselbe die Kraft, große Wunderwerke auszuführen. So befand er sich eines Tages in seinem hohen Alter zur Besorgung von Geschäften seines Konvents jenseits des Ruppiner Sees und war durch die Anstrengung des Weges, den er zurückgelegt hatte, sehr hungrig geworden, zumal da es ihm überhaupt sehr schwer erträglich

war, über die gewohnte Zeit des Essens hinaus nüchtern zu bleiben. Während er nun auf entgegengesetzter Seite des Sees die
Klosterglocke bereits das Zeichen zum Mittagsmahle geben hört,
fühlt er sich vor Hunger und Durst schon zu entkräftet, um den
langen Umweg um den See noch zurücklegen zu können. In dieser
Verlegenheit stärkte er sich mit dem Zeichen des Kreuzes, rief
seinem Begleiter zu: »Mein Sohn, folge mir mutig!« und ging
gradezu über den See, und siehe! Gott schickte es, daß das Wasser
fest und gangbar wurde und er glücklich und wohlbehalten im
Kloster ankam und die Brüder in den Speisesaal führte, während
sein Begleiter, den sichrern Landweg vorziehend, erst eine gute
Stunde nach ihm eintraf.

Ein andres Mal kehrten mehrere Klosterbrüder aus entfernten
Orten im Kloster zu Neu-Ruppin ein, und ihre Zahl war so groß,
daß es an Speise gebrach. Da klagte der Bruder Nikolaus, welcher
die Küche besorgte, dem Prior seine Not, und dieser gebot ihm,
zum See hinabzugehn und dort den Fischen in seinem Namen zu
gebieten, daß einer von ihnen herauskäme und den Brüdern zur
Sättigung diente. Bruder Nikolaus tat, wie ihm geheißen war, und
siehe! alsobald kam ein großer Wels ans Ufer geschwommen, der
ließ sich von dem Mönch greifen und diente nun der hungrigen
Menge zur reichlichen Speise. – Ein Bild mit der Unterschrift:
»Frater Nicolaus de Ruppino«, welches diesen, einen großen Wels
in der Hand haltend, darstellte, hing noch am Anfang des vorigen
Jahrhunderts im Speisesaal des Dominikanerklosters zu Köln am
Rhein. *(Mark Brandenburg)* (177)

Der Bann des Bischofs

Im Jahre 1016 kam ein deutscher Fürst mit etlichen seiner Gewapp-
neten nach Magdeburg und fing einen vom Adel, welcher dem
Erzbischof Gero, dem fünften Erzbischof von Magdeburg, lieb
und sein Diener war. Demselben ließ er die Augen mit Gewalt
ausstechen, darüber denn der Erzbischof hart ergrimmte und den
Fürsten in den Bann erklärte. Da geschah es, daß von diesem
Verbannten selbst die Hunde kein Brot und keine Speise annehmen

wollten. Dadurch kam derselbe zur Erkenntnis und Reue seiner Missetat, und er kam deshalb zum Erzbischof in bloßem Haupte und in bloßen Füßen, fiel vor ihm nieder und bat um Absolution. Diese wurde ihm auch alsbald in Gegenwart des Kaisers Heinrich, worauf es wieder wohl um ihn stand. (178)

Rudolf von Habsburg schenkt einem Priester sein Pferd (Schweizer Chronik, 16. Jahrhundert)

Die Frömmigkeit Rudolfs von Habsburg

Dero Zit was Graf Ruodolf von Habspurg uffs Weidwerck mit sinen Dienern geritten gen Beitzen und Jagen, und wie er in einer Owe was allein uff sinem Pferdt, hort er ein Schellen klinglen. Do reit er dem Getön ernstlich nach, ze sechen, was es doch were. In der wilden Ow und Gestüd do fand er ein Priester mit dem hochwirdigen Sakrament und sin Mesner, der im das Glögkli vortruog. Do sprang Graf Ruodolf von sinem Pferdt, knüwet nider und tett dem Sakrament Reverenz. Nun was es an einem Wässerli und stalt der Priester das hochwirdig Sakrament nebent sich und fieng an sin Schuo abzeziechen und wolt durch den Bach gewatten sin, dann der Steg was durch Wachsung des Wassers verrunnen. Der Graf fragt den Priester, was er in der Wilde tuon welt. Der Priester antwurt imm: »Ich trag das heilig Sakrament zuo einem Siechen, der in großer Krankheit ligt, und hab also den nechsten Weg wellen gan, damit der Krank nit verkürtzt wurd, und so ich an disen Bach kummen, so ist der Steg verrunnen, und muoss also mit dem heiligen Sakrament watten.« Do hieß Graf Ruodolf den Priester mit dem hochwirdigen Sakrament uff sin Pferdt sitzen und damit bis zum Kranken faren und sin Sach usrichten, damit der Krank nit versumpt werd, und saß der Graf uff ein ander Roß, so der Diener hat, der jetz zuo imm was komen. Do nun der Priester wider heimkam, bracht er Graf Ruodolfen das Pferdt wider mit großer Danksagung der Tugent und Gnaden, die er im erzeigt hat. Do sprach Graf Ruodolf: »Das well Got niemer, das ich oder keiner miner Dienern mit Wüssen das Pferdt überschrite, das min Herren und Schöpfer getragen hat. Dunckt Üch, daß irs mit Gott und Recht nit haben mögind, so ordnend es zum Gotzdienst, dann ich hab es dem geben, von dem ich Sel, Lib, Eer und Guot ze Lehen hab.« Der Priester sprach: »Herr, nun muosse gott Eer und Wirdigkeit hie im Zit und dört ewigklich an Üch legen.« Morndes darnach reit Graf Ruodolf zo dem Klösterli Faar, so zwüschend Zürich und Baden ligt an der Linmagt, da was ein selige geistliche Klosterfrow, die wolt er heimsuochen. Die selb Frow sprach zum Grafen: »Herr, Ir hand des vordrigen Tags Got dem Almechtigen ein Eer bewisen mit dem Roß, so Ir dem Priester ze Almuosen geben, des wirt Got der Almechtig Üch und Üwer Nachkomen in höchste zitliche Eer und Namen kommen werdend.«

Darnach ist der gemelt Priester des Churfürsten Ertzbischoffs von Mentz Kaplan worden und hat im von sölicher Tugent ouch von Mannheit des Grafen anzeigt, das des Grafen Namen im gantzen Rich gross und namhafft ward, des er harnach ze König erwelt ward. (179)

Unfall bei der Himmelfahrtskomödie

Auf dem Pflaster der Schloßkirche zu Chemnitz sieht man einen dunklen Fleck, der daher rührt, daß einst ein Mönch, der sich bei einer dort gehaltenen Himmelfahrtskomödie an der Maschine, die zum Hinaufziehen in ein oben befindliches Gewölbe oder Herablassen aus diesem diente, hinaufziehen ließ, im Herabfallen zu Tode stürzte.

In derselben Kirche befindet sich auch das Bild des Abtes Hilarius, der dieselbe etliche Jahre vor der Vertreibung der Mönche hatte reparieren lassen. Dieses Bild darf aber von niemandem geneckt oder von seinem Orte weggenommen werden, wenn dem Täter kein Unglück begegnen soll, wogegen es einer Hausmagd, die es hübsch gesäubert, diesen Dienst mit einem alten Taler gelohnt hat. *(Sachsen)* (180)

Der unglückliche Klosterbrauer

In der Johannisbergstraße zu Magdeburg befindet sich ein Haus, das von uralter Zeit her den Namen »die Axt« führt, weiterhin, nach dem Knochenhauerufer, liegt rechts, die Ecke bildend, das Gertrudenkloster, und neben diesem stand ein Brauhaus, welches »die steinerne Bank« genannt wurde und vormals Eigentum des obengenannten Klosters war.

Nun trug es sich zu, daß einst der Brauer sich in seinen Kellern befand, um die Vorräte, die er an Bier besaß, durchzugehen. Da hörte er auf einmal an dem einen Ende desselben ein Geräusch, als wenn sich Menschentritte näherten, und ein Geflüster von Stimmen, als wenn mehrere Personen sprechend vorübergingen. Er begab sich schnell an den Ort, wo er jenes Geräusch vernommen hatte, allein da er nichts mehr hörte oder sah, dachte er, er habe sich getäuscht, und kehrte wieder nach oben zurück. Einige Tage später wiederholte sich eben dieselbe Erscheinung, und als er diesmal den Ort näher untersuchte, sah er sogar aus einem Winkel des Kellers einen Lichtstrahl hervordringen; er folgte demselben und bemerkte durch eine Spalt im Gewölbe, daß Männer mit Fackeln in einem unterirdischen Gange neben dem Keller hin- und hergingen, welche er an der Bekleidung sofort als Mönche erkannte.

Er hielt es für seine Schuldigkeit, sofort dem Erzbischof von seiner Wahrnehmung Meldung zu tun, allein statt Dank für die Anzeige erhielt er einen Verweis und wurde für einen Verleumder der Geistlichkeit erklärt. Er beschloß nun, das nächste Mal besser aufzupassen und womöglich durch Herbeirufung von Zeugen die Sache außer Zweifel zu stellen. Da er aber nicht reinen Mund über sein Vorhaben hielt, so kam dasselbe den Augustinermönchen, um die es sich nur handeln konnte, zu Ohren, und eines Abends trat einer derselben in seine Wohnung und suchte ihn durch ein bedeutendes Geldgeschenk zu bestimmen, künftig von diesem unter dem Brauhause nach dem Gertrudenkloster führenden unterirdischen Gange nichts mehr wissen zu wollen.

Der Brauer aber weigerte sich, dasselbe anzunehmen, sondern erklärte vielmehr, daß es für ihn Ehrensache sei, dem Erzbischof zu beweisen, daß er die Wahrheit gesagt und die Mönche nicht verleumdet habe.

Allein schon am andern Tage mußte er erfahren, daß es nicht gut ist, alles zu sehen; es ward ihm ohne weiteres von dem Klostervogt der Dienst gekündigt und ihm aufgegeben, binnen acht Tagen seine Wohnung zu räumen. Alles Bitten half nichts, er mußte mit seiner Familie ausziehen und sah sich genötigt, da niemand mit einem vom Erzbischof Verbannten etwas zu tun haben wollte, sein Brot nunmehr bloß mit seiner Hände Arbeit zu verdienen. Er baute sich also am Ufer der Elbe eine dürftige Hütte und lebte hier mehrere Jahre mühsam von Handarbeit und Fischerei.

Da trug es sich zu, daß seine Tochter Bekanntschaft mit einem wohlhabenden jungen ausländischen Maler machte und derselbe sie mehrmals in dem Hause ihrer Eltern aufsuchte, ihr auch verschiedene für ihre Verhältnisse kostbare Geschenke machte, weil er sie ehelichen wollte. Allein plötzlich fand man eines Morgens den Maler in der Nähe jener Hütte ermordet und neben demselben eine Axt. Natürlich forschte man nach dem Mörder, und als sich herausstellte, daß besagte Axt dem ehemaligen Klosterbrauer gehört habe, auch in der Hütte desselben sich verschiedene Kostbarkeiten vorfanden, die man früher bei dem Ermordeten gesehen, so zweifelte niemand daran, daß jener letzteren erschlagen habe. Sein Beteuern, die Axt sei ihm entwendet worden und die Kostbarkeiten, die man bei ihm gefunden, gehörten seiner Tochter, die sie von dem Maler erhalten, halfen ihm nichts, denn er konnte seine Anführungen mit nichts beweisen; er wurde, da er nicht bekennen wollte, auf die Folter gebracht und später auf dem nachher sogenannten Tränsberge hingerichtet.

Von seiner Witwe und seinen Kindern nahm niemand mehr Notiz, man sah sie bald nicht mehr; als man aber nach längerer Zeit darauf aufmerksam ward, wie es zugehe, daß die Hütte sich nicht mehr öffne und kein Rauch mehr aus dem Schornstein aufsteige, ließ man sie von Obrigkeits wegen aufbrechen und fand die ganze Familie tot in derselben auf dem Boden liegen. Da sich keine äußeren Verletzungen erkennen ließen, nahm man an, daß sie aus Verzweiflung sich sämtlich selbst durch Kohlendampf oder Gift aus der Welt geschafft hätten.

Die Geistlichkeit benutzte jedoch dieses neue Unglück, sie sprengte aus, der Brauer und die Seinigen wären Zauberer gewesen, und Gott habe sie deshalb gänzlich von der Erde getilgt. Da nun auch umwohnende Fischer erzählten, sie hätten bei Nacht in der Nähe jener Hütte Spukgeister erblickt, so ließ der Erzbischof die Hütte niederreißen, die Leichen der in der Nähe derselben früher von dem Henker verscharrten Unglücklichen wieder ausgraben und fortschaffen und den Platz, wo die Hütte gestanden hatte, mit dem Klostergarten vereinigen. Indes wurde auf die Stelle, wo die Mordtat verübt worden war, ein steinernes Kreuz gesetzt und die Mordaxt in dasselbe vermauert. *(Sachsen)* (181)

Streit um das Jagdrecht

Das Stift Walkenried ließ in seinen bedeutenden Waldungen durch eigene Klosterbediente die Jagd ausüben. Besonders war dieses in einem nahe beim Kloster gelegenen Forste der Fall, welchen die Mönche durch einen Klosterförster begehen ließen und welcher vorzugsweise dazu bestimmt war, die Klosterküche mit dem nötigen Wildbret zu versehen. An diesen Forst grenzte die Jagd der

Herren von Mütschefal zu Branderode. Die Grenze zwischen beiden Gebieten war zweifelhaft, und so geschah es denn oft, daß der Klosterförster sowohl als die Herren von Mütschefal auf den fremden Gebieten jagend angetroffen wurden, wodurch zwischen beiden Jagdberechtigten ärgerliche Streitigkeiten entstanden, welche besonders unter dem Abte Johann VII. (1479–1485) im Jahre 1481 zu einer bedeutenden Höhe stiegen, indem beide Teile die Jagd in einem gewissen Bezirke als ihr alleiniges Recht in Anspruch nahmen.

Als das Stift trotz wiederholter Drohung von seiten des Herrn von Mütschefal dem Klosterförster stets befahl, das vermeintliche Recht des Klosters zu wahren, suchte sich der von Mütschefal auf eine schauderhafte Art an dem Stifte zu rächen. Er ließ durch einen Schlosser, Heinrich Winzingerode, ein eisernes Halsband fertigen, dessen innere Seite voller Stacheln sich befand und welches so künstlich gearbeitet war, daß man, wenn es geschlossen, äußerlich weder Schloß noch Fuge daran bemerkte. Mit diesem Halsschmucke versehen, begab sich der von Mütschefal in den Wald, wo ihm alsbald der Förster begegnete. Sogleich wurde derselbe ergriffen, ihm das Halsband umgelegt und er sodann entlassen. Weinend und wehklagend kam der Unglückliche im Kloster an, denn die Stacheln drangen in das Fleisch ein, und der Hals schwoll so an, daß der Elende kaum Atem holen konnte. Vergebens versuchte man das Schloß zu öffnen. Immer mehr und mehr nahmen die Schmerzen des Försters zu, ohne daß ihm Rettung gebracht werden konnte. Da verfiel man endlich auf ein Mittel, von welchem man sich Hilfe versprach. In feierlicher Prozession von sämtlichen Mönchen, den Abt an der Spitze, begleitet, wurde der Förster in die Kirche geführt und hier eine Messe über ihn gelesen. Dann brachte man ihn in die Klosterschmiede, wo er niederknien und den Kopf auf dem Amboß legen mußte. Singend und betend umstanden ihn die Mönche, aber der Klosterschmied schlug mit schwerem Hammer so kräftig auf das Halsband, daß es aufsprang. So war freilich der Hals befreit, aber der Bruder Förster war nicht zu retten; unter unsäglichen Schmerzen verschied er bald nachher.
(Braunschweig) (182)

Der Fluch des Hochmeisters

Am 15. Juli 1410 wurde bei Tannenberg zwischen den Kreuzherren in Preußen und dem König Wladislaw von Polen eine große Schlacht geliefert. Sie endigte mit der Niederlage des ganzen Ordensheeres; der Hochmeister Ulrich von Jungingen selbst fiel. Seinen Leichnam ließ der König den Brüdern zu Osterode zukommen, die ihn zu Marienburg begruben; das abgehauene Kinn aber mit dem Bart wurde nach Krakau gebracht, wo es noch zu Kaspar Schützens Zeit gezeigt wurde.

Als der Hochmeister mit den Gebietigern über diesen Krieg ratschlagte, riet der Komtur der Christburg, Andreas Sangerwitz, ein Deutscher von Adel, getreulich zum Frieden, unangesehen die andern fast alle zum Kriege stimmten und der Feind schon im Lande war; das verdroß den Hochmeister sehr, und er rechnete es ihm als Furcht und Zagheit an. Andreas aber, der nicht weniger Herz als Witz und Verstand hatte, sagte zu ihm: »Ich habe euer Gnaden zum Frieden geraten, wie ich's am besten merke und verstehe, und ich denke, zum Frieden diente uns dieser Zeit Gelegenheit am besten. Weil es Gott aber anders ausersehen hat, es auch Euer Gnaden anders gefällt, so muß ich folgen und will Euch in künftiger Schlacht, es laufe wie es wolle, so mannlich beistehen und Leib und Leben für Euch lassen, so getreulich ich jetzt zum Frieden rate.« Dem hat er auch als redlicher Mann nachgelebt und ist nebst dem Hochmeister auf der Walstatt geblieben, nachdem er sich tapfer gegen den Feind gehalten hatte.

Als nun dieser Komtur zur Schlacht auszog und gewappnet aus dem Schlosse ritt, begegnete ihm ein Chorherr, der seiner spottete und ihn höhnisch fragte, wem er das Schloß in seiner Abwesenheit befehlen wollte. Da sprach er aus großem Zorn: »Dir und allen Teufeln, die zu diesem Kriege geraten haben!« Nachdem die Schlacht geschehen und der Komtur umgekommen war, hat solch eine Teufelei und Gespensterei in dem Schlosse angefangen zu wanken und zu regieren, daß kein Mensch darinnen bleiben und wohnen konnte. Denn so oft die Ordensbrüder im Schlosse aßen, wurden alle Schüsseln und Trinkgeschirre voll Bluts; außerhalb des Schlosses widerfuhr ihnen nichts dergleichen. Wenn die

Knechte in den Stall gehen wollten, kamen sie in den Keller und tranken so viel, daß sie nicht mehr wußten, was sie taten. Gingen der Koch und sein Gesinde in die Küche, so fand er Pferde darin stehen, und es war ein Stall daraus geworden. Wollte der Keller-meister seine Geschäfte im Keller verrichten, so fand er an Stelle der Wein- und Bierfässer lauter Häfen, Töpfe, Bälge und Wasser-tröge; und so ging es in allen Dingen und Orten widersinnig. Dem neuen Komtur, der aus Frauenburg dahin kam, ging es noch viel wunderlicher und ärger. Einmal wurde er in dem Schloßbrunnen an den Bart gehängt; ein andermal wurde er auf das obere Dach im Schlosse gesetzt, wo man ihn nur mit Lebensgefahr herunterbrin-gen konnte; zum drittenmal fing ihm der Bart von selbst an zu brennen, so daß ihm das Gesicht geschändet wurde; auch konnte ihm der Brand mit Wasser nicht gelöscht werden, und das Feuer erlosch nur, als er aus dem verwünschten Schlosse herauslief. Deswegen wollte kein Komtur mehr in dem Schlosse bleiben, es wurde auch von jedermann verlassen und nach des verstorbenen Komturs Prophezeiung des Teufels Wohnung geheißen.

Zwei Jahre nach der Schlacht kam ein Bürger von Christburg, der während der Zeit auf einer Wallfahrt nach Rom gewesen war, wieder nach Hause. Als er von dem Gespenst des Schlosses hörte, ging er auf einen Mittag hinauf, sei es nun, daß er die Wahrheit selbst erfahren wollte oder daß er vielleicht ein Heiligtum mit sich gebracht hatte, das gegen die Gespenster dienen sollte. Auf der Brücke fand er des Komturs Bruder stehen, der auch mit in der Schlacht geblieben war; er erkannte ihn alsbald, denn er hatte ihm ein Kind aus der Taufe gehoben und hieß Otto von Sangerwitz; und weil er meinte, es wäre ein lebendiger Mensch, trat er auf ihn zu und sprach: »Oh, Herr Gevatter, wie bin ich erfreut, daß ich Euch frisch und gesund sehe; man hat mich überreden wollen, Ihr wäret erschlagen worden; ich bin froh, daß es besser ist, als ich meinte. Und wie steht es in diesem Schlosse, wovon man so wunderliche Dinge redet?« Das Teufelsgespenst sagte zu ihm: »Komm mit mir, so wirst du sehen, wie man hier Haus hält!« Der Schmied folgte ihm nach, die Wendeltreppe hinauf; als sie in das erste Gemach gingen, fanden sie einen Haufen Leute, die nichts anders taten denn mit Würfel und Karten spielen; etliche lachten, etliche fluchten Wunden und Marter. Im andern Gemach saßen sie zu Tische; hier war nichts anders denn Fressen und Saufen zu ganzen und halben. Weiter gingen sie in den großen Saal, da fanden sie Männer, Weiber, Jungfrauen und junge Gesellen; man hörte nichts denn Saitenspiel, Singen, Tanzen und sah nichts als Unzucht und Schande treiben. Nun gingen sie in die Kirche; da stand ein Pfaff vor dem Altar, als ob er Messe halten wollte; die Chorherren aber saßen ringsumher in ihren Stühlen und schliefen. Endlich traten sie wieder zum Schloß hinaus, alsbald hörte man in dem Schloß so jämmerlich heulen, weinen und Zetergeschrei, daß dem Schmied angst und bange wurde und er dachte, es könnte in der Hölle nicht jämmerlicher sein. Nun sprach sein Gevatter zu ihm: »Gehe hin und zeige dem neuen Hochmeister an, was du gesehen und gehört hast! Denn so ist unser Leben gewesen, wie du drinnen gesehen hast; das ist der erfolgte Jammer darauf, den du hier außen gehört hast.« Mit den Worten verschwand er, der Schmied aber erschrak so, daß ihm bis zu den Füßen kalt ward; dennoch wollte er den Befehl ausrichten, ging zum neuen Hochmeister und erzählte ihm alles. Der Hochmeister wurde zornig und sagte, es wären erdichtete Dinge, seinem hochwürdigen Orden zu Verdruß und Schanden, und ließ den Schmied ins Wasser werfen und ersäufen. (183)

Die Wahl

Nach der unglücklichen Schlacht bei Tannenberg waren von dem großen Adel der Ordensmeister nur drei Ritter übriggeblieben, Heinrich Reuß von Plauen, Statthalter und Komtur von Schwetz, Michael von Sternberg, Pfleger der Neumark, und Heinrich Reuß von Plauen, Komtur zu Danzig. Alle drei strebten heimlich nach dem Amte des Hochmeisters. Die übrigen Brüder gaben die Wahl frei und sagten, sie möchten unter sich ausmachen, wer Hochmeister werden sollte. Sie berieten lange miteinander, bis endlich Michael von Sternberg und der Komtur von Danzig die Wahl einmütig dem Statthalter Reuß von Plauen auftrugen und sagten, er möchte einen erwählen, und wen er wählen würde, den wollten sie willig als Herrn anerkennen. Jeder hoffte, vom Statthalter berufen zu werden. Am andern Tage sollte die Wahl in der Kirche vor dem Altare vor sich gehen. Der Statthalter wandte sich an alle Brüder, ob sie ihm mit den anderen zweien die Wahl übergeben wollten. Dann fragte er auch die beiden Ritter, ob sie ihm die Wahl anheimstellen würden und unwiderruflich denjenigen zum Herrn annehmen wollten, den er ihnen nennen würde. Auf die bejahende Antwort sagte er: »Wem ich den Mantel umhänge, der soll der Hochmeister sein!«, ging zum Altar, nahm den Mantel hängte ihn sich selber um und sprach. »Ich, Heinrich Reuß von Plauen, Statthalter und Komtur zu Schwetz, erwähle mich selbst kraft eurer aller Bewilligung zum Hochmeister, als den ich vor allen anderen den Tüchtigsten erkenne!« Dem durfte niemand widersprechen, und er war Hochmeister. (184)

Rechtfertigung des Deutschen Ordens

Auf dem Schlosse Rheden war ein Bruder, genannt Cunebrecht von Decken, und dieser war in Bekümmernis, ob seine Brüder auch zu Gott kommen möchten, weil sie im Dienst des Ordens Menschenblut vergössen. Hierüber dachte er viel und andächtig nach. Einmal hatte er ein Gesicht: Er war im Himmel und sah allerlei Brüder anderer Orden, seine Brüder aber nicht, und er weinte darüber. Ein Engel fragte ihn, warum er weine, und er sagte es ihm. Da führte ihn der Engel vor Maria, die einen großen, weißen Schleier umgetan hatte, und die Brüder des Deutschen Hauses standen um sie herum, Maria hob die Mäntel der einzelnen Brüder auf und zeigte ihm die Wunden, durch die sie von der Hand der Feinde getötet worden waren, und sprach: »Erkennst du nun, daß diese deine Brüder für den Namen Jesu Christi gelitten haben?« Damit entschwand das Gesicht.

Der Bruder aber stellte sich am nächsten Morgen im Kapitel dar und bekannte, daß er den Vorsatz gehegt, in einen Orden mit strengerer Regel einzutreten, wie herrlich jedoch der Orden vor seinen Augen verklärt worden sei. Nicht lange danach ward auch ihm in einer Schlacht gegen die heidnischen Preußen die Märtyrerkrone zuteil. *(Ostpreußen)* (185)

Der Abt und der Schweinehirt

Kurfürst Jan Willem schenkte 1707 den Trappistenmönchen, die bis dahin das Löricker Werth bewohnt hatten, die beiden Specker-höfe an der Düssel, aus denen dann das Kloster Düsseltal entstand. Nun brauchten sich die Mönche nicht mehr vor Hochwasser, Eisgang und feindlichen Überfällen zu fürchten und fühlten sich hier so wohl, daß sie, wie die Sage berichtet, über dem Eingangstor zum Kloster die Inschrift anbrachten: »Wir leben ohne Sorgen.« Nun stattete eines Tages der Erzbischof Joseph Clemens von Köln dem Kloster einen Besuch ab. Er hatte in seiner langen, wenig gesegneten Regierung über Mangel an Sorgen nicht zu klagen gehabt. Als er die Aufschrift las, gedachte er, dem Abt einen Schrecken einzujagen. Er legte ihm drei Fragen vor und drohte, wenn diese nicht binnen vierzehn Tagen richtig gelöst würden, solle der Abt seinen Posten verlieren. Die Fragen aber lauteten: 1. Was ist nicht krumm und auch nicht gerade? 2. Was ist nicht im Wege und auch nicht daneben? 3. Wo ist der Mittelpunkt der Erde? Trotz allen Kopfzerbrechens konnte der Abt die Lösung der Rät-selfragen nicht finden. Traurig schlich er umher, bis er eines Tages dem Schweinehirten des Klosters begegnete. Der faßte sich ein Herz und fragte nach dem Grunde seiner Traurigkeit. Als der Abt ihm nun seinen Kummer vertraute, da wußte der Hirt ihm die Lösung zu sagen. »Das erste ist eine Kegelkugel, das zweite ein Karrengeleise, und der Mittelpunkt der Erde ist hier, wo ich stehe«, sagte der pfiffige Knecht. Da wurde der Abt hocherfreut. Weil er sich aber trotzdem scheute, dem Erzbischof vor die Augen zu treten, so bewog er den Schweinehirten, an seiner Statt und in seiner Amtskleidung die Reise nach Bonn zu unternehmen. Als der nun dort die drei Fragen zur Zufriedenheit gelöst hatte, plagte ihn der Schalk, und er erbot sich, des Kurfürsten geheimste Gedanken zu erraten. Da wurde dieser neugierig, machte aber ein recht verdutztes Gesicht, als er hörte: »Ihr denkt, Ihr sprecht mit dem Abt von Düsseltal; ich bin aber nur des Klosters Schweinehirt.« Zum Schluß legte der wackere Beherrscher des Borstenviehes noch ein gutes Wort für seinen Herrn ein, damit dieser auf seinem Posten verbleiben konnte. Der Schweinehirt aber erhielt als Lohn einen Freibrief und das Gnadenbrot im Kloster bis an sein Ende. *(Rheinland)* (186)

Joseph II. sorgt für Klosterzucht

Scharf hat es der Kaiser auf die Klöster abgesehen gehabt. Einmal hat er von einem Kloster gehört, dort geht es so und so zu. Hat es mit Militär umstellt, ist hinein und hat die Geistlichen alle antreten lassen, sich ihnen als Kaiser vorgestellt. »Alsdann ausziehen!« Aber sie haben es nicht gewollt. Es war aber Befehl, und sie mußten sich ausziehen. Es waren mehr Weibsbilder als Mannsleute, auch schwangere Frauen dabei. Der Kaiser hat nachschauen lassen, wo die Leichen hinkommen, und im Keller waren lauter Skelette von kleinen Kindern. Der Kaiser hat das Kloster absperren lassen und es angezündet.

Die Geistlichen waren ihm sehr aufsässig, sie haben ihn wo erwischt, er ist nicht gestorben, sondern verschwunden durch die Geistlichen. *(Galizien)* (187)

Graf von Galen

Bernhard von Galen macht sich selber zum Bischof

Bischof Beerndken von Gaolen, dat is 'n slauen Kriegesheern wäsen. As dei aolde Bischoff dot wäen is, dao häbb sei 'n neien wählen moßt, un dei jüngste Domherr, dei häff dat Recht hat, äine van dei Domherrn dei Kippe uptosetten, un dei hei sei upsettede, dat was dei Bischoff.

Nu was Beerndken gerade dei jüngste Domherr, un dao harr bei sück sülbens dei Kippe upsett, dao was hei Bischoff. *(Niedersachsen)* (188)

Galen als Spion

Nu häff hei Kreeg hat mit ne Stadt, dei häff hei belagert hatt Dao häff hei Hoiner verkoff mit ne Kiepe up'n Puckel. Dao häff hei sück dat Werk daor bekäken, waor et in dei Stadt utsög. Dao häff hei mit ein Kriegesvolk dei ganze Stadt all unnerminet hatt: dei Stäin dei wören all sacket, so häff hei dei unnerminet hatt.

Dao häbbt se daor uk 'n Spottbeld hatt, dao häbbt se'n aofmaolt hatt as'n Swien. Un dao häff hei secht: »Dat Bild, dat was ganz schön, aber ains harren sei dran vergäten, etw as nich krampet, et könn noch öilen.« Dao häbt se dat nich wüßt, dat hei dat sülbens was.

Nachs is hei ut dei Stadt harutgaohn un is mit sin Kriegesvolk all in dei Stadt inbraoken. *(Niedersachsen)* (189)

St. Blasiens Reichtum

Zu einem Mann, welcher im Kloster St. Blasien Stroh schnitt, kam eines Nachmittags der Fürstabt mit den zwei vornehmsten seiner Mönche. Bei Erblickung des vielen geschnittenen Strohes sprach der Fürst: »So viel Stroh dies auch ist, so haben wir doch noch mehr Gold und Silber.« Der Mann erlaubte sich, dies zu bezweifeln, worauf die drei sagten, sie wollten ihm die Schätze zeigen, seine Augen verbanden und ihn, wie er merkte, durch einen unterirdischen Gang führten, der unter einem rauschenden Wasser hinwegging. Als ihm die Binde abgenommen wurde, befand er sich in einem Gewölbe, welches unter dem dreifachen Verschlusse seiner Begleiter stand und worin Gold und Silber, gemünzt und in Stangen, klafterweis aufgesetzt war. Die Geistlichen vergönnten ihm, sich so viel Silber zu nehmen, als er in beide Hände fassen konnte, verbanden ihm dann wieder die Augen und führten ihn ins Kloster zurück.

St. Blasien hatte so viele Besitzungen, daß seine Mönche, wenn sie nach Rom reisten, jede Nacht in ihrem Eigentum einkehren konnten. *(Baden)* (190)

Das graue Haus zu Winkel und die Ratten

Der gelehrte Erzbischof von Mainz, Rhabanus Maurus, erkor sich später das Städtchen Winkel zum Landsitze, woselbst er auch am 4. Februar 856 im Rufe der Heiligkeit in dem sogenannten Grauen Hause starb. Er zeichnete sich besonders 850 bei der großen Hungersnot im Rheingau aus, wo Mütter mit den Kindern auf den Armen, ohne die Schwelle des frommen Wohltäters zu erreichen, tot niedersanken und man den noch lebenden Säugling an der Brust der verhungerten Mutter hängen fand. Man schreibt diesem Heiligen auch das Verdienst zu, daß auf seine Fürbitte der Rheingau von Ratten und Mäusen befreit blieb, und das gläubige Volk, selbst aus entfernteren Gegenden, suchte sie mit Erde oder Mörtel von jenem Hause oder Stücken vom Altarstein seiner Kapelle zu vertreiben. Freilich erzählt ein alter Chronist, ein geborener Winkler habe ihm erzählt, wenn im Stroh oder mit andern Sachen eine Ratte aus den Schiffen im Rheingau mit aufs Land gebracht werde, laufe sie gleich wieder in den Rhein, jedoch bloß deshalb, weil sie wisse, daß sie sich in jener Gegend nicht ernähren könne. *(Rheingau)* (191)

Erzbischof vertreibt Wassergeister

Bei dem Dorfe Neuhoff, unweit der Elbe im Amte Wolmirstett, befindet sich ein See, der der Heilige See genannt wird. Zu den Zeiten des Erzbischofs Burkhard, der der siebenundzwanzigste in der Reihe dieser Kirchenfürsten war, war dieser See voll böser Geister und Gespenster; diese erschreckten die Fischer und Schiffsleute zum öftern, taten ihnen vielen Schaden und ersäuften und brachten gar manchen Mann jämmerlich ums Leben. Wie solches der Erzbischof Burkhard, ein sehr frommer und gottesfürchtiger Herr, vernahm, ist er in großer Innigkeit dorthin gezogen, hat denselbigen Ort gesegnet und die bösen Geister daraus vertrieben, so daß sie sich niemals wieder haben sehen lassen. Derselbe See heißt davon bis auf den heutigen Tag der Heilige See. *(Ostpreußen)* (192)

Jn teütsch Hewschreckel/ wölcher gefangen worden ist zů Mayland/ vnd in handen der Durchleüchtigen Fürstin Marggräffin von Quasto/ also lebendig in einem angster/ wie dann der Hyeunden anzaigt würder.

1 5 4 2.

Neuzeytung von einem Hewschreckel/ so gar wunderbarlich/ als es die natur geben mag/ will man ach, ten sey der Heri oder Küng der grossen anzal der Hewschreckel/ so in das Maylandisch gerückt vnd gantze Lombardia ankommen sein/ Vnd nach dem bemelt Hewschreckel so gar wunderbarlich vnd grösserer dañ all ander/ Ist er von einem genañde Mayster Julius an sanem hawß zů Mayland/ auff ein abendt gefan. gen/ vnd nachuolgende der Marggräffin von Vasto zůbracht/ in einem angster glaß lebendig gethon/ vnt pfist so gar vil/ das es vber alle maß auch vnglaublich/ Vnd so sie nit zůessen hat/ so wyßplet sie wie ein Sch. lang/ das es ein Mensch nit vermaynte/ Vnnd die fraw Marggräffin/ von der selben ein verzaichnus geb. Naples yrem Veder herñ Anthoni von Ragona gesandt/für ein wunderzaiche/ Ich hiemit der Abtruck wie sollichs natürlich sey/ zů Mayland für ein Wunderzaichen/ als ob es ein Haylugthumb wer/ anzaigt wirde/ Vnd lauffet das volck zůals wers es an Jubilea.

Flugblatt von einer Heuschreckenplage (Sammlung Wickiana, um 1556)

Der Heuschreckenbann

Rom, den 19. Juni. Am verwichenen Sonntag verfluchten Se. Päpstliche Heiligkeit von der Lateranischen Loggia aus das Geschmeiß der Heuschrecken, mit dem Befehl, daß selbige sich nach dem Meer hinwenden sollten, angesehen sich derselben eine ungeheure Menge auf den Römischen Feldern niedergelassen und zu beförchten stehet, daß selbige, wie schon mehrmalen geschehen, bei der Kornernte großen Schaden verursachen dürften. *(Hamburgischer Correspondent 1725. Nr. 104)* (193)

239

Konfessionelle Auseinandersetzungen

Tetzel verliert seinen Ablaßkasten

Da Tetzel, der Ablaßkrämer, mit seinem Kasten im deutschen Lande herumzog, kam er auch nach der Altmark und in ein Dorf bei Salzwedel, heißt Flechtingen, und schlug seinen Kram auf, predigte von den Sündenstrafen, dem Fegefeuer und der Höllenpein und rühmte die Kraft des Ablasses. Nun saß zu Flechtingen ein Edelmann, Herr Bernard von Schenk genannt, der hörte auch andächtiglich zu und nahm sich's absonderlich zu Herzen, daß einer nicht nur für begangene, sondern auch für vorhabende und zukünftige Sünden, sie bestehen aus welcher Tat sie wollen, sich Ablaß kaufen könne, und für das Geld springe seine Seele, sobald es im Kasten klinge, aus dem Fegefeuer und bleibe sündenlos noch drei Tage nach der aschgrauen Ewigkeit. Das alles malte der Ablaßprediger mit feurigen und beredten Worten aus, und der Ritter trat auch hinzu und kaufte sich einen gar schönen Brief auf Pergament gedruckt, und Tetzel mußte seinen, des Ritters Namen und das Datum hineinschreiben, auch ein Siegel wurde nicht vergessen, und die nachbarlichen Edeln kauften auch, und der Kasten wurde schier voll Ortstaler und Goldgülden, und Tetzel zog mit seinem Kasten wohlgemut von dannen. Wie er nun so durch den Flechtinger Forst zog, siehe, da harrete seiner schon, ihm vorausgeeilt, Herr Bernard von Schenk und sagte. »Pfaff, tue mir die Freundschaft und gib mir – meinen Segen.« »O frommer Sohn, den sollst du haben!« unterbrach ihn Tetzel und hob die Hände zum Segnen. »Nein, deinen Kasten, den Segen laß ich dir!« erwiderte der Ritter. Das erschrak Tetzel mächtiglich und sprach die beweglichen Worte: »Solch ein edler Ritter wird nicht so ehrlos sein, das Gut der Kirche anzutasten, das sie zu frommen Werken und zur Wiederherstellung gebrechlicher Gotteshäuser gar notwendig braucht. Kirchenraub ist ja der sträflichste Raub und neben dem Vater- und Muttermord die größte und schwerste Sünde!« Da zog Herr Ber-

Johannes Tezelius Dominicaner Müuch/mit sei-
nen Römischen Ablaßkram/welchen er im Jahr Christi 1517. in Deutschen-
landen zu marckt gebracht/wie er in der Kirchen zu Pirn in seinem
Vaterland abgemahlet ist.

O ihr deutschen mercket mich recht/
 Des heiligen Vaters Papstes Knecht/
Bin ich/vnd br ing euch itzt allein/
 Zehn tausent vnd neun hundert carein/
Gnad vnd Ablaß von einer Sünd/
 Vor euch/ewer Elter n/ Weib vnd Kind/
Sol ein jeder gewehret sein
 So viel ihr legt ins Kästlein/
So bald der Gülden im Becken klingt/
 Im hup die Seel im Himel springt/

Es Babst Leo der zehend genandt/
 Nu mehr fast unmüglich befand/
Das er das Römisch Jubel Jahr
Erlebet hat er die faule wahr/
Des Ablaßkrams in Deutschenland/
Durch seine Kramknecht ausgesandt/
Dazu sich denn ohn all verdrieß/
 Johann Tetzel gebrauchen ließ/
Der was itzt kaum dem Hencker entlauffen/
 Als er wegen Ehebruchs solt ersauffen/
Wo nicht der from Fürst Friederich/
 Seiner het angenommen sich/
Vnd beim Keyser Maximilian/
 Ein gnedigste Fürbit gethan/
Hierbey es aber so nicht blieb/
Aus eim Ehebrecher wurd ein Dieb/
Welcher durch vermeint gewalt vnd macht/
Viel Gelds vnd Guts zu weg gebracht/

Als er die blinde Welt bered/
 Das er den Himel feil tragen thet/
Wenn man nu Gelt gnug gebe dar/
 Hets mit den Menschen kein gefahr/
So bald der Grosch im Kasten klingt/
 So bald die Seel in Himel sich schwingt/
Durch diesen Teuffelischen Tandt/
 Hat er betrogen sein Vaterland/
Biß ihn Gott hat ins Spiel gesehen/
 Durch Doctor Luthern seligen/
Welcher ihm seinen Krämertisch/
 Gewaltiglich zu Boden stieß/
Daher/Gott lob/biß auff die zeit/
 Der Ablaßkram zerstrewet leit/
So bleibet nun Christi verdienst/
 Einig allein vnser Gewinst/
Des Tezels Kram vnd Bapsts Betrug/
 Findet bey vns kein recht noch fug.

Johann Tetzel als Ablaßkrämer; Spottflugblatt (Holzschnitt, 1517) nard von Schenk den kurz zuvor erst gekauften Ablaßbrief hervor, hielt ihn Tetzeln vor Augen und sagte: »Mag es eine Sünde sein, hier ist mein Ablaß dafür, von Euch selbst, ehrwürdiger Vater, mir erteilt, daher ziehet mit Gott, und lasset den Kasten mit mir ziehen und empfanget auch meinen Segen. So Ihr es wollt, könnt Ihr auch den Heiligen Vater zu Rom von mir grüßen.« Da nun Tetzel nur ein schwaches Geleit bei sich hatte, dem Ritter aber mehrere männliche Reisige gefolgt waren, so mußte er mit kummervollem Blick auf den geldvollen Kasten von diesem Abschied nehmen und seines Weges ziehen. Herr Bernard von Schenk, er schenkte es zum Bau einer Kirche, die dem Dorfe Flechtingen damals noch fehlte. Den großen und dicken Ablaßkasten aber schenkte er in die Kirche zu Wittenberg, wo er noch steht und gezeigt wird. Tetzel aber ließ sich einen anderen Kasten machen, das wird der sein, der hernach nach Goslar gekommen ist, woselbst er sich noch befindet. Es gibt der Ablaß- und Tetzelkästen auch sonst noch hier und da, aber das Geldlein ist herausgetan. *(Altmark)* (194)

Am Wege zwischen Groß-Schöppenstedt und Königslutter liegt der Tetzelstein, der ist dort zum Andenken daran aufgerichtet worden, daß ein Ritter von Hagen hier, nachdem er zuvor Ablaß für alle seine künftigen Sünden von Tetzel am Marienbilde zu Königlutter erkauft, diesem seinen Geldkasten, ungeachtet aller seiner Verwünschungen, abgenommen. *(Braunschweig)* (195)

Die Pferdeköpfe im Hausgiebel

Als das Licht der Reformation aus dem Herzen Deutschlands seine segnenden Strahlen über das ganze Land verbreitete, sah man auch in Danzig bald die Vortrefflichkeit der neuen Lehren ein und beschloß, einige Kirchen dem Gottesdienst nach den geläuterten Lehren einzuräumen. Viele zwar widersetzten sich dieser Ketzerei – wie es genannt wurde – und unter ihnen besonders ein alter Ratsherr, ein eifriger Anhänger der katholischen Religion.

In einer Versammlung des Rates ward wiederum heftig über diesen Gegenstand gestritten, und jener Ratsherr verweigerte mit Hartnäckigkeit seine Genehmigung zum Einräumen einer Kirche. »Diese neuen Irrlehren« – so schloß er seine Rede – »werden verweht werden wie Spreu im Winde, und ebensowenig wie es möglich ist, daß mich meine beiden Schimmel bei der Heimkehr aus dem Bodenfenster meines Hauses mit fröhlichem Wiehern begrüßen werden, ebensowenig werden jene Ketzer um sich greifen.« Die Sitzung ward aufgehoben. Aber als der Ratsherr sich seiner Wohnung näherte und gleichsam im Triumphe nach dem Giebel hinaufschaute, siehe da steckten seine beiden Schimmel die Köpfe zum Bodenfenster hinaus und wieherten, als sie seiner ansichtig wurden, ihm lustig entgegen. Alsbald ging der Ratsherr in sich, und aus dem hartnäckigen Gegner der lutherischen Lehren ward er einer ihrer rüstigsten Verteidiger. Zum Andenken an jenes Wunder aber ließ er zwei Pferdeköpfe an dem Giebel seines Hauses in Stein aushauen, wie man sie heute noch in der Jopengasse sehen kann. *(Danzig)* (196)

Die drei Rebhühner zu Mühlhausen

An der Marienkirche zu Mühlhausen befinden sich drei in Stein gehauene Rebhühner und erinnern an folgende wunderbare Begebenheit: Es sollen kurz nach dem Beginnen der Reformation, die bekanntlich in Thüringens Auen sehr frühzeitig viele Anhänger fand, in einer Trinkstube der Stadt Mühlhausen zwei katholische Prälaten bei einem leckeren Mahle gesessen und sich über die Fortschritte des Ketzertums unterhalten haben. Der eine hat jedoch gemeint, es werde schwer halten, die neue Lehre gänzlich wieder zu unterdrücken, und da hat sich der andere der geistlichen Streiter so erzürnt, daß er, auf die drei eben auf die Tafel gesetzten Rebhühner zeigend, ausrief: »So wenig diese drei Rebhühner, die eben erst aus der Küche und vom Bratspieß kommen, wieder lebendig und davonfliegen werden, ebensowenig wird die ketzerische Lehre des Augustinermönches hier in dieser Stadt mächtig werden!« Aber siehe, kaum waren diese prophetischen Worte dem Munde des

Priesters entflohen, da fing vor ihren Augen der Braten in der Schüssel an sich zu bewegen, die Rebhühner erhoben sich, es wuchsen ihnen wieder Federn an Leib und Flügeln, und empor flatterten sie und flogen vor den Augen der erschrockenen Zecher zur Türe hinaus. Man eilte ihnen nach und sah sie auf einem Strebepfeiler der Marienkirche rasten; da wurden sie plötzlich in Stein verwandelt und sitzen noch jetzt da als ein sichtliches Wunder. *(Thüringen)* (197)

Die Einführung der Reformation

Im Schloß zu Oberbach lebte zur Zeit der Reformation eine alte Jungfer, welche der evangelischen Lehre zugetan war. Wie sie dachte auch ihre Freundin, die Besitzerin von Schloß Merkelsbach. Als nun beide eines Sonntags in der Kirche zu Drabenderhöhe saßen, gaben sie der Gemeinde mit ihrem Schlüsselbund ein verabredetes Zeichen. In demselben Augenblick erhob sich die ganze Gemeinde, drang auf den Geistlichen ein und trieb ihn zur Kirche hinaus. Dieser setzte über eine Mauer, um sein Leben in Sicherheit zu bringen. Damit war die Reformation in Drabenderhöhe eingeführt. *(Bergisches Land)* (198)

Tuttlingen wird lutherisch

Die Tuttlinger wurden zweimal gezwungen, den alten Glauben zu verlassen, und allemal kehrten sie wieder zu ihm zurück. Das dritte Mal endlich, als alles nichts mehr half, zogen sie mit Kreuz und Fahne den »Withoh« hinauf, eine bedeutende Höhe westlich von der Stadt; ließen dort Kreuz und Fahne und alles stehen und zogen heim und fügten sich in die neue Lehre. *(Schwaben)* (199)

Den Glauben changieren

Es hat einen Herzog von Köthen gegeben, von dem man erzählt, daß er in Paris mal sein Land verspielt habe und nur vom König von Preußen wieder ausgelöst worden sei. Als er nun zurückgekommen, haben ihn die Bürger dessenungeachtet feierlich empfangen wollen und sind ihm mit Fackeln entgegengezogen, aber da hat sich ein Teil der Brücke, über die ihr Weg führte, gesenkt und viele, viele sind zu Schaden gekommen. Das ist aber geschehen, weil der Herzog seinen Glauben geändert, und daher ist es auch gekommen, daß, als er hat eine Kirche bauen wollen, er sie nicht hat unter Dach bringen können, denn jedesmal, wenn es so weit war, ist über Nacht wieder ein großes Stück davon eingestürzt, und so ist der Herzog endlich darüber hingestorben. *(Sachsen)* (200)

Die beste Religion

In der Altmark, nicht gar weit von Salzwedel, liegt das Kloster Distorf, welches eins der ältesten Klöster ist und schon im Jahre 1161 bei Lebzeiten Markgraf Albrechts des Bären gestiftet ward. Nun sind um das Jahr 1540 zwei Klosterjungfrauen und Schwestern hier gewesen, Elisabeth und Ursula von Ritzbüttel, welche sich nicht entschließen konnten, das Papsttum zu verlassen, aber sich endlich doch beredeten, daß, wenn eine von ihnen sterben und Bericht der anderen tun würde, welches die beste Religion sei, so wolle die andere sich dann zu derselben halten. Und als hierauf Elisabeth mit dem Tode abging, so hat sich ein Geist in ihrer Gestalt bei der Ursula eingefunden und auf Befragen, ob sie selig worden sei, geantwortet: »Kuhm, kuhm«, d. h. kaum, kaum, worauf denn die Ursula sich fest vorgenommen hat, die Religion zu verändern. Wie sie aber zur Kirche gehen wollte, um ihr Glaubensbekenntnis öffentlich abzulegen, und bis in die sogenannte Kluft und in den etwas finstern Eingang aus dem Kloster zur Kirche gekommen war, ist sie von einer kalten Hand mit einer derben Maulschelle bewillkommnet worden, worauf diese aber versetzt hat: »Ich lasse mich nicht irren«, sondern ging fort und nahm die evangelische Religion an. *(Mark Brandenburg)* (201)

Luthers Empörung

In der Kirche zu St. Blasius in Nordhausen hängen die von Lucas Cranach gemalten Porträts des von Kaiser Karl V. geadelten Bürgermeisters von Nordhausen, Michael Meienburg, und seiner Gemahlin. Dieser machte es wie viele Bürgermeister, er steckte mit dem Walkenrieder Abt Johann Holtegel unter einer Decke, beide verpraßten die zu dem Unterhalte der Klosterbrüder bestimmten Gelder und ließen diese fast verhungern. Darüber ward Doktor Martin Luther so empört, daß er an seinen Freund Justus Jonas daselbst einen Brief schrieb, worin er beide verflucht und Gott bittet, ihr Eigentum mit Feuer zu vertilgen, und Gott erhörte seinen Wunsch, Meienburgs Güter wurden durch Feuersbrunst verzehrt. *(Thüringen)* (202)

Luthers Verbrennung in effigie

Im Jahre 1522 haben eine Menge Leute zu Altenberg ein hölzernes Bild, das wie Luther angezogen war, gemacht, dasselbe vor ein aus fingierten Richtern und Schöppen gebildetes Gericht geführt, es wegen Ketzerei verklagt und verurteilt und dann mit großem Geschrei und Lärm auf den Geisingberg geführt und am Sonntag Lätare an einem aus fünfundzwanzig Fudern Holz bestehenden Feuer verbrannt, nachdem vorher ein gewisser Bergmann darüber den Stab gebrochen und das Urteil gesprochen hatte. Zwanzig Jahre nachher kommen zwei Bürger aus Altenberg zu Doktor Martin Luther gen Wittenberg und bringen ihm einen schönen Handstein (so nennt man die reichhaltigsten Zinnstufen) von rotgüldenem Erze, worauf sie derselbe zu Tische bittet. Da fragt der eine, sein Kamerad habe sich einst schwer an ihm versündigt, indem er sein Bild wie Johann Huß zum Feuer verdammt, später habe er aber die Wahrheit seiner Lehre erkannt und bitte nun, da

Bildnis Martin Luthers (Wittenberg, 1546)

ihm solches von Herzen leid sei, demütig um Gnade und Verzeihung seines törichten Unverstandes. Dem Luther gefällt die Rede, und er sagt, weil solches Feuer ihm und seiner Lehre nichts geschadet, solle es ihm im Namen des Herrn vergeben und vergessen sein. Wie nun dieser Handel ein gut und ehrliches Gelächter gab, spricht der Absolvierte: »O, Herr Doktor, ich danke Euer Ehrwürden, aber ich habe noch eine große Schuld auf mir, bitte, Ihr wollet mich auch davon absolvieren, denn ich armer Bergmann habe mich bei der Zeche verpufft und bin an die fünfhundert Gülden schuldig.« Da sagt der Luther: »Ihr Bergleute, wenn ihr am ärmsten seid, blüht euer Glück, denn da haltet ihr an und sehet selber zu euren Zechen, und Not lehret euch beten, zur Kirche gehen und nüchtern und mäßig sein, darum wisset ihr selber nicht, wie reich ihr seid. Ziehet heim und arbeitet treulich und handelt redlich, glaubt und hofft an Gott den Allmächtigen, den rechten Erzschaffer im Namen seines Sohnes, der Silber und Gold in Fisches Mund sprach und läßt immer Erz wachsen und gibt's zur rechten Zeit denen, die in ihren Zechen anhalten und bei ihm im Gebet aushalten. Der reiche Gott wird mit euch sein, auf seinen reichen Segen und milde Hand absolviere ich euch von aller eurer Schuld.« Ehe dieser Bergmann wieder zu Hause kommt, erhält er Botschaft unterwegs, man habe in seiner Zeche auf dem seligen Asar gut Erz angetroffen, da löst er Geld und gibt Ausbeute und zahlt alles ab und behält noch Überlauf. *(Vogtland)* (203)

Das wunderbare Lutherbild

In der Domkirche zu Wurzen befindet sich ein Bild Doktor Martin Luthers. Es kam im Dreißigjährigen Kriege einmal ein Soldat in diese Kirche und ward dieses Bildes ansichtig. Er stieg also sogleich auf die Weiberstühle, zog seinen Degen heraus und wollte damit Luthern die Augen auskratzen. Weil nun aber ohnedem auf diese Stühle nicht gut zu treten war, so fügte es Gott wunderlich, daß er hinunterfiel und den Hals brach. Das Wahrzeichen ist jedoch noch heutigen Tages zu sehen, indem die Augen mit der Degenspitze ziemlich zerkratzt sind. *(Sachsen)* (204)

Ein Zeichen für die rechte Feier des heiligen Abendmahls

In Neustädtel trug sich's bei angehender Reformation zu, daß eines Morgens unterschiedliche Berg- und andere Leute zusammenkamen und auch von der Reformation redeten. Wie sie nun teils ungereimte Sachen vorbrachten und unter anderem auch auf die Lehre vom Abendmahl fielen, geschah es, daß der eine Teil das Abendmahl in beiderlei, der andere aber in einer Gestalt verteidigte. Indem nun ein Bergschmied, welcher an dem Fenster saß, dergestalt für eine Gestalt stritt und dabei sagte, daß, wenn dieses der rechte Glaube sei, daß ein Laie das Sakrament in beiderlei Gestalt empfangen sollte, er in seiner Hand vor seinem Fenster einen Vogel fangen wollte, siehe, so trug es sich, indem er im Regen mit der Hand zum Fenster hinausgriff, in einem Nu zu, daß sich zwei Sperlinge miteinander bissen und vor das Fenster fielen, solche aber von ihm beide ergriffen und in die Stube gebracht wurden, weswegen sich darauf alle Anwesenden, als vor einem Zeichen, entsetzten. *(Erzgebirge)* (205)

Der gespenstige Priester

Beim Beginn der Reformation ist im Dorfe Leuben ein katholischer Priester gewesen, der bis an seinen Tod, und selbst als fast seine ganze Gemeinde zur neuen Lehre übergetreten war, Luther und seine Anhänger, sooft er die Kanzel betrat, aufs greulichste geschmäht hat. Endlich starb er und ward in der Kirche beigesetzt. Allein er hat in derselben, die vom alten Glauben abgefallen, keine Ruhe; nachts um die zwölfte Stunde steigt er zum Grabe heraus, legt das Meßgewand an, macht in der Kirche die Runde, öffnet die Kirchtüre und sieht heraus, ob niemand zur Kirche komme, hierauf geht er durch die Gräber den Kirchweg bis zum ersten Hause des Dorfes hinab, dann kehrt er traurig auf demselben Wege zurück und legt sich mit dem Schlage ein Uhr wieder in sein Grab zur Ruhe. *(Sachsen)* (206)

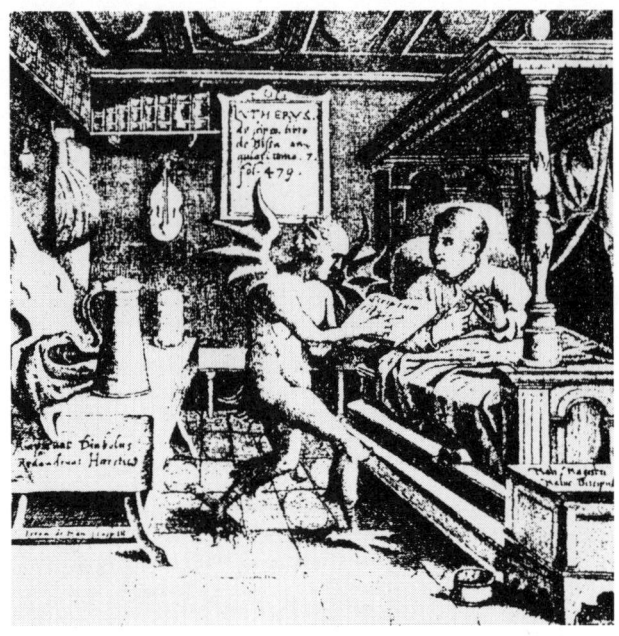

Spottbild auf Luther, der vom Teufel beraten wird

Luther in Würzburg

Auf der Reise zum Wormser Reichstage kam Doktor Martin
Luther auch nach Würzburg, wo er im Kleebaum einkehrte und die
Maß Wein, die er getrunken, noch schuldig ist. Im Kleebaum soll
früher ein Bild gewesen sein, worauf Papst Leo, Luther und Calvin
abgebildet waren nebst dem Teufel, worunter folgende Verse standen:

> »Der Papst spricht:
> ›Ich bin das Licht.‹
> ›Ich hab's geputzt‹,
> Lutherus spricht.
> Kalvinus will es gar ausblas,
> S . . . t ihm auf die Nas.« *(Franken)* (207)

Protestanten entlarven frommen Betrug

In der Stadt Eilenburg ist in der katholischen Zeit ein Marienbild gewesen, von dem man glaubte, daß es den Gebrechlichen, als Tauben, Stummen, Lahmen, Blinden, Siechen und Kranken, helfe und sie gesund mache. Es kamen von weiten und fernen Orten Reisende zu dieser Lieben Frauen und brachten ihr Opfer, weil man sich einbildete, es habe eine wunderbare Kraft in sich. Später aber, als die Reformation in Eilenburg eingeführt war, hat der neue evangelische Pfarrer, Magister Kaurdorf, dasselbe aus der Kirche auf den Markt bringen und untersuchen lassen, wo sich dann folgendes herausgestellt hat. Es war so gemacht, daß, weil es inwendig hohl war, man dahinter treten und durch ein geheimes Loch alles sehen konnte, was die Leute, so vor demselben niederknieten und es anbeteten, auch ihre Opfer und Einlagen, demselben brachten oder vornahmen. Wie es nun der Pfaffe oder Mönch, der dahinter stand, für gut befand, konnte er durch die verborgenen Schnüre, Drahtzüge und andere Instrumente das Bild also regieren und regulieren, daß es bald die Augen, als wenn es lebe, gegen einen vor demselben stehenden wendete oder wegkehrte, solche auf- und zumachte, ingleichen den Kopf bisweilen neigte, bisweilen schüttelte, wodurch es also ja oder nein zu verstehen geben wollte. Wenn nun einer so böse Taten als Mord, Ehebruch, Hurerei, Diebstahl und dergleichen Laster an sich gehabt, vor ihm niederfiel und selbiges um Fürbitte anflehte, hat sich solches Bild gestellt, als wenn es schliefe oder doch mit Schüttelung des Hauptes abschlägige Antwort von sich gegeben. Daher mancher, der es in Vermögen gehabt, ein stattliches an Geld oder an anderen Sachen, um solches wiederum zu versöhnen und bei demselben Gnade zu erwerben, ihm aufgeopfert hat. Ingleichen wenn einem seine Bitte gewährt worden, welches das Bild durch Neigen des Kopfes oder durch ein freundliches Ansehen zu verstehen gab, indem es ihn gleichsam angelächelt, oder wenn einer etwa hernach von seiner Krankheit genesen, da hat denn mancher fast sein halbes Vermögen aufgeopfert oder doch demselben eine große Gabe getan.

Ein ähnliches wächsernes Marienbild ist auch zu Liebenwerda in

Ego sum Papa.

Der Papst als personifizierter Teufel (Antichrist) mit Brustgesicht,
Krallenhänden und Bockshörnern (zeitgenössisches Flugblatt)

der Kirche gewesen, welches man hoch angebetet und von dem
man vorgegeben hat, es tue sonderbare Wunder mit Heilung an
kranken Personen. Deswegen hat sich Doktor Martin Luther selbst
dorthin begeben, die Leute eines Besseren unterrichtet, das Bild
selbst aber vernichtet. *(Sachsen)* (208)

Die goldene Laus im Kirchturm

Außerhalb der Stadt Bismark ist eine wüste Kirche gelegen gewesen, neben welcher ein schöner Kirchhof sich befindet, so zum heiligen Kreuze, auch Maria Himmelskönigin genannt worden. Im Jahre 1350 ist zu derselben eine Wallfahrt entstanden, indem man daselbst ein Kreuz gehabt und vorgegeben, daß bei demselben viel Zeichen geschähen, wäre also häufig zugelaufen und geopfert worden, daß sich auch die Leute untereinander über dem Opfer erschlagen hätten, worüber auch die Wallfahrt wieder gefallen. Ein Weg geht noch auf den Kirchhof zu, welcher noch jetzt die heilige Straße genannt wird, vermutlich daher, weil unter dem Papsttum die Prozession oder Wallfahrt durch diesen Weg nach der Kirche zu angestellt worden. Zu dieser mußte früher selbst der Bischof von Halberstadt hierherkommen. Es geschahen aber fortwährend in der Kirche viele Wunder. Das Merkwürdige in derselben war aber eine große Laus, welche oben auf dem Turme über dem Gewölbe der Kirche an einer goldenen Kette festgehalten wurde. Diese Laus verzehrte täglich ein Pfund Fleisch und ist so groß gewesen, daß man sie unten in der Kirche hat ganz deutlich sehen können, wenn sie, wie das an den Wallfahrtstagen geschehen, oben vom Gewölbe her gezeigt worden ist. Eine Abbildung dieser Laus hat man unten an der Turmmauer gesehen, die Kirche freilich ist jetzt längst zerstört, aber ihre Trümmer sieht man noch auf dem Felde unweit Bismark auf der Seite nach Stendal zu. Sie heißen jetzt die goldne Laus oder auch die verwünschte Laus. *(Mark Brandenburg)* (209)

Das Mönchskalb zu Freiberg

Den 29. Juni 1523 ist zu Freiberg im öffentlichen Kuttelhofe in einer geschlachteten Kuh, so einem Bauer zu Klein-Waltersdorf zugehörte, das sogenannte Mönchskalb gefunden worden. Dieses Kalb hat einen runden, ungestalteten Kopf gehabt und oben darauf eine Platte wie ein Pfaffe, samt zwei großen Warzen wie kleine Hörner; mit dem Untermaule ist es einem Menschen, mit dem obern und der Nase einem Kalbe gleich, sonst aber ganz glatt am

253

Mönchskalb und Papstesel (konfessionspolemische Flugblätter, 1608)

Leibe gewesen, es hat die Zunge lang aus dem Maule herausgestreckt; die Haut am Halse und Rücken herunter hat wie eine gewundene Mönchskutte ausgesehen, an den Seiten aber vorn und an den Beinen ist es voller Ritze und Schnitte gewesen, als wenn die Kutte zerhauen oder zerschnitten wäre. Solches Ungeheuer ist von Doktor Martin Luther in seinen Schriften, wo es auch abgebildet wird, neben der Beschreibung des Papstesels, den man 1496 zu Rom gefangen, gedeutet worden. Melanchthon aber meinte, daß durch dieses Kalb die Verderbnis der lutherischen Lehre in fleischliche und verderbliche Meinungen, wie sie zu selbiger Zeit im Schwunge gewesen, angezeigt worden, inmaßen auch bald hierauf ein Schwein zu Halle in den Osterfeiertagen ein Ferklein geworden, welches einem Pfaffen in Gestalt des damaligen Habits ganz ähnlich gesehen. Es hat aber gedachtes Mönchskalb die Autorität der Geistlichen, so dem Papste zugetan gewesen, sehr verringert, also daß auch die Bergleute ein besonders schimpfliches Lied davon gedichtet und dasselbe den Mönchen und Pfaffen zu Spott und

Hohn lange Zeit allhier gesungen, mit Bezug darauf, daß der Fleischer mit Vorbedacht und Willen das Fleisch von der Kuh, in welcher man das besagte Mönchskalb gefunden, niemandem als den Canonicis, Mönchen und anderen Geistlichen gelassen und solche dasselbe unbewußt verzehrt haben. *(Sachsen)* (210)

Die Wundergeburt

Zu der Zeit des Kardinals Albert ist zu Halle am Ostertage des Jahres 1536, indem der Kardinal hohe Messe gehalten, eine seltsam abscheuliche Wundergeburt von einer Sau des Bischofs Schloß zu St. Moritz geboren, auf zwei Beinen stehend, einem Menschen und Affen gleich, mit aufgesperrtem Rachen, die Zunge zum Halse heraushängend, zur Linken voll Kerben, als wie zerschnitten, auf den Augen Blasen voll Flecken, zur Rechten ein glattes Menschenohr, zur Linken ein hängend Sauohr, zwischen den Ohren einen Fleck wie blauer Zwirn, der Kopf ohne Haare, Maul und Nase einem Affen, hinterwärts einer Sau gleich, saufarbig wie tonigte Erde.

Ein ähnliches Tier ist aber schon im Jahre 1523 von einer Sau geworfen worden, so einen Menschenkopf mit einer Platte wie ein Meßpfaffe gehabt, welches der Saupfaff genannt worden. *(Sachsen)* (211)

Protestanten gelobten Marienwallfahrt

Seit vielen Jahren bemerkt man zur Zeit, wo die Pfarrgemeinde von Hafenlohr einen verlobten Wallgang nach Mariabuchen unternimmt, nämlich am Kreuzerfindungsfeste, einzelne Protestanten unter dem Haufen der Andächtigen. Man erzählt sich, daß diesen Leuten einmal etwas Auffallendes begegnet sei, wodurch sie veranlaßt wurden, ihre Andacht zur Mutter Gottes öffentlich zu beweisen. Und so ist es auch wirklich. Einmal ritten etliche Protestanten durch den Steinfelder Wald. Anfangs hatten sie gute Wege und gelangten wohlgemut bis an den Kreuzweg, der von Sendelbach

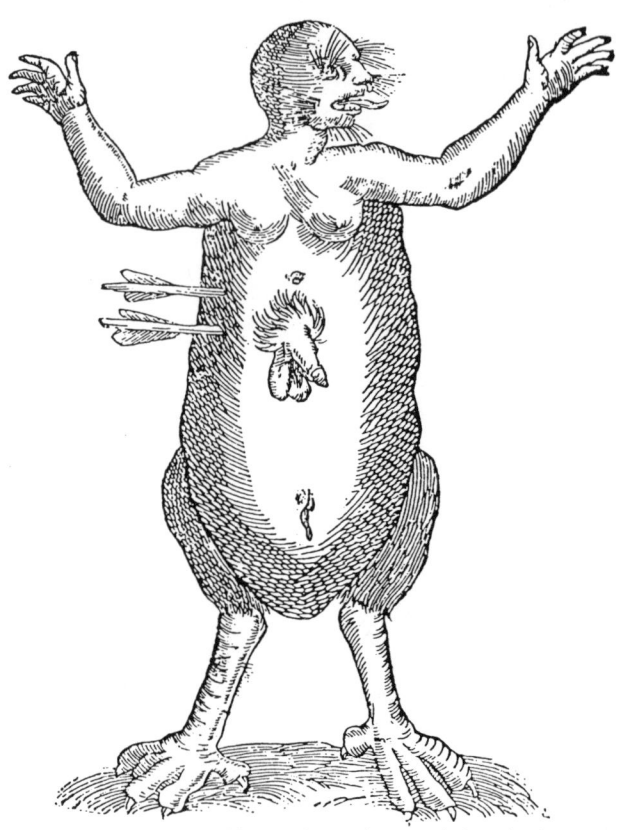

Wundergeburt (Aldrovandi, Ende 16. Jahrhundert)

nach Steinfeld führt. Hier überfiel sie ein Regenschauer, sie wollten daher eilig zum nahen Kloster Mariabuchen reiten, um dort mit ihren Pferden einzukehren. Oben bei dem Bildstock am Wege rief einer von ihnen: »Nun kommen wir sogleich hinunter nach Buchen, wo die Maria ihre Windelwäsche hat.« Kaum hatte er dieses Wort gesprochen, so blieben die Pferde auf dem Platz wie gebannt stehen. In der Meinung, daß Ermüdung die Ursache wäre, spornten sie die Pferde heftiger; doch je mehr sie trieben, desto höher bäumten sich die Pferde und konnten keinen Schritt weitergebracht werden. Wie alle Mühe vergebens war, dachte der Älteste von ihnen bei sich: »Wer weiß, ob dieses Ereignis nicht eine Strafe für unseren Frevel ist? Zur Sühne will ich ein Gelübde machen, jährlich zu Fuße die Maria Buchenkirche zu besuchen, zur Zeit, wo die Katholiken aus den umliegenden Ortschaften dorthin betend und wallfahrend gehen.« Dieser Vorsatz war nicht sobald gefaßt, als die Pferde leichten Fußes ihre Reiter nach Mariabuchen trugen, gleichsam als wollten die Tiere den Menschen dienen, um ihre Andacht und Dankbarkeit vor dem Bilde der Muttergottes abstatten zu können. *(Odenwald)* (212)

Die katholischen Pferde

Als man vor mehreren Jahren die Bernwardssäule auf dem Domhofe zu Hildesheim aufrichten wollte, ließ man zuerst vier lutherische Pferde (die einem Lutheraner gehörten) kommen, welche sie fortziehen sollten. Aber diese konnten sie nicht von der Stelle bringen, so sehr man sie auch antrieb. Als nun die Leute sahen, daß sie mit diesen Pferden nichts ausrichten würden, holten sie zwei katholische Pferde herbei. Diese führten denn auch augenblicklich die Säule auf ihren Platz. *(Niedersachsen)* (213)

Der unverbrannte Luther zu Eisleben

In der Langen Gasse zu Eisleben steht Luthers Geburtshaus in einer Ecke; ob nun wohl selbige Gasse vielmals abgebrannt ist, ist doch dieses Haus allemal stehen geblieben und hat das Feuer hier haltgemacht, ja als am 9. August 1689 der allergrößte Teil der Stadt in Rauch aufging, brannte auch nur der obere Teil aus, der untere hingegen, wo Luther geboren ist, blieb unversehrt. In dem obern Stockwerk befindet sich auch der sogenannte unverbrannte Luther, ein Bildnis desselben auf Holz gemalt, zwei Fuß hoch und einen Fuß breit, mit dem Heilande zur Rechten und mit Luthers Petschaft zur Linken, ein rotes Herz mit einem schwarzen Kreuze in einer weißen Rose, über dessen Bedeutung sich bekanntlich Luther selbst in dem bekannten Briefe an Lazarus Spengler in Nürnberg unter dem 8. Julius 1530 erklärt hat. Unten steht »Anno

1483 ist Dr. Martinus Luther in diesem Hause geboren und zu St. Peter getauft«. Darunter stehen die Worte »Hostis eram Papae, sociorum hostis et hujus, Vox mea cum scriptis nil nisi Christus erat«, die jedoch nicht von Luther sind, der aber einen andern Vers ähnlicher Art machte, nämlich »Pestis eram vivus, moriens ero mors tua, Papa!« Auch soll er die bekannten Verse zur Erklärung jenes Petschafts, die sich auf Münzen finden, gemacht haben, in denen übrigens das Chronodistichon 2717 steckt, womit er das so weit entfernte Jubeljahr seiner Reformation also andeuten wollte:

> »Der ChrIsten Herz aVf Rosen geht,
> Ob's MItten VnterM CreVze steht.
> MMDCCVVVII.«

Dieses Bild hat sich beim letzten Brande in der Oberstube befunden; als man, nachdem das Feuer gelöscht war, die Brandstelle durchsuchte, fand man dasselbe in dem ausgebrannten obern Stock gänzlich unversehrt und von keinem Feuer berührt. Übrigens ist dasselbe Haus auch, wenn die Pest in Eisleben grassierte und kein Haus davon befreit blieb, allein unangesteckt geblieben. *(Sachsen)* (214)

Erinnerungen

An der Nordseite der Kirche zu Schaprode befindet sich an einem Pfeiler ein Marienbild mit dem Jesuskindlein in einem dazu aptierten Orte, welcher mit einem Türlein und eisernem Gitter versehen ist. Von diesem Bilde wird durch mündliche Überlieferung berichtet, daß zu päpstlichen Zeiten Wallfahrten dorthin veranstaltet wurden, und wer dieser heiligen Maria etwas gelobet, der hat gemeint, in seinem Vorhaben, Gesuch und Anliegen beglückt zu sein. *(Pommern)* (215)

Osianders Grab

In der Altstädtischen Kirche zu Königsberg befindet sich auf der
Erde, unweit des Altares, der Grabstein des Doktors der Theologie
Andreas Osiander, welcher zu Königsberg am 17. Oktober 1552
verstorben ist. Derselbe war in seinem Leben ein großer Irrlehrer
gewesen und hatte in vielerlei Streit gelebt mit den Gottesgelehrten
seiner Zeit. Deshalb, obgleich er bei großer Versammlung des
Volks und unter Begleitung des Markgrafen Albrecht und dessen
ganzen Hofstaates begraben wurde, hörte man doch einige Tage
nach seinem Begräbnisse, der Teufel habe ihm den Hals umgedreht
und seinen Körper ganz zerrissen. Daher der Herzog durch solch
Gerücht bewogen ward, den Körper durch das Altstädtische Gericht besichtigen zu lassen, um die Plauderer Lügen zu strafen.
Aber als der Sarg geöffnet wurde, fand man die Leiche Osianders
nicht darin, dagegen den Leichnam eines anderen Menschen, welcher im Leben Nickel Balthasar geheißen; darüber entsetzten sich
alle. Aber den Stein deckte man wieder über die Gruft. *(Ostpreußen)* (216)

Luther auf dem Weg zum Konzil

Als Martin Luther zum Concilium nach Trient wollte, war er
schon nicht mehr weit von dieser Stadt. Da fragte er ein altes Weib,
das ihm begegnete, ob das Konzil schon angefangen habe und was
die Bischöfe machten. »Lang schon«, antwortete das Mütterchen
dem Pater, »und jetzt tun sie in einem großmächtigen Kessel Öl
sieden für den Dr. Luther, um ihn zu brühen, sobald er kommt.«
Luther kehrte um und aß zu Salurn Mittag. Da ward es ruchbar und
er des Lebens nicht sicher. Nun verließ er eiligst das Dorf und ist
das Essen, andere sagen die Würste, noch schuldig. Auf dem
Rückwege nach Deutschland hielt er sich einige Zeit im Schlosse
Anger bei Klausen auf, wo er gute Freunde hatte. *(Tirol)* (217)

Titelblatt der Streitschrift von Thomas Murner (= Kater)
gegen die Reformation, 1522

Luthers Beschwörung

In Leopoldskirchen saßen mehrere Leute im Wirtshaus und tranken italienischen Wein. Auch der Pfarrer war dabei. Wie es sich nun gibt, daß das Gespräch von einem auf das andere geht, fiel auch der Name Luther. Der Pfarrer sagte, daß der seine Taten in der Hölle büßen müsse. Die Bauern und Weinfuhrleute aber konnten nicht recht glauben, daß ein so gelehrter Mann wie Luther in die Hölle gekommen sei. Das erboste den Pfarrer, daß er zornig ausrief: »Wollt ihr ihn sehen, den Luther? Soll ich ihn herbestellen? Dann könnt ihr ihn selber fragen.« Da noch immer viele zweifelten, sprach der Pfarrer die gewissen Kraftworte und stand auf. Sogleich vernahm man draußen Lärm, die Tür sprang auf, und herein zottelten zwei großmächtige Teufel, in ihrer Mitte hing an glühenden Ketten Luther. Der Pfarrer verließ das Zimmer und ging heim. Keiner von den Bauern und Weinfuhrleuten getraute sich nun, an die Erscheinung auch nur ein Wörtlein zu richten, ja, es wäre ihnen lieber geesen, wenn die unheimlichen Gestalten wieder verschwunden wären. Doch diese machten keine Miene, den Platz zu verlassen. Da niemand wußte, wie der Spuk gebannt werden könne, schickte man um den Pfarrer. Doch der war noch voll Zorn und schlug die Bitte ab. Erst nach wiederholtem Bitten ließ er sich dazu herbei, ins Wirtshaus zurückzukehren, und machte mit einem kräftigen Spruch dem Höllenspuk ein Ende. *(Kärnten)* (218)

Luthers Tod in der Polemik

Es erzählet Biedenbach Collat. lib. VII. cap. 39, daß an dem Tage, da der sel. Lutherus verstorben, alle Besessene, welche zu Gehlen, einem Flecken in Braband, bei dem Grabe der heiligen Dymnae zugegen gewesen, auf einmal erlöset worden; doch hätten diese Geister nicht lange hernach insgesamt ihre alte Wohnung wieder bezogen, und da sie von dem Exorzisten befraget worden, wo sie den vorigen Tag verborgen gelegen, zur Antwort gegeben, sie hätten aus Befehl ihres Fürsten dem Begräbnis des neuen Propheten und ihres getreuen Mithelfers beiwohnen müssen. Diese Begebenheit soll Lutheri Bedienter, welcher bei seinem Tode gegenwärtig gewesen, bekräftiget und gemeldet haben, daß, da er, um frische Luft zu schöpfen, durch das Fenster hinausgeschauet, er mit großem Schrecken viele häßliche Geister hin und wieder einen

Der Fenstersturz zu Prag (zeitgenössischer Holzschnitt)

Reihen halten gesehen, wie er denn auch ausgesaget, daß eben
diejenigen Raben, welche die Leiche von Eisleben bis nach Wittenberg begleitet, solche dienstbare Geister gewesen sein müssen.
(219)

Ein alter böhmischer Brauch

Matthias beschäftigte sich wenig mehr mit der Regierung, die von
ihm in Böhmen bestellten Statthalter hatten weder Neigung noch
Gewalt, die Beschwerden der Protestanten zu heben. Diese hielten
1618 zu Prag eine Zusammenkunft, machten den Räten auf dem
Schloß wegen einiger weggenommenen evangelischen Kirchen
Vorstellung und stürzten, da es zum Wortwechsel und Tumult
kam, einige derselben vom Fenster herab in den Schloßgraben. Sie
nannten dieses Verfahren in ihrem Rechtfertigungsschreiben an
den Kaiser einen alten böhmischen Gebrauch, und versicherten,
dessenungeachtet treue Vasallen zu sein. (220)

Städte und Zünfte

Der Rattenfänger (englischer Holzschnitt)

Der Rattenfänger von Hameln

Die Lüneburger Handschrift

Zu vermelden ist ein höchst seltenes Wunderzeichen, das sich in der Stadt Hameln in der Diözese Minden im Jahre des Herrn 1284 gerade am Tage des Johannes und Paulus ereignete. Ein Jüngling von dreißig Jahren, schön und überaus wohl gekleidet, so daß alle, die ihn sahen, ihn wegen seiner Gestalt und Kleidung bewunderten, trat über die Brücke und durch das Wesertor (in die Stadt) ein. Auf einer silbernen Flöte von wundersamer Form begann er sodann durch die ganze Stadt hin zu pfeifen. Und alle Kinder, die diese Flöte hörten, an der Zahl etwa einhundertdreißig, folgten ihm zum Ostertore hinaus zur sogenannten Kalvarien- oder Gerichtsstätte. Dort verschwanden und entwichen sie, daß niemand aufspüren konnte, wo eines von ihnen geblieben war; die Mütter der Kinder aber eilten von einer Stadt zur andern, doch fanden sie nirgends etwas von ihnen. Daher (heißt es): »Eine Stimme wurde in Rama gehört, und jede Mutter beweinte ihren Sohn.« Und wie man nach Jahren des Herrn oder nach dem ersten, zweiten, dritten Jahre nach einem Jubiläum zählt, so zählte man in Hameln nach dem ersten, zweiten, dritten Jahre nach dem Ausgang und Verschwinden der Kinder. Dieses habe ich in einem alten Buche gefunden ... Und die Mutter des Herrn Dekans Johann von Lüde sah die Kinder fortziehen. (221)

Hiob Fincelius: Wunderzeichen

Von des Teuffels gewalt und boßheyt wil ich hie ein warhafftige Historiam melden. Vngefehrlich für 180 jaren hat sichs begeben zu Hameln inn Sachssen an der Weser, das der Teuffel am tag Maria Magdalene inn menschlicher gestalt sichtiglich auff den gassen vmbgangen ist, hat gepfiffen vnd vil kinder, knebele vnd meidle, an sich gelockt vnd zum stadthor naußgefürt an ein berg, da er dahin kommen hat er sich mit den kindern, der sehr vil gewest, verlorn, das niemand gewüst, wo die kinder hin kommen sind. Solchs hat ein Meidle, das von fern nachgefolgt, jiren Eltern angezeigt, ist derwegen bald auff wasser vnd Land an allen örtern fleissige nachforschung vnd bestellung geschehen, ob die Kinder villeicht gestolen vnd hinweg gefürt weren worden. Aber es hat kein mensch erfarn, wo sie hin kommen sind. Solchs hat die Eltern höchlich betrübt vnnd ist ein schröcklich exempel götlichs zorns vber die sünde. Solches alles ist beschriben in dem Stadbuch zu Hameln, da es vil hoher Leut selbs gelesen vnd gehört. (222)

Darstellung eines gewerbsmäßigen Rattenfängers (englischer Holzschnitt)

Der Mäusejäger

In Freistadt nahmen einst die Ratten und Mäuse so überhand, daß man keinen Rat wußte. Ein »Halter« [Hirt] trug sich an, das Geschmeiß zu vertreiben. Er stellte sich auf den Hauptplatz und blies in ein Horn. Aus Kellerfenstern und Mauerlöchern kamen die Ratten und Mäuse herzugelaufen. Als genug beisammen waren, verließ er blasend die Stadt, das Ungeziefer folgte ihm. Er führte den Zug vor die Stadt zum Teich und watete hinein, so weit er konnte, die Tiere schwammen ihm nach. Endlich hörte er auf zu blasen, die Ratten und Mäuse ertranken alle. *(Oberösterreich)* (223)

Der hamelnschen Kinder Ausgang

Im Jahr 1284 ließ sich zu Hameln ein wunderlicher Mann sehen. Er hatte einen Rock von vielfarbigem, buntem Tuch an, weshalben er Bunting soll geheißen haben, und gab sich für einen Rattenfänger aus, indem er versprach, gegen ein gewisses Geld die Stadt von allen Mäusen und Ratten zu befreien. Die Bürger wurden mit ihm einig und versicherten ihm einen bestimmten Lohn. Der Rattenfänger zog demnach ein Pfeifchen heraus und pfiff, da kamen alsobald die Ratten und Mäuse aus allen Häusern hervorgekrochen und sammelten sich um ihn herum. Als er nun meinte, es wären keine zurück, ging er hinaus und der ganze Haufe folgte ihm, und so führte er sie an die Weser; dort schürzte er seine Kleider und trat in das Wasser, worauf ihm alle die Tiere folgten und hineinstürzend ertranken.

Nachdem die Bürger aber von ihrer Plage befreit waren, reute sie der versprochene Lohn, und sie verweigerten ihn dem Manne unter allerlei Ausflüchten, so daß er zornig und erbittert wegging. Am 26. Juni auf Johannis und Paulitag, morgens früh sieben Uhr, nach andern zu Mittag, erschien er wieder, jetzt in Gestalt eines Jägers erschrecklichen Angesichts mit einem roten, wunderlichen Hut, und ließ seine Pfeife in den Gassen hören. Alsbald kamen diesmal nicht Ratten und Mäuse, sondern Kinder, Knaben und Mägdlein vom vierten Jahre an, in großer Anzahl gelaufen, worunter auch die schon erwachsene Tochter des Bürgermeisters war. Der ganze Schwarm folgte ihm nach, und er führte sie hinaus in einen Berg, wo er mit ihnen verschwand. Dies hatte ein Kindermädchen gesehen, welches mit einem Kind auf dem Arm von fern nachgezogen war, danach umkehrte und das Gerücht in die Stadt brachte. Die Eltern liefen haufenweise vor alle Tore und suchten mit betrübtem Herzen ihre Kinder; die Mütter erhoben ein jämmerliches Schreien und Weinen. Von Stund an wurden Boten zu Wasser und Land an alle Orte herumgeschickt, zu erkundigen, ob man die Kinder oder auch nur etliche gesehen, aber alles vergeblich. Es waren im ganzen hundertunddreißig verloren. Zwei sollen, wie einige sagen, sich verspätet und zurückgekommen sein, wovon aber das eine blind, das andere stumm gewesen, also daß das blinde den Ort nicht hat zeigen können, aber wohl erzählen, wie sie dem Spielmann gefolgt wären; das stumme aber den Ort gewiesen, ob es gleich nichts gehört. Ein Knäblein war im Hemd mitgelaufen und kehrte um, seinen Rock zu holen, wodurch es dem Unglück entgangen; denn als es zurückkam, waren die andern schon in der Grube eines Hügels, die noch gezeigt wird, verschwunden.

Die Straße, wodurch die Kinder zum Tor hinausgegangen, hieß noch in der Mitte des 18. Jahrhunderts die bunge-lose, weil kein Tanz darin geschehen, noch Saitenspiel durfte gerührt werden. Ja, wenn eine Braut mit Musik zur Kirche gebracht ward, mußten die Spielleute über die Gasse hin stillschweigen. Der Berg bei Hameln, wo die Kinder verschwanden, heißt der Poppenberg, wo links und rechts zwei Steine in Kreuzform sind aufgerichtet worden. Einige sagen, die Kinder wären in eine Höhle geführt worden und in Siebenbürgen wieder herausgekommen.

Die Bürger von Hameln haben die Begebenheit in ihr Stadtbuch einzeichnen lassen und pflegten in ihren Ausschreiben nach dem Verlust ihrer Kinder Jahr und Tag zu zählen. Nach Seyfried ist der 22. statt des 26. Juni im Stadtbuch angegeben. An dem Rathaus standen folgende Zeilen:

>>Im Jahr 1294 na Christi gebort
tho Hamel worden uthgevort
hundert und dreißig Kinder dasülvest geborn
dorch einen Piper under den Köppen verlorn.<< (224)

Die Naumburger Hussitensage

Anno 1429 oder 1430 taten die Hussiten oder Böhmer großen Schaden. Sie hatten es sich gar vorgesetzt, die Stadt gänzlich zu zerstören. Allein, nachdem die Eltern ihre Kinder alle weiß angezogen und nach dem Buchholze entgegengeschickt, ließen sich selbe besänftigen, auch die Kinder auf ihr Jammergeschrei mit Frieden zurückgehen. Deswegen um Jakobi jährlich noch von denen Knaben auf einen Montag und Donnerstag darauf von denen Mägdlein ein Schulfest, sonst das Kirschfest genannt, bei der Vogelstange gehalten wird. (225)

Die Bürger von Naumburg hatten es gewagt, dem wilden Hussitenführer Prokopius zu trotzen. Als aber nach manchem abgeschlagenen Sturm der Hunger sich immer fühlbarer machte, beschlossen sie, eine Gesandtschaft an ihn zu schicken. Die gelobte, die Stadt solle ihm übergeben werden, wenn er gnädig und mild mit ihr verfahren wolle. Doch er schwur, durch den langen Widerstand wütend gemacht, keinen Stein auf dem andern zu lassen und selbst des Säuglings nicht zu schonen. Nun zog die Bürgerschaft hinaus und bat fußfällig um Gnade; die Geistlichkeit beschwur ihn im Namen Jesu, die Stadt nicht zu verderben – aber vergebens. Da griffen die Einwohner zum letzten Mittel: sie zogen den Kindern weiße, mit schwarzen Bändern besetzte Kleider an, und unter Führung eines Viertelsmeisters mit Namen Wolf zogen sie paarweise zur Stadt hinaus, zweihundertdreiundachtzig Knaben und dreihunderteinundzwanzig Mädchen. Man hatte ihnen eingeprägt, sobald sie ins Lager kämen, zu weinen, die Hände gen Himmel zu heben, niederzufallen und »Gnade, Gnade!« zu schreien. Sollten aber die Feinde grausam sein, so möchten sie willig ihr Hälslein aufmachen und hinhalten. Sie gelangten zum Lagerplatz und wurden von den Offizieren zum Zelte des Prokopius geführt. Der wußte anfangs nicht, was das bedeuten solle. Als aber die Kinder jämmerlich zu schreien und zu weinen anfingen, auf die Knie fielen und »Gnade, Gnade!« riefen, sah er die Umstehenden und die Kinder nacheinander an, befahl ihnen, still zu sein und aufzustehen. Nun beratschlagte er sich mit den übrigen Befehlshabern eine halbe Stunde lang und versicherte danach den Kleinen, daß ihnen kein Leid widerfahren solle. Ließ auch die im Lager befindlichen böhmischen Musikanten kommen und zum Tanz aufspielen. Da die Kinder aber, immer noch voll Furcht, nicht tanzen wollten, so brachte man auf seine Weisung Kirschen, Birnen und Schoten herbei, wodurch sie endlich beherzter wurden. Er selbst ließ für sich und die andern Befehlshaber Sessel herbeitragen und setzte sich mitten unter die Kinder, welche nun gar fröhlich um ihn herumsprangen. Abends um sieben Uhr befahl er ihnen, stille heimwärts zu ziehen und am Tor zu sagen, die Stadt hätte Gnade, er wolle ihr kein Huhn nehmen, und morgen werde kein Hussit mehr zu sehen sein. Er hat Wort gehalten. Um drei Uhr in der Frühe des andern Tags war das Heer abgezogen und die Stadt befreit. (226)

Bernhard von Galen und die Bürger von Lünen

Im Jahre 1672 kam der mächtige münstersche Bischof Bernhard von Galen zu dem Städtchen Lünen, um dasselbe einzunehmen und wider alles Recht unter seine Botmäßigkeit zu bringen. Allein, die Bürger widersetzten sich tapfer und wagten es sogar im Vertrauen auf die Festigkeit ihrer Mauern, den Bischof zu verspotten.

> Berndken van Gaolen
> Kann puchen, kann praohlen
> Kann stinken, kann leigen
> Kann Lüde bedreigen.

Da verdoppelte dieser seine Mannschaft, brach mit Sturm in die Stadt ein und gab seinen Soldaten den Befehl, die Mauern zu schleifen, die Häuser anzuzünden und die ganze Stadt dem Boden gleichzumachen. Vergeblich flehten Scharen von Bürgern die Gnade des siegreichen Bischofs an, vergeblich demütigten sich die Vornehmen der Stadt vor ihm, und vergebens bot man ihm alle Reichtümer und gelobte ewigen Gehorsam; das harte Herz des Bischofs wurde durch nichts bewegt, und er beharrete in seinem grimmigen Vorsatze, die Stadt gänzlich zu vertilgen.

Da versammelten sich die Weiber der Stadt mit ihren Kindern und suchten zwölf von ihren jungen Töchtern aus, welche die schönsten und lieblichsten waren. Diese kleideten sich in schneeweiße Gewänder, flochten Kränze in ihr Haar und zogen so zu dem Bischof, fielen zu seinen Füßen und sprachen mit Tränen in den Augen: »Herr, du hast den Untergang unserer armen Stadt beschlossen und willst uns vertreiben aus den Wohnungen unserer Väter, blicke gnädig auf uns arme Waisen und verschließe nicht dein Herz unseren Tränen.« Kaum hatten die Jungfrauen diese Worte ausgeredet, so wandelte sich der Zorn des Bischofes in

Mitleiden, mit sanfter Stimme hieß der rauhe Krieger die Jungfrauen von dannen gehen und verließ noch in derselben Stunde mit
aller Mannschaft die Stadt.

Die Witwe des Bürgermeisters Middeldorp in Lünen, welche
erst vor hundert Jahren gestorben ist, hat die Wahrheit dieser
Begebenheit bezeugt und in ihren alten Tagen mehrmals erzählt,
daß sie selbst unter den zwölf Jungfrauen gewesen und mit dazu
beigetragen habe, das große Unheil der Zerstörung ihrer Vater-
stadt zu entfernen. *(Westfalen)* (227)

Die Hexe von Bremen

Bei Bremen wohnte zu Luthers Zeit eine Hexe, welche berühmt
war, weil sie durch Kräutertränke wahre Wunderkuren verrichtete. Reiche und Arme, Junge und Alte vertrauten sich ihr an, selbst
die Ärzte empfahlen sie mit Vertrauen solchen Kranken, welchen
sie nicht helfen konnten, ja, sie begaben sich sogar selber in die Kur
des alten Weibes.

Der regierende Bürgermeister lag einst schwer krank; an seinem
Lager standen drei Ärzte der Stadt. Der berühmte Ratsarzt schüttelte den Kopf, der Bürgerarzt seufzte, aber der jüngste, der Ar-
mendoktor, riet, die Kräutersammlerin kommen zu lassen, denn
täglich erkenne er die heilsame Wirkung ihrer an sich unschädli-
chen Mittel.

Die ersteren, als sie die Angehörigen des hohen Herrn auf der
Seite des Armenarztes sahen, verließen empört das Haus. Man
schickte sogleich einen Diener zu der Alten, der aber kehrte mit
dem Bescheid zurück, sie könne dem ungerechten Richter, der sie
durch sein Urteil ins Elend gestürzt habe, keine Hilfe bringen. Nun
ging die Tochter des Kranken selbst zu der Alten, und ihrem
Flehen gelang es, dieselbe zu erweichen, daß sie mitging, dem
Bürgermeister von ihrem Trank reichte mit der Weisung, dem
Kranken stündlich ein wenig davon zu geben und am folgenden
Tage neue Arznei zu holen.

Als der Ratsarzt dann den Diener von der Alten kommen sah,
erfuhr er auf sein Befragen, daß der Trank seinem Herrn gute

Wirkung getan habe. Bleich vor Ärger, aber freundlich bat er den Diener, ihm das Gebräu einmal zur Untersuchung zu geben, da er das Mittel doch auch kennenlernen möchte. Der Diener ließ sich bereden, und der Ratsarzt ging ins Nebenzimmer, aus welchem er gleich zurückkehrte und mit zitternder Hand dem Diener das Gefäß reichte.

Der Bürgermeister, bereits wieder voller Hoffnung, nahm vertrauensvoll den Trank, bald aber stellte sich die Krankheit mit heftigen Schmerzen wieder ein, welcher er gegen Abend erlag. Es war offenbar, daß der Bürgermeister das Opfer eines schändlichen Verbrechens geworden war.

Sofort wurde die Kräutersammlerin als verdächtig, den Kranken aus Rache vergiftet zu haben, ins Gefängnis geworfen. Die Folter brachte sie zum Geständnis, und als Giftmischerin und Hexe wurde sie zum Feuertode verurteilt. Von denen, die ihr Hilfe verdankten, wurde die Hexe mit Schmähungen überhäuft, als man sie zum Richtplatz schleppte.

Auf dem Scheiterhaufen wurde sie vom Geistlichen aufgefordert, ihre Schuld durch offenes Geständnis zu vermindern, sie aber betete: »Herr vergib ihnen, sie wissen nicht, was sie tun!« und starb in den Flammen. Am Tage darauf fand man den berühmten Ratsarzt in seinem Schlafzimmer erhängt. Niemand sprach es aus, was er dachte, aber jeder dachte sein Teil. Der alte Diener starb vor Gram. Diese Sage kann immerhin auf Wahrheit beruhen, denn derartige Ereignisse waren in damaliger Zeit ganz gewöhnlich. *(Bremen)* (228)

Eine Kölner Stadtfehde

Am Sachsenring in Köln ist noch ein Stück der alten Stadtmauer zu sehen und darin ein Flachbild mit der Darstellung eines verworrenen Kampfes, der Jahreszahl 1268 und der Unterschrift:

> »Up der heiliger More Nacht
> Da wart hier durch de Mure gebrochen.«

Auf dieser Stelle war die alte Ulrepforte, und jene Durchbrechung der Mauer und ihre blutige Folge ist einer der aufregendsten Vorgänge in den alten Kölner Stadtfehden gewesen.

Unter dem Stadtmauerbogen wohnte damals ein Schuhflicker namens Habenichts, der auch mit Kerzen handelte, wenn er gerade keine Schuhe zu flicken hatte. Einst kam der frühere Schöffe Hermann Fischer, der von den Overstolzen aus Köln verbannt war, weil er es mit der Partei der Weisen hielt, zu ihm und überredete ihn, er sollte gegen Lohn von seinem Keller aus einen Gang unter der Stadtmauer her brechen, so groß, daß Mann und Pferd durchgehen könnten. Der Schuster begab sich ans Werk, schaffte nachts heimlich die Erde fort, die er am Tage ausgegraben hatte, und stattete Bericht in Bonn ab, als der Durchbruch vollendet war. Die Weisen hatten inzwischen mit ihren Anhängern in Köln alles Nähere ausgemacht und gewannen den Herzog Walram von Limburg für sich, weil der Erzbischof gefangen nach Nideggen geführt worden war.

In der Abenddämmerung vom 14. Oktober 1268 führte Schuster Habenichts durch seinen heimlichen Gang viele Reisige in die Stadt, die sich in den nächstliegenden Gärten sammelten. Sie wurden aber von Hermann Winkelbert, einem Freunde der Overstolzen, bemerkt, der dem alten Matthias Overstolz schnell Kunde brachte. Noch in selbiger Nacht eilten dreihundert Overstolzen herbei, und um die Kirche St. Pantaleon hub ein heldenhaftes Kämpfen an. Die Weisen wurden fast erschlagen, der Herzog Walram gefangen genommen. Das war der Kampf an der Ulrepforte. (229)

Die Verschwörung zu Lübeck

Im Jahre 1385 geschah der große Jammer der Verräterei, wie er zu Lübeck unerhört war: Da war die Stadt verraten von innen und von außen und wäre zugrunde gegangen, wenn nicht Gott über sie gewacht hätte. Die Rädelsführer solcher Verräterei waren Hinrich Paternostermaker, ein Bernsteindreher, der das wohl fünfzehn Jahre lang betrieben; Arnold Synnighe, ein Buntfutter, Johann Kaleveld und Hermann van Minden, beide Bäcker. Diese pflegten in Arnolds Hause am Klingberg zusammenzukommen und sich über ihre Anschläge zu besprechen und verfuhren dabei ganz schlau. Denn ehe sie einem sich entdeckten, stellten sie ihn auf mancherlei Proben, ließen ihn auch einen erschrecklichen Eid schwören, daß er keinem lebendigen Menschen etwas sagen wollte, er möchte beitreten oder nicht. Blieb aber einer dabei, dann schrieben sie seinen Namen mit Blut auf ein Papier; und es wurden ihnen nur sehr wenige abfällig, da sie ihre Leute gut zu wählen wußten. Außerhalb der Stadt aber war ihr Hauptmann ein Holsteinischer von Adel, Detlev Gudendorp, der von den Rittern viele an sich zog und es ebenso machte wie die binnen Lübeck.

Als nun der Tag der Ausführung herannahte, versammelte der Gudendorp einen großen Haufen um sich, der sich in den Riesebusch versteckte. Und es ward folgendes verabredet: Am Lambertustag, welcher dazumal ein Sonnabend war, sollte man warten, bis der Rat aus der Kirche auf das Rathaus gegangen sei, was gegen neun Uhr zu geschehen pflegte; dann wollte man des Buntfutters Haus am Klingberg in Brand stecken, damit ein Teil des Volkes dahin gezogen würde; und dies sollte zugleich als Losungszeichen für die draußen Wartenden gelten. Binnen der Stadt aber wollte man sich in der Altenfähre im Krug und in einigen andern Häusern versammeln, und ihrer vierzig sollten wohlbewaffnet aufs Rathaus gehen, was sie dort von Dienern und Wachen vorfänden, ermorden und so dem übrigen Haufen Raum machen, der den Rat und seine Verwandten und die Reichsten der Stadt umzubringen angewiesen war.

Dies alles war so heimlich gehalten, daß außer den Verschworenen niemand auch nur das Geringste ahnen konnte. Da gab Gott, daß einer aus dem Lande Holstein, der sich den Gudendorpern durch einen Eid verbunden hatte, das große Unglück und Übel erkannte, was da geschehen sollte. Der ritt in Eile mit verdecktem Angesicht nach Lübeck in des Bürgermeisters Johann Persevals Haus in der Königstraße bei der Jakobikirche und fragte, wo der Herr Bürgermeister wäre. Da ihm nun geantwortet wurde, er sei zu Rat, sprach er: »Ja, können sie was Gutes raten, so ist es nun hohe Zeit!« und fragte: »Ist denn niemand seiner Kinder vorhanden?« Wie nun der älteste Sohn zum Vorschein kam, sprach der

Reiter: »Ich hätte zwar viel lieber deinen Vater gesprochen; aber da ich nun denselben im Augenblick nicht haben kann, bin ich mit deiner Person zufrieden. Weil ich jedoch eilig geritten, dürstet mich gar sehr; so bitte ich dich, daß du mir einen Trunk reichest.« Als das Glas gebracht war, nahm es der Ritter, kostete davon und sprach halblaut: »Dir sage ich es, Glas, und keinem lebendigen Menschen, wenn man der Sache nicht mit gutem Rat weislich zuvorkommt, und dem großen Unglück, das vorhanden, kräftiglich wehrt, so ist morgen, wenn die Glocke neun geschlagen, der ganze Rat samt seinen Anverwandten jämmerlich ermordet; denn die gute Stadt Lübeck ist voller Verräter, ohne die, die von außen dazu kommen und auch schon in guter Bereitschaft stehen.« Und kaum daß er solches gesprochen, warf er das Glas hinter sich über den Kopf, wandte sein Pferd und ritt in größter Eile zum Tor der Stadt hinaus. Wie er aber vor Herrn Persevals Tür dem Pferd die Sporen gab, warf er eins seiner Hufeisen von hinten aus an einen Giebel; das hat der Oberst von Melle nachher vergolden lassen. Es ist aber auch dem Reiter zu Ehren ein Denkmal gesetzt an Herrn Persevals Haus, wie er auf dem Pferde fortsprengt und ein Glas in der Hand hat; das stand vordem in einem runden Ausbau an der Tür, hernach auf einem Beischlag, und ist noch vor einigen Jahren erneuert und in die Wand gesetzt.

Wie nun Herrn Persevals Sohn die Worte hört, nimmt er sie sich zu Herzen, geht in Eile aufs Rathaus, läßt seinen Vater ausfordern und erzählt ihm, was sich begeben. Der Vater aber führt ihn vor den ganzen Rat; da sagt er abermals aus, was er gesehn und gehört. Und alle wurden aufs höchste erschrocken, da sich keiner eines solchen Unglücks versehen hatte; sie wußten auch in der Bestürzung nicht, wie demselben am weislichsten möchte vorgebeugt werden. Dennoch ward beschlossen, daß die Hälfte der Herren des Rats in aller Stille ihre Freunde und Anverwandten warnen, daß sie auf guter Hut sein und die künftige Nacht munter bleiben möchten, ob sich vielleicht etwas regen würde. Dann wurden auf den Abend insgeheim alle der Stadt Tore, Pforten und Schlösser besichtigt, dabei aber etliche Wahrzeichen gefunden, daraus man zur Genüge abnehmen konnte, daß etwas im Werke sei. Derhalben war auch der Rat wachsam, wußte aber dennoch nicht, wie er es anfangen sollte, dem Übel aufs nachdrücklichste zu begegnen und die Rädelsführer samt ihrem Anhang auszuforschen.

Es begab sich aber des Nachts zwischen zwölf und ein Uhr, daß die Ratsherren mit ihren Dienern über den Klingberg ritten, wo der Bäcker Johann Kaleveld in dem alten sogenannten Breitenstein wohnte, einer von den vier Hauptleuten der Verräterei. Wie der die Pferde auf den Steinen hört, macht er sich aus dem Bette ans Fenster in der Meinung, es seien schon die Gudendorper da. Als er aber bei hellem Mondlicht die Herren des Rats samt ihren Dienern und Junkern und Kaufleuten sieht, ist er heftig erschrocken und spricht überlaut bei sich selbst: »O heiliges Blut, hie ist zu lange geschlafen!« Diese Worte hörten einige Wächter, so unter seinem Fenster standen, weil er ohnedies als ein unruhiger Kopf in bösem Verdacht war; deswegen ward ihm die Türe mit Gewalt geöffnet und er beim Kopf genommen und in die Fronerei gebracht, wo er auch ungepeinigt alsbald alles aussagte und umständlich kundtat.

Danach verfügte man sich in aller Stille nach Hinrich Paternostermakers Haus in der Alfstraße, wo man auch einen Lärm wie von geharnischten Leuten gehört hatte, und fand allda schon einen Teil der Rottgesellen in gutem Gewaffen versammelt, die dann sogleich ergriffen und mit schweren Fesseln belegt wurden. Die Reitendiener aber stürzten in der Wut den Paternostermaker über Hals und Kopf in den Diebskeller. Da lag er und wollte weder essen noch trinken und sprach auch kein Wort; und ward nach wenigen Tagen tot gefunden. Dennoch brachte man den Leichnam vor das Gericht und sprach das Urteil über ihn, ließ ihn hinausschleifen, vierteilen und auf vier Räder legen. So wurden auch die übrigen zum großen Teil ergriffen; nur der Buntfutter hüllte sich in einen Schafspelz und kam davon; auch Gödke Wittenborg, ein Knochenhauer, und Arnd von Soest ersahen sich ihre Gelegenheit und entwichen.

Nach einigen Tagen nun fand man über die gefangenen Aufrührer ein Urteil; und war des Köpfens, Räderns und Vierteilens so viel, daß endlich die Herren des Gerichts bei dem Rat anhielten: ein jeder, der sich schuldig fühlte, sollte sich bei Sonnenschein aus der Stadt machen; wo denn des andern Tages viele vermißt wurden, von denen es nicht zu vermuten gewesen. Auch der Gerichteten

Weiber und Kinder mußten auf eine gewisse Zeit die Stadt ab-
schwören. Und endlich wurden alle Ämter vor den Rat gefordert
und gelobten jedes insonderheit zu Gott und allen Heiligen, dem
ehrbaren Rat und dieser Stadt hold, treu und gehorsam zu sein
sonder alle Arglist, und dies sowohl binnen als außerhalb der Stadt.
Die Gudendorper aber samt ihrem Anhang, als sie zur bestimmten
Stunde an der Stadt waren und die Tore und Pforten verschlossen
fanden, merkten sie Unrat und zogen bis auf bessere Zeit davon.

Endlich ließ der Rat zum ewigen Andenken an die Verräter und
zum Beispiel für andere, Pottertöpfe, wie Menschenköpfe gebak-
ken, auf ihre Häuser setzen, wie deren noch hin und wieder in der
Stadt gesehen werden. Alle Jahr aber am Lambertustage ward ein
großer Buß- und Bettag gehalten und die große Orgel dabei in
allen Kirchen gerührt. *(Lübeck)* (230)

Jan und Griet

Im alten Kümpcheshof diente ein Knecht, der hieß Jan, und eine
Magd, die hieß Griet. Dat Griet, dat war en fresche Mähd, und Jan
mocht sie gern. Und einmal fragt er sie, ob sie ihn nehmen wollte.
Nein, er wäre ihr nicht gut genug, sie wollte 'nen däftigen Halfen
mit Ochsen und Kühen und Pferden. Da zog Jan fort in den Krieg,
und nach Jahren, als er wieder nach Köln kam, saß er stolz zu
Pferde und war ein Feldmarschall geworden, und alle Leute sprachen von Jan van Werth. Wie er nun zur Pooz hereinritt, saß in der
Pooz dat Griet als Obsthökerin vor einem Appelkram und briet
Krutschteien. Mit einmal hielt der stolze General vor ihr, begrüßte
sie und sagte: »Griet, wer et hätt' gedonn!« Da war es der Jan vom
Kümpcheshof! Aber Griet war nicht auf den Mund gefallen, lachte
und erwiderte: »Jan, wer et hätt gewoß!« *(Köln)* (231)

Die Andernacher Bäckerjungen

Einst dachten die Linzer einen Hauptstreich gegen ihre alten Feinde, die Andernacher, zu führen und rückten in aller Frühe gegen die Stadt, denn sie wußten ja, die Andernacher lagen dann noch in den Federn. Nur die Bäcker mußten schon bei der Hand sein, denn die Bürger wären entrüstet gewesen, wenn sie nicht beim Frühstück schon ihre warmen Schößchen gehabt hätten. Die Linzer waren schon ganz nahe, und die Überrumpelung wäre ihnen sicher geglückt, wenn nicht zwei Bäckerjungen mit dem Semmelkorb schon pfeifend durch die Straßen gezogen und, da sie vergebens an alle Türen geklopft hatten, zum Zeitvertreib einmal auf den Torturm am Rhein geklettert wären. Da sahen sie, wie die Linzer angerückt kamen. Die Jungen, nicht faul, nehmen die Bienenkörbe, die auf der Torbrüstung standen, werfen sie den Angreifern auf den Kopf, rennen dann zur Sturmglocke und reißen dermaßen daran, daß im Nu ganz Andernach aufwacht und bald Mann bei Mann zur Abwehr bereitsteht. Aber die Gefahr war schon vorüber, denn die wütenden Bienen stachen, daß kein Linzer mehr standhielt, sondern alles davonlief. Zwei roh in Stein gehauene, überlebensgroße Figuren, Knaben in Kitteln, die am Rheintor zu sehen sind, nennt man noch heute die Bäckerjungen von Andernach. *(Rheinland)* (232)

Der blaue Montag der Bäckergesellen von Münster

Alte Überlieferungen schreiben bekanntlich drei Bäckergesellen aus Münster in Westfalen einen großen Anteil zu an der Rettung der Kaiserstadt Wien vor den Türken im Jahre 1683. Danach hatten die feindlichen Kriegsscharen nach wiederholten Versuchen, die hart bedrängte Stadt zu stürmen, beschlossen, unter der Stadtmauer her einen Gang zu graben. Durch diesen sollte eine auserlesene Abteilung während der Nacht in die Stadt eindringen, sich des nahen Tores am Roten Turm bemächtigen und durch dasselbe dem türkischen Heere den Eingang ermöglichen. Aber die so klug eingefädelte Geschichte ging dennoch fehl. Bei einem in der Nähe des genannten Turmes wohnenden Bäckermeister waren die Gesellen nächtlicherweile bei der Arbeit, als plötzlich einer derselben, Jürgen Lechther aus Münster in Westfalen, auf ein anhaltendes unterirdisches Geräusch aufmerksam wurde. Es kann nicht wunder nehmen, daß die Gesellen den Zusammenhang sofort errieten. Ohne Verzug gaben sie den Stadtbehörden wie den Truppenführern Kenntnis von ihrer Wahrnehmung, und so kam es, daß die Türken, als sie voller Siegeshoffnung aus dem Gange zutage traten, übel in Empfang genommen wurden. Keiner von ihnen fand den Rückweg wieder, der ganze Anschlag war vereitelt, und am folgenden Tage erschien ein längst erwartetes Entsatzheer unter dem tapferen Könige Johann Sobiesky von Polen, der im Verein mit den kaiserlichen Truppen den Türken eine so entscheidende Niederlage beibrachte, daß sie die Belagerung Wiens aufgeben und von dannen ziehen mußten.

Kaiser Leopold I. wünschte, sich den Bäckergesellen für ihren Anteil an der glücklichen Wendung der Dinge erkenntlich zu zeigen, und forderte sie auf, selbst eine Belohnung zu bestimmen. Da wies Jürgen Lechther darauf hin, daß es gerade ein Montag gewesen sei, an dem sie sich der Kaiserstadt hätten nützlich erweisen können. Deshalb möge den Bäckergesellen für immer ein Montag jährlich zu besonderer Feier freigegeben werden. Diese Bitte wurde gern gewährt, und unter Anerkennung ihrer Mannhaftigkeit und Treue überwies ihnen der Kaiser so reiche Geschenke, daß sie bei der Ankunft in der westfälischen Heimat ihre Absicht, sich selbständig zu machen, zur Ausführung bringen konnten. (233)

Der Lohndrücker

Christophorus
Christoffel war ein Riese an Größe und Kraft. Er arbeitete mit am Dombau zu Köln und leistete mehr als jeder andere Arbeiter. Die Arbeitskameraden waren einst unzufrieden mit ihrem Lohn und wollten mehr haben, Christoffel aber kümmerte sich nicht darum, er arbeitete, weil es ein Gotteshaus war, mehr zur Ehre Gottes als

um des Geldes wegen. Als nun die anderen bei dem Meister um eine Lohnerhöhung einkamen, erwiderte er: »Ihr bekommt nicht mehr; nehmt euch lieber Christoffel zum Beispiel; er arbeitet für drei und ist immer zufrieden.«

Da beschlossen die Arbeiter in ihrem Groll, den Gefährten umzubringen, und weil sie seine Kraft kannten, gingen sie hin und töteten ihn während des Schlafes. Damit nun andere vor einem ähnlichen Schicksal bewahrt bleiben, soll das Christoffelbüchlein entstanden sein. *(Niederrhein)* (234)

Reinold

Zu dieser Zeit war ein heiliger Mann zu Köln Bischof, Agilolphus genannt, der war ein kluger und verständiger Mann und führte ein einzogenes, keusches Leben und gab andern ein gutes Beispiel. Dieser Bischof regierte durch seine Weisheit alle Sachen, die das ganze Frankenreich angingen, und fing an, St. Peters Kirche zu bauen, ungefähr um das Jahr nach Christi Geburt 810. Er ließ deshalb überall in allen umliegenden Ländern und Fürstentümern an Zimmerleute, Steinmetzen und andere Arbeiter mehr ausschreiben: wer Geld verdienen wollte, der sollte nach Köln kommen, da würde er Arbeit genug finden. Also kam eine große Menge Volks dahin. Unter andern gab sich auch Reinold an; der wurde sogleich zu einem Regierer und Oberhaupt der andern Werkleute gesetzt, dieselben zur Arbeit anzutreiben, und begab sich auch selbst mit an die Arbeit und tat mehr Arbeit als vier oder fünf andere. Wenn die andern zum Essen gingen, so trug er so viel Steine und Kalk zu, daß sie schier einen ganzen Tag genug hatten. Er trug ihnen Steine zu, an deren einem ihrer fünf genug zu tragen hatten. Wenn andere zu Bett gingen, so blieb er auf den Steinen liegen. Er aß des Tages nur ein Gerstenbrot, trank Wasser und begehrte des Tages einen Weißpfennig zum Lohne. Der Werkmeister fragte nach seinem Namen und wo er zu Hause wäre; er sagte es ihnen aber nicht, blieb verschwiegen und tat seine Arbeit. Da nannten sie ihn St. Peters Werkmann, denn er war gar fleißig in seinem Vorhaben. Als die Meister den Fleiß dieses heiligen Mannes sahen, warfen sie den anderen Knechten ihre Trägheit vor und sagten, sie nähmen viel mehr Lohn als dieser fromme Mann und täten nicht den vierten

Teil seiner Arbeit; er täte allein auf einen Tag so viel als sie in fünf Tagen und begehre doch nicht mehr als einen Weißpfennig. Um solcher Ursache willen wurden die andern Arbeitsleute diesem heiligen Manne feind und mochten ihn nicht länger dulden. Sie machten also einen heimlichen Anschlag, daß sie ihn totschlagen wollten. Nun wußten sie, daß dieser heilige Reinold eine Gewohnheit hatte, die Kirchen zu Köln zu besuchen, wo er seinen Ablaß holte, sein Gebet zu Gott in allen Kirchen schickte und Almosen austeilte. Sie wurden daher einig, daß sie an dem Orte, wo seitdem St. Reinolds Kapelle oder Kloster errichtet ist, auf ihn warten und ihn umbringen wollten, wie auch geschah. Dieses wurde dem heiligen Manne durch ein Gesicht geoffenbart. Er aber eilte desto eher zu der bestellten Marter, als wenn er zu einer Hochzeit hätte gehen sollen, befahl sich Gott dem Herrn und Christo, seinem lieben Sohn, und Maria seiner Mutter, und gab sich den Mördern in ihre Hände, auf daß er ein Märtyrer würde und seine Seele in Gottes Reich käme. Als die Mörder ihn sahen, zerschlugen sie ihm sein Haupt, daß ihm das Hirn herausfloß. Danach steckten sie Reinolds Leichnam in einen Sack, füllten denselben vollends mit Steinen an und warfen ihn in den Rhein, in der Hoffnung, der Sack sollte unter dem Wasser bleiben, daß ihre Schandtat also verborgen bliebe. Aber Gott ließ es nicht zu, sondern gab Gnade, daß der Sack wieder über sich und an das Ufer zu liegen kam, obgleich der Rhein sehr stark lief. Da ward sein Leichnam gefunden und erkannt, und die Seele des heiligen Märtyrers Reinold mit großem Lobgesange von den Engeln vor des Himmels Thron geführt. Um diese Zeit war die Stadt Dortmund auch zum christlichen Glauben bekehrt, und die Bürger schickten Boten nach Köln zu dem Erzbischof und begehrten demütig, er wolle ihnen einiges von den Heiligtümern mitteilen, die sich in dieser heiligen Stadt befänden. Der Bischof rief die ganze Geistlichkeit zusammen und beriet sich mit ihnen, was für einen Heiliger er denen von Dortmund geben sollte, der ihnen am nützlichsten wäre. Als sie also Rat hielten, zeigte Gott ihnen an, daß der heilige Reinold ihnen am segensreichsten sei. Wie nun Reinolds Leib mit dem Kasten auf dem Wagen stand, fing dieser von selbst an zu laufen bis nach Dortmund, ohne Pferde und ohne menschliche Hilfe, und blieb an dem Orte stehen, wo die

Kirche von St. Reinold hingebaut steht, wie noch heutzutag allda zu sehen ist. Als der Bischof samt seinen Geistlichen dieses sah, folgten sie dem heiligen Manne zu Ehren mit einer Prozession und unter Lobgesängen nach und begleiteten den Kasten wohl drei Meilen Weges. Also ist der heilige Reinold ein Beschützer der Stadt Dortmund, und man hat öffentlich gesehen, wie er dort auf der Stadtmauer gestanden und den Feind, der die Stadt belagert hielt, abgetrieben; und dergleichen Wunderwerke hat Gott mehr durch ihn gewirkt, wie in den Legenden zu lesen ist. (235)

Der Knochenhauer-Aufruhr in Lübeck

1380 erhoben die Knochenhauer einen schädlichen Zwist mit dem Rat der Stadt Lübeck und begehrten große und ansehnliche Freiheiten in bezug auf ihre Litte, die ihnen doch nicht wohl konnten gestattet werden, weil der Stadt Nahrung dadurch merklich bekümmert wäre. Als man ihnen dies glimpflich vorstellte, wurden sie patzig, zogen auch die Bäcker und viele von den einfachen Leuten an sich und ratschlagten in der St.-Katharinen-Kirche, wie das Regiment in dieser Stadt nach ihrem Sinne zu bestellen wäre.

Nun legten sich die Kaufherren und Stadtjunker dazwischen und gingen in der Kirche, wo der Rat auf einer, die Knochenhauer und ihre Verwandten auf der andern Seite standen, von einem Teil zum andern. Endlich war der Zank so weit ausgeglichen, daß beide Teile zufrieden waren. Da aber verlangten die Knochenhauer des Rates Gunst und Verwilligung zu ewigem Gedächtnis unter der Stadt Insiegel; hingegen ließ sich der Rat bedünken, es wäre genug, daß es in der Stadt Buch verzeichnet würde; und gelobte solches an. Da begann ein großes Schnarchen und Schnauben, so daß der Handel unvertragen blieb.

Die Knochenhauer aber und ihre Verwandten liefen in Eile nach Hause, nahmen ihre Harnische und langen Spieße von der Wand und wollten damit einen Tumult erregen. Allein, alsbald traten auch die Kaufleute und Junker zusammen, an die 5000 Mann, wohlgerüstet und staffiert, besetzten der Stadt Häuser und waren bereit, dem Rate zu Hilfe zu kommen, wo sich etwas regen würde.

Und das geschah an dem Tage, da man in der Kirche singt Laetare; aber es war alles verwirrt und bestürzt. Währenddes entfiel den Trotzigen, als sie die gute Rüstung sahen, der hitzige Mut, so daß sie ihre Wehren in der Scheide behielten.

Nun ließ der Rat sie fordern; und da ging die Handlung weit anders aus. Die Knochenhauer mußten die Litte, welche sie bisher mit Unrecht besessen, herausgeben, und der Rat ließ dieselben ganz und gar wegreißen und Bäume dahin pflanzen, wie im Schrangen noch zu sehen, so daß nur zwei Reihen Litte, statt ihrer vier, blieben. Auch mußten sie dem Rat Abtrag leisten und der Stadt mit zwanzig Pferden zu dienen sich verpflichten. Ferner mußten sie zwei zierlich aus Holz geschnitzte Altarschränke mit Monstranzen in die Marienkirche schenken, die, ich weiß nicht warum, 1619 stückweise weggenommen sind. Zuletzt mußten sie ein Gestühle zu St. Marien bauen, darin der Knochenhauer Älterleute alle Sonntage vor und nach der Predigt den Herren Bürgermeistern aufwarten mußten. Als aber 1618 dort eine große Gruft angeordnet wurde, ist das Gestühl weggerissen worden; da sangen die Knochenhauer andern Tages: »Der Strick ist entzwei, und wir sind frei!« Sie sind aber ehrliche und fromme Bürger geblieben. *(Lübeck)* (236)

Die Fleischertaxe

Der Graf von Teklenburg war in einer der vielen Fehden des Mittelalters als Kirchenvogt mit mannigfachen Rechten über die Stadt Osnabrück gesetzt. Unter anderem mußten sich auch die Fleischer von ihm ihre Taxe setzen lassen. Ein kleiner, buckliger Kerl, der auf einem Esel ritt, brachte die Taxe jeden Morgen nach der Stadt, aber oft zu spät, daß die Fleischer, die nicht eher verkaufen durften, ihr Fleisch nicht mehr loswerden konnten. Da drohten sie ihm und nahmen ihn, als er nicht folgen wollte, zerhackten ihn, legten die Stücke in zwei Tragkörbe und jagten damit den Esel nach Teklenburg zurück. Da ergrimmte der Graf gewaltig und drohte die Stadt zu verderben, die dann demütig um Gnade bat, welche ihr unter dieser Bedingung zugestanden wurde: Die Stadt sollte binnen Jahresfrist erstens ein paar Scheffel Wivelinghöfer, zweitens blaue Windhunde und drittens Rosenschüsse ohne Dornen einliefern. Die Räte und Bürgermeister von Osnabrück schickten nun durch alle Welt und konnten doch die letzten zwei Stücke nicht finden. Drauf beschlossen sie endlich in der Ratsversammlung, erstens, weiße Windhunde in blauen Zimmern zu halten und durch blaue Wärter füttern zu lassen; zweitens, drei Rosenstöcke in knappen, gläsernen Röhren zu ziehen. Diese List gelang, und die Stadt blieb wirklich von weiterm Unheil verschont. *(Westfalen)* (237)

Aufruhr wegen Bierpreiserhöhung

1518, freitags nach Judica, hat der Rat das Hamburger Bier auf fünf Pfennig pro Viertel gesetzt. Es ist nicht zu sagen, wie übel die Bürger damit zufrieden gewesen sind. Und als der Bierherr ein Jahr danach starb, ist über die ganze Stadt die Rede gegangen, die Gemeinde hätte den Herrn zu Tode geflucht, darum daß er den Pfennig auf das Hamburger Bier gesetzt habe. *(Lübeck)* (238)

Zunftkämpfe in Halle

Am Tage Lamberti des Jahres 1478 entstand zu Halle zwischen den Pfännern oder Salzjunkern an einem und zwischen den Innungen, Gemeinheiten und Rat zu Halle am andern Teil (wegen der Lehngelder, so die Pfänner dem Erzbischof zu geben hatten und wider der Gemeine Willen vom Rathause nehmen wollten) eine gefährliche, schädliche Uneinigkeit, worüber Hans Scholtbach, ein Ratskämmerer, erschlagen und ungeachtet der Städte Magdeburg und Braunschweig Unterhandlung dem Erzbischof Ernestus, der damals zu Giebichenstein war, die Schlüssel der Stadt übergeben worden, welcher er sich am Tage Mauritti oder am Abend Matthäi bemächtigt, ihre Freiheiten beschnitten, viel Personen in das Gefängnis gelegt und, damit er dieselbe fortwährend im Zaum halten könne, hernach im folgenden Jahre das Schloß, die Moritzburg, samt einer schönen Kapelle und Hofhaltung aufgebaut und den vierten Teil vom Salzwesen oder Talgut sowie den fünften von andern Gütern bekommen. Es finden sich nun aber in alten Büchern von der Jahrzahl und Sache folgende Reime:

»Ein Rinke von einer Fuhrmannstasche,
Vier Öhre von einer Bierflasche
Und ein halber Galgen empor,
Zwei Burgundische Kreuze davor,
Ein Sparr aufwärts, drei Säulen darzu
Brachten Hall in Müh und Unruh.
M. CCCC. LXXVIII.« (239)

Wie die Lübschen Herren in Stakendorf den Zehnten holten

Alle Jahr gegen Fastnacht schickte der Lübsche Senat einige Herren, die in der Probstei alles nachsehen mußten und die Zehnten und Abgaben holten. Als sie einmal nach Stakendorf kamen, waren die Leute gerade dabei und feierten Fastnacht. Die alten Herren gingen mit ins Gildehaus, und die Bauern räumten ihnen den Ehrenplatz unter dem Schwibbogen am großen Feuer ein, und da es noch kalt in der Jahreszeit, das Probsteier Getränk aber nicht schlecht war, so geschah, daß von dem vielen Herumgehen des Krugs mit dem heißen, starken Bier und Met – Branntwein trank man damals noch nicht – die alten Herren schläfrig wurden und endlich einschliefen. Daß sie betrunken gewesen seien, will ich nicht behaupten.

Die jungen Leute aber dachten nun, sich einen Spaß zu machen; und sie bohrten in die beiden Pfosten, die neben der Feuerstelle standen und den Schwibbogen trugen, so viel Löcher, als Herren da waren, stopften dann ihre langen Bärte in jedes und schlugen einen Pflock dazu hinein. Die alten Bauern mögen wohl geschlafen haben oder hatten auch ihren Spaß mit daran. Als sie nun meinten, die Herren hätten ausgeschlafen, machten sie plötzlich einen erschrecklichen Lärm, bliesen in die Waldhörner und schrien, das Haus brenne. Da fuhren die Herren aus dem Schlaf, und keiner hat seinen Bart wieder mit nach Lübeck gebracht, noch ist einer wiedergekommen, um von den Stakendorfern Geld zu holen.

Andre sagen, es sei auf dem Gute Schmoel passiert und der Lübecker Senat über die Bosheit der Bauern so erzürnt worden, daß er das Gut verkauft und die Bauern dadurch alle Leibeigene geworden seien. *(Schleswig-Holstein)* (240)

Der Schäfer von Dassel

In der Grafschaft Dassel ist ein Flüßchen, der Spöling genannt, der auf dem Solinger Walde entspringt. Nun ist im Jahre 1327 der Ritter Christian von Ellenhofen mit den Bürgern von Dassel wegen der Weide und Viehhut daselbst an der Ilme in einen bösen Streit verwickelt worden. Die Bürger zu Dassel ließen sich bedünken, daß sie ihr Vieh zu weiden Fug und Recht hätten, Herr Christian aber wollte auch nicht von seinem Vornehmen abstehen und schlug und jagte die Schäfer, wo er sie erreichen konnte.

Nun trug es sich aber einst zu, daß ein Schäferknecht von Dassel an dem streitigen Orte mit seinen Schafen auf der Weide war und sich mit seiner Sackpfeife nach Art und Gewohnheit der Schäfer erlustierte und hören ließ und sich nicht im geringsten etwas Böses versah. Indessen kommt ganz unversehens Herr Christian von Ellenhofen mit seinem gespannten Bogen, in der Meinung, daß der Schäfer ihm trotze und mit seiner Pfeife spotte, auf die Weide, er drückt also grimmig und unbedachtsamerweise auf den Schäfer los, also daß er getroffen, tot aufgehoben und in die Stadt Dassel gebracht und daselbst begraben worden ist. Es ist aber zum ewigen Gedächtnis an dem Orte, wo er umgekommen war, ein Stein, daran eine Sackpfeife war, gesetzt und aufgerichtet worden, der freilich später vom Volke zerschlagen worden ist.

Sobald aber die Bürger von Dassel obiges erfahren, haben sie die Glocken geläutet und sind allesamt zu beiden Toren herausgebrochen, haben ihm den Weg verlegt und denselben ganz nahe bei der Stadt am Spöling jämmerlich erschlagen. Er ward für tot aufgehoben und nach Fredelsheim ins Kloster gebracht und dort begraben. Seine Tochter Margarethe, die hier Nonne war, hat dafür gegen die

Bürger den Bann ausgewirkt, und die Dasseler Bürger haben, um denselben loszuwerden, an dem Orte, wo der Ritter erschlagen worden war, einen Leichenstein und Gedenkzeichen aufrichten müssen, der lange Jahre gestanden hat. *(Hannover)* (241)

Drakonische Maßnahme gegen Straßenräuber

Im Jahre 1291 ist als Stadthauptmann in Lübeck ein wohlgeübter Kriegsmann gewesen mit Namen Jäger. Zu seiner Zeit trug sich's zu, daß um Lübeck herum allenthalben viel Raubens auf den Landstraßen vorfiel, so daß täglich von den Bürgern darüber geklagt wurde.

Nun kam einmal von ungefähr der vorgesagte Hauptmann dem Bürgermeister auf der Gasse entgegen, der stillstand, ihn grüßte und sprach: »Herr Hauptmann, Ihr heißt wohl Jäger, aber wann fangt Ihr einmal was! Habt Ihr denn nicht gehört, wieviel die Bürger über diesen und jenen Raub klagen, der täglich an ihren Kaufmannswaren verübt wird? Warum sitzt Ihr denn so stille dazu?« »Ja, Herr Bürgermeister«, sprach der Hauptmann, »wenn mir das möchte befohlen werden, so wollte ich nicht nur jagen, sondern auch genugsam fangen.« Darauf antwortete der Bürgermeister: »Ei, das ist ja Euer Amt, zu steuern und zu wehren, wo Ihr könnt, und Ihr habt die Macht dazu, darum tut es, damit des Raubens und Klagens ein Ende werde!«

Der Hauptmann sagte zu, er wollte seinen Kopf daransetzen, daß die böse Sache abgeschafft würde, verabschiedete sich von dem Bürgermeister, ging nach Hause und befahl seinen Leuten, die Pferde mit dem Rüstzeug fertigzuhalten, er hätte einen sonderlichen Anschlag zu verrichten, auch sollten sie den Tag daheim bleiben und bei ihrem Eide niemandem offenbaren, was er vorhabe; ebenso befahl er dem Marschalk, so und so viele Pferde bereitzustellen. Sobald nun der Abend herankam, ließ er den Fron angeblich wegen eines Schadens holen, über den er mit ihm zu reden hätte. Dann schickte er zu einem Mönche und ließ ihn eilig zu sich fordern. Die beiden Männer behielt er bei sich, setzte sie auf den Wagen und gab dem Fron ein Richtschwert zu verwahren. Als er ans Tor kam, das man gerade schließen wollte, ritt er mit seinen Leuten hindurch und befahl dem Schließer gleich hinter ihm zuzumachen, was auch geschah. So ging der Zug in aller Stille und eilig dahin, bis vor etliche straßenräuberische Junkerhöfe, die man wohl wußte. Hier saß der Hauptmann mit wenigen ab, nahm den Mönch und den Fron zu sich, pochte gelinde an die Pforte und sagte dem Torwächter, er sollte seinem Junker in der Stille vermelden, es wäre einer da, der wegen einer frischen Beute mit ihm zu reden hätte. Der Torwächter ging zu seinem Junker in die Kammer, weckte ihn auf und sprach, da vor der Pforte wäre der und der und hätte wegen einer frischen Beute notwendig mit ihm zu reden. Der Junker eilte flugs hinaus vor das Tor; aber sogleich nahmen ihn die lübischen Diener und führten ihn etwas an die Seite. Der Hauptmann sprach zu ihm: »Siehe, das und das hast du getan! Hier ist nicht länger Zeit, da steht der Mönch, dem beichte!« Als das geschehen war, hieb der Fron dem Junker den Kopf ab und steckte ihn in einen ledernen Sack. Dann fuhren sie weiter nach dem zweiten, dritten, vierten und fünften Hofe, wo sie eben dasselbe Spiel spielten. Gegen Morgen aber kam der Hauptmann mit seinen Leuten und dem Wagen wieder in die Stadt. Er ritt mit seinem Gesinde in das Haus und behielt alle bis nach acht Uhr bei sich, da er wohl wußte, daß ein Rat versammelt war. Dann ging er aufs Ratshaus und befahl dem Fron, ihm mit dem ledernen Sacke zu folgen. Auf dem Rathause ließ er sich anmelden, und als die Tür geöffnet wurde, trat er mit gebührender Achtung vor den Stuhl des Rates: »Gebietende, liebe Herren! Vorgestrigen Tages ist mir vom Herrn Bürgermeister vorgehalten, ich führte meinen Namen mit Unrecht; aber hierauf habe ich mich erboten, wenn ich Befehl erhielte, wollte ich nicht allein jagen, sondern auch was fangen. Darauf habe ich in dieser Nacht mein Jagen ins Werk gesetzt und dieses Hochwild gefangen.« Damit wandte er sich um und befahl dem Fron, seinen Sack auszuschütten. Der Fron aber machte den Sack auf und schüttete die Junkerköpfe in den Stuhl des Rates, worüber die Herren alle erschraken. Der Bürgermeister aber fing an, sich zu entschuldigen und sprach: »Ich habe zwar mit Euch geredet, Herr Hauptmann, aber das habe ich Euch nicht befohlen!« Der Hauptmann antwortete: »Großgünstige, liebe Herren! Diesen

Straßenschändern ist nichts anderes widerfahren, als was sie gar wohl verdient haben; denn ich will Bürge sein, daß dieser keiner es mehr tun soll!«

Jeder zollte der Rede Beifall; aber die Freunde der enthaupteten Junker stellten dem Hauptmann nach. Da sein Leben nicht mehr sicher war, suchte er beim Rate um Entlassung nach und ging in kaiserliche Dienste. Ein holsteinischer Adeliger aber hat sich über die Geschichte vernehmen lassen: »In Lübeck ist nicht gut balbieren; denn man schert so scharf, daß auch die Köpfe nicht auf dem Rumpfe bleiben!« (242)

Das Verbrechen im Siechenhaus

Im Jahre 1388 entführte ein Reiter, der zu Rembde am Hofe bei dem Grafen von Gleichen diente, eine Jungfrau, die er liebte, aus dem Hofstaate der Gräfin und setzte sie hinter sich aufs Pferd und kam mit ihr abends zehn Uhr vor das Löber Tor in Erfurt. Weil er aber nicht eingelassen ward, so ritt er vors Siechenhaus, wo die Aussätzigen wohnten. Dort ward er aufgenommen, er band das Pferd an einen Zaun und ging mit seiner Liebsten in die Stube. Die Siechen aber, als sie sahen, daß dieses Weib sehr schön war, erwürgten den Reiter und schändeten nachher die Jungfrau zu Tode und scharrten beide ein. Es jagten aber etliche von Rembde des folgenden Tags dem Reiter nach, kamen nach Erfurt und fragten am Tor nach beiden. Der Torwärter antwortete, es sei wohl einer gekommen, aber allzuspät, und darum sei er nicht eingelassen worden. Hierauf ritten sie vors Siechenhaus, fragten gleichfalls nach, wurden aber abgewiesen und sagten, sie hätten niemanden gesehen. Indem diese noch mit ihnen redeten, fing das Pferd vor Hunger an zu schreien, weil es noch am Zaune angebunden war. Als die Verfolger dies hörten und das Pferd sahen, drangen sie ins Haus und ließen keinen heraus. Sie schickten auch alsobald an den Magistrat in die Stadt, welcher auch einige abordnete, so die Siechen examinieren mußten, wobei die böse Tat alsbald entdeckt ward. Darauf ließen die Reiter den erschlagenen Reiter nebst seiner Liebsten bei St. Thomas begraben, das Siechenhaus aber mit Holz belegen und es nebst den Siechen, welche an dieser gottlosen Tat schuld waren, mit Feuer verbrennen und an dessen Stelle ein Kreuz aufrichten, an dessen einer Seite ein Reiter, auf der andern aber eine kniende Jungfrau zu sehen war. (243)

Bestrafter Kornwucher

Gar arg trieben's Anno 1571 zwei Bürger, Joachim Ernst und Johann Sprenger, die hatten ein Kornlager zu Lauenburg an der Elbe, und trotz der allgemeinen Teurung und des Kornmangels wollten sie nicht verkaufen, sondern dachten, wenn die Preise stiegen: es muß noch besser kommen! Um ihren Vorteil noch sorglicher zu wahren, wollten sie das Korn nach Hamburg verschiffen lassen. Und unter Wehklagen der hungrigen Lauenburger, die so gern etwas von dem vielen Getreide behalten hätten, wurden die vollen Säcke in die Schiffe getragen Doch da ereignete sich ein Strafgericht Gottes, denn in den Kornsäcken begann es sich wunderlich zu regen, als stecke Lebendiges darin, und alsbald surrte und summte es immer lauter, und aus jedem der Säcke flogen ungeheure Schwärme von Motten und Käferchen, die verdunkelten beinahe die helle Luft und flogen auf und davon; und als die Leute auf die Säcke sahen, da waren sie fast leer, und es waren nur die ausgefressenen Hülsen zurückgeblieben.

Die bösen Kornwucherer aber, die dabeistanden, erschraken sehr. Joachim Ernst kriegte vor Entsetzen den Stickfluß und blieb auf dem Fleck tot; Johann Sprenger gebärdete sich verzweifelt, lief in die Elbe und wollte sich versaufen, was aber die Lauenburger nicht litten. Darauf ist er – Gott behüt' uns – vom Satan leibhaftig besessen worden, hat noch eine Zeitlang greulich geflucht und gerast und ist dann eines so erschrecklichen Todes verfahren, daß man wohl sehen konnte, es habe ihn der Teufel geholt. *(Hamburg)* (244)

Ravensburg, Hoffnung der Geschlechtskranken

Es begab sich aber um die Zeit, demnach Schenk Eberhart in der Jugendt in Frankreich und Italia als ein Kriegsmann umbzogen war, daß er die Franzosen fürgeschlagen; deren war er noch nit recht geheilet worden, daß sich seine Sachen üblen wurden. Nun war derzeit ein Doktor der Arznei zu Ravenspurg, mit Namen Doktor Mathis Ile. Derselbig' war mit dieser Krankheit zu vertreiben in ei'm solchen Ruhm, das hoches und auch niedres Standts zu ihm gen Ravensburg ußer Bayren, Österreich, dem Reinstram und andern Orten kamen; die suechten ihr Heil daselbst; deren etlich er von dieser schandtlichen Krankheit wohl heilt, die andern er zu Zeiten, dermaßen, wie sie zu ihm kommen, auch wiederumb hinschickt. Diesen weitberühmten Doktor besucht Schenk Eberhart; er lag etlich Mont allda in der Cura. (245)

Doktor Eisenbart in Berlin

Berlin, den 26. Juni 1717. Der Hofrat Eisenbart tut hier große Kuren und hat vor wenig Tagen in Beisein vieler vornehmen Leute einen fünfzehnjährigen Knaben einen Stein, eines kleinen Hühnereis groß, glücklich geschnitten und andere große Experimenta abgelegt. *(Aus geschriebenen Berliner Zeitungen 11717)* (246)

Die Kur des Doktor Eisenbart

Berlin, den 24. September. Daß der Königlich Preußische Rat Eisenbart von Magdeburg annoch zum Trost vieler bedrängten Patienten allhier sein, wird hierdurch zu wissen getan; er hat die kurze Zeit viele Menschen an allerhand teils gefährlichen Krankheiten rühmlichst kuriert, in specie hat er den 11. September c. von einem fünfundzwanzigjährigen Menschen mit geschwinder Behendigkeit und in Presence vieler Leute, doch ohne große Schmerzen dergleichen Stein (wie beigehende Figur zeiget) aus der Blase geschnitten. Dieser Mensch ist gottlob frisch und gesund, auch die

Blase vollkommen heil; er logieret in der Heilig Geist Straße, in der Witwe Neumeisterin Hause, allwo in seinem Quartier das Original kann gesehen werden. Dergleichen wichtige Operationes wird der Rat Eisenbart noch mehrere vornehmen. Was an Augenkuren, Brüchen, Leibsgewächsen, Hasenscharten von ihm verrichtet werden, achtet er gering. Hierbei wird dessen unvergleichlicher balsamischer Haupt-, Augen- und Gedächtnis-Spiritus de meliori rekommendieret, wovon sehr viele Proben erwiesen an denen, so vom Schlag gerühret, Schwindel, Ohrensausen, Kopfwehe und Augen-Tunkelheiten laboriert, auch ist zu Konservierung darzu nichts Bessers zu wünschen, das Lot à 12 gr., ingleichen dessen berühmte Tinktur in Stein- und Gliederschmerzen das Lot à 8 gr., wie auch die curieusen und bequeme Bruchbänder, wodurch viele Brüche nebst dienlichen Medicamentis ohne Schnitt kurieret werden, umb billichen Preis zu haben. So jemand seiner Hülfe benötigt, kann des Morgens nichtern seinen Urin auffangen und ihm zusenden. Sein Logis ist in der Spandauschen Straße bei Herrn Melchern. *(Vossische Zeitung. Berlin 1724. Nr. 116)* (247)

Rothschilds Reichtum

Der Rothschild wor so reich, daß er sein Zimmer gonz mit Banknoten und Toler ausgelegt und ausg'schlogn hot. Dou hobn sich die Behörden beschwert, daß er den Kaiser auf den Kopf tritt. Dou hot der Rothschild die Toler auf die Kante gestellt und hot das ganze Zimmer damit ausgepflastert. Rothschilds Tochter hot a Totengesicht g'hobt, dou hot sie keiner g'wollt. Hot sie immer eine Maske getrogen. *(Böhmen)* (248)

Kommentar

Die Kommentare und Anmerkungen zu den einzelnen Sagen geben Hinweise auf historische Zusammenhänge und versuchen, soweit möglich, die Sagenmotive im Rahmen ihrer Verbreitung unter dem Aspekt der vergleichenden Erzählforschung zu deuten. Besonderer Wert wurde auf die Zusammenhänge zwischen Volkserzählung und Kunstdichtung gelegt. Daneben sollen die Kommentare zum Verständnis der geistigen und kulturgeschichtlichen Wurzeln führen, aus denen die historische Sage erwächst. Die zu den einzelnen Nummern angegebene weiterführende Literatur bezieht sich daher zum einen auf historische Darstellungen, zum andern auf motiv- und literaturgeschichtliche Zusammenhänge. Neben den Erläuterungen (Erl.) von Fremdwörtern und weniger bekannten Ausdrücken werden auch mundartliche (Mda.) Sprachformen erklärt. Weiterhin gibt der Kommentar Hinweise auf Artikel in einschlägigen Lexika, deren Kürzel im Abkürzungsverzeichnis S. 335 f. nachzusehen sind. Häufiger angeführte Literatur wird unter dem Verfassernamen und Erscheinungsjahr zitiert; diese Kurztitel werden in der Bibliographie aufgelöst. Die hinter den Herkunftsnachweisen in Klammern angeführten Titel entsprechen den Angaben der Herausgeber der einzelnen Sammlungen. Verweise auf ähnliche oder in einem bestimmten Zusammenhang wichtige Sagen sind durch einen waagerechten Pfeil angedeutet.

Die historische Sage ist noch wenig erforscht. Für den Leser, der sich näher mit ihr beschäftigen will und der sich auch für die kultur- und sozialgeschichtlichen Zusammenhänge interessiert, ist das folgende Literaturverzeichnis gedacht. Weitere Hinweise auf Monographien und Quellensammlungen findet er in den Kommentaren sowie in der Bibliographie am Schluß des Bandes.

Allgemeine Literatur zur historischen Sage

Aries, Ph. u. G. Duby (ed.), Geschichte des privaten Lebens, Bd. 3, Von der Renaissance zur Aufklärung. Frankfurt/M. 1991

Aries, Ph. u. G. Duby (ed.), Geschichte des privaten Lebens, Bd. 4, Von der Revolution zum Großen Krieg. Frankfurt/M. 1992

Borst, A., Lebensformen im Mittelalter. Frankfurt 1973

Braudel, F., Sozialgeschichte des 15.–18. Jahrhunderts. Der Alltag. München 1985

Brückner, W. (ed.), Volkserzählung und Reformation. Berlin 1974

Brückner, W., ›Chronikliteratur‹, in: EM 3, 1–15

Dünninger, J., Volkswelt und geschichtliche Welt. Berlin und Essen 1937

Graus, F., Die Herrschersagen des Mittelalters als Geschichtsquelle, in: Archiv für Kulturgeschichte 51 (1969), 65–93

Graus, F., Lebendige Vergangenheit. Überlieferungen im Mittelalter und in den Vorstellungen vom Mittelalter. Köln, Wien 1975

Graus, F., Pest, Geißler, Judenmorde. Göttingen ²1988

Greverus, I.-M., Die Chronikerzählung, in: Volksüberlieferung, Festschrift für K. Ranke. Göttingen 1968, 37–80

Harmening, D. u. a. (ed.), Volkskultur und Geschichte, Festgabe für J. Dünninger. Berlin 1970

Kosellek, R. u. W. D. Stempel, Geschichte – Ereignis und Erzählung. München 1973

Petzoldt, L., Vergleichende Sagenforschung. Darmstadt 1969 (Wege der Forschung CLII)

Petzoldt, L., Dämonenfurcht und Gottvertrauen. Zur Geschichte und Erforschung unserer Sagen. Darmstadt 1989

Petzoldt, L., Märchen, Mythos, Sage. Beiträge zur Literatur und Volksdichtung. Marburg 1989

Prütting, H., Das Geschichtsbild des Volkes nach den Sagen der Pfalz, Diss. Kiel 1948

Prütting, H., Zur geschichtlichen Volkssage, in: Bayer. Jb. f. Vk., 1953, 16–26

Rogalla v. Bieberstein, I., Adelsherrschaft und Adelskultur in Deutschland, Frankfurt/M. 1989

Sprandel, R., Mentalitäten und Systeme. Stuttgart 1972

Werner, S., Die Volkssage im 18. Jahrhundert. Ein Beitrag zum Problem Volkskunde und Aufklärung. Diss. Würzburg 1955

Zehnder, L., Volkskundliches in der älteren Schweizerischen Chronik. Basel 1976

Zender, M., Volkserzählungen als Quelle der Lebensverhältnisse vergangener Zeiten, in: Rhein. Jb. f. Vk. 21 (1973), 114–169

Merkwürdige Begebenheiten

1 Grimm DS 408 (nach Paulus Diaconus, Historia Langobardorum VI, 6). – HdA II, 1621 (Fliege). – Erl.: Marpahis = Stallmeister.

2 Grässe 1871, II, S. 684, Nr. 766. – Eine Variante der Erzählung vom Schachspiel, wo ebenfalls jedes Feld mit der doppelten Anzahl von Getreidekörnern belegt werden soll was das vorhergehende, die sich im Sinne der geometrischen Reihe zu einer unbezahlbaren Summe addiert.

3 Kühnau 1926, S. 336–338, Nr. 335. – Eine in Oberschlesien lokalisierte Version der berühmten Falkennovelle aus Boccaccios ›Dekameron‹ (5. Tag, 9. Geschichte ›Federigo degli Alberti und sein Falke‹). Die Erzählung wurde von La Fontaine, Hans Sachs (Generalreg. 1257 mg; 1543), Lope de Vega und Hagedorn bearbeitet. Paul Heyse gründete hierauf seine Novellentheorie (Falkentheorie), in der er für eine gute Novelle ein Leitmotiv bzw. Dingsymbol, den ›Falken‹, fordert. Vgl. auch Emil Strauß' Novelle ›Der Schleier‹ (→ Bd. I, Nr. 166). Eine ähnliche Version bei W. Ziehnert, Preußens Volkssagen, II, 1840, S. 53. Lit.: Joh. Isenring, Der Einfluß des Deccameron auf die Spruchgedichte des Hans Sachs, Genf 1962.

4 Grässe 1871, II, S. 884 f., Nr. 1082 (Anfang gestrichen). – HdA V, 29 ff. – Erläuterung: Fränk. Chronik, Annales Hirsaugienses T. I, p. 295 (hier wird die Geschichte freilich anders erzählt). – Vgl. LDE, S. 110 f.; 91 f.; 104. Der Kobold Hödecke (Hütchen, so benannt nach seiner Kopfbedeckung) in Hildesheim wird in vielen Berichten erwähnt. Die gleiche Geschichte auch in dem Werk ›Der vielförmige Hintzelmann . . .‹, Leipzig 1704, I, S. 37 ff. (Neudruck Göttingen 1965). – Johannes Trithemius (1462–1516), nach seinem Geburtsort Trittenheim b. Trier genannt, wurde 1485 Abt des Benediktinerklosters Sponheim bei Kreuznach. Wegen seiner Gelehrsamkeit bei seinen

Zeitgenossen hochangesehen und wegen seiner Experimente als Zauberer und Teufelsbündner verschrien (→ 101, 102), ließ er sich durch seinen Hang zum Phantastischen zu Fälschungen verleiten. So ist der Mönch Meginfried, auf den er sich in seinen ›Annales Hirsaug.‹ beruft, ebenso wie der Chronist Hunibald in den ›Annales de origine Francorum‹ eine Fiktion. Wie fast alle seine Zeitgenossen war er dem Hexen- und Zauberglauben verhaftet. *Lit.*: J. Silbernagel, Joh. Trithemius, Regensburg ²1885; K. Schneegans, Abt T. und Kloster Sponheim, Kreuznach 1882; Biedermann 1973 s. v.

5 Witzschel 1866, I, S. 299, Nr. 311 (Joh. Rothe, Thür. Chronik, S. 397, u. a.). *Lit.*: A. Martin, Geschichte d. Tanzkrankheit in Deutschland, in: Zs. d. Ver. f. Vk 24 (1914); H. Liebscher, Ein kartographischer Beitrag zur Geschichte d. Tanzwut, Diss. 1931.

6 Grässe 1871, II, S. 912, Nr. 1127 (J. F. Blumenbach, Beiträge zur Naturgeschichte, Göttingen 1811, Teil II, S. 13 f. m. Abb.). – Ein Bericht über einen Findling, der auch in der zeitgenössischen Presse auftaucht (→ 7, 8).

7 Buchner 1912, II, S. 152, Nr. 250.

8 Buchner 1912, II, S. 152 f., Nr. 250a.

9 Pistorius, Scriptores rerum a Germanis gestarum, Frankfurt 1619 (hier nach K. Völker, Hrsg., Von Werwölfen und anderen Tiermenschen, München 1972, S. 344). – Ein sagenhaft ausgeschmückter Bericht über sog. Tiermenschen. *Lit.*: Lucien Malson, Les enfants sauvages. Mythe et Réalité, Paris 1970.

10 Ebda. – (→ 9).

11 Theophil Lauben, Dialogi und Gespräch von der Lycanthrophia, oder Der Mensch in Wölff-Verwandlung..., Frankfurt/... 1686. Vorrede (hier nach Dünninger 1964, S. 67–69, Nr. 42). – Vgl. LDE, S. 181 ff. Mda.: ätzig = hungrig; Territoriis = Gegenden; vorged. = vorgedachten, erwähnten; ermelt = erwähnten; lausterende = horchend; daß es ihme gemeint = daß er gemeint (ist); Konzepten = Gedanken; Cerebell = Hirn, Kopf. – Ein Bericht über die Erlegung eines Wolfes vor dem Hintergrund des populären Werwolfglaubens. Der tote Wolf wird, wie bereits im Mittelalter und in Tierprozessen üblich, an einen Galgen gehängt. Die Geschichte ist auf zahlreichen Flugblättern der Zeit abgebildet und berichtet. Zweifellos geht sie auf einen wirklichen Vorfall zurück. – Werwolf, d. h. Mannwolf (von lat. vir = Mann), nach dem bei fast allen Völkern verbreiteten Glauben, man könne sich durch Zauber in ein Tier (Wolf, Bär, Tiger) verwandeln. Sagen von Lykanthropie vgl. DVS 98–102. *Lit.*: R. Andree, Ethnographische Parallelen und Vergleiche, Stuttgart 1878, S. 62–80; Wilh. Fischer, Aberglaube aller Zeiten. Dämonische Mittelwesen..., Stuttgart 1906; Wilh. Hertz, Der Werwolf. Beitrag zur Sagengeschichte, Stuttgart 1862; L. Kretzenbacher, Kynokephale Dämonen südosteuropäischer Volksdichtung, München 1968; C. T. Stewart, The origin of the Werewolf Superstition, Missouri 1909 (The Univ. of Missouri studies, Vol. II, Nr. 3); F. Byloff, Wolfbannerei, in: Obdt. Zs. f. Vk 2 (1928), S. 127–136. Bernhard Schemmel, Der »Werwolf« von Ansbach (1685). Ereignisse und Meinungen, in: Jb. f. fränk. Landesforschung 33 (1973), 167–200 (Neustadt/Aisch 1973). – Ian Woodward, The Werewolf Delusion, New York, London 1979.

12 Grässe 1867, I, S. 343, Nr. 399 (nach Falkenstein, Hist. crit. Erfurtensis, Erfurt 1739, S. 629.

13 Karl Hessel, Sagen und Geschichten des Rheintales von Mainz bis Köln, Bonn 1904, S. 139f. (nach Limburger Chronik, Mon. Germ. IV, 1). – Die Geschichte soll nach der Limburger Chronik 1380 geschehen sein.

14 Kühnau 1926, S. 76, Nr. 57 (nach Georg Hyckel, Was der Sagenborn rauscht, Ratibor 1924, S. 35). E/A: K. Grigarczyk, aus Bauerwitz, Krs. Ratibor, ČSSR.

15 W. Wattenbach (Hrsg.), Die Chronik des Albert von Stade (übers. v. F. Wachter), Leipzig 1896, S. 100. – Eine der im Volk verbreiteten und in Chroniken kolportierten Erzählungen von übernatürlichen Kräften und Gaben. Hier auf das Jahr 1245 datiert.

16 Schell 1897, S. 392, Nr. 41.

17 Lebensbeschreibung des Ritters Götz von Berlichingen, übertr. von K. Müller, Stuttgart 1967, S. 64. – Die biographische Schilderung des durch Goethe literaturfähig gewordenen ›Götz-Zitats‹. – Götz (Gottfried) von Berlichingen, geb. 1480 in Jagsthausen, gestorben 23. 7. 1562 auf Schloß Hornberg, begraben in Kloster Schöntal a. d. Jagst. Anders als Goethes Freiheitsheld, war der historische Götz ein Kind seiner Zeit, der als armer nachgeborener Junker zum Soldritter, dann zum Raubritter auf eigene Rechnung wird. Als reicher Grundherr wird er im Bauernkrieg zum Führer der Bauern erpreßt, was langwierige Prozesse vor dem Schwäbischen Bund und schließlich seine Gefangenschaft und Reichsacht nach sich zieht. Sechzigjährig nimmt er noch an zwei Reichskriegen teil und schreibt seine Memoiren. *Lit.*: Helgard Ulmschneider, Götz von Berlichingen. Ein adeliges Leben der deutschen Renaissance, Sigmaringen 1974.

18 Ebda (→ 18), S. 29f. – Die biographische Schilderung der Verletzung Götz von Berlichingens. Der Überlieferung nach soll ein Schmied aus Olnhausen b. Jagsthausen die eiserne Hand verfertigt haben. Eiserne Hände (Prothesen) gab es häufiger im 16. Jh., als gemeinhin bekannt ist (Nachweise bei H. Ulmschneider, S. 45, Anm. 112). In der Orthopädiegeschichte wird Götz' Hand als epochemachend in der Prothesenentwicklung erwähnt; sie stammt wahrscheinlich aus der Werkstatt eines erfahrenen Meisters aus einer der süddeutschen Reichsstädte. *Lit.*: (→ 18).

19 Grässe 1871, II, S. 888, Nr. 1084 (Hölling, Einleitung zur Historie d. Hochstifts Hildesheim, S. 53). – Ein volkstümlich gedeutetes Chronogramm.

20 Decker-Hauff 1964, I, S. 137f. – Mda.: sammatin = samten; Wammas = Wams, Rock; superstitiosus = abergläubisch.

21 Otto von Graben zum Stein, Unterredungen von dem Reiche der Geister, II, Leipzig 1731, S. 140–142 (hier nach Peuckert 1961, S. 126f., Nr. 80; Schluß gestrichen). – Johann Žižka von Trocnow (1360–1424) nahm an der Schlacht bei Tannenberg (15. 7. 1410) auf seiten des Deutschen Ordens teil, 1419 schloß er sich den Hussiten an und schlug 1420 das deutsche Kreuzheer vor Prag. Er starb während dieser Belagerung an der Pest. *Lit.*: Deneke 1961.

22 Fliegendes Blatt vom Jahr 1570 aus dem Fürstlichen Archiv zu Neuenstein (hier nach H. Bausinger, Volkssage und Geschichte. Die Waldenburger Fastnacht, in: Württembergisch Franken 41, 1957, S. 1–23). – Erl.: Schönbart, Schömpart = Maske; Medicis = Ärzten. – Der unglückliche Vorfall am 7. Februar 1570 ist historisch bezeugt. Graf Eberhard hatte Verwandte und Bekannte zu einem Maskenfest eingeladen. Einige Herren hatten sich Arme, Beine und den ganzen Körper mit Werg (Flachs) umwickeln lassen, um Wilde

Leute darzustellen, wie es häufig bei Adelsgesellschaften an Fastnacht Sitte war. Durch ein Windlicht fing das Werg Feuer, und alle erlitten schwere Verbrennungen. Graf Georg von Tübingen stirbt, und auch Graf Eberhard, der Begründer des Geschlechts Hohenlohe-Waldenburg, erliegt einige Tage später seinen Verletzungen. Noch im gleichen Jahr wird die Geschichte auf Flugblättern verbreitet. Ein ähnlicher Unglücksfall wird vom Hof Karls VI. v. Frankreich berichtet, der sog. ›bal des ardents‹ im Jahre 1592. Vgl. auch die Erzählung von E. A. Poe ›Hop-Frog‹ (1849). *Lit.*: H. Bausinger, s. o.; R. Brotanek, Die englischen Maskenspiele, Wien u. Leipzig 1902; Richard Bernheimer, Wild Men in the Middle Ages, Cambridge 1952; L. Kretzenbacher, Freveltanz und Überzähliger, in: Carinthia I. 144 (1954), S. 843–866; O. Schönhuth, Waldenburger Fastnacht, in: Ders., Die Burgen, Klöster, Kirchen und Kapellen Württembergs, 1860, I, S. 170–174. – Leander Petzoldt, Narrenfeste. Fastnacht, Fasching, Karneval in der Bürgerkultur der frühen Neuzeit, in: Uwe Schultz, Das Fest. Eine Kulturgeschichte von der Antike bis zur Gegenwart, München 1988, S. 140–152.

23 Wolfg. Rauscher, Marck Der Cederbäum, Das ist: Lobwürdige Taten, unsträffliche Sitten... Christi, deß Erlösers... In Lob- und Sittlichen Predigen Auff der Canzel dem glaubigen Volck vorgetragen... Dillingen 1689 u. 1694 Festivale I, 222 f. u. II, 134 (hier nach E. Moser-Rath, Predigtmärlein der Barockzeit, Berlin 1964, S. 181 f., Nr. 71, u. S. 455 f.). – Mda.: Faunuskleider = Kleidung wie ein Faun (maskiert); gehling = jäh; Staffel = Stufe; zerlechsnetes hülzin Schäfflein = löcheriges hölzernes Gefäß; Spektakul = Schauspiel. – Die tragische Geschichte wird in der Predigtliteratur oft kolportiert, da sie sich in ihrer Aussage tendenziös gegen ausschweifende Fastnachtsvergnügungen verwenden läßt. Sie wird bei einigen Autoren noch um das Motiv des ›Überzähligen‹ (d. h. des Teufels als überzähliger Mittänzer) erweitert. *Lit.*: (→ 22); H. Moser, Zur Geschichte der Maske in Bayern; in: L. Schmidt (Hrsg.), Masken in Mitteleuropa, Wien 1955, S. 137; B. Deneke, Materialien aus dem Umkreis der Sagen vom Überzähligen, in: Zs. f. Vk 57 (1961), S. 210 ff.

24 Meiche 1903, S. 1042, Nr. 1250 (nach A. Textor, Histor. Bildersaal der sächsischen Geschichte, Meißen 1834/36, V, S. 120 f.). – Vgl. Heilfurth/Greverus, 1967, S. 529 f., Nr. 503. – Die durch Johann Peter Hebels Erzählung ›Unverhofftes Wiedersehen‹ populär gewordene Geschichte vom Bergmann von Falun geht auf ein historisches Ereignis zurück. Ein Bergmann namens Stor-Mats Israelsson wurde 1677 verschüttet und 1719 unverwest geborgen. Seine Arbeitskameraden und seine Braut erkannten ihn wieder. Dies geht aus den Bergakten im Archiv von Stora Kopparbergs Aktie Bolag hervor. Im 18. Jh. wurde das merkwürdige Ereignis unter naturwissenschaftlichen Gesichtspunkten erörtert und 1730 erstmals in deutscher Sprache berichtet. 1808 veröffentlichte G. H. von Schubert die Geschichte in seinen ›Ansichten von der Nachtseite der Naturwissenschaft‹ (Dresden ²1808, S. 215 f.):
»Man fand diesen ehemaligen Bergmann, in der schwedischen Eisengrube zu Falun, als zwischen zween Schachten ein Durchschlag versucht wurde. Der Leichnam, ganz mit Eisenvitriol durchdrungen, war Anfangs weich, wurde aber, so bald man ihn an die Luft gebracht, so hart als Stein. Funfzig Jahre hatte derselbe in einer Tiefe von 300 Ellen, in jenem Vitriolwasser gelegen, und niemand hätte die noch unveränderten Gesichtszüge des verunglückten Jünglings erkannt, niemand die Zeit, seit welcher er in dem Schachte gelegen,

gewußt, da die Bergchronicken so wie die Volkssagen bey der Menge der Unglücksfälle in Ungewißheit waren, hätte nicht das Andenken der ehemals geliebten Züge eine alte treue Liebe bewahrt. Denn als um den kaum hervorgezogenen Leichnam, das Volk, die unbekannten jugendlichen Gesichtszüge betrachtend steht, da kömmt an Krücken und mit grauem Haar ein altes Mütterchen, mit Thränen über den geliebten Toden, der ihr verlobter Bräutigam gewesen, hinsinkend, die Stunde segnend, da ihr noch an den Pforten des Grabes ein solches Wiedersehen gegönnt war, und das Volk sahe mit Verwunderung die Wiedervereinigung dieses seltenen Paares, davon das Eine im Tode und in tiefer Gruft das jugendliche Aussehen, das Andre, bey dem Verwelken und Veralten des Leibes die jugendliche Liebe, treu und unverändert erhalten hatte, und wie bei der 50jährigen Silberhochzeit der noch jugendliche Bräutigam starr und kalt, die alte und graue Braut voll warmer Liebe gefunden wurden.«

Durch den Nachdruck in der Zeitschrift ›Jason‹ (1809) wurde sie in der Literatur bekannt, dieser Nachdruck bildet die Grundlage für die literarischen Bearbeitungen von J. P. Hebel, E. T. A. Hoffmann bis zu Hugo von Hofmannsthal. Auch Friedr. Hebbel hat das Motiv u. d. T. »Treue Liebe« (1828) bearbeitet; vgl. Fr. Hebbel, Werke, ed. Fricke u. a., Bd. 3, Darmstadt 1965, S. 230 ff. – Das Motiv von der wiedererkennenden Braut ist nicht in allen volkstümlichen Versionen vorhanden. Die hier abgedruckte Geschichte aus Ehrenfriedersdorf ist wohl durch die Geschichte von Falun beeinflußt. Wie sehr dieses Grubenunglück auch nach Jahrhunderten noch zur Darstellung reizt, zeigt ein bergmännisches Diorama mit geschnitzten Figuren des Stubenmalers Albert Klumpp aus Ehrenfriedersdorf, das zwischen 1913 und 1929 entstand. Die Länge der Schauwand beträgt 2,90 m, die Höhe der Figuren 10–12 cm. Eine Abb. bei Reinh. Peesch, Volkskunst, Berlin 1978, S. 89 f. – Eine weitere Version der Sage bei: L. Petzoldt, Sagen aus Kärnten, München 1993, S. 145 f., Nr. 157. *Lit.*: Siegfr. Sieber, Die ›lange Schicht‹ und ›Der Bergmann von Falun‹. Wirklichkeit, Sage und Dichtung aus dem Bergmannsleben, in: Heute und Morgen. Literar. Monatsschrift 10 (1953), S. 607–612; Carl Sahlin, Historien im den förstenade gruvarbetaren i Falun och denna berättelses användning som diktmotiv, in: Jernkontorets Annaler, Falun 1920; Georg Friedmann, Die Bearbeitungen der Geschichte von dem Bergmann von Falun, Diss. Berlin 1887; Jos. Dürler, Die Bedeutung des Bergbaus bei Goethe und in der dt. Romantik, Frauenfeld, Leipzig 1936; weitere *Lit.*: Heilfurth/Greverus 1967, S. 533; und bei M. Kully, Johann Peter Hebel, Stuttgart 1969, S. 56 f.; *Interpretation*: Joh. Pfeiffer, Wege der Erzählkunst, Hamburg 1953, S. 46 ff.; L. Wittmann, Johann Peter Hebels Spiegel der Welt, Frankfurt 1969, S. 1–22; M. Scherer, J. P. Hebel ›Unverhofftes Wiedersehen‹, in: GRM, NF V (1955), S. 311–318.

25 Aus der Chronika des Christian Wilhelm Wiehe, Lehrers zu Windheim an der Weser (23. 10. 1767–19. 11. 1853), genannt: Wiehens Nützliches Allerley, angefangen am 16. Juli 1790 (unveröffentlichte Familienchronik). – AaTh 939. – HdS 497 f. ›Amerika‹. – DVS 299. – Hier liegt ein typisches Wandermotiv vor, das bereits 1648 auf einem englischen Flugblatt berichtet wird. Bis in die Neuzeit wird es immer wieder aktualisiert, z. B. in Zeitungsberichten, und auch literarisch bearbeitet. Zacharias Werner legte es seinem Schicksalsdrama ›Der 24. Februar‹ (1809) zugrunde, und Albert Camus behandelt es in dem

Drama ›Le Malentendu‹ (dt. ›Das Mißverständnis‹, 1959). Weitere Hinweise vgl. DVS 299. *Lit.*: M. Kosko, Le fils assassiné, Helsinki 1966 (FFC 198); R. Köhler 1890–1900, S. 185–199; O. Görner, Volkskunde und Tageszeitung, in: Mitteldt. Bl. f. Vk 8 (1933), S. 73–76; ders., Vom Memorabile zur Schicksalstragödie, Berlin 1931; zur Behandlung des Stoffes im Bänkelsang vgl. L. Petzoldt, Bänkelsang. Vom historischen Bänkelsang zum literarischen Chanson, Stuttgart 1974, S. 53, 83. L. Petzoldt, Der absurde Mord. Zur Interdependenz von Literatur und Volksdichtung am Beispiel einer Zeitungssage, in: ders., Märchen, Mythos, Sage, Marburg 1989, S. 194–212; – L. Petzoldt, Mord-Herbergen, in: Albr. Lehmann u. A. Kuntz (Hrsg.), Sichtweisen der Volkskunde. Zur Geschichte und Forschungspraxis einer Disziplin, Berlin, Hamburg 1988, S. 367–380.

26 Gerhard u. Kleeblatt 1926, S. 41, Nr. 23 (Schluß gestrichen). – HdA IX N, 545 ff. ›Spiegel‹. *Lit.*: G. Roheim, Spiegelzauber, in: Imago V (1917), S. 63 ff., G. Roheim, Spiegelzauber, Leipz./Wien 1919; Biedermann 1973 ›Zauberspiegel‹.

27 Associated Press (AP), Badische Zeitung, Freiburg, vom 28. 6. 1972. – Ein Zeitungsbericht, der die lokale Sagenüberlieferung als Touristenattraktion reproduziert. (→ 28). Der Leichnam wurde 1794 bei Renovierungsarbeiten in der Kirche zu Kampehl gefunden. Seit 1946 streitet die Gemeinde mit der Kirche um den Besitz der Mumie, die zu einer Touristenattraktion geworden ist. Es werden Medaillen geprägt und Bierkrüge mit dem Trinkspruch bemalt: »Trinket Bier vom Kahlbutz-Tresen und ihr werdet nicht verwesen.« Inzwischen wurden Pathologen von der Charité mit der Konservierung der Mumie beauftragt. Vgl. O. Baale, Wertvolle Insignien, in: Die Zeit, Nr. 46 vom 8. November 1991.

28 Schwartz 1921, S. 157 ff., Nr. 105. – Die mündliche Version der oben abgedruckten ›Zeitungssage‹ (→ 27).
In einer Broschüre ›Der Kahlbutz in Kampehl bei Neustadt a. D., Zusammengestellt von L. Schaumann, Lehrer und Küster daselbst. Fünftes Tausend. Wusterhausen a. D. Druck von Robert Mertens, 1881, 8° 8 S.‹ heißt es, die Sage beziehe sich auf ein historisches Ereignis. Danach wurde der Cornet Christian Friedrich von Kahlbutz (1651–1702) im Jahr 1685 angeklagt, weil er den Schäfer Picker in Buckwitz getötet habe. Von dem Verdacht der Täterschaft reinigte er sich durch einen Eid. Die Prozeß-Akten darüber waren im Jahre 1865 noch vorhanden, sind aber jetzt eingestampft. Nach dem Kampehler Kirchenbuch starb C. F. v. Kahlbutz am 3. November 1702 im Alter von 51 Jahren und 8 Monaten. In dem Hemd der Mumie sind noch heutzutage die Zeichen C. F., die offenbar Christian Friedrich bedeuten sollen, deutlich erkennbar. (K. E. Haase, Sagen aus der Grafschaft Ruppin und Umgegend, Neu-Ruppin 1887). *Lit.*: Herbert Winter, Das Mirakel vom Ritter Kahlbutz, in: Der gemeinsame Weg 35 (1984), S. 21–23, Berlin-Bonn 1984.

29 Tettau u. Temme 1865, S. 98 f. (nach Simon Grunau, Chronika XIV, 15). – AaTh 470. – DVS 124. – Die Sage von der ›Botschaft aus dem Jenseits‹ gelangte aus der Predigtliteratur in die mündliche Sagenüberlieferung. Das Motiv wird erstmals im 12. Jh. in den ›Gesta regum Anglorum‹ des Wilhelm v. Malmesbury erwähnt. – Da es sich hier um Grundfragen der menschlichen Existenz handelt, ist eine polygenetische Entstehung dieses Sagenmotivs nicht von der Hand zu weisen. Parallelen lassen sich bis in die Neuzeit hinein

nachweisen (vgl. Petzoldt 1968). Von zahlreichen berühmten Persönlichkeiten wird dieser Pakt, derjenige, welcher zuerst sterbe, solle berichten, wie es ihm nach dem Tode ergehe, erzählt. (→ 86). *Lit.*: G. Petschel, ›Freunde in Leben und Tod‹ (AaTh 470), in: Fabula 12 (1971), S. 111–167; L. Petzoldt, ›Friends in Life and Death‹. Zur Psychologie und Geschichte einer Wundererzählung, in: Rhein. Jb. f. Vk 19 (1968), S. 101–161. – L. Petzoldt, Die Botschaft aus der Anderswelt. Psychologie u. Geschichte einer Wundererzählung, in: Petzold 1989, S. 101–144.

30 Zingerle 1891, S. 246f., Nr. 429 (nach Schützenzeitung 1868, Nr. 116). O: Thaur/Tirol – Bericht über ein Brandmal in Form einer feurigen Hand, das durch eine Seele aus dem Fegefeuer verursacht sein soll. Solche Berichte sind in der religiösen Volksüberlieferung häufig und bis in die Gegenwart verbreitet. Vgl. Grabinski-Oster, Fegefeuer-Visionen der begnadeten Margareta Schäffner von Gerlachsheim/Baden, Eupen o. J. (1955), wo die Fotografie einer solchen eingebrannten Hand abgebildet ist; Abb. auch bei Petzoldt 1993, S. 76, Nr. 90. – In der vorliegenden Sage ist das Motiv mit einem volkstümlichen Motiv aus dem Umkreis der Totensagen verbunden, nach dem bei Lebzeiten nicht erfüllte Gelübde bzw. nicht gelesene Messen nach dem Tode nachgeholt werden müssen, wenn die arme Seele erlöst werden soll. *Lit.*: Anton Avanzin, Im Zeichen Gregors des Großen, in: ÖZV 60 (1957), S. 219ff.; J. Sailer, Die Armen Seelen in der Sage, Diss. München 1957; A. Tobler, Die Epiphanie der Seele in der dt. Volkssage, Diss. Kiel 1911; Erich Fleischhack, Fegfeuer. Die christlichen Vorstellungen vom Geschick der Verstorbenen geschichtlich dargestellt, Tübingen 1969; – Jacques Le Goff, Die Geburt des Fegefeuers, Stuttgart 1984.

31 Buchner 1912, II, S. 111, Nr. 18.

32 Buchner 1912, II, S. 199, Nr. 386. – Die Entstehung eines Gerüchts und seine Erklärung.

33 Büchli 1966, S. 692f. (Neuauflage: Bd. II, 1989, S. 692f.) E: Lorenz Joos, Prof., A: A. Büchli, O: Valendas, Graubünden, 1952. – Erl.: »Beim Gis-Spiel wird ein Holzstäbchen bis zur Mitte auf einen kantigen Block gelegt und dann mit einem Scheit geschlagen, daß es fortschnellt. Ein zweiter Spieler trachtet das fliegende ›Gis‹ mit den Händen oder mit der Kopfbedeckung zu fangen.« (Büchli)
Die mythische Deutung der Entstehung der Bluterkrankheit (Hämophilie) durch begangenes schweres Unrecht. Auch von den Familien, in denen dieses Leiden erblich ist, wird diese Begründung akzeptiert. So sagt eine einundachtzigjährige Frau, deren Brüder z. T. verbluteten: »Auf unserer Familie liegt ein Fluch. Die Tennaer haben einstmals einen Unschuldigen zum Tode verurteilt, der hat unser Geschlecht verflucht.« – Schon ein früherer Forscher, L. Grandier, hatte sich 1863 sagen lassen, daß die Mehrzahl der Tennaer Bluter von einem Richter Bühler und dessen Frau Wilhelmine Brehm abstamme, die 1768 heirateten. Der Richter soll nach Karls V. peinlicher Halsgerichtsordnung einen jungen Mann, seinen Taufpaten, wegen einfachen Diebstahls zur Hinrichtung verurteilt haben. Im Augenblick der Exekution hätte der Delinquent seinen Paten Bühler verflucht und dessen Nachkommen Unglück angewünscht (Büchli). Der Aufzeichner dieser lokalen Überlieferung ergänzt dazu: »Die medizinische Wissenschaft und die Romanschreiber haben sich der Bluter von Tenna angenommen, ihren Geschlechterfolgen nachgeforscht und

Stammbäume aufgestellt. In einer sehr gründlichen Untersuchung berichtet eine Ärztin, Gertrud Tabitha Hoeßly-Haerle, daß ein junger Mann aus einer Bluterfamilie da droben (nach seiner Verlobung) seine Bluteranlage ableugnete. Sie führt auch die Krankheitsgeschichte eines an Hämophilie leidenden Knäbleins aus Valendas an, dessen Mutter, eine unserer Erzählerinnen, aus einer Bluterfamilie stammt.« *Lit.*: G. T. Hoeßli-Haerle, Der Stammbaum der Bluter von Tenna, Zürich 1930; J. B. Masüger, Schweizerbuch der alten Bewegungsspiele, Zürich 1955.

34 Baader 1859, S. 38, Nr. 53. – (DVS 457). – Ein Beispiel für die ›Verteufelung‹ der Technik, die als Bedrohung der hergebrachten Lebensweise empfunden wird. *Lit.*: Ulrich Bentzien, Elemente der modernen Technik in der mecklenburgischen Volksdichtung, in: Wiss. Zs. d. Univ. Rostock 12 (1963), S. 669–682.

35 Meier 1852, I. S. 160f., Nr. 179. – (→ 34).

36 Hans Bender, Zur Psychologie der UFO-Phänomene, in: Zs. f. Parapsychologie u. Grenzgebiete d. Psychologie 3 (1959), S. 32–58 (Nachdruck: H. Bender, Verborgene Wirklichkeit, Olten u. Freiburg 1973, S. 198–226, hier S. 220 f.). – Bericht eines Notars über UFO-Erscheinungen am 11. Sept. 1954, 15^{00} in Wien, gesehen von 5 Erwachsenen und 2 Kindern. – Bender setzt diese Berichte über UFOs (Unknown flying objects) in Analogie zu Spukerscheinungen, eine Analogie, die wesentlich darin besteht, daß es bisher weder gelang, »fliegende Teller in Spukhäusern‹ noch ›fliegende Untertassen‹ am Himmel in dieser Weise durch eine objektive, von Prestige-Personen verbügte Methode zu dokumentieren« (Ebda. S. 225). Er betont das subjektive Element bei der Beobachtung solcher Erscheinungen und weist auf die Möglichkeit einer Kollektivhalluzination hin. – In bezug auf den Fundus populärer Glaubensvorstellungen und die Mechanismen der Genese von Sagen aus subjektiven Erlebnissen gesehen, läßt sich dieser Bericht als Memorat klassifizieren. Insbesondere fällt die Parallelität zu Sagen von Himmelsphänomenen, Luftfahrten mit dem Wilden Heer usw. auf, die von Visionen, Auditionen und Halluzinationen begleitet sind. Auch deren subjektive Erlebnisqualität und Glaubwürdigkeit steht im allgemeinen außer Frage. Lediglich die Objekte haben sich gewandelt. Waren es bis zu Beginn der Neuzeit Vorstellungen vom Toten Heer und Wilden Jäger, bzw. dämonischen Kollektiven (Totenzug, Gratzug, Synagog, Nachtvolk, Mutesheer; vgl. DVS 219–252), die durch die Lüfte zogen, so sind es jetzt, zweifellos durch die Science-fiction-Literatur begünstigt, Flugkörper einer uns überlegenen technischen Kultur. Die in den Berichten von Wesen aus einer anderen Welt sichtbar werdende Geisteshaltung entspricht einem technisch verbrämten mythischen Denken. In beiden Fällen, in der Volkssage wie im UFO-Bericht, mischen sich subjektive Aussage mit Versatzstücken der jeweiligen Gegenwart, Reales mit Objekten des kollektiven Unterbewußten. (→ 39) *Lit.*: C. G. Jung. Ein moderner Mythus – Von Dingen, die am Himmel gesehen werden, Zürich u. Stuttgart 1958; H. Bender, s. o.; Julien Weverbergh, UFO's in bet verleden. Een documentie, Deventer 1980. – Vgl. Petzoldt 1989a, S. 122, 166.

37 Ebda. S. 221. – (→ 36). E: R., Maler, A.: H. Bender, Juni 1957. – Zeugenbericht des Malers Ri. über das gleiche Ereignis (→ 36).

38 Ebda, S. 222. – (→ 36). E: Dr. K., A.: H. Bender, Juni 1957. – Zeugenbericht
des Notars Dr. K. über das Ereignis vom 11.9. 1954, aufgenommen im Juni
1957.

39 Ernst Berger (= A. G. Keul), Lichter über Österreich, in: Esotera (vormals:
Die andere Welt), 25.Jg., H. 8 (August 1974), S. 730–736, hier S. 730f. E/A:
Dr. G., Rechtsanwalt, O: Mauerkirchen, Bz. Braunau/Österreich, 1973. – (→
36).
Berichte über unerklärbare Himmelsphänomene sind auch aus den vergangenen Jahrhunderten bekannt. Der Bürgermeister Henricus Meyer schreibt am
29. Juni 1665 über ein in Bremen beobachtetes, einem Kugelblitz ähnliches
Phänomen:
»29. Juni Nachmittags nach 5 Uhr entstand alhie ein Unvermuthlich Ungewitter Von Donner, blitz, platzregen Und hagell, sonderlich aber kam ein
hartknallender Donnerstreich, daß männiglich Vermeinet, es were in jedwe-
des Hauss eingeschlagen, jedoch Ist alles ohn einig Verspürtenn Schadens Inn-
Und Außerhalb der Stadt abgegangen, wiewoll gar wunderbarlicher weiyss
Inn vorbemeltem Donnerknall Inn Meiner Schwestern Herrn Bürgermeister
von Line Säligen behausung, nahendt der Stadtwaage Uff der Langen strassen, so dero Zeith Herr Paulus Glaudorff Medicinae Doctor bewohnet, Ein
feuerkugell Vom himmel Inn der Hausthür (Inn ansehen Verschiedener Frau-
enspersohnen Im Hauss) eingefallen, Ins Hauss gerollet, daselbst zerschlagen
mit vielen ausführendenn feuermt, gleich raggolten so sich wieder zusahmen
gefueget Inn einen ball oder kugell feuer; so auss der hausthür auff der Langen
strassen und folgendts Inn der abgehenden Wilckens strassenn gerollet, Und
daselbst abermahlig sich zerttheilet und ohn einigenn schaden Inn die lufft
Uffgeflogen.« (= Abhandlungen des Naturwiss. Vereins Bremen 13, 1896,
S. 312). – Auch in der Gegenwart werden vergleichbare Phänomene referiert;
vgl. H. Fischer, Der Rattenbund. Sagen der Gegenwart, Köln 1991, Nr. 47.
Lit.: W. Brand, Der Kugelblitz, Hamburg 1923.

Fahrten und Abenteuer

40 Heinrich Kurz, Geschichte der dt. Literatur mit ausgewählten Stücken, Leipzig ³1861, I, S. 381ff. – HdM I, 473ff. (Eideslist). – Frenzel s. v. – Die
mittelalterlichen Tristan-Dichtungen gehen auf ein französisches Epos
(Estoire) des 12. Jh. zurück, das aus der mittelhochdt. Fassung des Stoffes bei
Eilhart von Oberge (um 1180) erschlossen werden kann. Den Höhepunkt
bildet Gottfrieds von Straßburg unvollendetes Tristan-Epos (um 1210). Hier
wird die Liebe Tristans und Isoldes symbolisch überhöht, und das Liebesleben
in der Minnegrotte gewinnt sakrale Züge. Die französische Estoire wird zur
Grundlage der gesamten mittelalterlichen Tristandichtungen. Die Allgemein-
gültigkeit des Liebes-Themas hat zu immer wieder neuen Bearbeitungen in
der französischen, italienischen und deutschen Literatur geführt. Die erste
Übersetzung des Epos Gottfrieds von Straßburg ins Neuhochdeutsche wurde
1844 von H. Kurz vorgelegt. Von Richard Wagner wurde die Handlung auf
die dramatischsten Szenen (Liebestrank, Entdeckung im Baumgarten, Liebes-
tod) komprimiert; er hob besonders den Unbedingtheitsanspruch der Liebe
zwischen Tristan und Isolde hervor. Wagners Musikdrama (1859) wirkte in

vielen Bearbeitungen nach. *Lit.*: Friedrich Ranke, Tristan und Isolt, 1925; W. Golther, Tristan und Isolde, 1929; Hinweise auf Zusammenhänge mit einer persischen Erzählung des 11. Jh. gibt F. R. Schröder, Die Tristansage und das persische Epos ›Wîs und Ramîn‹», in: GRM, NF 11 (1961); J. Meyer, Isoldes Gottesurteil in seiner erotischen Bedeutung, Berlin 1914.

41 Kuhn u. Schwartz 1848, S. 145 f., Nr. 174. – AaTh 156 A; 974. – Vgl. Grimm DS 526. – (→ 44, 52). Die Sage entstand um 1200, kurz nach dem Tode Heinrichs des Löwen (geb. 1129, Herzog von Sachsen 1142–1180, Herzog von Bayern 1156–1180, gest. 1195). Ursprünglich knüpft sie an das bekannte Denkmal in Braunschweig an, auf dem ein Löwe als heraldisches Tier abgebildet ist. Die historischen Grundlagen sind neben dem Löwendenkmal, das man sich auf diese volkstümliche Weise zu erklären suchte, der Kreuzzug Heinrichs; weiterhin hat wohl auch die Tatsache, daß der Sultan von Ikonion Heinrich zwei Leoparden schenkte, sowie die dreijährige Reichsacht, die über ihn verhängt war, zu der sagenhaften Ausgestaltung seiner Biographie beigetragen. Diese Ausgestaltungen setzten in den ersten 150 Jahren nach 1200 ein. Es wurden Züge aus der mündlichen Erzählüberlieferung (dankbare Tiere, Heimkehrermotiv), aus der Thomaslegende, dem Epos von Erek und Iwein und der Sage von Herzog Ernst (Orientabenteuer) miteinander zu der Sagenbiographie Heinrichs verschmolzen. *Lit.*: Jos. Ruland, die Sage von H. d. L. am Mittelrhein, in: Rhein.-westfäl. Zs. f. Vk 1 (1954), S. 112–126; Karl Hoppe, Die Sage von H. d. L. Ihr Ursprung, ihre Entwicklung und ihre Überlieferung, Bremen-Horn 1952; P. Paulsen, Drachenkämpfer, Löwenritter und die Heinrichssage, Köln 1966; Splettstösser 1899; Rank 1926/1974, S. 568 ff.; Gebhardt Bd. 4, Kap. 42 (1, IV); Kinkel 1876.

42 Heinrich der Löwe, Volksbücher 52, Leipzig, um 1840, bei Otto Wigand, hrsg. von G. O. Marbach, S. 3–16. – (→ 41).

43 Des Edeln Gestrengen Weitberühmten und Streitbaren Heldes Thedel Unverferden von Walmoden etc. wunderbarliche Geschicht etc. in Reim gebracht durch M. Georgium Thym von Zwickau. 1563 (hier nach Colshorn 1854, S. 212–219, Nr. 77).

44 Text nach dem Volksbuch von Herzog Ernst, Volksbücher 34, Leipzig 1842, bei Otto Wigand, hrsg. v. G. O. Marbach. – Im Volksbuch bzw. der Sage von Herzog Ernst vermischen sich historische und heroische Elemente mit fabulösen Abenteuern. Auch in der namengebenden Gestalt des historischen Herzogs von Schwaben (1007–1030) vereinigen sich verschiedene historische Persönlichkeiten bzw. Schichten: Die Empörung Liudolfs von Schwaben gegen seinen Vater Otto I. (10. Jh.); die Aufstände Ernsts II. von Schwaben gegen seinen Stiefvater Konrad II. (11. Jh.) sowie die Auseinandersetzungen Heinrichs des Löwen (→ 41, 42) mit Friedrich Barbarossa (12. Jh.) (→ Bd. 1, 211). Damit sind zugleich die verbindenden Motive angedeutet: der Widerstand des Helden gegen einen Mächtigeren; der Konflikt zwischen Vater und (Stief-)Sohn; die Stellung der Mutter zwischen Sohn und Gatten; die Freundestreue Wetzels. Schon die erste erhaltene Fassung von 1180 verbindet Historisches mit unhistorischen Fabelberichten, den Orientabenteuern, die durch die Kreuzzüge nach Europa gelangten. In den Motiven vom Magnetberg, der Rettung durch den Vogel Greif (vgl. LDE, S. 82 ff.) werden Elemente aus dem arabischen Märchengut und antike Seefahrererzählungen wiederbelebt. Gerade in diesen Motiven verbinden sich auch die Sagen von

Herzog Ernst und Heinrich dem Löwen. Der abenteuerliche Stoff wird durch die Volksbuchausgaben der Nachromantik wieder einem breiten Publikum zugänglich gemacht. – Ludwig Uhland schrieb ein Drama ›Ernst, Herzog von Schwaben‹ (1817), das vor allem den heroischen Charakter betont. Neuerdings schrieb Peter Hacks ein Schauspiel ›Das Volksbuch von Herzog Ernst, oder der Held und sein Gefolge‹ (1957), in dem er die Gestalt des H. E. kritisch beleuchtet. *Lit.*: Erich Hildebrand, Über die Stellung des Liedes vom H. E. in der mittelalterlichen Literaturgeschichte und Volkskunde, Halle 1937; Clemens Heselhaus, Die Herzog-Ernst-Dichtung, in: DVJS 20 (1942), S. 170–199; Hans Neumann, Die deutsche Kernfabel des ›Herzog-Ernst‹-Epos, in: Euphorion 45 (1950), S. 140–164; M. Hofmann, Versöhnung in Bamberg »ze wihennacht an Kristes tage« – Ein Hinweis auf die Beziehungen zwischen der Stadt Bamberg und der Sage vom Herzog Ernst, in: Fränk. Bll. 7 (1955), S. 101–104; M Wehrli, Herzog Ernst, in: DU 20 (1968), H. 2, 31–42; H. Szklenar, Studien zum Bild des Orients in vorhöfischen deutschen Epen, Göttingen 1966; Frenzel, s. v.

45 Ludwig Uhland, Schriften zur Geschichte der Dichtung und Sage, I, Stuttgart 1865, S. 482 ff. – Die Erzählung ist ein Beispiel für die sagenhafte Ausgestaltung der Biographie eines Angehörigen aus dem Hause der Hohenstaufen, die dazu dienen soll, den Glanz des Hauses durch wunderbare Züge und märchenhafte Elemente zu erhöhen. Die Namen sind teilweise erfunden oder auch durcheinandergebracht.

46 Grimm DS 561 (nach Joh. Rothe, Chronicon Thuring., bei Menken II, 1697–1700; u. a.). – Vgl. LDE, S. 109 f. Mda.: Richterhaus = Ritterhaus; Sommerlatten = Ruten für Kinder. – Über den Sängerkrieg, der 1206 am Hofe des Landgrafen Hermann I. von Thüringen (1190–1217) in Eisenach stattgefunden haben soll, gibt es keine historischen Belege. Solche Sängerkriege bzw. Singkämpfe, bei denen die Dichter ihre Gönner preisen im Fürstenlob, sind jedoch verschiedentlich belegt. Es ist auch nachgewiesen, daß Walther von der Vogelweide, Wolfram von Eschenbach, Herbort von Fritzlar und Albrecht von Halberstadt sich am Thüringer Hof aufhielten. Dagegen ist die Gestalt Heinrichs von Ofterdingen ebenso wie die des Zauberers Klingsor eine Erfindung. Beide Gestalten tauchen jedoch bereits in der ältesten Quelle auf, in dem mittelhochdeutschen Gedicht vom ›Singerkriec uf Wartburc‹ (um 1260), so daß man schon bald danach Heinrich von Ofterdingen als historische Persönlichkeit auffaßte. Besonders durch Novalis' fragmentarischen Roman ›Heinrich von Ofterdingen‹ (1802) wurde die Gestalt zum Symbol des Künstlertums schlechthin. Der Sängerkrieg auf der Wartburg wurde von E. T. A. Hoffmann behandelt: ›Der Kampf der Sänger‹ (1819) und von Richard Wagner dramatisiert, indem er ihn mit der Sage von Tannhäuser (→ 47) verband (1843). *Lit.*: P. Riesenfeld, Heinrich von Ofterdingen in der deutschen Literatur, 1912; Frenzel 1962, S. 253 ff.; Fritz Rostock, Mittelhochdeutsche Dichterheldensage, Halle 1925, bes. S. 20–26.

47 Grimm DS 171 (nach dem Volkslied in Prätorius, Blocksberg, Leipzig 1668, S. 19–25). – Der Tannhäuser ist eine geschichtliche Person. Er stammt aus dem in Bayern und Salzburg ansässigen Geschlecht der Herren von Tannhusen und dichtete als Minnesänger zwischen 1228 und 1265. Sein Gönner war Friedrich der Streitbare von Österreich. Tannhäuser führte, wie sich aus seinen Gedichten feststellen läßt, ein abenteuerliches Leben, nahm 1228 an

einem Kreuzzug teil und kam, als sein Gönner gestorben war, in bedrängte Umstände. Er beschreibt seine Lage in einem Gedicht: Sein Säumer (Packpferd) trage zu leicht und sein Reitpferd zu schwer, seine Knappen seien ungeritten, sein Haus habe kein Dach, seine Stube keine Tür, sein Keller sei eingefallen, seine Küche verbrannt, seine Scheune sei dem Einsturz nahe, sein Heu verstoben; ihm sei weder gebraten noch gebacken, noch gebraut; sein Kleid sei fadenscheinig, und niemand brauche ihn um seine Vorräte zu beneiden. Er sank zum fahrenden Sänger herab und ist verschollen. Das 1515 bzw. 1520 nachweisbare Tannhäuserlied beruht zweifellos auf einer älteren volkstümlichen Überlieferung; es nennt Papst Urban IV. (1261–64) als den Papst, der ihm die Vergebung versagte. – Das Motiv vom Venusberg geht auf bretonische bzw. gälische Feensagen zurück; die Vorstellung war schon im 14. Jh. im Volk verbreitet. In der deutschen Volksüberlieferung wurde Frau Venus mit Frau Holle kontaminiert und der Venusberg mit dem Hörselberg in Thüringen gleichgesetzt. Das Stabwunder ist wohl spätere Zutat. Es lag aufgrund seiner aus den Gedichten zu erschließenden Biographie nahe, Tannhäuser in Verbindung mit Frau Venus, dem Sinnbild irdischer Lust, zu bringen. Gleichzeitig wurde er zur Symbolfigur, an der sich päpstliche Härte und göttliche Gnade realisieren, wie es ein Lied kritisch darstellt:

> »Drum sol kein papst, kein kardinal
> kein sünder nie verdammen,
> der sünder mag sein so groß er wil
> kan gottes gnad erlangen.«

Der Tannhäuserstoff wurde häufig bearbeitet, etwa von Ludwig Tieck, Clemens Brentano, Carl Maria v. Weber. Richard Wagner verband die Sage mit der von Heinrich von Ofterdingen (→ 46) und dem Sängerkrieg auf der Wartburg. *Lit.*: W. Golther, Tannhäuser in Sage und Dichtung, in: ders., Zur deutschen Sage und Dichtung, 1911; D. Kœgel, Die Auswertung der Tannhäuser-Sage in der dt. Literatur des 19. u. 20. Jhs., Diss. München 1922; A. N. Ammann, Tannhäuser im Venusberg, Zürich 1964; F. Rostock, Mittelhochdeutsche Dichterheldensage, Halle 1925, S. 12–15; Frenzel 1962, s. v.; G. Eis, Die Sage vom Venusberg bei Rudolf Rebmann, in: Studia neophilologica 33 (1961), S. 159–161; R. M. Meyer, Tannhäuser und die Tannhäusersage, in: Zs. d. Ver. f. Vk 21 (1911), S. 1ff.; O. Löhmann, Die Entstehung der Tannhäusersage, in: Fabula 3 (1960); J. Sieber, Der Dichter T., Leben, Gedichte, Sage, 1934.

48 Ludwig Uhland, Schriften zur Geschichte der Dichtung und Sage, Bd. V., Stuttgart 1869, S. 107ff. (Ignaz Gropp, Lebensbeschreibung deren heiligen Kiliani... Kolonati... 1738, S. 207). – Die Biographie des Minnesängers Walther von der Vogelweide aufgrund der Reiserechnungen des Passauer Bischofs Wolfger von Erla hat Hedwig Heger mit Akribie dargestellt. Walther v. d. V. liegt in Würzburg im sog. Lusamgärtlein (b. Neumünster) begraben. Die Inschrift, die »eher nach literarischen Gedenkversen denn nach echter Grabschrift« (Heger) klingt, soll auf eine (verschollene) handschriftliche Chronik zurückgehen. Das sog. Vermächtnis Walthers ist sagenhaft und ist wohl aus der Deutung des Namens entstanden. *Lit.:* H. Heger, Das Lebenszeugnis Walthers von der Vogelweide, Wien 1970.

49 W. Wattenbach (Hrs.), Die Chronik des Mathias von Neuenburg (übers. v. G. Grandaur), Leipzig 1912, S. 239. – (MGH, Sript. Nova Ser. IV Fasc. I,

Berlin 1924, S. 312). – Dem Minnesänger Heinrich von Meißen (gest. 29. II. 1318) wird die Gründung der ersten Meistersingerschule in Mainz zugeschrieben. Neben der literarischen Überlieferung bei Mathias von Neuenburg gibt es noch eine Darstellung auf dem sog. Frauenlobstein im Mainzer Dom; hier wird die Bahre des Dichters von acht Frauen zu Grabe getragen. Das Relief stammt wahrscheinlich aus dem Jahr 1783 und hält die Sage fest, die sich wohl aus dem Namen des Dichters entwickelt hat. *Lit.:* F. Rostock, Mittelhochdeutsche Dichterheldensage, Halle 1925; Hans Ellenbeck; Die Sage vom Ursprung des Meistergesangs, Diss., Bonn 1911.

50 Grimm DS 505 u. 506 (nach einem ungedruckten Meistergesang d. 15. Jh. und Fliegenden Blättern). – AaTh 992. – EB Nr. 100. – HdA III, 1794 (Herz); IX N, 1487ff. (Untreue, Treue). – Das Motiv vom gegessenen Herzen, in der Erzählforschung nach Konrads von Würzburg Versepos ›Das Herzmaere‹ genannt, stammt wahrscheinlich aus Indien. Zunächst liegt dem Motiv, das Herz zu essen, die archaische Glaubensvorstellung zugrunde, sich dessen Kräfte anzueignen, eine Vorstellung, die vorwiegend in Jägerkulturen verbreitet ist. In der Verbindung mit einer Liebestragödie tritt es erstmals im 12. Jh. in Europa, in der Lebensbeschreibung eines provenzalischen Troubadours (Cabestaing), auf. Auf dieser Quelle fußt wohl auch Boccaccios neunte Novelle des vierten Tages, in der er die Geschichte vom unwissend gegessenen Herzen des Geliebten, das der eifersüchtige Ehemann seiner Gattin serviert, erzählt. – Es lag nahe, gerade dieses Motiv, in dem das Herz als Symbol und Sitz der Liebe eine dominierende Rolle spielt, im Zusammenhang mit dem Minnesang zu verwenden. So wird gegen Ende des 13. Jh. in einer Volksballade der 1276 erschlagene Minnesänger Reinmar von Brennenberg zum Helden des ›Herzmäre‹. In einem Nürnberger Flugblattlied heißt es: »Mann legt den Brennberger auff ein tisch, schneid jn zu riemen wie ein fisch, sein hertz gab mann zu essen, der Frauen inn ein schwartzen pfeffer.« (Staatsbibl. Berlin Yd 9748, I.) Fast gleichzeitig erscheint Konrads von Würzburg Versepos sowie eine französische Fassung, in der das Motiv auf den Troubadour Châtelain de Coucy, der um 1200 lebte, übertragen ist. Diese Fassung liegt auch Uhlands Ballade ›Der Kastellan von Coucy‹ zugrunde. *Lit.:* A. Kopp, Bremberger Gedichte, Wien 1908; F. Rostock, Mittelhochdeutsche Dichterheldensage, Halle 1925, S. 16ff.; John Meier, Drei alte deutsche Balladen, 3. Das Brembergerlied, in: Jb. f. Volksliedforschung 4 (1934), S. 56–65; H. Patzig, Zur Geschichte des Herzmäre, Progr. Berlin 1891; E. Lorenz, Die ›Kastellan von Couci‹-Sage, in: ders., Die Kastellanin von Vergi, 1909; Frenzel, s. v.; K. Nyrop, Sangerens Hjaerte, Kopenhagen 1908. *Allgemein:* W.-E. Peuckert, Das Herz in Sage und Märchen, in: Das Herz. Im Umkreis des Denkens, Biberach 1969.

51 Wehrhan, Nr. 319 (nach Konrad von Würzburg ›Der Welt Lohn‹). – Erläuterung: Beize = Falkenjagd; Schachzabel = Schachspiel; Aventiure = mittelalterlicher Abenteuerroman. – Die symbolische Personifizierung der ›Welt‹ als verführerisch schöne Frau, deren Rückseite von Maden und Würmern zerfressen ist, war eine im Mittelalter sehr geläufige Vorstellung. Sie hat ihren Niederschlag auch in der bildenden Kunst gefunden, so eine Frauenplastik am Südportal des Wormser Domes, die geradezu als Illustration zu Konrads von Würzburg Epos ›Der Welt Lohn. Gesicht Wirents von Gravenberg‹, auf dem die hier aufgeführte Sage beruht, gelten kann. In der Kathedralplastik hat diese

allegorische Darstellung eine stark moralisierende Tendenz, die in den Umkreis der Vanitas-(Vergänglichkeits-)Vorstellungen gehört. *Lit.*: W. Stammler, Frau Welt. Eine mittelalterliche Allegorie, Fribourg 1959; W. A. Skreiner, Studien zu den Eitelkeits- und Vergänglichkeitsdarstellungen in der abendländ. Malerei, Diss. masch. 1963; F. Rostock, Mittelhochdeutsche Dichterheldensage, Halle 1925.

52 Grimm DS 529. – AaTh 974; EB Nr. 28. – Erl.: St. Thomas Land = Indien. – Der edle Möringer ist der Minnesänger Heinrich von Morungen (bei Sangershausen/Thür.), der Herr von Neufen der Minnesänger Heinrich von Neiffen; beide lebten um 1200. – Der Dichter war ein Verehrer des hl. Thomas; zwar ist nicht erwiesen, daß er selbst in Indien war, doch hat sein Dienstherr Dietrich von Meißen einen Kreuzzug unternommen, von dem später viel Sagenhaftes erzählt wurde. Auf den berühmten Minnesänger wurde dann die ›Heimkehrersage‹ übertragen, die in der mündlichen und chronikalischen Überlieferung verbreitet war. Einzelzüge dieses Sagentypus finden sich auch in den Sagen von Heinrich d. Löwen (→ 41) und Herzog Ernst (→ 44; vgl. auch Thedel 43). *Lit.*: Friedrich Vogt, Der edle Moringer, in: PBB 12 (1887), S. 431 ff.; F. Rostock, Mittelhochdeutsche Dichterheldensage, Halle 1925; Hermann Menhardt, Zur Lebensbeschreibung Heinrichs von M., in: ZfdA 70 (1934), S. 209–234; Carl Butzler, Heinrich von Morungen und der Edele Moringer, in: ZfdA 79 (1942), S. 180–209; W. Splettstösser, Der heimkehrende Gatte und sein Weib in der Weltliteratur, Diss. Berlin 1899; H. Langenbucher, Heinrich v. Morungen, in: Festgabe f. Friedrich Panzer (ed. E. Fehrle), Bühl 1930, S. 53–64.

53 H. F. Maßmann, Der Kaiser und der kunige buoch, oder die sog. Kaiserchronik, Quedlinburg, Leipzig 1849/1854, III, S. 1031 (vgl. A. Bachmann u. S. Singer, Deutsche Volksbücher, Tübingen 1889, ›Das Buch vom Heiligen Karl‹, S. 22). – In der Biographie Einhards (→ I, 195; 196) wird berichtet, daß K. d. Gr. mit dem Kalifen Harun al Raschid freundschaftlich verkehrte und dieser einwilligte, daß das Hl. Grab unter Karls Herrschaft komme. Dies ist wohl der Grund für die Entstehung der Sage von Karls Zug nach Jerusalem. In der Zeit der Kreuzzüge war die Vorstellung verbreitet, daß sie auf Karls Vorbild zurückgingen, daß man ›auf Karls Straße‹ nach Palästina fahre. Man erzählte sich auch, daß er von den Toten auferstanden sei und die Kreuzritter in das Heilige Land führe. Später wurde die Gestalt Gottfrieds von Bouillon nach Karls Vorbild mit den entsprechenden Zügen ausgeschmückt. *Lit.*: Gerh. Rauschen, Die Legende Karls d. Gr. im 11. und 12. Jh., Leipzig 1910; C. Erdmann, Die Entstehung des Kreuzzuggedankens, Stuttgart 1935 (Neudruck 1955); Steven Runciman, Geschichte der Kreuzzüge, München 1968; Gebhardt Bd. 4, Kap. 15 (1, IV).

54 Decker-Hauff 1964, I, S. 74 ff. – Gottfried v. Bouillon (um 1060–1100), Herzog v. Niederlothringen, zeichnet sich auf dem Ersten Kreuzzug (1096–1100) aus und wird 1099 (Eroberung von Jerusalem) zum König von Jerusalem gewählt, begnügt sich aber mit dem Titel ›Beschützer des Hl. Grabes‹ (→ 53).

55 Ebda, S. 78. – (→ 53).

56 W. Wattenbach (Hrsg.), Die Chronik des Ekkehard von Aura (übers. v. W. Pflüger), Leipzig 1893, S. 50 ff. – Saladin (1138–1193), Sultan v. Ägypten u. Syrien, herrschte seit 1171 und schlug 1187 das Heer der Kreuzritter. Er

verständigte sich mit Richard Löwenherz (→ I, 215), dem Führer des 3. Kreuzzuges, und gewährte christlichen Pilgern freien Zugang zum Hl. Grab. *Lit.:* R. Röhricht, Sagen und Mythen aus den Kreuzzügen, in: ZfdPh 23 (1891), S. 421 ff.; Steven Runciman, Geschichte der Kreuzzüge, München 1968; Gebhardt Bd. 4, Kap. 44 (I, IV).

57 Ferd. Bäßler, Sagen aus der Geschichte des deutschen Volkes, Berlin 1855, S. 346 ff. (nach Wilhelm von Tyrus VIII, 16 ff.).

58 Wehrhan Nr. 208 (nach Zimmerische Chronik I, S. 291 ff.). – AaTh 974. – BP II, 318 ff., 335 ff.; IV, 168.6; Eine Heimkehrersage. – Vgl. (→ 52). *Lit.:* Krauß 1893; H. Kügler, Hohenzollernsagen, Leipzig 1922; Oskar Schwebel. Die Sagen der Hohenzollern, o. J.; W. Splettstösser, Der heimkehrende Gatte und sein Weib in der Weltliteratur, Diss. Berlin 1899.

59 Grässe 1871, II, S. 717, Nr. 810 (Anfang gestrichen). *Lit.:* (→ 58).

60 Grimm DS 537 (nach einem flämischen Volksbuch ›Florentina de getrouwe‹). – BP III, 517 ff. – Vgl. KHM 218. – HdM II, 221 f. – AaTh 888. – (→ 52, 58). *Lit.:* (→ 58); E. V. Heurck, De Vlaamsche Volksboeken, 1924.

61 Depiny 1932, S. 440, Nr. 478. – AaTh 875 C. – BP III, 530 f. – (→ 60).

Persönlichkeiten mit magischer Begabung

62 Ernst Weyden, Kölns Vorzeit, o. J., S. 174 ff. – EM I, Sp. 255–261. – HdA I, 241, s. v. HdS 2. Lief., S. 256 f. – Albert Graf von Bollstädt, geb. 1193 in Lauingen a. d. Donau, gest. 15. 11. 1280 in Köln, wurde bereits zu seinen Lebzeiten als einer der größten Gelehrten anerkannt. Er trat 1223 in den Dominikanerorden ein; sein Schüler war Thomas von Aquin. Sein universales Wissen wurde im Sinne seiner Zeit in eine geheime und durch übernatürliche Mittel erworbene Macht über die Natur umgedeutet und brachte ihn in den Ruf eines Zauberers und Teufelsbündners (→ 64). Als kunstreicher Magier lebt er in der volkstümlichen Tradition, und bereits sein Biograph Johannes de Beca bezeichnet ihn als ›magnus in nigromantia, maior in philosophia, maximus in theologia‹. *Lit.:* M. Grabmann, Albertus Magnus, Theologe, Philosoph und Naturforscher, in: Philosoph. Jb. 62 (1951), S. 473–480; H. C. Scheeben, Albertus Magnus, Bonn 1955; G. v. Hertling, A. M. in Geschichte und Sage, Köln 1880; F. Strunz, A. M., Weisheit und Naturforschung im Mittelalter, Wien, Leipzig 1926. Zur Bildsäule vgl. K. Müller, Die Golemsage von der lebenden Statue, in: Mitt. d. Schles. Ges. f. Vk 20 (1918), S. 1–40; G. Scholem, Die Vorstellung vom Golem, 1954.

63 Alwin Schulz, Das höfische Leben zur Zeit der Minnesänger, 1889, I, S. 571 f. (Neudruck Osnabrück 1965). – (Nach Böhmer, Fontes II, 438). – EdM I, Sp. 255–261. – (→ 62). – Die Erzählung vom Wintergarten gehört zu den populärsten Episoden, die man Albertus Magnus zuschreibt. Sie wird auch von anderen magiebegabten Persönlichkeiten berichtet (→ I, 135, II, 74; 125). Musäus benützt dieses Motiv in seinen ›Volksmärchen der Deutschen‹ in dem Märchen ›Richilde‹. *Lit.:* W.-E. Peuckert, Der Wintergarten, in: Die Nachbarn 3 (1962), S. 94–110.

64 Grässe 1871, II, S. 72 f., Nr. 54. – EdM I, Sp. 255–261. – (→ 62, 63). – Wilhelm v. Holland, dt. König 1247–1256, belagerte 1248 Aachen und ließ sich am 1. 11. 1248 dort krönen. Er wurde jedoch nur am Niederrhein anerkannt und

wurde achtundzwanzigjährig, am 28. Januar 1256, in Friesland (bei Alkmaar) unerkannt erschlagen (→ I, 121). *Lit.:* Gebhardt Bd. 5, Kap. 18 (1, V).

65 Michael Pauly, Der Sagenschatz des Rheinlandes, Köln o. J., S. 103 f. – (→ 62).

66 ZA 0431617 d/1 (nach Heimat und Volkstum IV, 1926, S. 10). O: Innsbruck. – DVS 60. – HdA IX N, 59 ff., s. v. – Biedermann 1973, S. 384–387. – Theophrastus Bombastus von Hohenheim, gen. Paracelsus, geb. 17. 12. 1493 in Maria Einsiedeln/Schweiz, gest. 13. 9. 1541 in Salzburg, war Arzt und Naturforscher. 1526 wurde er zum Stadtarzt von Basel berufen, das er aber zwei Jahre später wieder verließ. Wie viele bedeutende Gelehrte seiner Zeit suchte er nach einer Universalmedizin und wollte den Stein der Weisen finden. Dabei entdeckte er mehrere wichtige Arzneimittel. Er führte die Chemie in die Apotheken ein. Sein leidenschaftliches und nicht selten marktschreierisches Auftreten hat lange Zeit eine gerechte Würdigung seiner Verdienste verhindert. In der Volkssage lebt er als Scharlatan und, mit magischen Kräften begabt, als Zauberer und Teufelsbündner. In dieser Rolle zeichnet ihn auch Johann Nestroy in seinem ›Lumpazivagabundus‹ (2. T. 1834). Ähnlich ist er bei Conrad Ferdinand Meyer (›Huttens letzte Tage‹ 1871) eine suspekte Persönlichkeit. In zahlreichen Dramen wird seine Gestalt gedeutet (vgl. Frenzel 1962, s. v.). Erwin Guido Kolbenheyer schrieb eine Romantrilogie über ihn (1917–25), in der er ihn als epochale Gestalt zeichnet. Von den vielen literarischen Bearbeitungen muß noch Ezra Pounds ›Paracelsus in excelsis‹ (1909) erwähnt werden. *Lit.:* H. Müller, Die Gestalt des P. in Sage und Dichtung, Wien 1935; K.-H. Weimann, P. in der Weltliteratur, in: GRM, NF 11 (1961); Joh. Hemleben, Paracelsus, Frauenfeld 1973; J. A. Detoni, Der Wundermann P. im Volksmunde, in: ZÖV 17 (1911), S. 78 f.; Elfriede Grabner, Der Zauberer Paracelsus, in: Antaios XI, 4 (1969), S. 380–392; W.-E. Peuckert, Theophrastus P., Stuttgart 1944; A. Spunda, Das Weltbild des P., Wien 1941; L. Kretzenbacher, Magier, Teufelsbündner und ›Faustischer Mensch‹ im Abendlande, in: Antaios X, 3 (1968), S. 258 ff.; R. Weber, Der Zauberer Paracelsus, in: Fs. f. W.-E. Peuckert, Berlin 1955, S. 128–136; A. Leibbrand-Wettley, Zur Psychopathologie und Dämonologie bei Paracelsus und Johannes Weyer, in: Melemata, Fs... W. Leibbrand, Mannheim 1967. Joh. Hemleben, Paracelsus, Frauenfeld 1973; W. Pagel, P., An introduction to philosophical Medicine in the era of the Renaissance, Basel, New York 1958, ²1982; Kästner, Ingrid, P., Leipzig 1989; Pirmin Meier, P., Arzt und Prophet, Zürich 1993; H. Dopsch u. a. (ed.), P. (1493–1541). »Keines anderen Knecht...«, Regensburg 1993.

67 Müller-Orend 1972, S. 158 f., Nr. 173. A: Fr. Müller, O: Sächsisch-Regen/ Siebenbürgen. – AaTh 331 (Spiritus familiaris). – KHM 99. – BP II, 414 ff. – HdA II 1575 ff. (Flaschengeist). – Biedermann 1973. LDE, S. 155 ff. – (→ 11). – Der Teufel im Glas bzw. der spiritus familiaris verschafft seinem Besitzer Reichtum und Macht (über seine volkstümliche Bedeutung vgl. DVS, Anm. zu Nr. 60b). Die meisten von Paracelsus berichteten Episoden stammen aus dem mittelalterlichen Sagenkreis um Virgilius (→ 19). Wie dieser wird auch Paracelsus bei dem Verjüngungsprozeß vorzeitig gestört und kommt um. *Lit.:* P. Beck, Der Teufel im Glas, in: Zs. Ver. f. Vk 21 (1911), S. 278 f.; C. G. Jung, Psychologie und Alchemie, Zürich 1952. (→ 66).

68 Graber 1944, S. 331. (→ 66, 67).

69 Aus dem Volksbuch ›Leben, Thaten und Höllenfahrt des berufenen Zauberers und Schwarzkünstlers Dr. Johann Faust‹, Volksbücher 24, Leipzig um 1840, bei Otto Wigand, hrsg. von G. O. Marbach, S. 5–7. – HdA II, 126 ff., s. v. – DVS 61 f. – Biedermann 1973, s. v. – Frenzel, s. v. – Textausgabe: Leander Petzoldt, Das Volksbuch von Doktor Faust, 1587, mit Materialien, Stuttgart 1981 (Editionen für den Literaturunterricht). – Johannes Faust wurde zum Prototyp des von immensem Wissensdrang besessenen Gelehrten, Abenteurers und Schwarzkünstlers, wie ihn das 16. Jh. hervorbrachte. Der populären Tradition nach wurde er einmal in Knittlingen, ein andermal in Simmern, Roda b. Weimar, Anhalt oder wie hier in Salzwedel geboren. Als sein Geburtsjahr wird meist 1485 angegeben. Er soll in Krakau die Magie studiert haben, berichtet Melanchthon von ihm. Zweifellos war er eine historische Persönlichkeit, wenn auch die Nachrichten über ihn spärlich sind. Wahrscheinlich trat er nach 1500 mit magischen Kunststücken auf und betätigte sich als Wahrsager. In einem Ratsprotokoll aus Ingolstadt von 1528 wird der Beschluß gefaßt, ihn wegen Wahrsagerei auszuweisen. Das Protokoll der Ausweisung lautet: »Am Mittwoch nach viti 1528 ist einem der sich genannt Dr. Jörg Faustus von Heidelberg gesagt, daß er seinen Pfennig anderswo verzehre, und hat angelobt, solche Erforderung für die Obrigkeit nicht zu ahnden noch zu äffen.« (Ostermair, Zur Faustsage, in: Oberbayer. Archiv 32, 1872/73, S. 336. Vgl. dazu: J. Hartmann, Dr. Faust und das Fausthaus zu Ingolstadt, in: Bayerland 10, 1899, S. 315–316). 1587 erschien das Volksbuch ›Historia von D. Johann Fausten, dem weit beschreyten Zauberer und Schwarzkünstler‹ bei Spies in Frankfurt/M. Hier wurden die bereits lange in der populären Tradition verbreiteten Erzählungen zusammengefaßt. Das Spießsche Volksbuch wurde 1589 durch das Motiv vom Faßritt (→ 73) und Episoden aus der Erfurter Tradition (→ 86) erweitert. 1593 schloß sich ihm das ›Leben Christoph Wagners‹, seines Famulus', an. In einer Bearbeitung durch G. R. Widmann (1599) wird die Biographie Fausts mit Daten versehen und mit der Biographie Luthers parallelisiert; so wird das Eheverbot in den Pakt aufgenommen (→ 71). Für die Verbreitung des Fauststoffes wurde vor allem Goethes ›Faust‹ (1808), der sich auf das volkstümliche Puppenspiel und das Volksbuch stützt, bedeutsam. *Lit.:* Ch. Dédéyan, Le thème de Faust dans la littérature européenne, 3 Bde., Paris 1954–1956; H. Henning, Faust in fünf Jahrhunderten, Halle 1963; Jörn Göres, Dr. Faust in Geschichte und Dichtung, in: G. Mahal (Hrsg.), Ansichten zu Faust, Stuttgart 1973, S. 9–20; Leopold Kretzenbacher, Teufelsbündner und Faustgestalten im Abendlande, Klagenfurt 1968; K. Theens, Doktor Johannes Faust, Meisenheim 1948; R. Petsch, Faustisches in deutschen Sagen, in: Zs. Ver. f. Vk. 26 (1916), S. 330 ff.; W. Hubicki, Chemie und Alchemie des 16. Jh. in Polen, in: Annales Universitatis Mariae Curie – Sklodowska, Lublin, Sectio AA, Vol. X, 7, 1955; Lublin 1957, S. 61–100; G. Ortutay, Die Faustsage in Ungarn, in: Volksüberlieferung, Fs. f. K. Ranke, Göttingen 1968, S. 267–276. G. Mahal, Faust. Die Spuren eines geheimnisvollen Lebens, Bern, München 1980; Franz Neubert, Vom Doktor Faustus zu Goethes Faust, Leipzig 1932; Wolfgang Wegner, Die Faustdarstellung vom 16. Jh. bis zur Gegenwart, Amsterdam 1962.

70 Ebda. – (→ 69). – Biedermann 1973, S. 91 f. (Beschwörung). – Bei der Beschwörung oder dem Zitieren muß sich der Nigromant in einen Kreis (magischer Zirkel) stellen, da er sonst den Dämonen wehrlos ausgeliefert ist. Der

erscheinende Dämon (Teufel) wird sodann durch Zauberworte gezwungen (Höllenzwang), nach dem Willen des Nigromanten zu handeln. Von einem Prozeß gegen einen Tübinger Studenten, der sich dem Teufel verschrieben habe, wird 1596 berichtet; vgl. R. v. Mohl, Geschichtliche Nachweisungen über die Sitten und das Betragen der Tübinger Studierenden während des 16. Jhs., Tübingen 1840, S. 49. – Auch die sog. »Jenaer Christnachttragödie« von 1715, bei der ein Student, ein Schäfer und ein Bauer mit Hilfe des Faustbuches einen Schatz heben wollen, wobei der Bauer und der Schäfer umkommen, zeigt die Realität des zeitgenössischen Wunderglaubens (Text u. Nachweis bei L. Petzoldt 1981) (→ 69). Der Glaube an die Macht der Beschwörung reicht bis in die Neuzeit. Eine Zeitungsnachricht von 1728 schildert diesen Vorgang:
»Brüssel, den 26. Juli. Von Lier hat man, daß daselbst vor etlichen Tagen 2 Personen, die als hübsche Leuthe ausgesehen, beym Kopff genommen worden; selbige hätten auf einem Schlosse ausser der Stadt ein großes Zimmer gemiethet, und in demselben 3 Circuln ausser der Stadt ein großes Zimmer ganzen Fuß-Boden des Zimmers eingenommen, in dem einen Circul hätten sie ein Kreuz gezogen, und in jedem Zwischen-Raum ein kleines Kreuz von anderer Arth gemacht, auch auf ein jegliches hievon einen Leuchter mit einem brennenden Licht, in den andern Circuln aber eine Taffel mit Kreuzen, und Lichter darauf gesetzt. Sodann hätten sie einen Priester aus der Stadt bestellt, ihnen den Teufel beschweren zu helffen, damit er ihnen einige Schätze bringen möchte, wovon der Priester den 3ten Theil haben solte.« (Hamburgischer Correspondent 1728, Nr. 125; Buchner 1912, II, S. 193, Nr. 374).

71 Ebda. – (→ 69).
72 Ebda. – (→ 69).
73 Ebda. – (→ 69). – HdS 695–698 (Auerbachs Keller). Ein heute noch bestehendes Gasthaus, das durch Goethe weiten Kreisen bekannt wurde. Als Treffpunkt bei der Leipziger Messe war es jedoch bereits im 18. Jh. berühmt. Der Faßritt wird erstmals 1630 in Andreas Höhls Chronik unter dem Jahr 1625 erwähnt.
74 Ebda. – (→ 69). – Vgl. (→ 63). *Lit.*: W.-E. Peuckert, Der Wintergarten, in: Die Nachbarn 3 (1962), S. 94–110.
75 Ebda. – (→ 69).
76 Ebda. – (→ 69).
77 Ebda. – (→ 69).
78 Ebda. – (→ 69).
79 Ebda. – (→ 69).
80 Meier 1852, I, S. 167, Nr. 188. – HdA II, 1269 (Faust). – DVS 61. – (→ 69).
81 ZA 203086. Nachlaß Schönwerth. A: Schönwerth, O: Neuenhammer/Oberpfalz, um 1860 (unveröffentlicht).
82 Witzschel 1866, I, Nr. 323. – (→ 69; 86).
83 Wossidlo 1939, I, S. 230, Nr. 659. E: Ein Lehrer, A: R. Wossidlo, O: Klink, 1910. – (→ 69).
84 Grässe 1867, I, S. 241 f., Nr. 295. – (Nach Lercheimer, Christl. Bedenken und Erinnerung von der Zauberei, Speyer 1597, S. 52). (→ 69).
85 Müller 1926/1945, I, S. 193, Nr. 284 (gekürzt). E: J. J. Huber, 80 Jahre alt, A: Müller, O: Sisikon. – Eine schweizerische Version der Magdeburger Sage. – (→ 84).

86 Witzschel 1866, I, Nr. 319 (nach Hogel, Chronik von Erfurt, S. 1158f.). – (→ 69). *Lit.*: Siegfried Szamatolski, Faust in Erfurt, in: Euphorion 2 (1895), S. 39.
87 ZA 1516 dr. O: Schellenberg b. Hermannstadt/Siebenbürgen, 1899 (unveröffentlicht). – (→ 69, 97).
88 ZA 149425 a. O: Noviand b. Bernkastel (unveröffentlicht). – (→ 69).
89 Müllenhoff 1845, Nr. 182. – MdA.: Niß = Kobold, Wassergeist.
90 Müller 1926/1945, I, S. 193, Nr. 284. – (→ 85). – Ein erotisch getönter Schwank.
91 Ebda.
92 ZA 171300. E: Johann Unterkemata, 52 Jahre, A: Dr. Mai, O: Klobenstein b. Bozen/Südtirol, 14. 11. 1940 (unveröffentlicht). – Mda.: Star = Getreidehohlmaß, ca. 29 Liter (als Kornstar); als Gewicht in Tirol ca. 1 Zentner; Lammer = Steinbruch; Weihbrunnen = Weihwasserbecken.
93 Depiny 1932, S. 195, Nr. 211.
94 ZA 203087 (Nachlaß Schönwerth). A: Schönwerth, O: Neuenhammer/Oberpfalz, um 1860 (unveröffentlicht).
95 Decker-Hauff 1972, III, S. 361f. – Mda.: Nigromant = Schwarzkünstler; leuchtlichen = leicht; ellencglichen = elend.
96 Wossidlo 1939, I, Nr. 662. E: Arbeiter, A: Wossidlo, O: Waren/Mecklenburg, 1893. – (→ 67). – Mda.: Fatt = Faß; Piermeß = Pferdemist.
97 Knoop 1913, S. 117f., Nr. 180; Anfang gestrichen; (→ 87). *Lit.*: J. Goldstern, Twardowski, der polnische Faust, in: ZÖV XVIII (1912), S. 36–46; M. Höfler, Einige Ergänzungen zum polnischen Faust Twardowski, in: ZÖV XVIII (1912), S. 119.
98 Baader 1851, S. 214ff., Nr. 222. – HdA VI, 583 ff. (Moses). – Biedermann 1973, S. 536f. (Zahlenmagie), S. 539ff. (Zauberbücher). – Die bis in die neueste Zeit hinein verbreiteten Ausgaben des ›6. und 7. Buch Mosis‹ sind eine Kompilation aus älteren Zauberbüchern, u. a. dem ›wahrhafftigen feurigen Drachen‹, der seinerseits wieder auf ein französisches Zauberbuch zurückgeht. Diese Zauberbücher enthalten in der Mehrzahl völlig unsinnige Rezepte aus der sog. ›Dreckapotheke‹ sowie Hausmittel und Hinweise auf primitive Heilmethoden. *Lit.*: Adolf Spamer, Zauberbuch und Zauberspruch, in: Dt. Jb. f. Vk I (1955), S. 109–127; Irmgard Hampp, Beschwörung, Segen, Gebet, Stuttgart 1961; W.-E. Peuckert, Pansophie. Ein Versuch zur Geschichte der Weißen und Schwarzen Magie, Berlin ²1956; ders., Das Sechste und Siebente Buch Mosis, in: ZfdPh 76 (1957), S. 163–186.
99 Meier 1852, I, S. 196f., Nr. 221.2. – Mdl. aus Mössingen. – (→ 98).
100 W. Wattenbach (Hrsg.), Die Chronik des Mathias von Neuenburg (übers. v. Grandaur), Leipzig ³1912, S. 81f. – Vgl. Grimm DS 503. – HdA II, 1123f. (Fahrender Schüler). – DVS 47.
101 N. Hocker, Sagen von der Mosel, in: Zs. f. dt. Mythologie u. Sittenkunde I (1853), S. 189. – (→ 4).
102 Grässe 1817, II, S. 112 (nach Lerchheimer, S. 66). – (→ 4).
103 Ebda., S. 113. – (→ 4). *Lit.*: W.-E. Peuckert, Pansophie, Berlin ²1956, Register; Biedermann 1973, S. 501f.
104 Ebda., S. 113f. – (→ 101, 4).
105 Ebda., S. 114. – (→ 4). – Biedermann 1973, s. v. und S. 169f. (Familiar). – Cornelius Agrippa von Nettesheim, geb. 14. 9. 1486 zu Köln, gest. 18. 2. 1535

in Grenoble, führte ein wechselvolles Abenteurer- und Gelehrtenleben. Er diente im Heer Maximilians I., lehrte in Spanien, Italien, Frankreich, ließ sich als Advokat in Metz, Köln, Lyon nieder (1518–25), war Arzt in Antwerpen (1528) und kaiserlicher Historiograph in Mechelen. Sein berühmtestes Werk ist ›De occulta philosophia‹, in dem er »eine Synthese von Christentum und Magie auf dem Boden der neuplatonischen Mystik« (Biedermann) versucht. Man hielt ihn bald für einen Magier und seinen Hund für einen dämonischen Helfer; dieser Hund ist das Vorbild für den Pudel in Goethes Faust geworden. *Lit.:* Barbara Allen Woods, The devil in dog-form, Berkeley 1959.

106 Kuhn 1843, S. 280ff., Nr. 9. – (Mdl. aus Brodewin/Uckermark) – François Henry de Montmorency-Boutteville, Herzog v. Luxemburg, Marschall von Frankreich (1628–1695) war an den Eroberungen Ludwigs XIV. maßgeblich beteiligt. Das Volk nannte ihn den ›Tapezierer von Notre Dame‹, da er die Kirche mit Fahnen (als Siegestrophäen) schmückte. Er war in den Giftmischerinnenprozeß der Madame Voyssin von 1679 verwickelt und wurde erst nach einjähriger Haft freigesprochen. – Auf die Verdächtigungen dieses Prozesses, seine Haft in der Bastille und die Gerüchte in Paris lassen sich die ersten Sagenelemente zurückführen. Schon bald sagte man ihm, aus dem Glauben seiner Zeit heraus, einen Pakt mit dem Teufel nach (→ 107), und während seiner Haft erschien 1680 das erste Volksbuch mit ›Pacta und Verbündnis...‹ in Deutschland. *Lit.:* Anton Kippenberg, Die Sage vom Herzog von Luxemburg und die historische Persönlichkeit ihres Trägers, Diss. Leipzig 1901; Nachdruck, Wiesbaden o. J.

107 Volksbuch aus dem Jahr 1680 (4 unpag. Blätter, Universitätsbibl. Erlangen). Nach Kippenberg (→ *Lit.* 106), S. 239–243.

108 Wossidlo 1939, I, S. 226, Nr. 645. E: Ein Ziegelarbeiter, A: R. Wossidlo, O: Gielow/Mecklenburg, 1894. – (→ 106). – MdA.: Hackels = Kiefernzapfen. – In der mündlichen Überlieferung werden auf den ›General‹ Luxemburg verschiedene Wandermotive übertragen, die allgemein von magiebegabten Persönlichkeiten, aber auch von bekannten Gestalten erzählt werden. – (→ 131, 132, 135).

109 Wossidlo 1939, I. S. 227, Nr. 646. E: Ein Arbeiter aus Kargow, A: R. Wossidlo, O: Waren/Mecklenburg, 1894. – (→ 106), – Mda.: vertüürnt = erzürnt; soeben = sieben.

110 Wossidlo 1939, I, S. 227, Nr. 648. E: Ein Arbeiter aus Kargow, A: R. Wossidlo, O: Waren/Mecklenburg, 1894. – (→ 106).

111 Wossidlo 1939, I, S. 228, Nr. 652. E: Ein Ziegelarbeiter, A: R. Wossidlo, O: Gielow/Mecklenburg, 1894. – (→ 106). – Mda.: nahst = danach.

112 ZA 131311. E: Der alte Rupert, A: Hans Westpfahl, Lehrer, O: Hütte, Krs. Elbing/Ostpreußen, 1926 (unveröffentlicht). – Nikolaus Kopernikus, geb. 19. 2. 1473 in Thorn, gest. 24. 5. 1543, Mathematiker und Astronom. Er erkannte aufgrund seiner Forschungen, daß sich die Erde um die Sonne drehe und stürzte damit das bis dahin gültige, durch antike und mittelalterliche Autoren gesicherte geozentrische Weltsystem. Erst 1543 veröffentlichte er seine epochemachenden Kenntnisse unter dem Titel ›De revolutionibus orbium coelestium libri VI‹, die jedoch 1616 im Zusammenhang mit den Wirren um Galilei auf den Index gesetzt wurden. – Die hier angeführte Episode soll die außerordentliche Klugheit des Gelehrten illustrieren; sie erinnert an die Wissensprobe des Astronomen Friedrichs II. (→ HS I, 224).

113 ZA 131312. E: Der alte Rupert, A: Hans Westpfahl, Lehrer, O: Hütte, Krs. Elbing/Ostpreußen, 1926 (unveröffentlicht). – Die Anlage von Wasserleitungen durch Kopernikus ist nicht historisch belegt und beruht auf populärer Tradition. (→ 112).

114 ZA 171635. O: Gossensaß/Südtirol (unveröffentlicht). – Pfeifer Huisile ist eine historische Gestalt, die nach einem Eintrag in einer Meraner Chronik 1680 gestorben ist. Das Kerngebiet der Verbreitung der Volkserzählungen liegt um Sterzing/Südtirol. Er soll ein Bauernsohn aus Ratschings gewesen sein (Huislhof). Er zählt zu den populärsten Tiroler Sagengestalten, die zahlreiche Wandermotive auf sich gezogen hat; insbesondere hat man Wettersagen auf ihn übertragen, Lit.: Hermann Holzmann, Pfeifer Huisile. Der Tiroler Faust, Innsbruck 1954. Vgl. M. Direder-Mai u. L. Petzoldt (ed.), Sagen aus Südtirol, München 1993, S. 36–50 (Texte).

115 Ebda. – (→ 114).

116 Ebda. – (→ 114).

117 Ebda. – (→ 114).

118 Ebda. – (→ 114).

119 Joh. Wilh. Wolf, Deutsche Märchen und Sagen, Leipzig 1845, Nr. 336. – DVS 62, 63; HdA III, 2 ff. (Freischütz). – Diese Geschichte findet sich auch im ›Hexenhammer‹ von 1487 (Malleus maleficarum, pars 2, questio 1, cap. 16) als Beispiel ›von den hexenden Bogenschützen‹. Der Schütze heißt hier Puncker. Er war Vasall Ludwigs IV., von der Pfalz (in Rohrbach b. Heidelberg). Nach dem Hexenhammer ist er ein Zauberer und Ketzer, der durch einen Teufelspakt jeden Tag drei Treffschüsse frei hat. Er lebte in der ersten Hälfte des 15. Jh. Lit.: E. L. Rochholz, Tell und Geßler in Sage und Geschichte, Heilbronn 1877, S. 95–116; J. Sprenger u. H. Institoris, Der Hexenhammer, übersetzt v. J. W. R. Schmidt, Berlin 1906 (Nachdruck, Darmstadt 1974).

120 Meiche 1903, S. 532f., Nr. 675. Ein Teufelspakt, der zeitgenössische Glaubensvorstellungen wiedergibt. (→ 70).

121 Otto von Graben zum Stein, Unterredungen von dem Reiche der Geister, III, Leipzig 1741, S. 502–506 (nach Peuckert 1961, S. 256f., Nr. 176). – HdA II, 72 ff. (Christophorus). – Ein überaus weitverbreitetes, populäres Gebet, mit dem man nach der volkstümlichen Überlieferung Schätze graben und Reichtum erlangen konnte. Eine Zeitungsnachricht aus dem Jahr 1725 belegt die Häufigkeit dieser Versuche, mittels magischer Beschwörung zu Reichtum zu kommen. Hier zeigt sich vor allem die Vermischung von christlichen und vorchristlichen magischen Elementen:
»Wien, den 25. April. Dieser Tagen sind etliche 20 Personhen darum eingezogen worden, weilen sie das Gebet des Christophori, so ein Schatz Gräber gewesen, gebetet, und vermittels Beruffung des Satans, auch vorhergegangenen Beichten, Communiciren, Faßten etc. allerhand verbotene abergläubische Thorheiten mit denen Alltrauen (sic) etc., um dadurch ihrer Meinung nach Geld zu erlangen, betrieben haben; weiln nun bis 200 Personhen, Pfaffen, wohlbemittelten Bürgers-Leuten und andere hierunter intereßiret, so werden selbige anietzo zusammen gesuchet, um zur gebührenden Straffe gezogen zu werden.« (Hamburgischer Correspondent 1725. Nr. 72; Buchner 1912, II, S. 143 f., Nr. 234). – Alltrauen = verschrieben für Alraun. – (→ 124). Lit.: Deneke 1961.

122 Collectaneen des Christoph Schulthaiss I, 162; Stadtarchiv Konstanz (zit. nach Hansen, Quellen und Untersuchungen zur Geschichte des Hexenwahns und der Hexenverfolgung im Mittelalter, Bonn 1910, S. 570 f.). – Vgl. Speth, Beschreibung der Stadt Konstanz, 1733, S. 322; Vierordt, Badische Geschichte bis zum Ende des Mittelalters, S. 438. – Der Bericht bezieht sich auf das Jahr 1458; es handelt sich um Melkzauber und Wetterzauber (→ DVS 38, 41). *Lit.:* W. Gaerte, Wetterzauber im späten MA, in: Rhein. Jb. f. Vk 3 (1952), S. 226-273.

123 Meiche 1903, S. 488 f., Nr. 635. – Vgl. Hitzig, Annalen für die Kriminalrechtspflege, 1849, Bd. XLIX, S. 205 f. – *Erl.:* Penseeband = lilafarbenes Band. Der Hexenprozeß am sächsischen Hof begann 1694 unter August dem Starken. Die Tochter der Frau v. Neitschütz war im Alter von 19 Jahren an Pocken gestorben, und kurze Zeit später verstarb auch ihr Liebhaber, Kurfürst Johann Georg, ein Bruder Augusts, ebenfalls an den Pocken. Man munkelte, das Fräulein müsse Zauberkünste angewandt haben, um ihren Geliebten ins Grab nachzuziehen. Man öffnete daher ihren Sarg und verdächtigte ihre Mutter der Zauberei. Die Akten füllten acht Bände. Schließlich wurde Frau v. N. nach langer Untersuchungshaft auf ein entlegenes Dorf verbannt. *Lit.:* K. Baschwitz, Hexen und Hexenprozesse, München 1963.

124 Peuckert 1961, S. 163 f., Nr. 107 (Otto von Graben zum Stein, Unterredungen von dem Reiche der Geister II, Leipzig 1731, S. 287–291, mit Auslassungen Peuckerts). – HdA I, 312 ff. (Alraun). – Biedermann 1973, s. v. – DVS 434. – HdM II, 304–310 (Galgenmännlein). – HdS 403–422 (Alraune). – LDE, S. 19 ff. – *Mda.:* Bettzeichen = Betzeichen, Abendläuten; Totenladen = Särge. – Die menschenähnliche Gestalt der Mandragorawurzel, eines giftigen Nachtschattengewächses (Solanacee), wurde schon im Altertum zum Liebeszauber benutzt. Man kleidete sie in Samt und Seide, badete sie regelmäßig, damit sie dem Besitzer Reichtum und Gesundheit bringe. Kaiser Rudolf II. (1576–1612), ein menschenscheuer, zur Schwermut neigender Herrscher, gab sich mit Kuriositäten und alchimistischen Versuchen auf dem Hradschin in Prag ab, wo er zurückgezogen lebte. Zwar lebten berühmte Gelehrte an seinem Hof, wie Joh. Kepler und Tycho Brahe, doch umgab er sich auch mit Scharlatanen aller Art und war, wie seine Sammlung magischer Geräte, Zauberspiegel und die hier erwähnten Alraunen (vgl. Abb.) bezeugen, im Zauberglauben seiner Zeit befangen. Von zahlreichen Persönlichkeiten wird berichtet, sie hätten einen Alraun besessen: Faust, Berthold Schwarz, Johanna v. Orleans, Karl IV. (vgl. HdS 418 f.). Im Deutschen Museum, München, befindet sich eine bekleidete Alraunwurzel aus dem 18. Jh. – Vgl. auch den Roman ›Alraune‹ von H. H. Ewers. In einer histor. Darstellung des 19. Jhs. wird er folgendermaßen charakterisiert:
»Sein abergläubisches, schwaches Gemüth von der peinigenden schrecklichen Unruhe zu befreien, umgab er sich mit Sterndeutern und Alchymisten, mit Malern, Drechslern, Kupferstechern und Mechanikern, oder schlich in seinen botanischen Gärten, seinen naturhistorischen Sammlungen und Antiken-Kabineten umher. Fremden Gesandten gab er nie Audienz, selbst seine Minister duldete er nicht um sich, und wies die Klagen seiner Unterthanen von sich ab. Die Natur- und Sternkunde, die Chemie, das Studium der Alterthümer und alle bildende Künste waren Rudolphs einzige Beschäftigung. Er malte vorzüglich, und seine Porträte hatten sprechende Aehnlichkeit.

Einige Zeit glaubte das Volk zu Prag, Rudolph sey gestorben, und seine Günstlinge verheimlichten seinen Tod. Ein bedenklicher Auflauf entstand, und Rudolph zeigte sich endlich auf vieles Bitten einige Augenblicke an den Fenstern, um dem andringenden Haufen seinen Wahn zu benehmen. Er saß übrigens Stunden lang in seinen Zimmern ohne Laut, ohne sich zu bewegen, und sah den Malern und Uhrmachern zu, die bei ihm arbeiteten.« (A. Ziegler, Gallerie aus der österreichischen Vaterlandsgeschichte..., Wien 1837, S. 70) *Lit.:* Karin Figala, Alraune. Veröffentlichungen des Forschungsinstituts des Deutschen Museums für die Geschichte der Naturwissenschaften und der Technik, Reihe A, Kleine Mitteilungen Nr. 63, München 1970; Walter Hävernick, Wunderwurzeln, Alraunen und Hausgeister im deutschen Volksglauben, in: Beitr. z. dt. Volks- und Altertumskunde 10, Hamburg (1966), S. 17–34; A. Schlosser, Die Sage vom Galgenmännlein im Volksglauben und in der Literatur, Diss. Münster 1912; A. T. Stark, Der Alraun, Baltimore 1912; Gebhardt Bd. 9, Kap. 5; Deneke 1961. Alfred Schlosser u. a., Die Sage vom Galgenmännlein im Volksglauben und in der Literatur, Berlin 1987.

125 Vossische Zeitung. Nachricht v. 5. Sept. 1785. Berlin (nach R. Federmann, H. Schreiber, Botschaft aus dem Jenseits, Tübingen 1968, S. 160 f.). – Biedermann 1973, s. v. – Alexander, Graf von Cagliostro, eigentlich Josef Balsamo, geb. im Juni 1734 in Palermo, gest. 28. August 1795 in San Leone b. Urbino, war ein weltbekannter Abenteurer und Alchimist. Er gab vor, Gold erzeugen zu können, verkaufte Lebenstinkturen, Universalessenzen, Schönheitswässer und beschwor Geister. Seine Frau, Lorenza Feliciani, die Tochter eines Gürtelmachers aus Rom, benutzte er bei diesen Schwindeleien. Zu London wurde er in den Freimaurerorden aufgenommen und verkehrte in den höchsten Kreisen des europäischen Adels. Er erfand ein eigenes maurerisches System, das er als ägyptische Freimaurerei bezeichnete, und gab sich als Sendboten des Elias bzw. den Großkophta selbst aus. 1785 kam er nach Paris, wo er mit Kardinal Rohan zusammentraf. Ihm spiegelte er vor, an der Hochzeit von Canaan teilzunehmen, offenbar mit Hilfe von Suggestion; das Motiv gleicht verblüffend ähnlichen Episoden, die man von Virgilius (→ HS I, 11–19) und Albertus Magnus (→ 63) erzählt. – In Paris wurde Cagliostro im Zusammenhang mit der Halsbandaffäre verhaftet und, obwohl er nicht beteiligt war, 1786 aus Frankreich verbannt. Im Dezember 1789 wurde er von der Kurie verhaftet und auf der Engelsburg eingekerkert. Die Inquisition verurteilte ihn wegen Ketzerei zum Tode; Papst Pius VI. wandelte 1791 die Todesstrafe in lebenslängliche Haft um und ließ ihn in ein Strafkloster bringen, wo er starb. – Sein Leben und seine Gestalt gab den Vorwurf für zahlreiche künstlerische Bearbeitungen ab, vgl. Schiller: ›Der Geisterseher‹ (1789), Goethe ›Der Großkophta‹ (1719), Leo Tolstoi ›Graf Kaliostro‹ (1921), Horst Wolfram Geißler ›Der Zauberlehrling‹ (1918). Die Hauptquelle für sein Leben bildet das Werk ›Compendio della vita e delle gesti die Giuseppe Balsamo...‹, Rom 1791. *Lit.:* H. Conrad, Das sündhafte Leben des Grafen C.; Die Geschichte eines Mysterienschwindlers, bearb. von Ewers, o. J. (1961); Sieske, Schwärmer und Schwindler zu Ende des 18. Jahrhunderts, Leipzig 1875.

126 Schwartz 1921, S. 97–99, Nr. 59. – HdS, S. 464 f. (Alter Sparr). – (→ 127, 129, 130). Wie viele Feldherrn galt auch Otto Christoph Freiherr von Sparr, geb. 1605, gest. 9. 5. 1668 in Prenden, als Teufelsbündner und Schwarzkünstler. Er diente unter Wallenstein im kaiserlichen Heer, war 1656 Sieger in der Schlacht

bei Warschau und wurde Generalfeldmarschall. Auf ihn haben sich, bes. in seiner märkischen Heimat, die verschiedensten Zaubermotive übertragen: Luftfahrt, Wiederbelebung von Tieren aus deren Knochen (Gräten) und, wie hier, als Personifikation des Wilden Jägers, der die Jagdbeute teilt (vgl. DVS 243; vgl. auch Th. Fontane, Oderland, 1919).

127 (Neckel III, 265). – (→ HS I 263–270).

128 Pohl 1943, S. 112. – DVS 68. – HdA II, 1389 (Feuer). – Menschen mit magischer Begabung können nach dem Volksglauben das Feuer beschwören. Meist benutzen sie dazu einen ›Feuersegen‹ oder magische Gegenstände oder wie hier den magischen Brauch des Umreitens. – Vgl. das Gedicht von Eduard Mörike ›Der Feuerreiter‹, das diesen Glauben zum Hintergrund hat. *Lit.:* Becker, Die Sage vom Feuerreiter, in: Jb. d. Ver. f. mecklenburgische Geschichte u. Altertumskunde 81 (1917); H. Freudenthal, Das Feuer im deutschen Glauben und Brauch, Berlin, Leipzig 1931.

129 Pohl 1943, S. 99f. – Fürst Leopold I. von Anhalt-Dessau (1676–1747) war General unter Friedrich Wilhelm I. – (→ 126, 130).

130 Pohl 1943, S. 104. – (→ 126, 129).

131 ZA 2427 1700/45. E: Frau Bastmann, geb. 1844, in der Familie und auf Dienststellen gehört, A: G. Fr. Meyer, O: Bujendorf, Krs. Eutin/Schlesw.-Holstein, 1928 (unveröffentlicht). – HdS 472f. (Alte Ziethen). – Mda.: Hakkeln = Kiefernzapfen. – Hans Joachim von Ziethen (1699–1786), geb. in Wustrau, Grafschaft Ruppin, baute die preußische Kavallerie auf. Wie vielen Feldherrn wird ihm nachgesagt, er könne aus Kiefernzapfen Soldaten schaffen, bzw. Soldaten (auf der Flucht) in Büsche verwandeln. – (→ 108; 132).

132 Wossidlo 1939, I, S. 227, Nr. 653. E: Ein Ziegelarbeiter, A: R. Wossidlo, O: Gielow/Mecklenburg, 1895.

133 Wossidlo, 1939, I, S. 227, Nr. 654. E: Ein Forstarbeiter, A: R. Wossidlo, O: Zirtow/Mecklenburg, 1897. – (→ 131).

134 Wossidlo 1939, I, S. 228, Nr. 655. E: Bauer Michel, A: R. Wossidlo, O: Jabel/Mecklenburg, 1897.

135 Wossidlo 1939, I, S. 230, Nr. 658. E: Ein Bauer, A: R. Wossidlo, O: Neuendorf b. Neubrandenburg, 1907. – Gebhard Leberecht von Blücher, Fürst von Wahlstatt (1742–1819), preußischer Feldmarschall, war ein volkstümlicher Heerführer, der vor allem durch den Rheinübergang bei Kaub populär wurde. Er hatte den Beinamen ›Marschall Vorwärts‹, und man übertrug auf ihn viele Wandermotive, die seine außergewöhnlichen Erfolge erklären sollten.

136 Wossidlo 1939, I, S. 229, Nr. 656. E: Ein Arbeiter, A: R. Wossidlo, O: Waren/Mecklenburg, 1895.

137 Wossidlo 1939, I, S. 229, Nr. 657. E: Ein Arbeiter aus Kargow, A: R. Wossidlo, O: Waren/Mecklenburg, 1894. – Motiv von der mißglückten Verjüngung (→ HS I, 19; II, 68, 95).

Tod und Nachleben historischer Persönlichkeiten

138 Aus dem Volksbuch ›Ahasverus, der ewige Jude‹, Volksbücher 52, Leipzig, um 1840, bei Otto Wigand, S. 17–21 (erster Absatz und Mitte gekürzt). – AT 777. – HdA IV, 808ff. (Jude). – EM I, 227. – Frenzel 1963, s.v. – DVS 297 a-c. LDE, S. 13. – Im Buch Esther des Alten Testaments ist hebr. ›Achaschwe-

rosch‹ die Namensform des persischen Königs Xerxes. Dessen jüdische Frau Esther vereitelte einen Pogrom Hamans gegen die Juden, was seither am Purimfest mit Lesungen aus dem Buch Esther feierlich begangen wird. Der Name Ahasver wurde im 17. Jh. in Deutschland zum Übernamen für einen Juden. – Schon im 13. Jh. wird von Pilgern, die aus dem Hl. Land zurückkehrten, berichtet, sie hätten in Armenien einen Juden gesehen, der zur Buße für sein Verhalten bei der Kreuztragung Jesu wandern müsse und nicht sterben könne. Dieser Bericht wird verschiedentlich auch in Chroniken aufgenommen, und um 1602 erscheint eine ›Beschreibung und Erzählung von einem Juden mit Namen Ahasver‹. Hier wird der Name aus dem Buch Esther erstmals auf den ›Ewigen Juden‹ übertragen (der bis dahin Cartaphilus bzw. Buttadeus genannt wird). Die ›Beschreibung‹ wird initiiert durch eine angebliche Begegnung des Johann von Eitzen, Bischof von Schleswig, mit Ahasver im Jahr 1542 in Hamburg. Auf den verschiedenen Fassungen dieser Schrift beruht auch das hier abgedruckte Volksbuch sowie eine französische Ausgabe ›Histoire admirable de juif errant‹ um 1650. In der volkstümlichen Überlieferung (vgl. auch DVS 297) wie auch in der Literatur wird der ›Ewige Jude‹ dank seiner Unsterblichkeit zu einer ›Begegnungsgestalt‹, an der sich die Veränderung der Welt ablesen läßt. Im Sinne einer solchen ›Geschichtsrevue‹ (Frenzel) ist auch Eugen Sues zehnbändiger Bestseller ›Le juif errant‹ von 1844 angelegt. Vielfach wird die Gestalt jedoch auch zum Symbol der Heimatlosigkeit des Judentums. *Lit.:* W. Zirus, Ahasver, der ewige Jude, 1930; A. Leschnitzer, Der Gestaltwandel Ahasvers, in: Zwei Welten, Siegfried Moses z. 75. Geburtstag, 1962; A. Soergel, Ahasver-Dichtungen seit Goethe, Leipzig 1905; J. Gaer, The Legend of the Wandering Jew, New York 1961; G. K. Anderson, The Legend of the Wandering Jew, Providence 1965; E. Dal, Ahasverus in Dänemark. Volksbuch, Volkslieder und Verwandtes, in: Jb. f. Volksliedforschung 9 (1964), S. 144–170; J. Peletová, Die Sage von Ahasver in der dt. Literatur, besonders bei Seligmann Heller, Diss. Praha 1920; P. Johansen, War der Ewige Jude in Hamburg? in: Zs. d. Ver. f. Hamburgische Geschichte 41 (1951); Bengt of Klintberg, The Swedish Wanderings of the eternal Jew, in: Fourth Worldcongress of Jewish studies, Jerusalem 1968; G. Hasan-Rokem and A. Dundes, The Wandering Jew, Bloomington 1986. Verbreitungskarte: ASV, Karte 253.

139 Ebda. – (→ 138).
140 Ebda. – (→ 138).
141 Ebda. – (→ 138).
142 Liliencron, Thüringische Geschichtsquellen III, 1859, S. 426 (= Joh. Rothe, Thüringer Chronik). – Vgl. v. der Leyen u. Höttges 1933, Nr. 13. – HdA I, 1056f. (bergentrückt). – DVS 213, 214. – Wehrhan 1920, 162–179. – Friedrich I. (Barbarossa), dt. König 1152–1190, 1155 röm.-dt. Kaiser. – Der Eisenacher Stiftsgeistliche Joh. Rothe (gest. 1434) erwähnt erstmals den Kyffhäuser als Aufenthalt eines Kaisers, wobei häufig Friedrich I. (Barbarossa) und Friedrich II. verwechselt werden (seit dem 16. Jh.). Die Vorstellung, ein Mächtiger werde am Ende aller Tage wiederkommen und alle Hoffnungen erfüllen, ist im Orient wie im Abendland schon seit der Antike geläufig. Sie nimmt immer wieder in Zeiten des Umbruchs Gestalt an, indem sie chiliastische Hoffnungen konkretisiert. Neben dem Kyffhäuser wird schon 1499 ein Berg bei Kaiserlautern (→ 150) als Schauplatz der Sage erwähnt; 1529 wird der

Untersberg (→ 153) bei Salzburg als Aufenthaltsort des Kaisers genannt. – Ähnliches wird in Dänemark von Holger Danske erzählt, der in einem Hügel bei Mögeltondern seinen Zauberschlaf hält, in Schweden von König Olaf, in England von König Artus, der in den Hügeln von Alderley Edge schläft, und schließlich von König Dan, der in Schleswig bei Tönningen (→ 155) auf seine Wiederkehr wartet.

Die sog. ›deutsche Kaisersage‹ wurde vor allem durch Friedrich Rückerts Gedicht ›Barbarossa‹ wieder weiten Kreisen bekannt und nach dem Deutsch-Französischen Krieg von 1870 populär, als man in Kaiser Wilhelm I. den wiedererstandenen Barbarossa feierte und ihm in Anlehnung an diesen den Beinamen ›Barbablanca‹ (F. Dahn) gab. *Lit.:* R. Schröder, Die deutsche Kaisersage, Heidelberg 1893; F. Kampers, Die deutsche Kaiseridee in Prophetie und Sage, München 1896; G. Schultheiß, Die deutsche Volkssage vom Fortleben und der Wiederkehr Kaiser Friedrichs II., Berlin 1911; L. Petzoldt, Sage als aktualisierter Mythos, in: Wirkendes Wort 27 (1977), S. 1–9; E. Kantorowicz, Zu den Rechtsgrundlagen der Kaisersage, in: Dt. Archiv für Erforschung d. Mittelalters 13 (1957), S. 115–150; A. H. Krappe, Die Sage vom König im Berg, in: Mitt. d. Schlesischen Gesellschaft f. Vk 35 (1935), S. 76–102; G. Voigt, Die Kyffhäusersage, 1871; F. Pfister, Die dt. Kaisersage und ihre antiken Wurzeln, 1928; L. Petzoldt, Tod und Jenseits in Märchen und Sagen, K. Heindrichs (ed.), Tod und Wandel im Märchen, Regensburg 1991, S. 34–56. – Wolf-Dieter Lange, Diesseits- und Jenseitsreisen im Mittelalter, Berlin 1992.

143 Grimm 1865, Nr. 23 (Joh. Agricola, Auslegung gemeyner teutscher Sprüchwörter, 1534, Nr. 710; Prätorius, Alectryomantia p. 69; u. a.). – (→ 142).

144 Henning Behrens, Hercynia curiosa, Nordhausen 1703, S. 151. – (→ HS I 228, 229). – Erl.: Aenobarbus = griech. Übersetzung f. ›Rotbart‹; Cicilien = verschrieben f. Kilikien; Friedrich der Andere = Friedrich II. – Eine skeptische Stimme, die sich gegen die aufkommenden Gerüchte über die Wiederkunft ›falscher Friedriche‹ wendet. Ein Beispiel für das Auftreten dieser Scharlatane ist der folgende Bericht über das Auftreten eines Schneiders, der sich für Kaiser Friedrich I. ausgab:

»Der plötzlich in Italien erfolgte Tod des großen Kaisers Friedrich I. gab Veranlassung zu der Sage, daß er nicht wirklich tot sei, sondern noch immer unsichtbar umherwandele. Dies benutzend, fanden sich auch nach seinem Tode wirklich mehrere Gauner ein, welche sich für ihn ausgaben, aber wenig Glück machten. Der letzte von ihnen trat im Jahre 1546 auf. Er war seines Standes ein Schneider aus Langensalza. Dieser geriet auf seinem Wanderleben auf den Kyffhäuser, und da er überall zu Hause war, so schlug er seine Wohnung in der Kapelle auf, die einige hundert Fuß tiefer auf einem Absatze des Berges steht, machte Feuer an und lebte hier drei Tage. Durch den aufsteigenden Rauch wurde sein Aufenthalt kund. Man stieg hinauf, um zu sehen, woher er komme, und siehe, da saß der Schneider am Feuer und schwatzte dem erstaunten Volke von seinen Königreichen und Kaiserthümern vor. Das Volk glaubte die Märe und schrie: ›Kaiser Friedrich ist wieder da!‹ Ein Graf Günther von Schwarzburg ließ aber den kaiserlichen Schneider beim Kopfe nehmen, ins Gefängnis setzen und bedeuten, daß es zwar jedermann, selbst einem Schneider freistehe, sich bis zum Kaiser aufzuschwingen, daß aber auch der gehörige Nachdruck mit Armeen und Kanonen nicht fehlen

dürfe, um sich auf diesem Posten zu erhalten.« (Grässe 1867, S. 446) *Lit.:*
L. Petzoldt, Sage als aktualisierter Mythos, in: Wirkendes Wort 27 (1977),
S. 1–9; ders.: Märchen, Mythos, Sage. Beiträge zur Literatur und Volksdich-
tung, Marburg 1989, S. 89–100; Claude Lecouteux, Zur anderen Welt, in:
W.-D. Lange, Diesseits- und Jenseitsreisen im Mittelalter, Berlin 1992,
S. 79–89.

145 Grässe 1867, S. 440f., Nr. 489. – (→ 308a). – Die Raben, die den Kyffhäuser
umfliegen, sind eine Zutat von Joh. Prätorius; sie erschienen erstmals 1681.
Lit.: (→ 142).

146 Grässe 1867, S. 447, Nr. 489. – Erl.: Tiberius = Münze aus der römischen
Kaiserzeit; Secel = Sekel, Silberling; hebräische Silber-, Gold- bzw. Kupfer-
münze aus der Zeit vor Christi Geburt. – (→ 142).

147 Grässe 1867, S. 445f., Nr. 489. – (→ 142).

148 Grässe 1867, S. 444, Nr. 489 (Sommer, Sagen aus Sachsen und Thüringen,
Halle 1846, S. 2f.). – Späte Übertragung des Motivs vom Kaiser im Berg auf
einen der Ottonenkaiser, die mit einer Schatzsage (→ DVS 525 u. S. 466ff.)
verbunden ist. *Lit.:* (→ 142).

149 Wehrhan 1920, II, 1, S. 173f., Nr. 176. – (→ HS I 217–225). – Friedrich II.,
dt. König 1212–1250, 1220 röm.-dt. Kaiser. – Erl.: welsch = italienisch. –
Sagenhafter Bericht, der die Person Kaiser Friedrichs II. mit übernatürlichen
Kräften begabt (vgl. Anm. zu 218, HS I, S. 214ff.). *Lit.:* G. Wolf (Hrsg.),
Stupor mundi. Zur Geschichte Friedrichs II. von Hohenstaufen, Darmstadt
1966 (WdF, Bd. CI); Heinisch 1968; B. Gloger, Kaiser, Gott und Teufel.
Friedrich II. von Hohenstaufen in Geschichte und Sage, 1970; E. Horst,
Friedrich der Staufer, Düsseldorf 1976.

150 Wehrhan 1920, II, 1, S. 175, Nr. 176. – Erl.: weißen Plan = heller Platz, Feld. –
(→ 142).

151 Ebda, S. 175f., Nr. 176.

152 Ebda, S. 167–169, Nr. 176. – Tile Kolup, eig. Dietrich Holzschuh, gab sich
für den 1250 verstorbenen Kaiser Friedrich II. (→ 163) aus. Er trat zuerst 1283
in Köln auf und wandte sich dann, als er dort keine Anhänger fand, nach
Neuß, wo er zwei Jahre blieb. Das Volk schrieb ihm übernatürliche Kräfte zu
und anerkannte ihn, so daß er Rudolf von Habsburg vor seinen Thron lud, um
ihn als König zu belehnen. Als er sich 1285 in Wetzlar aufhielt, wo er mit
großem Pomp eingezogen war, unterwarf sich die Stadt Rudolf von Habsburg und gab Tile Kolup preis. Rudolf ließ ihn am 7. Juli 1285 in Wetzlar als
Ketzer verbrennen. *Lit.:* V. Meyer, Tile Kolup, Wetzlar 1868; A. Busson, Der
falsche Friedrich, in: SB, Wien 111 (1885); Gebhardt Bd. 5, Kap. 25 (1, V).

153 W. Herzog, Die Untersbergsage, nach den Handschriften untersucht und
herausgegeben, Graz, Wien, Leipzig 1929, S. 27–48. – HdA II, 26ff. (Chilias-
mus); II, 505 (Dürrer Baum); VIII, 1483f. (Untersberg). – DVS 212. – Der
von Herzog zusammengestellte Text beruht auf dem kritischen Vergleich von
15 Handschriften und Volksbuchdrucken, die um das Jahr 1522 zu datieren
sind. – Mda.: Pertlsgaden = Berchtesgaden; Barfuesser = Franziskaner bzw.
Kapuziner; Prefierbuch = Brevier; Burth = Bund (Schlüssel); Gebeu = Ge-
bäude; Kürchen = Kirche; schueff = veranlaßte, befahl; Bar und Bar = paarweise; Thumbstüfft = Dom(stift); Mueshaus = Speisehaus, Küche; Refent =
Refektorium, Speisesaal; Nonn = Non, neunte Stunde (des Gebets); Liberey =
Bibliothek; St. Pärtlmee = St. Bartholomä; Feldkürchen = Feldkirch; Mennig

= Menge; gräben = grauen (Bart); Thein = Tun; Krüeg = Krieg; Liegen = Lügen; Paurnleith = Bauersleute; grainen = grünen; Enckhel = Knöchel; ed = öde; Fix = Füchse; Fortl = Vorteil. – Die im bayerisch-österreichischen Raum verbreitete Version der Sage vom Kaiser im Berg (→ 142–144, DVS 212, 215). Die Sage war in vielen Volksbuchdrucken verbreitet und verband sich mit der Prophezeiung vom ›Birnbaum auf dem Walserfeld‹, der wieder zu grünen beginne, wenn der Endzeitkaiser seinen Schild daran hänge und die ›letzte Schlacht‹ schlage, die ein goldenes Zeitalter heraufführe. *Lit.:* Fr. v. Zillner, Die Untersbergsagen und Salzburger Sagen, in: Mitt. d. Ges. f. Salzbg. Landeskunde I–III (1860ff.); W. Herzog, s. o.; M. Andree-Eysn, Der Birnbaum auf dem Walserfeld, in: Bayer, Hefte f. Vk 2 (1915), S. 185–188; F. Zurbonsen, Die Schlacht am Birkenbaum, Essen 1940; Frantisek Graus, Lebendige Vergangenheit. Überlieferungen im Mittelalter mit Vorstellungen vom Mittelalter, Köln/Wien 1975; Yvonne Fleischer, Die Überlieferung von dem Herrscher im Berg, dargest. am Beisp. d. Untersbergsage, Dipl.-Arb. masch. Innsbruck 1990. Vgl. auch: L. Petzoldt, Sagen aus Salzburg, München 1993, S. 13–50. Weitere *Lit.:* (→ 142).

154 P. Zaunert, Westfälische Sagen, Jena 1927, S. 69. – HdA I, 1056 (bergentrückt). – Mda.: Weking = Widukind. – Widukind (Wittekind), Herzog u. Führer der Sachsen gegen Karl d. Gr. Gestorben zwischen 804 und 812. Nach langem Ringen mit Karl unterwirft er sich und wird 785 in Attigny getauft (→ HS I 194). *Lit.:* W. Diekamp, Widukind, der Sachsenführer nach Geschichte und Sage, Münster 1877 (bes. S. 59); H. Hartwig, Widukind in Geschichte u. Sage, 1951; E. Rundnagel, Der Mythos von Herzog Widukind, in: HZ 155 (1936); Gebhardt Bd. 2, Kap. 18 (1, II).

155 G. Neckel, Sagen aus dem germanischen Altertum I, Leipzig 1935, S. 102 (nach Müllenhoff, Sagen, Märchen u. Lieder... Kiel 1845). – HdA I, 1056 (bergentrückt). – Erl.: unser verstorbener König = Friedrich VI. von Dänemark. – Eine parallele Sagenbildung zur Sage vom Kaiser im Berg (→ 142; DVS 211).

156 Cäsarius v. Heisterbach, Dialogus magnus visionum atque miracularum I, 84 (Wehrhan 1920, II, 2, S. 65, Nr. 245). – HdA II, 10ff. (C. v. Heisterb.). – Der Zisterziensermönch Cäsarius von Heisterbach (um 1180–1240) schrieb seine Wundergeschichten zwischen 1219 und 1223. Es sind anekdotenhafte Erzählungen, die zur dogmatischen und moralischen Belehrung seiner Mitbrüder dienten und den Glanz des Ordens erhöhen sollten. Es sind Erzählungen, die, der mündlichen Überlieferung seiner Zeit entnommen, die Glaubenswahrheiten durch konkrete Beispiele aus dem Leben untermauern sollten. Seine Erzählungen repräsentieren den Volksglauben seiner Zeit. Die vorliegende Sage ist als klerikale Tendenzerzählung zu verstehen. *Lit.:* A. Kaufmann, Cäs. v. Heisterbach. Ein Beitrag z. Kulturgeschichte d. 12. u. 13. Jhs., Köln 1892; Ph. Schmidt, Der Teufels- und Dämonenglaube des Cäs. v. Heisterbach, Diss. Basel 1926; A. Hilka, Die Wundergeschichten des C. v. H., I, 1933; III, 1937; M. Hain, Lebendige Volkssage im ›Dialogus‹, in: Archiv f. mittelrhein. Kirchengesch. 2 (1950); Claude Lecouteux, Geschichte der Gespenster und Wiedergänger im Mittelalter, Köln, Wien 1987.

157 J. Jegerlehner, Sagen und Märchen aus dem Oberwallis, Basel 1913, S. 244, Nr. 28. – Vgl. die Ballade von Zedlitz ›Die nächtliche Heerschau‹. *Lit.:* Sebillot, Folklore de France IV, 398.

158 Th. Lorentzen, Die Sage vom Rodensteiner, Heidelberg 1903, S. 7 (nach: »Glaubwürdige Nachrichten wegen eines in der Grafschaft Erbach sich befindenden Landgeistes«. Akten d. Erbacher Archivs v. Ende d. 18. Jhs.). – HdA III, 557 (Geisterzug). – LDE, s. v. – Die Sage entstand im Gersprenztal im nördlichen Odenwald; der hier umgehende ›Landgeist‹ wurde zunächst als ›Schnellertsherr‹ bezeichnet, erst gegen Ende des 18. Jh. kommt im Gefolge der Romantik der Name ›Rodensteiner‹ auf. Das in den vierziger Jahren des 18. Jh. immer mehr um sich greifende Gerede von den nächtlichen Umzügen des Geistes, insbesondere aber seine ›politische Rolle‹ (Schopp), die darin bestand, daß er nach dem Volksglauben bedeutende Ereignisse: Kaiserwahl, Kriegswirren, Frieden usw. ankündigte, führte dazu, daß der Graf von Erbach in den Jahren 1742–1748 Zeugen bzw. Verbreiter dieser Gerüchte vernehmen und ihre Aussagen protokollieren ließ. Diese Vernehmungen, denen auch die Texte 158, 159 entnommen sind, erregten in ganz Deutschland Aufsehen und trugen nicht wenig zur Popularität des ›Schnellertsgeistes‹ bei, der dann bald zum Rodensteiner (1760) wurde. *Lit.:* Archiv d. Freih. v. Gemmingen, Fränkisch-Crumbach, Protokolle d. ehem. gräfl. Erbachischen Amtes Reichenberg bei Reichelsheim über das Treiben eines Geistes am Schnellerts 1742–1796; Lorentzen, s. o.; Th. Meisinger, Der Rodensteiner. Geschichte und Wandlungen einer deutschen Sage, Darmstadt 1954; F. Mößinger, Die Sage vom Rodensteiner, Verbreitung, Motive u. Entstehungsgeschichte, Mainz 1962; A. Rosenberg, Der Landgeist von Burg Rodenstein, in: Neue Wissenschaft, Zs. f. Parapsychologie 12 (1952), S. 406 ff.; J. Schopp, Mythische Welt, Gießen 1969, S. 140–150 (darin eine Zusammenstellung der Deutungen, S. 143 f.).

159 Ebda, S. 9. – (→ 158).

160 Th. Meisinger, Der Rodensteiner, Darmstadt 1954, S. 66 f. A: Hans von der Au, 1951. – (→ 158).

161 Ebda. – E: Adam Eckstein, Lehrer, A: H. von der Au, O: Steinau. – Ein Bericht über die ›politische‹ Wirkung des Rodensteiners im ›Dritten Reich‹. – (→ 158).

162 Hermann Lübbing, Friesische Sagen, Jena 1928, S. 204 f. – HdA IX N, 154. – Frenzel 1962, s. v. – LDE, s. v. – DVS 298. – Entstehung und Blütezeit der Sage, die zunächst (1821) an den holländischen Kapitän van der Decken geknüpft war, fällt in das 19. Jh. In dieser Fassung ist bereits der frevelhafte Schwur, das Kap der Guten Hoffnung um jeden Preis zu umsegeln, und wenn es bis zum Jüngsten Tag wäre, das Kernmotiv. Die an Barend Fokke, einen Zeitgenossen des 17. Jh., anknüpfende Fassung von 1841 verbindet bereits das Motiv des Teufelspakts mit der Sage. Die Sage ist relativ jung, da ihre Beziehung zum Kap der Guten Hoffnung erst nach 1497, der Entdeckung dieser Route, datieren kann (Frenzel). Wahrscheinlich haben zur Ausbildung der Sage auch die Berichte der Ostindienfahrer Vasco da Gama u. Bartolomeo Diaz beigetragen. Durch Richard Wagners Oper (1843), die z. T. Motive aus Heinrichs Heines ›Reiselieder aus Norderney‹ (1826) benutzte, gewann die Figur des Fliegenden Holländers noch an Popularität. *Lit.:* Rolf Engert, Die Sage vom Fliegenden Holländer, in: Meereskunde. Slg. volkstümlicher Vorträge, Berlin 1927, Bd. XV, H. 7, S. 1–39; W. Golther, Der Fliegende Holländer in Sage und Dichtung, in: ders., Zur dt. Sage u. Dichtung, 1911; G. Kalff, De Sage van den vliegenden Hollander, naar Behandeling, Oorsprong en zin

onderzocht, Zutphen 1923; W. Woeller, Die Sage vom Fliegenden Holländer, in: Dt. Jb. f. Vk 14 (1968), S. 292–314; Ch. Pieske, Glaube und Brauch der seefahrenden Bevölkerung der dt. Ostseeküste, in: Jb. d. Albertus-Universität zu Königsberg/Pr. 4 (1954), S. 29–82, hier: S. 66–74; Henning Henningsen, Crossing the Equator, Kopenhagen 1961; H. Gerndt, Fliegender Holländer und Klabautermann, Göttingen 1971.

163 H. Lohre, Märkische Sagen, Lpz.-Gohlis 1921, Nr. 1 (= G. Neckel, Sagen aus dem germanischen Altertum I, Leipzig 1935, S. 79). – EM I, 395–404 (Alter Fritz). – Frenzel 1962, s. v. – HdS 434–439. – HdA III, 99 ff. (Friedr. d. Große). – HdM II, 230–246. – Friedrich II. der Große (24. 1. 1712–17. 8. 1786), ab 1740 König von Preußen, wurde bereits zu Lebzeiten, in besonderem Maße aber nach seinem Tode in der populären Tradition – im Gegensatz zur historischen Realität – zum Inbegriff des leutseligen, strengen, aber gerechten Herrschers, dessen Gestalt viele Wandermotive und Anekdoten auf sich zog. *Lit.:* H. Kügler, Hohenzollernsagen, Leipzig 1922; H. Diewerge, Der Alte Fritz im Volksmund, München o. J. (1937); W. Hofstaetter, Friedrich d. Große in der Dichtung d. Gegenwart, in: Zs. f. Deutschkunde 50 (1936).

164 G. Gugitz, Die Sagen und Legenden der Stadt Wien, Wien 1952, S. 154, Nr. 144 (nach A. Mailly, Niederösterreichische Sagen, Lpz.-Gohlis 1926, S. 104 f.). – (→ HS I 273).

165 Meier 1852, II, S. 354, Nr. 392. – Mdl. – Der Anfang der Sage zur Erläuterung von Meier beigefügt. Wiedergabe einer lokalen volkstümlichen Überlieferung (vgl. → 167). – Nikodemus Frischlin (22. 9. 1547, Erzingen – 29. 11. 1590, Hohenurach), Humanist, Professor der Poetik und Geschichte in Tübingen, Poeta laureatus unter Rudolf II. im Jahr 1576, ist vor allem durch seine lat. Komödien berühmt geworden. Durch seine beißende Kritik überwarf er sich mit dem württembergischen Adel. Wegen einer Erbangelegenheit geriet er in Streit mit der württ. Hofkanzlei, wurde 1590 in Mainz verhaftet und auf Hohenurach eingekerkert. Bei einem Fluchtversuch in der Nacht vom 29. auf den 30. 11. 1590 stürzte er ab. *Lit.:* D. F. Strauß, Leben und Schriften des Dichters und Philologen Phil. Nik. Frischlin, Frankfurt 1856.

166 Zingerle 1891, S. 288 f., Nr. 517. – (→ HS I 2). – Frenzel 1962, s. v. – Erl.: Willeweiß = volksetymologische Wortbildung aus Bilwiß (HdA I, 1308 ff.) und Sibylla Weis (= Weissagung). – Andreas Hofer (1767–1810), der Sandwirt aus dem Passeiertal, führte als gewählter Landkommandant 1809 während der Erhebung Österreichs gegen Napoleon einen Volkskrieg, auch als Österreich den Krieg bereits verloren hatte. Seine Erschießung durch die Franzosen in Mantua machte ihn vollends zum Volkshelden, und die ersten Lieder tauchten bereits kurz nach seinem Tode auf, ebenso Dramatisierungen (1817). In der Sage wird seine Gestalt mythisiert und in die Reihe der Helden, die der Wiederkunft harren und bessere Zeiten herbeiführen, versetzt (→ 142). *Lit.:* W.-E. Peuckert, Sibylle Weiß, Breslau 1932; W. Kosch, Andreas Hofer im Leben und in der Dichtung, 1916.

167 Gerhard u. Kleeblatt 1926, S. 267, Nr. 226. – Nach mdl. Angaben. – Vgl. (→ 165).

168 Gregor von Tours, Zehn Bücher Geschichten (Historiarum libri decem, II, 19), Freih.-v.-Stein-Gedächtnisausgabe, Darmstadt 1974, S. 187. – Vgl. Anm. zu (→ HS I 26). – Datiert auf das Jahr 585.

169 Zimmerische Chronik, ed. H. Decker-Hauff, Darmstadt 1964, I, S. 50. – Gebhardt Bd. 2, Kap. 19 (1, II). – Leo III., Papst v. 26. 12. 795–12. 6. 816, wurde von Anhängern seines Vorgängers 799 mißhandelt und floh zu Karl d. Gr. nach Paderborn. – Der Bericht in der Zimmerischen Chronik entspricht weitgehend den geschichtlichen Tatsachen.

170 Thietmar von Merseburg, Chronicon VII, 33, ed. Werner Trillmich, Darmstadt 1957, S. 389 ff.

171 Grässe 1871, S. 40f., Nr. 33. (S. Eg. Müller, Siegburg, S. 108). AaTh 471 A. – DVS 205. – Die Erzählung von dem Mönch und dem Vöglein bzw. von dem unbemerkten Entschwinden der Zeit im Jenseits (Eile der Zeit in Gott) erwähnt zuerst der Pariser Bischof Maurice de Sully in einem Predigtexempel (12. Jh.). Die Wundergeschichte wird im Laufe der Entwicklung von verschiedenen Klöstern erzählt: Heisterbach, Siegburg, Afflighem, und aus den Zweifeln des Mönches an Psalm 90.4. begründet. Das Predigtexempel gehört damit zu dem Typus der Entrückungssagen, die die Zeitlosigkeit der übernatürlichen Welt augenfällig machen sollen. Die Geschichte steht im Zusammenhang mit zahlreichen Erzählungen von Besuchen eines Menschen in der anderen Welt, wie sie auch in Verbindung mit dem Kyffhäuser erzählt werden (vgl. Grässe 1867, S. 437 ff., Nr. 489 d): Gemeint ist die Erzählung von dem Ziegenhirten Peter Klaus, der auf der Suche nach seiner Herde in eine Höhle gerät und zwölf schweigsamen Rittern beim Kegeln helfen muß. Als er wieder in sein Dorf kommt, muß er feststellen, daß er zwanzig Jahre entrückt war. Die Geschichte wird erstmals in dieser Form in Otmars ›Volkssagen‹ (Bremen 1800) berichtet und 1812 von Büsching übernommen. Diese Version der Entrückungssage wird zur Vorlage für Washington Irvings Erzählung von ›Rip van Winkle‹ (W. Irving, The Sketch-Book of Geoffrey Crayon, Gent 1809) und weiter zur Vorlage für Max Frischs paradigmatische Erzählung in seinem Roman ›Stiller‹, die den Versuch seiner Hauptfigur, aus der Realität auszubrechen, in der Gestalt des Rip van Winkle exemplifiziert. *Lit.:* Hammerich, Munken og Fuglen, Kopenhagen 1933; F. Mai, ags mhd. Gedicht vom Mönch Felix, Berlin 1912 (Acta Germanica N. R. 4); F. Müller, Die Legende vom verzückten Mönch, den ein Vöglein ins Paradies leitet, Diss. Erlangen 1912; K. Helm, Entrückung in Sage und Dichtung, in: Hess. Bl. f. Vk. 43 (1951), S. 30 ff.; Lit. zu Rip van Winkle: W. Irving, Rip van Winkle, ed. W. Pache, Stuttgart 1972 (RUB 9368); Max Frisch, Rip van Winkle. Hörspiel, Stuttgart 1971 (RUB 8306); W. Irving, Das Skizzenbuch, München 1968.

172 H. Lohre, Märkische Sagen, Lpz.-Gohlis 1921, Nr. 96 (= G. Neckel, Sagen aus dem germanischen Altertum I, Leipzig 1935, S. 230). – DVS 332. – AaTh 113 A. – Mda.: Mentzisch = mainzerisch, aus Mainz. – Eine Version der Sage von der ›Todesbotschaft‹, die bereits in der Antike nach ihrer ältesten Erwähnung bei Plutarch (ca. 50–120 n. Chr., ›De defectu oraculorum‹, cap. 17) auch als Sage vom ›Tod des großen Pan‹ bezeichnet wird. Die mit der historischen Persönlichkeit des Bischofs in Verbindung gebrachte Sage, in der dessen Katze als naturdämonisches Wesen der Botschaft Folge leisten muß, weist

allerdings nicht mehr den ursprünglichen Motivbestand der Volkssagen (→ DVS 332) auf. *Lit.:* G. A. Gerhard, Der Tod des großen Pan, Heidelberg 1915 (Sitzungsber. d. Heidelberger AdW, phil.-hist. Kl. 5); I. M. Boberg, Sagnet om den store Pans død, Kopenhagen 1934; A. Taylor, Northern parallels to the death of Pan, in: Washington Univ. studies X (1922), S. 60 ff.

173 Thietmar von Merseburg, Chronicon, 45 f., ed. W. Trillmich, Darmstadt 1957. – Otto I., der Große (912–973), seit 936 deutscher König, 962 röm.-dt. Kaiser. Im sog. ›Ottonianum‹ bestätigt er den Kirchenstaat und den Vollzug des formellen Krönungsaktes durch den von ihm eingesetzten Papst Johannes XII. (»Machst du mich zum Papst, mache ich dich zum Kaiser«). Otto I. ist im Magdeburger Dom beigesetzt. – Die hier berichtete Begebenheit wird vielfach in der Heiligenlegende (z. B. von Nikolaus) überliefert.

174 Bäßler 1855, S. 188 (nach Kölner Chronik von 1499, S. 115; vgl. auch: W. Wattenbach [Hrsg.], Notker, Über die Taten Karls des Großen, Leipzig 1911, S. 19 f.).

175 Wolf 1845, Nr. 294.

176 ZA 25503 (unveröffentlicht). E: Joseph Wath, geb. 1874, Erinnerung aus der Kunkelstube (Spinnstube). A: Merkelbach, O: Hiltenhausen/Lothringen, Herbst 1937. – HdA III, 1128 f. (Gegorius). – Frenzel 1962, s. v. – Leo IX. (= Bruno, Graf v. Egisheim-Dagsburg) regierte als Papst vom 12. Febr. 1049 bis 19. April 1054; er gilt als der Papst, der ›in reinster Form Idee und Gestalt, Größe und wirkende Kraft des Papsttums‹ verkörperte (Kühner). – Die hier berichtete Erzählung mischt verschiedene Motive aus der Volksbuchtradition. Aus dem Volksbuch von ›Gregorius‹, in dem das Motiv von der Beichte der Mutter bei ihrem Sohn, der Papst geworden ist, vorkommt (die Weissagung ist volkstümliche Zutat), sowie aus dem Volksbuch von ›Genovefa‹, in dem die Jäger, die Genovefa töten sollen, dafür ein Ersatztier töten und dessen Augen als Beweis zurückbringen. (→ HS III, 236). Vgl. die Ballade von Börries von Münchhausen ›Graf Egisheim‹. *Lit.:* Von der Wal, zum Volksbuch Eine schöne merkwürdige Historie des heiligen Bischofs Gregori auf dem Stein genannt, in: Euphorion 57 (1963), S. 292–320; B. Seuffert, Die Legende von der Pfalzgräfin Genovefa, Würzburg 1877; Schallplatten zu Gregorius u. Genovefa: Volkslesestoffe in mündlicher Überlieferung. Authentische Tonaufnahmen 1959–1966, Volkskunde-Tonarchiv, Freiburg 1977, Nr. 1–3.

177 Kuhn 1843/1973, S. 160, Nr. 153 (Riedel, Geschichte der Kloster-Kirche zu Neu-Ruppin, S. 7 f.). – Eine Sage, die sich um das Porträt des Nicolaus de Ruppino gebildet hat und eine volkstümliche Erklärung gibt.

178 Grässe 1867, S. 229, Nr. 275.

179 Aegidius Tschudi, Chronicon Helveticum I, 166b (Quellen zur Schweizer Geschichte NF I, Abt. VII/1a, S. 233 f., ed. B. Stettler, Bern 1970). – (→ HS I 232–236). – Mda.: Weidwerck = Jagd; Owe = Au, Wiese; sechen = sehen; Reverenz = Ehrerbietung; verrunnen = weggeschwemmt; Lib = Leib; Morndes = am Morgen; Linmagt = Limmat, Fluß. – Rudolf I. v. Habsburg (1218–1291) wurde 1273 in Frankfurt zum König gewählt und in Aachen gekrönt. Die hier angeführte Anekdote soll die Frömmigkeit und Demut des Königs betonen. Vgl. hierzu Schillers Gedicht ›Der Graf von Habsburg‹. *Lit.:* O. Redlich, Rudolf von Habsburg, Innsbruck 1903; W. Treichler, Mittelalterliche Erzählungen und Anekdoten um Rudolf von Habsburg, Bern 1971; L. Petzoldt, Sage als aktualisierter Mythos, in: Wirkendes Wort 27 (1977),

S. 1–9; Gebhardt Bd. 5, Kap. 21 (1, V); L. Petzoldt 1989 (Märchen, Mythos, Sage), S. 89–100.
180 Meiche 1903, S. 244, Nr. 312 (Curiosa Sax. 1735, S. 127). – Eine wahrscheinlich aus reformatischer Polemik entstandene Erklärungssage.
181 Grässe 1867, S. 278–281, Nr. 326.
182 Wilhelm Görges, Vaterländische Geschichten und Denkwürdigkeiten der Vorzeit..., Braunschweig 1845, S. 94 ff.
183 Grimm 1865, S. 240, Nr. 535 (Caspar Schütz, Beschreibung der Lande Preußen 1599 fol. Bl. 102, 103; Happel, Denkwürdigkeiten d. Welt IV, S. 407 f.; Caspar Henneberger, Erklärung d. großen preuß. Landtaffel...). – Der deutsche Orden (Deutschritter, Deutschherren) war neben den Johannitern und Templern der größte geistliche Ritterorden; er entstand 1198 aus einer von deutschen Kreuzfahrern in Akkon, nördl. von Haifa, gegründeten Bruderschaft zur Krankenpflege. Unter dem Hochmeister Hermann von Salza begann im Jahre 1226 die Christianisierung Preußens. – Der Hochmeister des Deutschen Ordens wurde vom Generalkapitel auf Lebenszeiten gewählt, seine Macht war in den Anfängen des Deutschordens unbeschränkt. – in der Schlacht bei Tannenberg, einem Dorf in Ostpreußen, verlor der Deutsche Ritterorden gegen ein zahlenmäßig überlegenes polnisches und litauisches Heer. Die hier aufgeführte Erzählung gibt wohl im Volk umlaufende, abergläubische Gerüchte wieder, wie auch aus dem Schluß der Erzählung hervorgeht. *Lit.:* E. Maschke, Der deutsche Ordensstaat. Gestalten seiner großen Meister, [3]1943; E. Maschke u. K. Kasiske, Der deutsche Ritterorden, 1937; Gebhardt Bd. 5, Kap. 62 (1, V).
184 Tettau u. Temme 1865, S. 104 f., Nr. 99 (Caspar Henneberger, Erklärung... S. 270; Simon Grunau, Chronika XV, C. 1). – Gebhardt Bd. 5, Kap. 62 (1, V). – (→ 183). – Heinrich von Plauen (um 1370–1429) verteidigte nach der Niederlage bei Tannenberg die Marienburg (→ HS III, 149). Danach zum Hochmeister gewählt (1. Febr. 1411), suchte er die Ordensherrschaft durch rigorose Reformen zu retten. 1413 wurde er gestürzt und verbrachte neun Jahre im Gefängnis. *Lit.:* Gerstenberg, Heinrich von Plauen, Halle 1873; Buseke, Heinrich von Plauen, Königsberg 1880; K. Hampe, Der Sturz des Hochmeisters Heinrich von Plauen, SB, Berlin 1935.
185 Pohl 1943, S. 37. – (→ 183).
186 Gerhard u. Kleeblatt 1926, S. 73 f., Nr. 44 (Annalen d. histor. Ver. f. d. Niederrhein 38, 98.) – AaTh 922. – BP III, 214-233. – Diese Geschichte ist in der Erzählforschung unter der Bezeichnung ›Kaiser und Abt‹ bekannt und wird auf verschiedene Persönlichkeiten übertragen (→ HS I, 272). *Lit.:* W. Anderson, Kaiser und Abt. Die Geschichte eines Schwanks, Helsinki 1923 (FFC 42). Weitere Lit (→ HS I 272).
187 A. Karasek u. E. Strzygowski, Sagen der Deutschen in Galizien, Plauen/ Vogtland 1932, S. 37, Nr. 10. – Gebhardt Bd. 10, Kap. 25 (2, III). – Joseph II. (1741–1790), seit 1780 Kaiser, Hauptvertreter des aufgeklärten Absolutismus (Josephinismus) und radikaler Reformer, der auch zahlreiche Klöster aufheben ließ. Die Sage versucht wohl eine Rechtfertigung des Kaisers, der letztlich am Widerstand der Kirche scheiterte. *Lit.:* F. Valjavec, Der Josephinismus, [2]1945; E. Benedikt, Kaiser Joseph II., 1936.
188 ZA 40050 (unveröffentlicht). E: Wilhelm Gehrs, A: G. Henßen, O: Klein-Berssen, Krs. Meppen 19. 9. 1935. – Mda.: Kippe = Bischofshut, Mitra. –

Christoph Bernhard, Freiherr von Galen (12. 10. 1606–19. 9. 1678), seit 1650 Fürstbischof von Münster. Im Jahre 1661 zwang er die vom Dechanten Mallinckrodt gegen ihn aufgereizte Stadt Münster zur Unterwerfung unter seine Oberherrschaft (→ 227). *Lit.:* Tücking, Geschichte des Stifts Münster unter Chr. Bernhard v. Galen, Münster 1865.

189 Ebda. (unveröffentlicht). – (→ 188). – Mda.: Hoiner = Hühner; Kiepe = Korb; bekäken = beschaut; unnermienet = unterminiert; Spottbeld = Spottbild, Karikatur; Swien = Schwein; krampet = von ›Krampen‹, Vorrichtung aus Eisen, die das Schwein am Wühlen hindert; oilen = wühlen; sülbens = selbst; nachs = nachher, danach. *Lit.:* (→ 188).

190 Baader 1851, S. 8 f., Nr. 13.

191 Grässe 1871, S. 725, Nr. 824. – Hrabanus Maurus, geb. um 776 in Mainz, gest. 4. 4. 856 in Winkel/Rheingau, Benediktiner, wurde 847 Erzbischof von Mainz. Die Klosterschule in Fulda, deren Abt er 822 bis 842 war, wurde durch seine Gelehrsamkeit berühmt in ganz Europa, so daß man ihn ›Praeceptor Germaniae‹ (Lehrer Deutschlands) nannte. Sein Sterbehaus, das sog. ›Graue Haus‹ in Winkel, ist noch erhalten. *Lit.:* Kunstmann, Hrabanus Maurus, Mainz 1841.

192 Grässe 1867, S. 258, Nr. 311. – HdA I, 874 ff. (Bann, bannen). – DVS 75–81.

193 Buchner 1912, II, S. 145, Nr. 238. – Eine Zeitungsnachricht.

Konfessionelle Auseinandersetzungen

194 Bechstein, Deutsches Sagenbuch, Leipzig 1853, S. 287. – Johann Tetzel, ein Dominikanermönch, um 1465–1519, handelte vor allem in Thüringen mit sog. Ablaßbriefen und Beichtbriefen, die gegen Geld die Beichte auch in reservierten Fällen bei einem beliebigen Beichtvater ermöglichten und mit einem Ablaß (Vergebung der zeitlichen, im Jenseits zu erleidenden Sündenstrafen) verbunden waren. Die Auswüchse dieses Ablaßhandels veranlaßten Luther, gegen ihn aufzutreten. *Lit.:* Gröne, Tezel und Luther, Soest ²1860; Kayser, Geschichtsquellen über Tezel, Annaberg 1877; Röhm, Zur Tezellegende, Hildesheim 1890.

195 Kuhn u. Schwarz 1848, S. 145, Nr. 173. – Mdl.

196 Karl, Danziger Sagen, Heft II, Danzig 1843, S. 31, Nr. 12. – (→ HS I 35, 36; DVS 200, 201). – Ein im Sinne der Reformation umgeformtes Motiv, das ursprünglich in den Zusammenhang der Sage von der ›wiedererweckten Scheintoten‹ (Richmodis) gehört. *Lit.:* J. Hertel, J. Bolte, A. Andrae, Zur Sage von der erweckten Scheintoten, in: Zs. f. VK 21 (1911), S. 282–285; (→ HS I 35, 36).

197 Grässe 1867, S. 370, Nr. 432 (Thüringen, Bd. VI, S. 20). – Auch das Motiv von den Rebhühnern, die am Bratspieß wieder lebendig werden, stammt wie das vorhergehende (→ 196) aus einem anderen Zusammenhang und wurde im Sinne der Reformation umgedeutet. Ursprünglich gehört es zur Legende von den Jakobspilgern (→ HS III, 223); hier werden die plötzlich zum Leben erwachenden Brathühner als Beweis für die Unschuld eines Gehenkten angeführt. *Lit.:* G. Graber, Die Tauben zu Tiffen, in: Volk und Heimat, Fs. f. V. von Geramb, 1949, S. 185 ff.; M. de Meyer, La légende du pendu, in: Revista de Etnografia XV, 1 (1970), Oporto, S. 41–75; Albrecht Gribl, Die

Legende vom Galgen- und Hühnerwunder in Bayern, in: Bayer. Jb. f. VK 1976/77.
198 Otto Schell, Bergische Sagen, Elberfeld ²1922, S. 385.
199 Birlinger 1861, S. 217, Nr. 331. – Mdl.
200 Kuhn u. Schwartz 1848, S. 183f., Nr. 163. – Mdl. – Erl.: changieren = frz. ändern, wechseln.
201 Grässe 1867, S. 192f., Nr. 208.
202 Thüringen und Harz, Bd. IV Sondershausen 1841, S. 123. *Lit.:* (→ 203).
203 Robert Eisel, Sagenbuch des Voigtlandes, Gera 1871, S. 383. – HdS 688–694 ›Atzelmann‹. – HdA I, 1282 (Bildzauber). – Biedermann 1973, 64ff., s. v. – Erl.: Lätare = 4. Sonntag in der Fastenzeit. – Die stellvertretende Verbrennung (executio in effigie) eines Bildes oder einer Puppe, die den zu Bestrafenden darstellen soll, war im Mittelalter Rechts- bzw. Volksbrauch. In England etwa werden an dem seit 1605 üblichen Volksfest der ›Pulververschwörung‹ (Gun powder plot) Puppen als Verschwörer verbrannt. *Lit.:* W. Brückner, Bildnis und Brauch, Berlin 1966; H. Gruppe, Katalog der Luther- und Reformationssagen des 19. Jhs., in: Volkserzählung und Reformation, ed. W. Brückner, Berlin 1974, S. 295–324.
204 Grässe 1874, S. 405. – Eine Übertragung des Frevelmotivs aus vorreformatorischen Legenden (→ HS III, 246).
205 J. A. E. Köhler, Sagenbuch des Erzgebirges, Schneeberg 1886, S. 353.
206 Anzeiger für Döbeln, 1841 (Benkert 1937, S. 59).
207 Schöppner 1852/1874, II, Nr. 685. *Lit.:* H. Gruppe (→ 203).
208 Grässe 1867, S. 398, Nr. 469.
209 Grässe 1867, S. 159f., Nr. 177. – Eine reformatorische Tendenzlegende.
210 Grässe 1874, S. 34. – Mönchskalb, Saupfaff und Papstesel gehen auf theriomorphe Wundergeburten zurück, die man als göttliches Zeichen für die Endzeit interpretierte. Zum Teil waren es echte Mißgeburten, aber auch Erfindungen der Phantasie, die in der reformatorischen Polemik und in der Karikatur (s. Abb.) eingesetzt wurden (→ 211). – Der ›Papstesel‹ geht auf den Bericht über ein 1496 im Tiber gefundenes ›Meerwunder‹ zurück, das von Luther und Melanchthon ›zum Prototyp für eine polemisch-symbolisierende Ausdeutung gegen das Papsttum‹ (Schilling) genutzt wurde. 1523 erschien eine Flugschrift ›Der Bapstesel durch Philippen Melanchthon deuttet‹, in der sich auch Luthers antiklerikale Auslegung einer Kalbsmißgeburt findet, die am 8. 12. 1522 in Freiberg/Sachsen geschah. Ein Prager Astronom hatte die Wundergeburt polemisch auf Luther ausgedeutet. Dadurch erfuhr dieser davon und deutet nun das Monstrum als Symbol des Mönchtums: »Die Prophetische deuttung dieses Munchkalbs wil ich dem geyst lassen, den ich kein Prophet bin, on das gewiss ist der gemeinen deuttung nach yn allen wunderzeichen, das da durch ein gros unfall und verenderung zukunfftig Got zu verstehen gibt, der sich auch gewißlich deuttschland versehen mag ... mein wundsch und hoffnung ist, das der Jungst tag sey ...« (M. Luther, Werke, Weimar 1883–1963, 11, S. 380). Mönchskalb und Papstesel erscheinen auch in dem Werk von Hiob Fincelius ›Wunderzeichen‹ (I, Jena 1556, V 3r–4v) unter dem Blickwinkel der Endzeiterwartung: »Im Jar 1496. Ist ein schrecklich Meerwunder zu Rom in der Tyber gefunden worden, und erstlich zu Wittenberg, Anno 1523 im druck ausgangen. Erstlich hat es ein Eselskopf mit sehr langen ohren gehabt, darnach ist seine rechte hand einem elephanten

Fuß gleich gewest, die lincke ist ein menschliche hand gewesen. Am rechten beine hat es ein Ochsenfuß gehabt, Am lincken eines Greyffen klawe. Hat einen weibischen Bauch und brüste gehabt. Am hals, beinen und armen voller fischschuppen. Hat einen langen Drachenkopff, der das maul aus dem hintersten aufgesperret und fewer gespien. Solch wunderthier beschreibt das Bapstthum eigentlich, wie aus der außlegung darüber gemachet zu vernehmen ist. Die außlegung aber findestu im andern theil der bücher Lutheri, zu Jena ausgangen, Folio 286 (F 1 V 3r ff.).« *Lit.:* Konrad Lange, Der Papstesel. Ein Beitrag zur Kultur- und Kunstgeschichte des Reformationszeitalters, Göttingen 1891; Gust. Kawerau, Der Papstesel, in: Theolog. Literaturzeitung 1891, Sp. 42–44.; Eugen Holländer, Wunder, Wundergeburt und Wundergestalt, Stuttgart 1922; Heinz Schilling, Job Fincel und die Zeichen der Endzeit, in: Wolfg. Brückner (ed.), Volkserzählung und Reformation, Berlin 1974, S. 326–392; C. J. S. Thompson, The Mystery and Lore of Monsters, New York 1970; Jurgis Baltrusaitis, Le Moyen Age Fantastique, Paris 1981.

211 Grässe 1867, S. 302, Nr. 342. – (Olearius, Halygraphia contin. S. 47) (→ 210).

212 Schöppner 1852/1874, III, S. 43 (Benkert 1937, S. 132). – Eine Tendenzlegende, die die Kraft der Marienwallfahrt bezeugen soll.

213 P. Müller, Niedersächsische Sagen und Märchen, Göttingen 1855, S. 26 (Benkert 1937, S. 110).

214 Grässe 1867, S. 386, Nr. 449. – Erl.: Hostis eram . . . = Ein Gegner des Papstes war ich, ein Gegner seiner Gesellen und seiner selbst, meine Stimme und meine Schriften waren nichts, wenn sie nicht aus Christus (waren); Pestis eram . . . = Eine Pest war ich als ich lebte, sterbend aber werde ich dein Tod sein, Papst! – Chronodistichon = Distichon (Zweizeiler), aus je einem Hexameter und einem Pentameter, in Form eines Chronogramms, in dem die Buchstaben, die ein bestimmtes Datum in römischen Ziffern bilden, hervorgehoben sind.

215 Haas 1939, S. 96, Nr. 184. – Erl.: aptiert = geeignet.

216 Pohl 1934, S. 45 f. – Andreas Osiander (1498–1552), lutherischer Reformator, in Nürnberg seit 1522. Da er sich dem Augsburger Interim nicht fügen wollte, wurde er seines Amtes enthoben. Seit 1549 Professor in Königsberg. In Fragen der Rechtfertigungslehre überwarf er sich mit den Lutheranern. *Lit.:* Möller, Andreas Osianders Leben und ausgewählte Schriften, Elberfeld 1870.

217 Zingerle 1891, S. 568 f., Nr. 990. – Aus dem Etsch- und Eisacktal. – Das Motiv, daß eine historische Persönlichkeit bei einem Aufenthalt etwas schuldig geblieben ist, erscheint häufig in der Sage, zweifellos wird dadurch eine volkstümliche Beziehung ausgedrückt. *Lit.:* W. Brückner, Luther als Gestalt der Sage, in: ders. (Hrsg.), Volkserzählung und Reformation, Berlin 1974, S. 260–294; H. Gruppe, Katalog der Luther- und Reformationssagen des 19. Jhs., ebda., S. 295–324; Gerh. Bott (ed.), Martin Luther und die Reformation in Deutschland, Frankfurt/Main 1983.

218 Georg Graber, Sagen und Märchen aus Kärnten, Graz 1944, S. 84 f. *Lit.:* (→ 217).

219 Otto von Graben zum Stein, Unterredungen von dem Reiche der Geister, Leipzig 1731/1741, III, 398 f. (nach Peuckert 1961, S. VII f.). *Lit.:* Chr. Schubart, Die Berichte über Luthers Tod und Begräbnis, Weimar 1917; (→ 217).

220 Benjamin Gottlieb Steige, Bolkenhainsche Denkwürdigkeiten, Hirschberg 1795 (Neudruck, Darmstadt o. J.), S. 170. – Der sog. ›Fenstersturz zu Prag‹

am 23. 5. 1618, bei dem Abgesandte einer protestantischen Versammlung zwei kaiserliche Statthalter aus den Fenstern des Hradschin in den Burggraben warfen, eröffnete den Aufstand des evangelischen Adels gegen die katholische Landesherrschaft, der allerdings bald in der Schlacht am Weißen Berg 1620 zusammenbrach. Doch sieht man in diesem Aufstand den Beginn des Dreißigjährigen Krieges. *Lit.:* I. Hoffmann, Deutschland im Zeitalter des 30jähr. Krieges, Diss. Münster 1927; H. Sturmberger, Aufstand in Böhmen. Der Beginn des 30jähr. Krieges, 1959. Vgl. auch die auf fundierten Quellenstudien beruhende dichterische Gestaltung durch Ricarda Huch, Der große Krieg in Deutschland, 3 Bde., 1912–1914; dass. in einem Band: Der Dreißigjährige Krieg, Berlin, Darmstadt 1957; Gebhardt Bd. 9, Kap. 8 (2, II).

Städte und Zünfte

221 Bericht der Lüneburger Handschrift (1430–50). – s. u.: Dobbertin 1970, S. 15 f. (= Aufzeichnung eines Schreibers auf dem Schlußblatt einer Kurzfassung der sog. ›Catena aurea‹ des Heinrich von Herford, gest. 1370), Übersetzung aus dem Lateinischen. – HdA VI, 1518 (Pfeife); VII, 515 (Ratte). – DVS 80, 81. – Im Bericht der ›Lüneburger Handschrift‹, die 1936 von H. Spanuth entdeckt wurde, liegt die erste schriftliche Aufzeichnung der Rattenfänger-Sage vor, die zweifellos einen historischen Kern besitzt. Hier wird die Begebenheit auf den 26. Juni 1284 (Johannis und Pauli) datiert. Neben verschiedenen Erklärungen der Sage mit dem Untergang der Hamelner Jugend in der Schlacht bei Sedemünder 1260 oder einer Tanzwutepidemie verdient die Theorie am meisten Glaubwürdigkeit, die in dem ›Exodus Hamelensis‹ den Auszug eines Teils der jüngeren Bewohner im Rahmen der Ostkolonisation sieht. Der ›Rattenfänger‹ wäre der Werber, der im Dienste des Bischofs Bruno von Olmütz gegen Ende des 13. Jh. Kolonisten für das mährische Bistum anwarb und wegführte. Die Theorie wird durch die Tatsache gestützt, daß man im Bistum Olmütz die gleichen Geschlechternamen wie in Hameln nachweisen konnte. Im Laufe der Entwicklung verband sich mit diesem Vorgang das Wandermotiv von der Vertreibung der Ratten (Mäuse, Schlangen, Ungeziefer: vgl. DVS 76–79). Ähnliche Sagen werden fast in allen deutschen Landschaften erzählt (→ 223). – Die Sage wurde vielfach poetisch bearbeitet: von Goethe, Karl Simrock, Emanuel Geibel, Gustav Freytag sowie in ›Des Knaben Wunderhorn‹. Wilhelm Raabe schrieb 1891 eine Novelle ›Die Hämelschen Kinder‹. Durch die Sagensammlung der Brüder Grimm, die sich auf den Bericht des Hamelner Lateinschulrektors Samuel Erich von 1654 und des Arztes Joh. Weier stützt, gewann die Hamelner Sage große Verbreitung (→ 224). *Lit.:* W. Wann, Die Lösung der Hamelner Rattenfängersage, Diss. Würzburg 1949; H. Spanuth, Der Rattenfänger von Hameln, Diss. masch. Göttingen 1951; W. Woeller, Zur Sage vom Rattenfänger zu Hameln, in: Wiss. Zs. der Humboldt-Univ. Berlin, Gesellschafts- u. sprachwiss. R. 6 (1956), S. 135–146; dies., Zur Entstehung und Entwicklung der Sage vom Rattenfänger von Hameln, in: ZfdPh 80 (1961), S. 180–206; R. Frenzel u. M. Rumpf, Deutungen zur Rattenfängersage, in: Heimat u. Volkstum, Bremer Beitr. z. nddt. Vk. 1962/63, Bremen (1966), S. 47–64;

H. Dobbertin, Quellensammlung zur Hamelner Rattenfängersage, Göttingen 1970.

222 Hiob Fincelius, Wunderzeichen, I, Jena 1556. – (→ 221). – Ältester gedruckter Bericht über den ›Pfeifer‹, der hier zugleich diabolisiert bzw. in der Gesamttendenz des Fincelius umgedeutet wird (→ *Anm. zu 210*). – Die Umdeutung der Rattenfängersage setzt sich bis in die Gegenwart fort. So in einem Song des Liedermachers Hannes Wader, der die Sage sehr frei im Sinne eines Pogroms der Vätergeneration an der revolutionären Jugend interpretiert. *Lit.:* (→ 221).

223 Depiny 1932, S. 205, Nr. 278. – Mda.: Halter = Hirte. – (→ 221).

224 Grimm 1865, Nr. 245 (Sam. Erich, Der hamelnschen Kinder Ausgang; Joh. Weier, Von Teufelsgespenstern I, c. 16). – (=DVS 80). – Erl.: bunge-lose = Bunge/Trommel; trommellose. – (→ 221).

225 R. Marci, Sächsisches Curiositäten-Kabinett, Dresden 1743 (P. Mizschke, Anfänge und Entwicklung der Naumburger Hussitensage, Naumburg 1904, S. 12). – Daß Bürger ihre Kinder dem Feind entgegenschicken und diese um Gnade und Verschonung von Plünderung bitten lassen, ist ein weitverbreitetes Wandermotiv, das auch in Freiberg, Münster/W. (→ 227) und Dinkelsbühl erzählt wird. Vielfach wird es zur historischen Legitimation eines Volksfestes, z. B. bei der ›Dinkelsbühler Kinderzeche‹. – Naumburg wurde niemals von Hussiten belagert; das Fest geht vielmehr auf ein altes Schulfest zur Zeit der Kirschenreife zurück. Im Laufe der Zeit verband sich damit die Erinnerung an die glücklich überstandene Belagerung der Stadt durch den schwedischen General Königsmarck. Das Fest wird erstmals 1670 erwähnt, aber als Schülerfest. Erst um 1685 erscheinen die Hussiten in der Sage, die dann im 18. Jh. weiter ausgebaut wird, nun wird Procop (→ 226) als Anführer der Hussiten genannt. Populär wurde die Sage weit über Sachsen hinaus durch Kotzebues Drama ›Die Hussiten vor Naumburg im Jahre 1432‹ und Karl Seyferths ›Hussitenlied‹ von 1829. (Vgl. v. der Leyen/Höttges 1933, S. 155.) *Lit.:* Gregor Römer, Die Historisierung von Volksbräuchen, Diss. Würzburg 1951; Mizschke, s. o. – L. Petzoldt 1983, S. 154 ff.

226 Quensel 1926/1974, S. 90. – (→ 225).

227 Friedrich Arnold Steinmann, Münsterische Geschichten, Sagen und Legenden . . ., Münster 1825, S. 103 ff. (P. Zaunert, Westfälische Sagen, Jena 1927, S. 214; Gottfr. Henßen, Volk erzählt. Münsterländische Sagen, Märchen und Schwänke, Münster 1954, S. 106, Nr. 93; Schneidewind 1969, S. 230, Nr. 284). – Bernhard v. Galen (→ 188). – Mda.: Berndken van Gaolen . . . = Bernhard von Galen/kann angeben, kann prahlen/kann stänkern, kann lügen/ kann Leute betrügen. – Zum Motiv: (→ 225).

228 Ludwig Frahm, Norddeutsche Sagen, Altona und Leipzig 1890, S. 213 f. (Burde-Schneidewind 1969, S. 239, Nr. 292).

229 Karl Hessel, Sagen und Geschichten des Rheintales von Mainz bis Köln, Bonn 1904, S. 280 f. (nach der Koelhoffschen Chronik und Gotfried von Hagens Chronik der Stadt Köln; vgl. auch C. Trog, Aus der Chronik von Köln, Essen und Leipzig 1883, S. 30 ff.).

230 Ernst Deecke, Lübische Geschichten und Sagen, Lübeck 1852, S. 148 ff., Nr. 82. – HdA I, 1002 f. (Beichte). – HdM I, 473 ff. (Eideslist). – BP I 19, 536; II 275–277. – (Vgl. Grimm 1865, Nr. 519) – Erl.: Buntfutter = Kürschner; Pottertöpfe = aus Ton gebrannte Gefäße. – Das Motiv der Eideslist, in dem

331

ein Geheimnis einem leblosen Gegenstand (hier ein Glas) anvertraut wird, um den Eid nicht zu brechen, kommt häufig im Märchen vor (= KHM 89 ›Gänsemagd‹). Hier vor allem in der Form, daß das Geheimnis einem Ofen anvertraut wird; in der Erzählforschung wird es daher auch als Motiv der ›Ofenbeichte‹ bezeichnet. *Lit.:* Ernst Deecke, Die Hochverräter zu Lübeck im Jahre 1384, Lübeck 1858; über das Reiterstandbild vgl. Mitt. d. Ver. f. lübische Geschichte u. Altertumskunde 3 (1886), S. 159, P. Sartori, Befreiung von Wort und Wissen, in: Volkskundearbeit, ed. E. Bargheer u. H. Freudenthal, Berlin 1934, S. 49–56.

231 Paul Zaunert, Rheinlandsagen I, Jena 1924, S. 132. – Mda.: fresche Mähd = frisches Mädchen; Halfe = Pächter, der die Hälfte des Rohertrags erhält; Pooz = Pforte, Tor; Kruschteien = Kastanien; wer et hätt' gedonn = wer es getan hätte; gewoß = gewußt. – Die Entstehung dieser ›Sage‹ erklärt Friedr. v. der Leyen folgendermaßen: »Die Geschichte, von der zwei Darstellungen auf dem Kölner Denkmal Jan van Werths erzählen, ist keine Volkssage, sondern die Erfindung eines Kölner Bürgers aus den 30er Jahren des 19. Jahrhunderts. In einer Kölner Stammtischrunde waren damals aus komischer Verzweiflung über nicht ausgenutzte Möglichkeiten, die sich aus der Entwicklung der Stadt ergeben hätten, die Redensarten entstanden: ›Wer es gewoß hätt!‹ und ›Wer et gedonn hätt!‹. Aus diesen Schlagworten und Erinnerungen an Jan van Werth, der in Köln einen Hof besessen hatte, entstand die Geschichte. Ihr Erfinder, Peter Wahlen, gab den Stoff einem Freunde, dem Schriftsteller Kramer, weiter, der daraus ein Gedicht formte, das bald darauf in der Zeitschrift ›Omnibus zwischen Rhein und Weser‹ erschien und von dort aus in Ernst Weidens Buch ›Kölns Legenden, Sagen und Geschichten‹ von 1839 überging. (. . .) Die auf diese Weise entstandene ›Volkssage‹ ging in das Bewußtsein der Kölner Bürgerschaft über und spielt darin noch heute eine Rolle.« (v. der Leyen u. Höttges 1933, S. 162f.). *Lit.:* J. J. Merlo, Die Genesis des Kölner Liedes von Jan und Griet, in: Annalen des historischen Vereins für den Niederrhein, Bd. 42, Köln 1884; dieselbe Zs. 73 (1909), S. 127ff.

232 Paul Zaunert, Rheinlandsagen II, Jena 1924, S. 19f. – Mda.: Schößchen = Brötchen, Wecken. – Eine ätiologische Sage, die die beiden Steinbilder erklären soll. Die beiden Bilder stammen jedoch aus viel früherer Zeit. Vgl. hierzu Clemen, in: Bonner Jahrbücher H. 106, (1901) S. 132ff.

233 Renate Brockpähler, Der »Gute Montag« der Bäckergilde Münster, in: Rhein.-Westfäl. Zs. f. Volkskunde 16 (1969), S. 123–163, hier: S. 129 (Text neu eingefügt).

234 Gottfried Henßen, Sagen, Märchen und Schwänke des Jülicher Landes, Bonn 1955, S. 78, Nr. 99. – LThK, s.v.; – HdA II 65ff. (Christophorus). – Wuttke 1900, S. 641. – Die Sage soll die Entstehung des Christophelsbuches, eines verbreiteten Zauberbuches erklären. Christopherus ist hier für den hl. Reinold eingetreten (→ 235). Das Christophelsbuch und Christophelgebet wurde deshalb besonders zum Schatzgraben benutzt und zum Zaubern, was man deshalb in manchen Gegenden auch als ›christoffeln‹ bezeichnete. *Lit.:* H.-F. Rosenfeld, Der hl. Christopherus. Seine Verehrung und seine Legende, 1937; E. K. Stahl, Die Legende vom hl. Riesen Christopherus in der Graphik des 15. u. 16. Jh., 2 Bde., 1920.

235 Aus dem Volksbuch ›Geschichten von den vier Heymonskindern‹, Volksbücher 9, Leipzig o. J. (1838/40) bei Otto Wigand, hrsg. von G. O. Marbach,

S. 143–146. – Hda VII, 637f. (Reinoldus). – Frenzel 1962, s. v. ›Haimonskinder‹. – Die Sage von den vier Haimonskindern, deren bedeutendstes Mitglied Reinold von Montalban ist, gehört zum Sagenkreis um Karl den Gr. und erscheint 1604 als Volksbuch. Die legendäre Märtyrerepisode, nach der Reinold nach einem sehr bewegten Leben – er erschlug den Neffen des Königs Karl und mußte daher eine Pilgerfahrt ins Heilige Land machen – dem Rittertum entsagt und am Bau des Kölner Domes mitarbeitet, gehört wohl nicht zum ältesten Kern der um 1150 in den Ardennen entstandenen Sage. *Lit.:* L. Jordan, Die Sage von den vier Haimonskindern, 1905; F. Ostendorf, Überlieferung und Quelle der Reinoldlegende, Diss, Münster 1911; P. Fiebig, St. Reinoldus in Kult, Liturgie und Kunst, Dortmund 1956.

236 Ernst Deecke, Lübische Geschichten und Sagen, Lübeck 1852, S. 145 ff., Nr. 77. – (Die Chroniken der niedersächsischen Städte, Lübeck Bd. 1, Leipzig 1884–1901, S. 569; M. Hoffmann, Geschichte der Freien und Hansestadt Lübeck I, Lübeck 1889, S. 140). – Erl.: Litte = Ladengeschäfte, bei denen vorn ein Laden ausgeklappt wurde, auf dem man die Ware auslegte; Laetare = 4. Sonntag in der Fastenzeit.

237 Hermann Harrys, Volkssagen, Märchen und Legenden Niedersachsens I. Abt., Celle 1840, S. 80f. (Wilh. Görges, Vaterländische Geschichten und Denkwürdigkeiten... der Lande Braunschweig und Hannover, 3. Jg. Braunschweig 1845, S. 175 ff.; Paul Schneider, Westfälische Sagen, Berlin 1927, S. 227 ff.; Schneidewind 1969, S. 225, Nr. 279). – Erl.: Wivelinghöfer = Silbermünze, benannt nach einem Bischof aus dem Geschlecht der Grafen von Wevelinghofen; Rosenschüsse = Rosenschößlinge.

238 Ernst Deecke, Lübische Geschichten und Sagen, Lübeck 1852, S. 289, Nr. 167. – Erl.: Judica = 5. Sonntag in der Fastenzeit.

239 Grässe 1867, S. 300f., Nr. 338 (nach Olearius, Halygraphia Topo – Chronol., oder Ort- und Zeitbeschreibung der Stadt Halle in Sachsen, Leipzig 1667, S. 206). – Erl.: Lambertus = 17. September.

240 Müllenhoff 1845, Nr. 64.

241 Grässe 1871, S. 966, Nr. 1193.

242 Ernst Deecke, Lübische Geschichten und Sagen, Lübeck ⁵1911, S. 85–88, Nr. 44 (Wehrhan 1920, II, 2, S. 106 f., Nr. 283).

243 Grässe 1867, S. 342 f., Nr. 396 (nach Falkenstein, Hist. crit. Erfurtensis, Erfurt 1739, S. 276). – Wahrscheinlich eine ätiologische (erklärende) Sage, die das am Schluß beschriebene Kreuz deutet. Der Stoff findet sich jedoch bereits in einer ital. Novellensammlung des 15. Jhs., und zwar in dem »Novellino« des Masuccio von Salerno († 1475/76), in der 31. Novelle »Die Tragödie zweier Liebenden«. Vgl. Hanns Floerke, Der Novellino des Masuccio von Salerno, München 1918.

244 Otto Beneke, Hamburgische Geschichten und Sagen, Stuttgart/Berlin ⁵1903, S. 233 f., Nr. 81 (Burde-Schneidewind 1969, S. 245, Nr. 303). – Eine ähnliche Kornwuchergeschichte wird auf einem Frankfurter Flugblatt von 1795 erzählt. Hier wird der Wucherer, nachdem die Mäuse sein Getreide verzehrten, selbst von den Mäusen beinahe aufgefressen, und ähnlich wie in der Mäuseturmsage (→ HS I 27) dringen sie sogar in einen Holzkasten ein, den er sich anfertigen läßt, um den Mäusen zu entgehen. Vgl. L. Petzoldt, Die freudlose Muse. Texte, Lieder, Bilder zum historischen Bänkelsang, Stuttgart 1978, S. 193.

245 Zimmerische Chronik, ed. H. Decker-Hauff 1967, S. 79. – Erl.: die Franzosen = Bezeichnung für die Syphilis. – Mda.: Reinstram = Rhein. – Zum Namen der Krankheit vgl. M. Höfler, Deutsches Krankheitsnamenbuch, München 1899. *Lit.:* Sigrid Märker, Lues im Wandel der Zeiten, Diss. Berlin 1965; J. F. C. Hecker, Die großen Volkskrankheiten des Mittelalters, ed. A. Hirsch, Berlin 1865; Hubert Weitenfelder, »Fünf Minuten mit Venus – Ein Leben mit Merkur«. Zur Geschichte von Syphilis und Prostitution in Vorarlberg in der ersten Hälfte des 19. Jhs., in: Montfort 45 (1993), H. 3, S. 215–241.

246 Buchner 1912, II, S. 72 f., Nr. 125. – Ein Zeitungsbericht vom 26. 6. 1717, Verf.: Franz Hermann Ortgies. – Johann Andreas Eisenbart, geb. 1663 in Oberviechtach, gest. 11. Nov. 1727 Hann. Münden, wo auch sein Grabstein an der Kirche St. Ägidii neben der nördlichen Pforte steht. Der Stein war um 1900 ein beliebtes Ausflugsziel, wobei man oft unter Absingen des Eisenbartliedes an ihm vorbeizog (Brethauer). In einem Brief des Göttinger Theologen Heumann an den Konsistorialrat Hauber in Bückeburg ist eine Schilderung des Auftretens von Eisenbart auf den Jahrmärkten erhalten, das im übrigen durchaus den Gepflogenheiten jener Zeit entsprach. Das karikierende Eisenbartlied kam zu Beginn des 19. Jh. (Liederbuch, Nürnberg 1815; 1818 im Göttinger Kommersbuch) auf und hat wohl entscheidend zu seiner Charakterisierung als unwissender Marktschreier, der nichtsdestoweniger die gefährlichsten Operationen durchführte, beigetragen. – Seine Aufenthalte in größeren Städten ließ er in den Jahren 1716 bis 1724 häufig durch seitenlange Anzeigen, die wahrscheinlich von Eisenbarts Sekretär verfaßt waren und bezahlt wurden, ankündigen, wie auch das folgende Beispiel (→ 247) zeigt. *Lit.:* Karl Brethauer, Dr. Eisenbart. Er war anders als sein Ruf. Murnau/München o. J. (1955); Arth. Kopp, Eisenbart im Leben und im Liede, Berlin 1900 (Beitr. zur Kulturgeschichte 3).

247 Buchner 1912, II, S. 129, Nr. 213 (Zeitungsbericht der Vossischen Zeitung vom 24. Sept. 1724). – (→ 246).

248 ZA 145245. E: Anna Hnobek, aus Kornitz, Mähr. Trübau/Böhmen; vom Vater gehört, A: U. Benzel, O: Lollar, 30. 7. 1952 (unveröffentlicht).

Abkürzungsverzeichnis

A	=	Aufzeichner der Sage bzw. Sammler (gegebenenfalls mit Datum der Aufzeichnung)
AdW	=	Akademie der Wissenschaften
ahd.	=	althochdeutsch
AÖG	=	Archiv für österreichische Geschichte, Wien 1848 ff.
ARW	=	Archiv für Religionswissenschaft, Leipzig 1898 ff.
ASV	=	Atlas der schweizerischen Volkskunde, Erlenbach – Zürich 1949 ff.
Aa Th	=	Erzähltypus nach: Antti Aarne u. Stith Thompson, The Types of the Folktale (FFC 184), Helsinki 1961
BP	=	Johannes Bolte u. Georg Polivka, Anmerkungen zu den Kinder- und Hausmärchen der Brüder Grimm, Leipzig 1913 ff.
Diss.	=	Dissertation, Doktorarbeit
DS	=	vgl. Grimm 1865 (Deutsche Sagen)
DU	=	Der Deutschunterricht, Stuttgart 1948 ff.
DVjs	=	Deutsche Vierteljahresschrift f. Literaturwissenschaft und Geistesgeschichte
DVS	=	vgl. Petzoldt 1970 (Deutsche Volkssagen)
E	=	Erzähler, Gewährsmann (gegebenenfalls mit Wohnort, Beruf und Alter)
EB	=	Ludwig Erk u. Franz Magnus Böhme, Deutscher Liederhort, 2. A., Leipzig 1893/94 (Neudruck Hildesheim 1963)
ed.	=	Herausgeber, herausgegeben
EM	=	Enzyklopädie des Märchens, Berlin 1975 ff.
Erl.	=	Erläuterung(en)
FFC	=	Folklore Fellows Communications (Schriftenreihe der Finnischen Akademie d. Wissenschaften), Helsinki 1910 ff.
Fs.	=	Festschrift
GRM	=	Germanisch-Romanische Monatsschrift
GSA	=	vgl. von der Hagen 1850 (Gesamtabenteuer)
HdA	=	Hans Bächtold-Stäubli (Hrsg.), Handwörterbuch des deutschen Aberglaubens, Berlin, Leipzig 1927 ff.
HdM	=	Lutz Mackensen (Hrsg.), Handwörterbuch des deutschen Märchens, Berlin 1930/40 (nur 2 Bde. erschienen)
HdS	=	Will-Erich Peuckert (Hrsg.), Handwörterbuch der Sage, Göttingen 1961/63 (nur drei Lieferungen erschienen)
HS I	=	Leander Petzoldt, Sagen von Zauberinnen, Kaisern und weltlichen Herren (Historische Sagen, erster Band der dreibändigen Ausgabe), München 1992
HS II	=	der vorliegende Band
HS III	=	Leander Petzoldt, Sagen von Rittern, Räubern, Bauern und Heiligen, München 1994
HZ	=	Historische Zeitschrift, 1859 ff.
Jb	=	Jahrbuch
Jh	=	Jahrhundert
KHM	=	Jacob u. Wilhelm Grimm, Kinder- und Hausmärchen, Berlin 1819
lat.	=	lateinisch

LDE	=	vgl. Petzoldt 1990 (Lexikon der Dämonen)
Lit.	=	weiterführende Literatur
LThK	=	Lexikon für Theologie und Kirche, 2. A., Freiburg 1957/1967
Ma, ma	=	Mittelalter, mittelalterlich
Mda.	=	Mundartlicher Text (Erklärung)
mdl.	=	mündlich; nach mündlicher Erzählung aufgenommener Text
MGH	=	Monumenta Germaniae Historica
mhd.	=	mittelhochdeutsch
MS	=	Manuskript, schriftlich
O	=	Ort, an dem die Sage erzählt wurde
ÖZV	=	Österreichische Zeitschrift für Volkskunde, Neue Serie, Wien 1947 ff.
PBB	=	Beiträge zur Geschichte d. dt. Sprache u. Literatur, begründet v. H. Paul u. W. Braune, 1874 ff.
PMLA	=	Publications of the Modern Language Association
RGG	=	Die Religion in Geschichte u. Gegenwart. Handwörterbuch f. Theologie u. Religionswissenschaft, 3. A., Tübingen 1960 ff.
SAV	=	Schweizerisches Archiv für Volkskunde, Zürich 1897 ff.
s. v.	=	sub verbo; unter dem entsprechenden Stichwort
Vk	=	Volkskunde
VNB	=	Volkskundeatlas van Nederland en Vlaams-Belgie, Antwerpen, Amsterdam 1959 ff.
WA	=	Wossidlo-Archiv; Manuskript der Wossidlo-Forschungsstelle, Rostock
ZA	=	Manuskript des Zentralarchivs der deutschen Volkserzählung, Marburg
ZfdA	=	Zeitschrift für deutsches Altertum
ZÖV	=	Zeitschrift für österreichische Volkskunde, Wien 1895 ff. (später »Wiener Zus. f. Vk«, dann ÖZV)
Zs.	=	Zeitschrift
Zs. d. Ver. f. Vk	=	Zeitschrift des Vereins für Volkskunde, Berlin 1891/1928
Zs. f. Vk	=	Zeitschrift für Volkskunde, Berlin 1930 ff.

Literatur

Abel 1939	= Othenio Abel, Vorzeitliche Tierreste im deutschen Mythus, Brauchtum und Volksglauben, Jena 1939
Baader 1851	= Bernhard Baader, Volkssagen aus dem Lande Baden und den angrenzenden Gebieten, Karlsruhe
Baader 1859	= Bernhard, Baader, Neugesammelte Volkssagen aus dem Lande Baden, Karlsruhe
Bartsch 1879/80	= Karl Bartsch, Sagen, Märchen und Gebräuche aus Mecklenburg, 2 Bde., Wien
Birlinger 1861	= Anton Birlinger, Volkstümliches aus Schwaben, 2 Bde., Freiburg 1861/62
Braunfels 1967	= W. Braunfels u. a., Karl der Große, Bd. 4: Das Nachleben, Düsseldorf
Brückner 1974	= Volkserzählung und Reformation, Berlin 1974
Buchner 1912	= Eberhard Buchner, Das Neueste von gestern, 5 Bde., München
Büchli 1989	= Arnold Büchli, Mythologische Landeskunde von Graubünden, 2. erw. Aufl. von U. Brunold-Bigler, 4 Bde., Disentis 1989–1992 (gleiche Paginierung wie die 1. Auflage)
Büchmann 1972	= Georg Büchmann, Geflügelte Worte, 2. A., Berlin 1972
Decker-Hauff 1964	= Hansmartin Decker-Hauff (Hrsg.), Die Chronik der Grafen von Zimmern, Bde. I–III, Darmstadt
Deecke 1911	= Ernst Deecke, Lübische Geschichten und Sagen, Lübeck ⁵1911
Depiny 1932	= Adalbert Depiny, Oberösterreichisches Sagenbuch, Linz
Direder-Mai/ Petzoldt 1993	= Marianne Direder-Mai u. Leander Petzoldt, Sagen aus Südtirol, München 1993
Dittmaier 1950	= Heinrich Dittmaier, Sagen, Märchen und Schwänke von der unteren Sieg, Bonn
Dünninger 1964	= Josef Dünninger, Fränkische Sagen vom 15. bis zum Ende des 18. Jahrhunderts, 2. A., Kulmbach
Fourlas 1971	= Athanasius A. Fourlas, Der Ring in der Antike und im Christentum, Münster
Frenzel 1962	= Elisabeth Frenzel, Stoffe der Weltliteratur, Stuttgart
Gebhardt 1973–1975	= Bruno Gebhardt u. Herbert Grundmann, Handbuch der deutschen Geschichte, 4 Bde., 9. A., Stuttgart 1970–1975 (zitiert nach der Taschenbuchausgabe in 17 Bänden, München 1973–1975, jeweils Bd. und Kap., dahinter in Klammern Bd. und Teil der vierbändigen Ausgabe)
Gerhard u. Kleeblatt 1926	= Oswald Gerhard u. Wilhelm Kleeblatt, Düsseldorfer Sagen aus Stadt und Land, Düsseldorf
Graber 1941	= Georg Graber, Sagen aus Kärnten, 5. A., Graz
Grässe 1867	= J. G. Th. Grässe, Sagenbuch des Preußischen Staats, Bd. I, Glogau
Grässe 1871	= Dass., Bd. II, Glogau
Gredt 1964	= Nikolaus Gredt, Sagenschatz des Luxemburger Landes, 3. unveränderte A., Bd. I, Esch-Alzette 1964, Bd. II, Esch-

Alzette 1967 (Bd. II enthält eine Konkordanz der 1. u. 2. Aufl., 1883 und 1963)

Gugitz 1952 = Gustav Gugitz, Die Sagen und Legenden der Stadt Wien, Wien

Harmening 1979 = Dieter Harmening, Superstitio. Überlieferungs- und theoriegeschichtliche Untersuchungen zur kirchlich-theologischen Aberglaubensliteratur des Mittelalters, Berlin 1979

Harmening 1991 = Dieter Harmening, Zauberei im Abendland, Würzburg 1991

Heinisch 1968 = K. J. Heinisch, Kaiser Friedrich II. in Briefen und Berichten seiner Zeit, Darmstadt

Hübscher 1952 = Arthur Hübscher, Die große Weissagung, München 1952

Jones 1912 = Ernest Jones, Der Alptraum in seinen Beziehungen zu gewissen Formen des mittelalterlichen Aberglaubens, Leipzig, Wien 1912

Kapff 1926 = Rudolf Kapff, Schwäbische Sagen, Jena 1926

Karasek u. Strzygowski 1932 = Alfred Karasek u. Elfriede Strzygowski, Sagen der Deutschen in Galizien, Plauen i. V.

Kaufmann 1862 = Alexander Kaufmann, Quellenangaben und Bemerkungen zu Karl Simrocks Rheinsagen und A. Kaufmanns Mainsagen, Köln 1862

Kinkel 1876 = Gottfried Kinkel, Mosaik zur Kunstgeschichte, Berlin (darin: V. Sagen aus Kunstwerken entstanden, S. 161–243)

Kluge 1989 = Friedrich Kluge, Etymologisches Wörterbuch der deutschen Sprache, 22. A., Berlin

Kronfeld 1915 = E. M. Kronfeld, Der Krieg im Aberglauben und Volksglauben, München

Kuhn 1843/1973 = Adalbert Kuhn, Märkische Sagen und Märchen, Berlin

Kuhn 1859 = Adalbert Kuhn, Sagen, Gebräuche und Märchen aus Westfalen, 2 Bde., Leipzig

Kuhn u. Schwartz 1848 = Adalbert Kuhn u. Wilhelm Schwartz, Norddeutsche Sagen, Märchen und Gebräuche, Leipzig

Kühnau 1926 = Richard Kühnau, Oberschlesische Sagen geschichtlicher Art, Breslau

Marzell 1938 = Heinrich Marzell, Geschichte und Volkskunde der dt. Heilpflanzen, Stuttgart

Meiche 1903 = Alfred Meiche, Sagenbuch des Königreichs Sachsen, Leipzig

Meier 1852 = Ernst Meier, Deutsche Sagen, Sitten und Gebräuche aus Schwaben, Bd. I u. II, Stuttgart

Moser 1974 = Fanny Moser, Okkultismus-Täuschungen und Tatsachen, 2 Bde., München 1935 (Faksimile-Nachdruck in 1 Bd. u. d. Titel: Das große Buch des Okkultismus, Olten u. Freiburg)

Müllenhoff 1845 = Karl Müllenhof, Sagen, Märchen und Lieder der Herzogthümer Schleswig, Holstein und Lauenburg, 4. A., Kiel

338

Müller-Orend 1972	= Friedrich Müller, Siebenbürgische Sagen. Neue erweit. Ausgabe v. Misch Orend, Göttingen
Pauly o. J.	= Michael Pauly, Der Sagenschatz des Rheinlandes, Köln
Petzoldt 1974	= Leander Petzoldt, Bänkelsang. Vom historischen Bänkelsang zum literarischen Chanson, Stuttgart
Petzoldt 1983	= Leander Petzoldt, Volkstümliche Feste. Ein Führer zu Volksfesten, Märkten und Messen in Deutschland, München 1983
Petzoldt 1989	= Leander Petzoldt, Märchen – Mythos – Sage. Beiträge zur Literatur und Volksdichtung, Marburg
Petzoldt 1989a	= Leander Petzoldt, Dämonenfurcht und Gottvertrauen, Zur Geschichte und Erforschung unserer Sagen, Darmstadt
Petzoldt 1990	= Leander Petzoldt, Kleines Lexikon der Dämonen und Elementargeister, München (= LDE)
Petzoldt 1990a	= Leander Petzoldt, Sagen rund um den Bodensee, Karlsruhe
Petzoldt 1992	= Leander Petzoldt, Sagen aus Tirol, München 1992
Petzoldt 1993	= Leander Petzoldt, Schwäbische Sagen, 3. A., München
Petzoldt 1993	= Leander Petzoldt, Sagen aus Salzburg, München 1993
Petzoldt 1993	= Leander Petzoldt, Sagen aus Wien, München 1993
Peuckert 1942	= Will-Erich Peuckert, Deutscher Volksglaube des Spätmittelalters, Stuttgart
Peuckert 1961	= Will-Erich Peuckert, Die Sagen der Monathlichen Unterredungen Otto von Grabens zum Stein, Berlin
Pohl 1943	= Erich Pohl, Die Volkssagen Ostpreußens, Königsberg
Quensel 1926/1974	= Paul Quensel, Thüringer Sagen, Jena (2. A., Köln 1974)
Rank 1919	= Otto Rank, Psychoanalytische Beiträge zur Mythenforschung, Leipzig, Wien 1919
Rosenberger 1952	= Ludwig Rosenberger, Geisterseher. Eine Sammlung seltsamer Erlebnisse berühmter Persönlichkeiten in Selbstzeugnissen und zeitgenössischen Berichten, München
Röhrich 1962/1967	= Lutz Röhrich, Erzählungen des späten Mittelalters und ihr Weiterleben in Literatur und Volksdichtung bis zur Gegenwart. 2 Bde., Bern, München
Röhrich 1973/1993	= Lutz Röhrich, Lexikon der sprichwörtlichen Redensarten, 2 Bde., Freiburg; neue Ausgabe in 3 Bänden 1991–1993
Römer 1951	= Gregor Römer, Die Historisierung von Volksbräuchen, Diss., Würzburg
Scheiber 1985	= Alexander Scheiber, Essays on Jewish Folklore and Comparative Literature, Budapest
Schmidt 1963	= Leopold Schmidt, Die Volkserzählung, Berlin
Schneidewind 1969	= Gisela Burde-Schneidewind, Historische Volkssagen zwischen Elbe und Niederrhein, Berlin
Schöppner 1852/1874	= Alexander Schöppner, Sagenbuch der Bayerischen Lande, Bd. I–III, München
Schwartz o. J. (1921)	= Wilhelm Schwartz, Sagen und alte Geschichten der Mark Brandenburg, 10. A., Berlin o. J. (7. A. 1921)

Stöber 1892/1896	= August Stöber, Die Sagen des Elsasses, Straßburg (Neue Ausgabe v. C. Mündel, 2 Bde., Straßburg)
Strackerjan 1868	= Ludwig Strackerjan, Aberglaube und Sagen aus dem Herzogtum Oldenburg, 2 Bde., Oldenburg
Tettau u. Temme 1837	= W. J. A. v. Tettau u. J. D. H. Temme, Die Volkssagen Ostpreußens, Litthauens und Westpreußens, Berlin
Treichler 1971	= W. Treichler, Mittelalterliche Erzählungen und Anekdoten um Rudolf von Habsburg, Bern
Von der Leyen/ Höttges 1933	= Friedrich von der Leyen u. Valerie Höttges, Lesebuch der deutschen Volkssage, Berlin
Wehrhan 1920	= Karl Wehrhan, Die deutschen Sagen des Mittelalters, 2 Bde., München
Wolf 1843	= Johann Wilhelm Wolf, Niederländische Sagen, Leipzig
Ziegler 1837	= Anton Ziegler, Gallerie aus der Österreichischen Vaterlandsgeschichte in bildlicher Darstellung, Wien 1837
Zingerle 1863	= Ignaz Vinzenz Zingerle, Die Sagen von Margaretha der Maultasche, Innsbruck
Zingerle 1891	= Ignaz Vinzenz Zingerle, Sagen aus Tirol, 2. A., Innsbruck (Faksimile-Nachdruck Graz 1969; eine Auswahl: Zingerle/Petzoldt, Graz 1976)

Namenregister

Die angegebenen Zahlen beziehen sich auf die Nummern der Sagen.

Das Namenregister enthält, der Eigenart historischer Sagen entsprechend, außer den Namen historisch nachweisbarer auch die historisch nicht fixierbarer Persönlichkeiten. Es wurde jeweils von der in den Texten genannten Namensform ausgegangen, auch wenn sie dem tatsächlichen Namen nicht entspricht oder durch fehlende Angaben bzw. Beinamen nicht näher bestimmt werden konnte. Daher sind Mehrfachnennungen der gleichen Persönlichkeit unter verschiedenen Bezeichnungen möglich. Ein A hinter der Sagennummer bedeutet, daß sich das Stichwort auf die Anmerkungen bezieht.

Joseph, Clemens (Erzbischof) 186
Jovelin, Herzog 40
Jörg v. Tübingen, Graf 22
Jude, ewiger > Ahasverus
Justinus 76, 79

Kahlbutz, Ritter 27, 28
Kaleveld, Johann 230
Karl d. Große 45, 53, 144, 169, 174
Karl V. 202
Karoline, Königin 6
Kaurdorf, Magister 208
Kendler, Balthasar 24
Klingsor (Zauberer) 46
Kopernikus 112
Köthen, Herzog v. 200
Kunibert, Lombardenkönig 1

Langer, Thomas 24
Lechther, Jürgen 233
Leo III., Papst 169
Leo IX., Papst 176
Leo X., Papst 207
Leopold I., Kaiser 233
Leopold v. Österreich 46, 100
Lerchheimer, Augustin 105
Löser, Simon 24
Lubentius, hl. 59
Ludwig der Eiserne 156
Luther, Martin 202–204, 206–208, 210,
    214, 217–219, 229
Luxemburg, General 106, 108, 109–111

Malleus maleficarum 119 A
Malmelona 45
Manfred, König v. Sizilien 149, 151
Maria v. Burgund 103
Marke, König 40
Marolt 40
Masuccio v. Salerno 243 A
Maximilian I. 74, 103
Meienburg, Michael 202
Melanchthon 210
Meringer, Georg, Pfarrherr zu Thaur
    30
Meyer, Jürgen 6
Middeldorp (Bürgermeister) 227
Mohren 44, 152
Mompolia, König 45

Morgan, König 40
Moses 99, 127
Möringer, der edle 52
Mütschefal zu Branderode, Herren v.
    182

Napoleon 147, 157
Neitschütz, Frau v. 123
Neufen, Herr v. 52
Nickel, Balthasar 216
Niß (Kobold) 89

Olricus v. Buxtehude, Probst 15
Osann v. Prafant 45
Osiander, Andreas 216
Otto I. 44
Otto I., Kaiser 148, 173
Ottogeba (Tochter des Königs v. Eng-
    land) 44

Pallas Athene 51
Panochen 44
Paracelsus 66, 67
Paternostermaker, Hinrich 230
Persevals, Johann (Bürgermeister) 230
Petrus (Apostel) 53
Pfeifer Huisile (Zauberer) 114, 115,
    117, 118
Pickert (Schäfer) 27
Pilatus 139
Plautus 86
Pragnet v. Persoloni 45
Prokopius (Hussitenführer) 226
Punkler 119
Pursche, Gottfried Heinrich 120
Pygmäen 44

Rauschen, Conrad 159
Reimar von Zweter 46
Reinold, hl. 235
Reiter, Andreas 24
Reuß von Plauen, Heinrich 184
Reute, M. Georg (Pfarrer) 24
Richer (Priester) 170
Ritter v. Hagen 195
Ritzbüttel, Elisabeth u. Ursula v. 201
Riwalin v. Parmenie 40
Rochlitz, Gräfin v. 123
Rodensteiner, der 158, 160, 161

Ortsregister

Die angegebenen Zahlen beziehen sich auf die Nummern der Sagen. Es wurde jeweils von der in den Texten genannten Namensform ausgegangen. Daher sind Mehrfachnennungen desselben Ortes unter verschiedenen Bezeichnungen möglich.

Sach- und Motivregister

Ein A hinter der Sagennummer bedeutet, daß sich das Stichwort auf die Anmerkungen bezieht.

Sagen von Zauberinnen, Kaisern und weltlichen Herren

Herausgegeben von Leander Petzoldt

320 Seiten mit vielen Abbildungen, Leinen

Der erste Band dieser auf drei Bände angelegten repräsentativen Gesamtausgabe historischer Sagen enthält Erzählungen, die sich an historische Persönlichkeiten, Ereignisse oder Bauten heften und diese volkstümlich deuten. So finden sich hier die berühmten Sagenzyklen um Karl den Großen, Heinrich den Löwen, Faust oder den Zauberer Virgilius, ebenso wie die durch die Oper bekannten Sagen von Tristan und Isolde, Lohengrin, den Meistersingern von Nürnberg und viele andere.

Die Sagen umspannen einen Zeitraum von der Antike über das Mittelalter bis zur Neuzeit und sind, wie die hier aufgenommenen Illustrationen auch, alten Chroniken und literarischen Zeugnissen entnommen. Ein wissenschaftlicher Kommentar erklärt die einzelnen Sagen und Sagenstoffe von ihrem kulturhistorischen Hintergrund und erläutert wichtige Zusammenhänge.

Eugen Diederichs Verlag

Sagen von Rittern, Räubern, Bauern und Heiligen

Herausgegeben von Leander Petzoldt

312 Seiten mit vielen Abbildungen, Leinen

Um Volkshelden wie Wilhelm Tell oder Till Eulenspiegel, aber auch um anonyme Gestalten wie Ritter und Leibeigene, Frevler und Heilige, Gutsherren und Bauern, Juden und Freimaurer geht es im dritten Band der Gesamtausgabe historischer Sagen, der wie auch die beiden anderen Bände mit historischen Abbildungen und einem umfangreichen Kommentar ausgestattet ist. Vor dem Hintergrund geschichtlicher Krisensituationen, wie Kriegen und Notzeiten, werden historisch verbürgte Begebenheiten erzählt und mit sagenhaftem Beiwerk ausgeschmückt – so entsteht ein lebendiges Bild von diesen längst vergangenen Zeiten und den geschilderten Persönlichkeiten: Indem sie sich in den Sagen aus ungewöhnlicher Perspektive präsentieren, gewinnen sie eine neue, unerwartete Dimension.

Eugen Diederichs Verlag